Business Administration Classics

"十二五"普通高等教育本科国家级规划教材

北京高等教育精品教材
BEIJING GAODENG JIAOYU JINGPIN JIAOCAI

21世纪工商管理系列教材

管理经济学

（第7版）

Managerial Economics (Seventh Edition)

吴德庆　王保林　马月才　编著

BUSINESS ADMINISTRATION CLASSICS

中国人民大学出版社
· 北京 ·

图书在版编目（CIP）数据

管理经济学/吴德庆，王保林，马月才编著．—7版．—北京：中国人民大学出版社，2018.5
21世纪工商管理系列教材
ISBN 978-7-300-25628-3

Ⅰ.①管… Ⅱ.①吴…②王…③马… Ⅲ.①管理经济学-高等学校-教材 Ⅳ.①C93-05

中国版本图书馆CIP数据核字（2018）第051918号

"十二五"普通高等教育本科国家级规划教材
北京高等教育精品教材
21世纪工商管理系列教材
管理经济学（第7版）
吴德庆　王保林　马月才　编著
Guanli Jingjixue

出版发行	中国人民大学出版社		
社　　址	北京中关村大街31号	邮政编码	100080
电　　话	010－62511242（总编室）		010－62511770（质管部）
	010－82501766（邮购部）		010－62514148（门市部）
	010－62515195（发行公司）		010－62515275（盗版举报）
网　　址	http://www.crup.com.cn		
经　　销	新华书店		
印　　刷	北京溢漾印刷有限公司	版　　次	1987年10月第1版
规　　格	185 mm×260 mm　16开本		2018年5月第7版
印　　张	21插页1	印　　次	2019年10月第4次印刷
字　　数	530 000	定　　价	39.00元

前言 PREFACE

我们编写这本教材的目的有两个：一是向读者介绍微观经济学的基础知识；二是探讨怎样将微观经济学的原理和方法应用于企业管理决策的实践。这两个目的是互相联系、相辅相成的。管理经济学是一门应用经济学，我们更着力于突出它的应用性，致力于把这门学科建设成为连接经济学理论和企业管理决策实践的桥梁。

在本书中，对经济学理论的探讨力求从实际需要出发，内容少而精，将重点放在市场机制运行的基本原理、政府和市场的关系以及市场经济条件下企业行为的一些基本规律上。运用经济学的原理，结合企业内外的具体环境探讨如何进行管理决策，是本书的中心。微观经济学的具体原理很多，但就管理决策而言，最基础的概念是机会成本，最基本的方法是边际分析法。正确理解和把握这两项内容是科学决策的保证。本书的一大特点就是对这两项内容都作了深入具体的剖析，在各章中用大量实例和案例反复阐释它们在管理决策中的应用，将它们所蕴含的决策思想贯穿全书。另外，作为一种基本的经济分析方法，增量分析法是边际分析法的变形，其中，边际分析法多偏重理论，增量分析法更贴近实际。为了更好地将理论与实际相结合，突出应用性，在这本教材中，我们努力做到两种方法并举。

本书的结构和章次的安排是围绕企业的目标——谋求企业价值的最大化这一主线展开的。全书除绪论外，分为11章。需要说明的是，鉴于管理经济学这门课程与其他课程在内容上可能会有交叉，课堂讲授的时数可能有限，学员的需要也可能不同，教师在使用这本教材时，可以对讲授的内容做一定的选择。本书的核心内容包括绪论和第1、2、4、5、6、7章，其他各章（即第3、8、9、10、11章）可供选学。即使在核心内容中，有些内容也可以略去不讲，如绪论的第2节，第1章的第4节和附录，第4章的第6节，第5章的第6、7节，第6章的第6、7节，第7章的第5、6、7节。在供选学的几章中，也可主要讲基本的原理，而把外围性和应用方面的内容留给学生自己去阅读。

本书在文字上力求深入浅出，清晰易懂，对数学的要求不超过初等微分。在探讨如何决策的问题时，努力做到理论的探讨与实用的方法相结合。

这本《管理经济学》问世于1987年，30年来广大师生和读者对它的欢迎程度始终不减。其间我们进行过几次大的修订，使它的内容得以与时俱进，不断完善，能更加紧跟时代、贴近生活、方便教学。现在的这个版本是第7版。与第6版相比，本版有重大改动，主要是新增了第11章“企业的全球经营”，以更好地适应经济全球化的新形势。除此之外，对正文作了一些修订，进一步调整和更新了书中的一些案例，以使这本教材尽量保持时代精神，适应教学的需要。

由于这本教材的内容具有弹性，因此它既可用于本科生，又可用于MBA学生、研究生；既可用于经理人员的培训，又可用于自学。

为了方便教学，我们还编写了教学辅助资料《〈管理经济学（第7版）〉习题解答与题库》，并制作了教学用PPT，讲授这门课的教师如有需要，可以登录人大经管图书在线（http://www.rdjg.com.cn），经过注册免费下载。其中，教学辅助资料也可以直接从书店购买。

尽管我们付出了很大的努力，但由于水平有限，书中的错误和不当之处在所难免，热忱欢迎读者批评指正。

吴德庆

目录

CONTENTS

绪 论

管理经济学这门学科是国外在第二次世界大战后建立起来的。在此之前，西方的传统经济学（主要是微观经济学）基本上停留在经院式的讨论上，很少解决实际问题。管理经济学的问世，开创了经济学实际应用的新时期。第二次世界大战后，国内外市场竞争加剧，企业界迫切要求提高企业经营决策的水平，这门学科的出现恰好适应了这种需要。从那时开始，管理经济学迅猛发展。在我国，这门学科是在改革开放之后的20世纪80年代初从国外传入的。随着我国社会主义市场经济体制的建立和发展，这门学科日益显现出它的重要性。

第1节　管理经济学的研究对象和任务

管理经济学是一门研究如何把传统经济学的理论和经济分析方法应用于企业管理决策实践的学科。传统经济学主要指西方的微观经济学，其中的许多具体理论和方法，属于市场经济和社会化大生产的一般规律，是人类的共同财富，我们可以用来为提高我国企业经营管理决策的科学水平服务。当前，我国社会主义市场经济体制更趋完善，市场在社会资源配置中起着决定性的作用。经济全球化步伐加快，企业面对的国内外市场竞争更加激烈。在这种情况下，学习管理经济学，用体现市场经济和社会化大生产一般规律的经济学原理和科学的决策分析方法来武装广大经济管理人员，以提高他们在新形势下的决策能力，显得格外迫切、格外重要。

管理经济学要把微观经济学的原理和分析方法应用于企业管理决策的实践，所以，它与微观经济学的关系十分密切。微观经济学是一门理论科学，管理经济学则是一门应用科学。在自然科学中，数学、物理学和化学都是理论科学，把它们应用于各个工程技术领域，就有了机械工程学、冶金工程学、化学工程学、电子工程学等；在社会科学中，把经济学理论应用于社会经济的各个领域，就有了各种应用经济学，如农业经济学、工业经济学、贸易经济学、发展经济学、计量经济学、区域经济学、教育经济学、环境经济学、旅游经济学等，当然也就有了把经济理论应用于企业管理决策的管理经济学。

管理经济学的原理与方法主要来自微观经济学，但管理经济学不是简单借用微观经济学中一些现成的原理和结论，更重要的是运用在推导这些原理和结论时所使用的经济分析方法。这是因为微观经济学研究的是抽象的企业，它所涉及的决策问题大多只属于价格决策、产量决策，而在现实的管理中，要决策的问题多种多样，涉及企业的生产技术、生产规模、产品组合、广告和投资等诸多方面。显然，要依靠微观经济学得出的用来研究抽象企业的现成原理和结论来解决这么多的现实问题是很不够的。所以，管理经济学在进行经济决策时必须着重运用最基本的分析方法，这种方法就是微观经济学的边际分析法。

微观经济学对企业行为的研究，是以企业的唯一目标是追求最大限度的利润为前提的。但现实中并非如此，企业的目标只能是有条件地谋求尽可能多的利润。这是因为：首先，现实企业的经营活动通常受到一定的限制，例如资源条件的限制、政府法令的限制等，企业不能为所欲为。其次，从短期看，现实企业的目标总是多样化的，除了利润之外，还可能把增加市场份额、提高产品质量、开发新产品和承担社会责任等作为一定时期的目标。所以，管理经济学在运用微观经济学的经济分析方法进行管理决策时，尽管首先也要以利润的多少作为决策的准则，但是管理者在最后决定之前还必须兼顾其他目标和条件，这样作出的决策得到的就可能是满意的利润，而不是最大的利润。从长期看，企业应当以企业价值的最大化作为目标（详见绪论第4节）。

管理经济学与传统微观经济学的区别还表现为：微观经济学研究的企业是以它们所处环境的全部信息均已知和确定为假设的，管理经济学研究的现实的企业则通常在环境十分复杂、信息很不确定的情况下经营。因此，管理经济学在研究决策时还要借助来自其他学科的各种分析工具和概念，以便收集必要的信息，并在不确定的条件下选择最优方案。这些学科包括数学、统计学、运筹学、会计学、营销学等。从这个意义上说，管理经济学又是一门跨多学科的综合学科，它要在制定经济决策的总框架下，综合运用许多学科中的有关方法和概念。

管理经济学既然是一门应用科学，就不能局限于对经济理论本身的探讨，必然要研究企业管理经济决策的实践，并把这些实践与经济学理论联系起来。例如，要确定产品的最优价格，从经济理论上讲，应该使用边际分析法，即当边际成本等于边际收入时的价格才是最优的，但在实践中，人们常用成本加成法和其他方法。管理经济学应当对这种经济决策的实践尽量作出理论上的解释，从而成为经济理论与管理实践之间的桥梁。

第2节　管理经济学与企业管理决策

管理经济学研究如何把微观经济学的理论与方法用于企业管理决策的实践，所以，这门学科的研究范围是企业的管理决策。企业管理中要决策的问题很多，例如，战略决策（包括运营、新产品开发等），人事决策（包括人员配备、甄选和培训等），组织决策（包括组织结构设计等），财务决策（包括筹资、投资等），以及营销决策（包括制定营销战略、建立营销渠道等），等等。管理经济学当然不可能涉及企业管理中的所有决策问题，它涉及的只是与企业资源合理配置有关的经济决策。

决策就是选择，即在多个可行方案中选择最优的方案。从这个意义上说，管理经济学就是研究如何对可供选择的方案进行比较分析，从中找出最能实现企业目标的方案（即最优方案）的一门学科。

为了保证决策的科学性，决策工作必须按照自身的规律有序地进行。通常把管理决策过程分为七个步骤。

一、确定目标

决策是从众多方案中选择最佳方案，看哪个方案最有利于实现企业的目标。所以，为了进行选择，首先应确立企业目标。目标的确定应尽可能具体，目标太一般化或含糊不清，不利于企业作出真正最优的决策。

二、界定问题

之所以要进行决策，是因为在生产经营中存在问题，决策就是为了解决问题。所以，在决策前首先要界定问题，例如企业销售量下降了，利润未达到预定目标等。

三、找出问题产生的原因

问题界定之后，就要寻找产生问题的原因，即有哪些因素（变量）导致了问题的产生。不仅要找出影响问题的因素（变量），还要估计这些因素影响问题的程度，这就是经济学中所称的建立经济模型的过程。需要指出的是，利用经济模型来做管理决策，可以说是经济学对管理决策科学化所做的最大贡献。在管理经济学中，这种经济模型主要是各种经济函数以及反映这些函数关系的曲线。利用经济模型，在处理一个复杂的决策问题时会舍弃次要因素，找出影响事物发展的关键变量以及变量之间的因果联系，从而使决策方法简化、科学化和定量化。在所有管理科学中，管理经济学可以说是最巧妙、最普遍地应用经济模型来解决管理问题的一门学科。

四、提出可供选择的方案

产生问题的原因（因素）找到之后，就可以提出有可能采用的解决问题的方案。首先提出来的可能是那些最明显的方案，此时，不能认为方案已经足够，不必再提了，往往还需要拓展思路，通过调查研究，集思广益，看看还有没有其他更新的方案。总之，不要遗漏可能的方案。

提出的方案可能很多（如可能有几十个）。如果对这些方案一一进行精确的评价，往往要花费管理人员很多的精力和时间。所以，首先要进行粗选，有些方案经过粗略的计算就可以明显地看出不实用、成本高等不足之处，可以迅速淘汰，最后只对留下的少数几个方案进行精确的评估。

五、收集和估计数据

为了对方案进行精确的评估，首先要收集和估计与方案有关的各种数据。其中有些数据在企业内部（如生产部门、销售部门、财务部门、人事部门、质量控制部门）就可以收集到，有些数据则要从企业外部收集，主要途径是查阅政府部门或某信息机构在出版物上发表的报告等，或向有关信息公司购买数据，还有一些数据甚至可能需要企业通过直接调查来获得。

六、对各种可能的方案进行评估，从中选出最优方案

收集到数据以后，就可以根据经济模型对可供选择的方案进行分析和评价，从中选择最优方案。

在对各种可能的方案进行评价时，应当牢记企业的目标。最优的方案应当是最有利于企

业实现自己目标的方案。在评价过程中，既要有定量分析，也要考虑有些不能用数量表示的因素对决策的影响。

七、实施和监控

选出最优方案之后，要对方案实施的情况进行监控，以便了解方案实施的结果是否符合预定的目标。在评价、选择方案时的疏忽，或者实施方案过程中企业环境的变化，都可能使方案实施的结果偏离原来的目标，这时，就需要对选出的方案进行调整。

案例 0-1

玉溪卷烟厂的企业决策与快速发展

20世纪70年代末，玉溪卷烟厂还只是一个年产值只有几百万元的中小卷烟企业，但到了90年代初，企业的年利税总额已超过300亿元。十几年时间里，玉溪卷烟厂从一个名不见经传的小厂，发展成为亚洲第一、世界第五的现代化烟草企业，“红塔山”品牌也成为我国价值最高的品牌，连续六年位居中国最知名品牌之冠。玉溪卷烟厂快速成长的秘诀是什么？

企业的最基本决策就是生产什么、生产多少和如何生产。在我国，卷烟企业的生产数量是由国家烟草专卖局控制的，企业无权决定生产数量（生产多少），但是可以决定生产的品种（生产什么）和生产手段（如何生产）。玉溪卷烟厂的决策者十分清楚，在中国，高档香烟和普通香烟的成本相差无几，但价格却可能相差几十倍。因此，玉溪卷烟厂的决策者决定，企业一定要生产最高档的香烟。

要生产最高档的香烟，就需要最好的原材料和机器设备。香烟最主要的原材料是烟叶。玉溪地区海拔较高，日照充足，是最适合种植烟叶的地区之一。但是，最好的烟叶不仅需要好的种植条件，还需要良好的烟叶品种。于是，玉溪卷烟厂引进了美国最好的烟叶品种，并派农业技术人员到田间地头，指导农户成功地种出了高品质的烟叶。

即使有了好的烟叶，也不能保证生产出好的香烟。玉溪卷烟厂的决策者发现，使用国产卷烟机生产香烟不仅生产效率低，而且卷出的香烟质量差，消费者评价很低。为了提升卷烟的质量和工艺水平，玉溪卷烟厂的决策者决定进口国外先进的卷烟机和包装机。就这样，玉溪卷烟厂使用玉溪产的高质量的烟叶和进口的先进的机器设备，迅速提升了玉溪卷烟厂的卷烟质量，产品越来越受到高端消费者的欢迎，红塔山、红梅等品牌的香烟供不应求，一盒成本只有0.5元的红塔山，市场售价高达13元以上。玉溪卷烟厂的成长奇迹就是凭借上述几个成功的企业发展决策实现的。

第3节 管理经济学的基本方法

管理经济学的基本方法是边际分析法，它贯穿管理经济学决策分析的始终。

一、边际分析法体现向前看的决策思想

任何人在决策时都会问这样一个问题：“这样做值得吗？”对这个问题的回答是：“只要

境况在采取某项行动之后会比采取行动之前有所改善，采取这项行动就是值得的。”这个浅显易懂的道理正是边际分析法的精髓，体现了向前看的决策思想，即只看行动前后境况怎样变化，不管行动后的境况是怎样的。

需要指出的是，在实际生活中常常有人违背这个道理（见例 0-1）。

例 0-1

一家民航公司经营从甲地到乙地的航班，每名乘客的全部成本为 600 元，那么，当飞机有空位时，它能不能以较低的票价（如每张 400 元）卖给学生呢？人们往往认为不行，理由是每名乘客的运费是 600 元，如果票价低于这个数目，就会导致公司亏损。但根据边际分析法，在决策时不应当使用全部成本（全部成本包括飞机维修费用以及机场设施和地勤人员的费用等），而应当使用因学生乘坐飞机而额外增加的成本。这种额外增加的成本在边际分析法中叫做边际成本。本例中，因学生乘坐而引起的边际成本是很小的（如 100 元），它可能只包括学生的就餐费和飞机因增加载荷而增加的燃料支出。因学生乘坐而额外增加的收入叫做边际收入，就是学生票价收入 400 元。边际收入大于它的边际成本，说明学生乘坐飞机能为公司增加利润，所以按低价向学生出售机票对公司是有利的。

从例 0-1 的分析中可以得出这样的结论：企业在进行决策时，判断某项业务活动对企业有利还是不利，不应根据它的全部成本（包括过去已经支出的或承诺要支出的费用）的大小，而应将由这项活动带来的边际收入与它的边际成本进行比较，如果前者大于后者，对企业有利，否则对企业不利。这种分析方法就是边际分析法。边际分析法适用于一切经济决策，因而应当贯穿管理经济学的始终。

二、边际分析法和最优化原理

管理决策问题常常也是最优化问题。例如：企业的产量多大，才能实现利润最大；投入要素之间如何组合，才能使成本最低；等等。为了回答这类问题，最常用、最方便的方法就是边际分析法。这里有两类规则，分别适用于不同的情况。

1. 无约束条件下最优业务量的确定

例如，为了使企业利润最大，应生产多少产品，投入多少资源，制定什么价格，支出多少广告费等。在这里，“无约束”是指产品产量、资源投入量、价格和广告费的支出等都是不受限制的。在这种情况下，最优化的规则是：边际利润为正值（即边际收入大于边际成本）时，就应当增加业务量；边际利润为负值（即边际收入小于边际成本）时，就应当减少业务量；边际利润为零（即边际收入等于边际成本）时，业务量为最优，此时利润最大。

这是因为：边际收入是递减的，当边际利润为正值时，增加业务量能增加企业的利润；当边际利润为负值时，减少业务量能增加企业的利润；当边际利润为零时，继续增加或减少业务量都会使企业利润减少，故此时企业利润最大。

例 0-2

某农场员工在小麦地里施肥，所用的肥料数量与预期收获量之间的关系估计如表 0-1 所示。

表 0-1　　单位：千克

每亩施肥数量	预期每亩收获量	预期每千克化肥的每亩边际收获量
0	200	—
10	300	10
20	380	8
30	430	5
40	460	3
50	480	2
60	490	1
70	490	0

假定肥料每千克的价格为 3 元，小麦每千克的价格为 1.5 元。问：每亩施肥多少能使农场获利最大？

解：根据上述规则，当边际收入等于边际成本时，施肥量为最优。本例中，边际收入等于边际收获量（即增投 1 千克肥料所增加的产量）与小麦价格的乘积，边际成本等于肥料价格。据此，可计算出各种施肥数量条件下边际收入、边际成本和边际利润的数据（见表 0-2）。

表 0-2

每亩施肥数量（千克）	边际收入（元）	边际成本（元）	边际利润（元）
0	—		
10	15	3	12
20	12	3	9
30	7.5	3	4.5
40	4.5	3	1.5
50	3	3	0
60	1.5	3	−1.5
70	0	3	−3

从表 0-2 中可以看到，当每亩施肥数量为 50 千克时，边际收入＝边际成本，边际利润为零，此时，施肥数量为最优，利润最大。

利润＝总收入－总成本
　　＝1.5×480－3×50
　　＝570(元)

2. 有约束条件下业务量的最优分配

例如：一定量的某种资源，在不同的用途之间如何分配才能使利润最大；一定量的生产任务，使用哪种资源的组合才能使总成本最低；一定量的广告费，怎样用在不同广告媒介上才能使广告效果最大；等等。在这里，“有约束”是指被分配的资源或业务量是有限的、既定的。在这种情况下，最优化规则是：当各种使用方向上每增加一单位资源或业务量带来的边际收益都相等时，资源或业务量的分配能使总收益最大；当各种使用方向上每增加一单位资源或业务量引起的边际成本都相等时，资源或业务量的分配能使总成本最低。

这是因为：如果在各种使用方向上资源或业务量的边际收益（边际成本）互不相等，人们就有可能在不增加总的资源或业务量的前提下，通过减少边际收益低（边际成本高）的使用方向上的资源或业务量、增加边际收益高（边际成本低）的使用方向上的资源或业务量来增加总利润（减少总成本）。可见，只有当资源或业务量的分配能使各种使用方向上的边际收益（边际成本）均等（已不能通过调整资源或业务量的分配使境况更优）时，资源或业务量的分配才是最优的。

例 0-3

某公司下属两家分厂甲和乙生产相同的产品，但因技术条件不同，其生产成本也不相同。它们在各种产量下的预计总成本和边际成本数据见表 0-3、表 0-4。

表 0-3 　　分厂甲的数据

产量（万件）	总成本（万元）	边际成本（元/件）
0		
1	200	200
2	600	400
3	1 200	600
4	2 000	800
5	3 000	1 000

表 0-4 　　分厂乙的数据

产量（万件）	总成本（万元）	边际成本（元/件）
0		
1	100	100
2	300	200
3	600	300
4	1 000	400
5	1 500	500

现假定公司共有生产任务 6 万件，问：应如何在这两家分厂中分配，才能使公司总生产成本最低?

解：任务的分配应按边际成本的大小顺序来进行：第 1 个 1 万件应分配给乙，因为此时乙的边际成本最低，只有 100 元。第 2、第 3 个 1 万件应分别分配给甲和乙，因为此时甲、乙的边际成本为次低，均为 200 元。第 4 个 1 万件应分配给乙，因为此时乙的边际成本为 300 元。第 5、第 6 个 1 万件则应分别分配给甲和乙，因为此时它们的边际成本均为 400 元。所以，总任务 6 万件应分配给甲 2 万件、乙 4 万件。此时，两者的边际成本相等，均为 400 元；总成本最小，为1 600万元（600＋1 000）。

例 0-4

某企业的广告费预算为 110 万元，打算分别用于电视、广播和报纸广告。经调查，这三种媒体的广告效果预计如表 0-5 所示。

表 0-5

做广告的次序	能增加的销售额（万元）		
	电视	广播	报纸
第 1 次	4.0	1.5	2.0
第 2 次	3.0	1.3	1.5
第 3 次	2.2	1.0	1.2
第 4 次	1.8	0.9	1.0
第 5 次	1.4	0.6	0.8

假设每做一次广告，电视、广播和报纸的费用分别为 30 万元、10 万元和 20 万元。问：应如何在不同媒体中分配广告预算，才能使总广告效果最优？

解：因广告费资源有限，故当各种媒体上的每元广告费的边际效果均等时，广告费的分配为最优。

三种媒体第 1 次广告每元广告费的边际效果可计算如下：

电视：$\frac{4}{30}=0.133$

广播：$\frac{1.5}{10}=0.15$

报纸：$\frac{2}{20}=0.10$

可见，尽管做一次电视广告的效果比做广播、报纸广告好（$4>1.5$，$4>2$），但因电视的广告费高，每元广告费的边际效果的值在第 1 次广告中并不是最大的。广告费的分配应根据每元广告费边际效果的大小来进行（见表 0-6）。

表 0-6

选择的广告	每元的边际效果	每元边际效果排序	累计广告费（万元）
广播（第 1 次）	1.5/10=0.15	1	10
电视（第 1 次）	4/30=0.133	2	40
广播（第 2 次）	1.3/10=0.130	3	50
电视（第 2 次）	3/30=0.100	4	80
广播（第 3 次）	1/10=0.100	4	90
报纸（第 1 次）	2/20=0.100	4	110

可见，选择广播做 3 次广告，电视做 2 次广告，报纸做 1 次广告，就可以使有限的广告费（110 万元）取得最好的广告效果。此时，各种媒体的每元边际效果均等于 0.100。

三、边际分析法扎根于数学之中

边际分析法还很容易与微分学结合起来，成为寻求最优解的十分方便的工具。管理经济学中，在进行决策时常常要求建立经济模型，使用函数关系来表示变量之间的因果联系。决策就是对这样的函数关系寻找其最优解，即分析自变量的变化会怎样影响因变量，并在此基础上寻求当因变量的值最大限度地满足目标时自变量的值。就函数关系来说，函数的边际值就是指因变量的变化率。而在微分学中，因变量的变化率就是函数的一阶导数（如果函数包含两个以上的变量，则可以对每个变量求偏导）。所以，只要函数关系已知，运用微分学就可以很方便地找出边际值，进行边际分析。应该说，边际分析法之所以能够在管理经济学中得到广泛应用，是与这种方法深深扎根于数学之中分不开的。

四、增量分析法是边际分析法的变形

边际分析法在管理经济学中得到了广泛的应用，但到目前为止，这种应用还主要限于对经济理论的探讨，较少用于决策的实践。这是因为这种应用要求先建立经济模型，而建立经济模型要求管理人员掌握经济函数的估计技术。尽管现在计算机已经很普及，但并不意味着多数企业管理人员已熟练地掌握了这门技术，即使能使用，也往往要花费较多的时间和精力。因此，在许多情况下，人们宁愿使用增量分析法。

增量分析法是边际分析法的变形。二者的共同之处是，判断一个方案对决策者是否有利，都要看由此引起的收入是否大于由此引起的成本，即看它能否为决策者增加利润。它们都体现了向前看的决策思想。二者的区别仅仅在于，边际分析法分析的是变量的微量（或单位）变化对收入、成本或利润等的影响，增量分析法分析的则是某种决策对收入、成本或利润等的影响。这里，“某种决策”可以是变量的大量变化（不是微量变化），也可以是非数量的变化（如提高产品质量或改进技术等）。增量分析法只运用初等数学，在决策时可操作性更强。所以，尽管边际分析法从理论上讲是解决最优化问题的最好工具，但在实践中，许多管理人员仍喜欢使用增量分析法。正因为这样，在本书中，增量分析法与边际分析法并举。

生活中的经济学 0-1

学习时间应当怎样分配

高考临近，学生张某屈指一算，复习功课的时间只剩 15 天了，还有语文、数学和外语三门功课需要复习。张某估计这三门课的考试分数与复习时间之间的关系如表 0-7 所示：

表 0-7

语文		数学		外语	
复习天数	分数	复习天数	分数	复习天数	分数
0	40	0	50	0	30
1	50	1	60	1	50
2	59	2	69	2	60
3	67	3	77	3	66
4	74	4	84	4	71
5	79	5	90	5	74
6	83	6	95	6	76
7	86	7	96	7	77
8	88	8	97	8	77
9	89	9	97	9	77
10	89	10	97	10	77

问：如果张某想使三门课的总分最高，他应该怎样在三门课之间分配复习时间？

回答这个问题首先要算出在不同复习天数上每增加 1 天复习时间，可使分数增加多少（即边际增分），见表 0-8。

表0-8

语文		数学		外语	
复习天数	分数	复习天数	分数	复习天数	分数
0	—	0	—	0	—
1	10	1	10	1	20
2	9	2	9	2	10
3	8	3	8	3	6
4	7	4	7	4	5
5	5	5	6	5	3
6	4	6	5	6	2
7	3	7	1	7	1
8	2	8	1	8	0
9	1	9	0	9	0
10	0	10	0	10	0

根据边际分析原理，当各门课的边际增分相等时，三门课的总分最高。从上表中可找出，三门课的边际增分均为5分时，总复习时间恰好是15天，分配方案是：语文5天，数学6天，外语4天。此时总分最高，为245分（79+95+71）。

第4节　企业的性质、地位和作用以及目标

管理经济学的研究对象是企业，而企业既是市场的主体，又是市场经济中基本的决策单元，因此有必要对社会主义市场经济体制下企业的性质、地位和作用以及目标进行探讨。

一、企业的性质

讨论企业的性质主要是要回答两个问题：(1) 在市场经济条件下企业产生的根源；(2) 企业作为市场的主体和基本的决策单元，必须具备哪些基本特征。

企业是指以营利为目的，把各种生产要素组织起来，经过转换，为消费者或其他企业提供产品或劳务的经济实体。但从历史上看，企业并不是从来就有的。在最原始的市场上，交易活动的当事人大都是个体生产者，到了现代，生产者绝大多数已经不是个体生产者而是企业。市场经济是依靠价格体系指挥和协调生产者和消费者的行为的，而在企业内部，生产者的行为则由一个统一的领导层依靠行政命令来指挥和协调。显然，这是两种不同的组织生产的方式，前者凭借“看不见的手”，后者则凭借“看得见的手”。这就产生了一个问题：既然市场机制能够把千百万人的经济活动有效地联系起来，那么，为什么市场经济发展到今天，两种不同的组织生产（配置资源）的方式还需要并存呢？对于这个问题，经济学家科斯的产权经济学用交易费用理论进行了解释。

企业存在的理由在于企业生产产品的总成本低于企业不生产产品的成本。如果利用企业的这种组织形态生产产品，其成本比个体生产者还高，这个世界上就不会有企业存在了。那么，为什么有了企业会使生产成本下降？主要原因之一是企业的存在可以节约交易成本。交

易费用是指一切不直接发生在物质生产过程中的成本耗费。例如：在市场交易中，需要收集每一种产品的有关信息（如价格、质量、供求关系等），这就要支出信息费用；为了使双方对交易条件满意，需要谈判和讨价还价，这就要支出谈判费用；为了保证契约的实施，需要对契约的实施进行监控，这就要支出监督费用；等等。当市场的交易费用太高，而通过形成一个组织，并允许某个权威（企业家）来支配资源就能节省交易成本时，企业就产生了。在这里，企业代替了市场，"看得见的手"代替了"看不见的手"。在存在企业的条件下，企业家只需要在企业外部与其他企业签订少量合约，就可以把协作生产的一切必要资源置于他的控制之下，由他来组织生产（如果没有企业，在数量众多的独立的个体生产者之间就要签订大量合约）。同时，长期合约代替了短期合约。例如，企业主与工人之间可以签订长期合约，而不必每次都为签订新合约而讨价还价。这样，既可以节省签订和执行合约所需的费用，又能避免或减少交易中的不确定性，从而降低交易风险。

但是，企业规模也不是越大越好。因为不仅市场活动有成本耗费，在企业内部，诸如监控员工的工作、组织内部零部件的供应等也有成本耗费，这种成本耗费也是一种交易费用，称为内部交易费用。当企业规模过大，以致企业内部交易费用的增加超过了市场交易费用的节约时，再扩大规模就不经济了。过分扩大企业规模会导致内部交易费用增加的一个重要原因是：管理者的能力是有限的，如果规模过大，超出了管理者的控制能力，就会使企业内部配置资源的效率降低。

由此可见，当企业内部交易费用的增加恰好等于市场交易费用的节约时，企业的规模达到最优，这时的规模也就是企业在市场中的合理边界。

在市场经济中，企业又是最重要的市场活动主体和基本的决策单元。作为市场的主体和基本的决策单元，企业必须具备几个基本特征：（1）它必须是独立自主经营的。因为只有这样，它才可能对市场的信号灵敏地作出反应，根据市场的变化迅速作出恰当的经营决策。（2）它必须是自负盈亏的。只有自负盈亏的企业才能成为独立的利益主体，才能在物质利益的驱动下积极主动地按照市场的变化及时调整自己的生产和经营。（3）最根本的是，企业的产权必须明晰，只有这样，企业财产的有效利用才会真正受到产权所有者的关注和保护，使自主经营和自负盈亏真正落到实处。所以，企业只有自主经营、自负盈亏且有明晰的产权，才能真正做到独立决策，积极自主地参与竞争，使市场竞争机制得以充分发挥，使市场能够在配置社会资源方面发挥应有的作用。

二、企业在国民经济中的地位和作用

企业是构成国民经济的细胞。它提供的产品和服务满足了国民经济发展和人民生活水平提高的需要。它创造了成千上万个就业机会，也是居民收入的最重要来源。为了保证政府各部门的正常运转，政府也必须有自己的收入。这种收入主要来自税收，而税收来自企业和居民，但归根到底又主要来自企业。市场配置资源效率建立在企业配置资源效率的基础上，国民经济的整体经济效益建立在企业经济效益的基础上。所以，只有企业在生产、技术、经营和投资等各方面都正确决策，才能保证市场效率和国民经济整体效益的提高。

三、企业的目标

企业的目标可以分为短期目标和长期目标。在说明企业的目标之前，有必要明确一个问题，那就是企业的目标是由谁决定的。企业是一个组织，其目标是人赋予它的。经济学认为，企业目标的确定者是企业的所有者，即投资人。下面将先探讨短期目标和长期目标，然后探讨如何促使经理人员为实现企业的目标而努力。

1. 企业的短期目标

企业的短期目标总是多样化的，因为企业是社会的一个细胞，企业的生存和发展离不开各类利益相关者（见图0-1）。他们都有各自的利益，企业只有满足各利益相关者的利益和要求，才能调动各方面的积极性，促使企业兴旺发达。

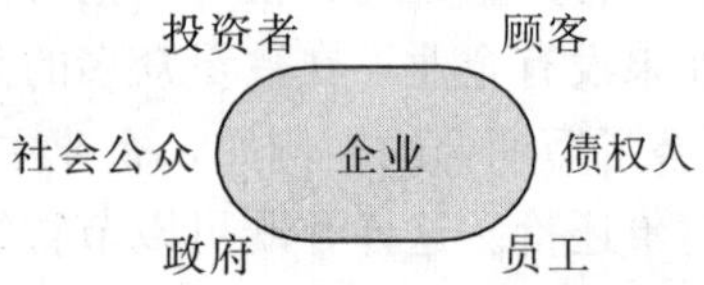

图0-1 企业的利益相关者

（1）投资者。企业当然不能没有投资者（股东或老板），投资者向企业投资是希望得到合理的回报，企业必须有足够的利润来满足投资者的要求，否则投资者就可能把资金抽走，改投别处。

（2）顾客。一家企业的成败，归根到底取决于顾客是否愿意购买它的产品。顾客多，生意就兴隆；没有顾客，企业就会倒闭。怎样才能让更多的顾客购买自己的产品呢？为了做到这一点，企业必须保证不断提高产品的性能和质量，增加花色品种，更好地满足消费者不断变化的需求。

（3）债权人。债权人是指向企业出借资金的人。有些债权人向企业赊销了原材料或供应品，另一些债权人则借钱给企业。企业必须到期偿还债务，并对借钱给企业的这些人支付一定的利息。做不到这一点，企业的信用就会受到影响，不利于企业的经营，甚至会导致企业破产。

（4）员工。员工是为生产（或销售）产品提供劳务的人。员工希望有优厚的报酬、满意的福利和良好的工作条件，如果企业不能满足这些要求，有才能的员工就有可能到待遇更高的企业去工作。企业留不住有才能的员工，就会在竞争中处于劣势。

（5）政府。企业必须遵守政府的法令并照章纳税。政府用来管制企业的法令有很多，例如有关产品质量的法令、反垄断和不正当竞争的法令、防止污染的法令、有关劳动关系的法令等。企业不遵守这些法令，不照章纳税，就会受到政府的制裁，甚至被勒令停业。

（6）社会公众。企业应该与社会公众保持良好的关系，力求在社会上建立良好的形象和声誉，这也是企业发展的一个条件。为此，对企业的要求是：按公平合理的价格出售产品；注意保护环境；参与本地或全国性的社团及慈善组织的一些活动；等等。

企业不仅要与社会上的各种人打交道，还要与物（如设备、厂房等）打交道。企业必须使设备保持良好的技术状态，并不断有所改进，以提高市场竞争力。所以，企业的技术改造也常常是企业的短期目标之一。

综上所述，企业的短期目标是多样化的，只有统筹兼顾，充分调动各方面的积极性，才能把企业办好。利润虽不是企业唯一的目标，但仍是一个很重要的目标，因为如果没有利润，就不能吸引投资，而如果没有资金来源，企业就根本不能存在。但在短期内，企业也可以暂时放弃或减少对利润的追求，致力于其他目标的实现。

2. 企业的长期目标

企业的长期目标是实现企业长期利润的最大化。近些年来，随着人们对货币的时间价值以及风险的认识的加深，经济学家提出了能反映长期利润大小的“企业价值”的概念，提出“企业的长期目标应是企业价值的最大化”。在这里，企业价值是指企业未来预期利润收入的现值之和。[①] 其计算公式为：

$$企业价值=\frac{\pi_1}{1+i}+\frac{\pi_2}{(1+i)^2}+\cdots+\frac{\pi_n}{(1+i)^n}$$

$$=\sum_{t=1}^{n}\frac{\pi_t}{(1+i)^t}$$

式中，π_t 为第 t 年的预期利润；i 为资金利息率；t 为第几年（从第 1 年即下一年，到第 n 年即最后一年）。

由于利润等于总销售收入（TR）减去总成本（TC），上述公式又可表述为：

$$企业价值=\sum_{t=1}^{n}\frac{TR_t-TC_t}{(1+i)^t}$$

式中，TR_t 为企业在第 t 年的总销售收入；TC_t 为企业在第 t 年的总成本。

与传统经济学认为的企业目标就是利润最大化相比，将企业价值最大化作为企业目标主要有以下三大优点。

（1）促使管理人员坚持长期行为。如果企业的目标是利润最大化，管理人员就会只根据眼前的利益大小行事。如果目标是企业价值最大化，管理人员就要考虑眼前的行为会给将来的利润带来什么影响，促使管理人员在决策时从长远考虑。

（2）促使管理人员在决策时考虑收益的时间性。根据利润最大化目标，决策者在选择最优方案时，只选择投资总收益最大的方案，而不考虑收益在时间上的差异。企业价值最大化目标则要求决策者在选择最优方案时必须考虑这种差异。例如，大通公司有两个建设方案 A 和 B 可供选择。两个方案 5 年内的收益情况见表 0-9。

表 0-9　　两个方案的收益比较

年次	方案 A	方案 B
1	0	1.75
2	0	1.75
3	0	1.75
4	0	1.75
5	10	1.75
总计	10	8.75

根据利润最大化目标，人们可能选择方案 A，因为它的总收益大于方案 B；但根据企业价值最大化目标，人们可能选择方案 B，因为方案 B 获得收益的时间比方案 A 早。

（3）促使管理人员在决策时考虑经营的风险性。利润最大化目标不考虑风险因素，企业价值最大化目标则要考虑经营（或投资）的风险。因为经营风险越大，资金成本（利息率）就越高，企业价值就会越小，这促使决策者在选择方案时必须在回报和风险之间

① 准确地说，企业价值等于企业未来预期现金流量的现值之和，参见本书第 8 章。

进行权衡。

上面讨论了企业的短期目标和长期目标。两者的关系是：对短期目标的设计和安排要服从于长期目标。

案例 0-2

阶段性战略目标引领海尔发展壮大

海尔集团的三阶段成长战略本质上也是海尔集团针对发展过程中的不同情况制定的企业发展目标，它引领海尔集团由小到大，一步一步地持续、稳定、快速发展。

(1) 名牌战略阶段（1984—1991年）。在这一阶段，海尔通过专注于冰箱这一种产品的生产、营销和服务，积累和探索企业管理经验。如在这一时期提出"有缺陷的产品就是废品""用户永远是对的""先卖信誉、后卖产品""无搬动服务"等理念，初步创立了海尔产品的名牌形象，总结出一套可移植的管理模式，为后来的发展奠定了基础。

(2) 多元化战略阶段（1992—1998年）。海尔认为：品牌加规模是企业在市场竞争中立于不败之地的重要法宝。所以从1992年开始，海尔从一种产品向多种产品扩张，全面实施多元化战略。海尔通过兼并、收购、合资、合作等手段，先向白色家电，后向黑色家电，进而向米色家电进军。海尔以"吃休克鱼"的方式进行资本运营，通过低成本扩张，在六年时间内把海尔做大做强了。

(3) 国际化战略阶段（1998年以后）。为与国际接轨，海尔提出创国际化品牌战略。海尔创造性地运用"先难后易""出口创牌不是单纯创汇""三个三分之一"的国际化战略，到2000年实现出口创汇28亿美元，产品批量出口160多个国家和地区。

资料来源：孙健，等．海尔的策略：一个中国企业的成长．北京：企业管理出版社，2001.

3. 企业目标和经理行为

现代企业制度下的企业，所有权和经营权是分离的。所有者（股东）并不直接经营企业，而是通过董事会雇用经理人员来管理企业。在这里，所有者是委托人，经理人员则是代理人。所有者（股东）的目标是企业价值最大化（反映在资本市场上就是股票价格的最大化，即股东财富的最大化）。经理人员追求的则是高薪和更多的福利。有的经理人员可能还追求诸如豪华的办公室、奢侈的旅行和充足的闲暇时间等。有的目光短浅的经理甚至为了突出自己眼前的"业绩"而偏好短期行为。所以，所有者的目标和经理人员的目标是有差异的；经理人员有可能以牺牲股东的利益为代价来谋求个人的利益。这就是经济学中所说的"委托—代理"问题。怎样才能促使经理人员真正代表所有者的利益来管好企业呢？这也正是我国企业界目前非常关心的问题。

经济学界一般认为，为了解决这个问题，首先应当在企业内部建立健全对经理人员的监督机制。对于业绩欠佳的高层经理，股东大会（或通过董事会）要有能及时撤换的机制。当然，这种监督不可能太细太死，否则不仅成本太高，而且会降低管理效率。其次（但不是次重要的），还应建立健全对经理人员的激励机制，将经理人员的报酬和他们的经营业绩（是否实现了企业价值的最大化）紧密挂钩。具体做法可以多种多样，如建立与企业业绩挂钩的年薪制或奖金制，让高层经理持有本公司的部分股票和实行股票期权制①等。

另外，在企业外部，造就一个竞争性的市场环境对于促使经理人员按股东利益行事也很重要。如果资本市场是充分竞争和有效率的，企业的业绩一旦变差，就会迅速反映到股票价格上，从而成为对经理人员的最好监督。如果企业股票价格低到一定程度，被其他企业接管（收购）的风险就会加大，这是经理们所害怕看到的。因为一旦被接管，他们的职位就可能不保。此外，如果经理人员的人才市场是充分竞争和有效率的，经理之间就会有激烈的竞争。只有业绩好的经理人员能得到高薪，受到重用，业绩差者则得不到高薪，甚至可能失业。这样，经理人员就必须按照股东的要求努力工作。

案例 0-3

职业经理人雇主评价的力量

董事长詹姆斯和几位大股东正在为他们的公司寻找下一任总经理。在对猎头公司推荐的几位候选人进行各种测试之后，詹姆斯等人一致认为候选人刘易斯是一位管理能力很强的职业经理人，过去曾经在几家企业从事管理工作，业绩也不错。在对刘易斯的聘用进行最终决策以前，詹姆斯还要做一件事，那就是与刘易斯曾经工作过的几家企业的董事长取得联系，听取他们对刘易斯的评价。在与几位董事长分别见面后，詹姆斯得出了基本结论：刘易斯不仅业务能力很强，工作勤勤恳恳，而且始终重视维护所有者的利益。于是，詹姆斯向公司的大股东们汇报了情况，董事会决定任命刘易斯为公司新任总经理。

美国是职业经理人使用最广泛的国家之一，约束职业经理人的制度也最完善。美国企业在从外部聘任高管时，不仅关注职业经理人的能力与过去的业绩，更关注其人品。新雇主十分重视向原雇主了解该职业经理人的情况。此时，原雇主都会对该职业经理人作出客观公正的评价，因为这样做对于所有的企业所有者都是最有利的。原雇主提供的信息和评价对于企业聘用职业经理人起着重要的参考作用。一般来说，如果职业经理人过去曾经作出过损害所有者利益的事情，即使该人能力很强，也不会有新的雇主雇用此人。

第 5 节　企业的利润

对于利润这一概念，经济学和会计学都有过论述。在这里，主要是从决策的角度，即在市场经济条件下资源优化配置的角度，来考察企业利润的种类及其在决策中的作用。

一、会计利润和经济利润

企业利润可以分为会计利润和经济利润。其中，只有经济利润才是决策的基础，会计利润是不能用于决策的。

利润等于企业销售收入与成本之间的差额。企业的成本又有会计成本和机会成本之分。

---

① 股票期权制就是给予高层经理在一定时期（例如 5 年）内，按规定的价格购买本公司一定数量股票的权利。如果公司股票价格在这一时期内上涨，经理人员就可以行使这一期权，从中得到好处。股价涨得越多，好处就越大。在美国，一些收入最高的经理的收入主要来自股票期权。

销售收入减去会计成本，得到的就是会计利润；销售收入减去机会成本，得到的就是经济利润。

会计利润＝销售收入－会计成本

经济利润＝销售收入－机会成本

会计成本是会计师在账簿上记录下来的成本。会计成本不能用于决策，原因有二：一是它属于历史成本，而决策总是面向未来的；二是（这一点更重要）它只反映使用企业资源的实际货币支出，没有反映企业为使用这些资源而付出的总代价。

会计利润是在会计成本的基础上算出的，当然也不能用于决策。会计利润就是企业的实际收入大于实际支出的部分，它反映企业通过经营增加了多少货币收入。会计师计算会计利润的目的是报告企业的盈亏情况，以便投资者作为投资的根据、政府作为征税的根据等。经济学家的目的则是作出决策，说明企业的资源是否得到了最优的使用，因此必须使用经济利润。为了说清这个道理，有必要先解释机会成本这一管理经济学中十分重要的概念。

二、机会成本

1. 什么是机会成本

机会成本是由资源的稀缺性引起的。资源的稀缺性决定了资源如果用于甲用途，就不能再用于乙用途。例如，假设某企业有10 000元资金，如用于甲产品的生产，就不能用于乙产品的生产，两者只能选择其一。所以，资源的稀缺性决定了对资源的用途要有所选择，这就是资源的优化配置问题。资源的优化配置是指将有限的资源使用在最有价值的地方，或者说将有限的资源使用在企业为此所付代价（即所作出的牺牲）最小的地方。在本例中，假如10 000元资金用于甲产品生产能获利5 000元，用于乙产品生产能获利2 000元。也就是说，如果生产甲产品，就要放弃生产乙产品可能带来的收入2 000元，这2 000元就是企业把资金用于生产甲产品所要作出的牺牲，即2 000元为10 000元资金用于生产甲产品这一用途的机会成本。同理，5 000元是10 000元资金用于生产乙产品这一用途的机会成本。所以，如果一项资源既能用于甲用途，又能用于其他用途（由于资源的稀缺性，如果用于甲用途，就必须放弃其他用途），那么资源用于甲用途的机会成本，就是资源用于次好的、被放弃的其他用途本来可以得到的净收入。为什么叫机会成本？因为如果资源用于甲用途，就会失去资源用于其他用途可能得到收入的机会，所以，它是一种机会损失。这种损失是企业在选择资源用途，也就是决策时所必须考虑的。对经济学家来说，只有机会成本才是真正的成本。

2. 几种特殊情况下机会成本的计算方法

（1）业主用自己的资金办企业的机会成本，等于如果他把这笔资金借给别人可能得到的利息。

（2）业主自任经理（自己管理企业）的机会成本，等于如果他在别处从事其他工作可能得到的薪酬收入。

（3）机器如果原来是闲置的，现在用来生产某种产品的机会成本是零。

（4）机器如果原来用来生产产品A，可得到一笔利润收入，现在改用来生产产品B的机会成本，就是它生产产品A可能得到的利润收入。

（5）过去买进的物料，现在市价变了，其机会成本就应当按现在的市价（即这批物料如不用于生产，而用于出售可能得到的收入）来计算。

(6) 使用按目前市价购进的物料、按目前市场工资水平雇用的员工以及按目前市场利息率借入的资金的机会成本与其会计成本是一致的。

(7) 机器设备折旧的机会成本是该机器设备期初与期末可变卖价值之差。

下面举例说明机会成本的计算和应用。

例 0-5

甲用自己的钱1 000万元办工厂（如果这笔钱贷出去，每年可得利息 100 万元）。乙则从银行借1 000万元办同样的工厂，每年支付利息 100 万元。试求甲、乙资金的会计成本和机会成本。

解：甲：会计成本＝0，机会成本＝100 万元；

乙：会计成本＝100 万元，机会成本＝100 万元。

从会计观点看，甲的会计成本低于乙，甲的方案似乎比乙的好；但从经济观点看，这两个方案的机会成本相同，说明它们是一样的。

例 0-6

甲自己当经理管理工厂，不拿工资，但如果他在其他单位工作，每月可得工资 12 000 元。乙聘请别人当经理来管理工厂，每月付工资 12 000 元，试求甲和乙管理工厂的会计成本和机会成本。

解：甲：会计成本＝0，机会成本＝12 000 元；

乙：会计成本＝12 000 元，机会成本＝12 000 元。

从会计观点看，甲的管理费用低，其方案似乎较优；但从经济观点看，这两个方案的机会成本相同，说明它们没有优劣之分。

例 0-7

假定有两个方案。

方案Ⅰ：机器甲原来闲置，现在用来生产产品 B，所花的人工、材料费按现行市价计算共为10 000元；折旧费为 2 000 元（假定折旧费与机器甲期初、期末残值的差额相等）。

方案Ⅱ：机器乙原来生产产品 A，利润收入为 2 000 元。现在改为生产产品 B，所花的人工、材料费按现行市价计算共为10 000元；折旧费为2 000元（假定机器乙期初与期末残值的差额为 4 000 元）。

试求两个方案的会计成本和机会成本。

解：方案Ⅰ：

生产产品 B 的会计成本＝10 000＋2 000＝12 000(元)

$$\text{生产产品 B 的机会成本}=\text{人工、材料费的机会成本}+\text{折旧的机会成本}+\text{设备的机会成本}$$

$$=10\,000+2\,000+0=12\,000(\text{元})$$

方案Ⅱ：

生产产品 B 的会计成本＝10 000＋2 000＝12 000(元)

$$\text{生产产品B的机会成本}=\text{人工、材料费的机会成本}+\text{折旧的机会成本}+\text{设备的机会成本}$$

$$=10\ 000+4\ 000+2\ 000=16\ 000(\text{元})$$

从会计观点看，这两个方案的会计成本相同，似乎没有优劣之分；但从经济观点看，方案Ⅰ的机会成本较低，所以，方案Ⅰ优于方案Ⅱ。

例0-8

企业甲每年耗用钢材100吨，用的是库存材料，当时价格为10 000元/吨。企业乙每年也耗用钢材100吨，用的是现购材料，市价为12 000元/吨。试求企业甲和企业乙耗用钢材的会计成本和机会成本。

解：企业甲：会计成本＝100×10 000＝1 000 000(元)

机会成本＝100×12 000＝1 200 000(元)

企业乙：会计成本＝100×12 000＝1 200 000(元)

机会成本＝100×12 000＝1 200 000(元)

从会计观点看，企业甲的成本较低；但从经济观点看，两个企业的机会成本相同，说明两种做法在决策上没有优劣之分。

三、经济利润是资源优化配置的指示器

上面讨论了机会成本。机会成本即当资源不用于本用途，而用于其他用途（准确地说，是其他用途中最好的用途）时的价值（收入）。由于经济利润等于销售收入减机会成本，因此，经济利润大于零，说明资源用于本用途的价值要高于用于其他用途的价值，说明本用途的资源配置较优。经济利润小于零，说明资源用于本用途的价值低于用于其他用途的价值，说明本用途的资源配置不合理。所以，经济利润是资源优化配置的指示器，它指引人们把资源用于最有价值的地方。正因为如此，经济利润是决策的基础。

下面举例说明经济利润的计算和使用。

例0-9

某商人拟投资500 000元开设一家商店，自当经理。年收支情况预计如下（单位：元）：

销售收入		1 650 000
会计成本		1 450 000
其中：售货成本	1 200 000	
售货员工资	200 000	
折旧	50 000	
会计利润		200 000

需要说明的是，该商店的存货是过去购进的，假如现在进这批货，售货成本将为1 300 000元。售货员的工资则与现在劳动市场上劳动力的工资水平相当。这500 000元资产预计使用一年后只值440 000元。经理如在别处工作年收入为150 000元。全部投资若投入其他风险相同的

事业可获年收入40 000元。试求该商店的年预计经济利润；该商人是否应在这里投资。

解：

$$\text{全部机会成本}=\text{售货机会成本}+\text{售货员工资机会成本}^{①}+\text{折旧机会成本}+\text{经理薪酬机会成本}+\text{资金机会成本}$$

$$=1\ 300\ 000+200\ 000+(500\ 000-440\ 000)+150\ 000+40\ 000$$

$$=1\ 750\ 000(\text{元})$$

$$\text{经济利润}=\text{销售收入}-\text{全部机会成本}$$

$$=1\ 650\ 000-1\ 750\ 000$$

$$=-100\ 000(\text{元})$$

可见，尽管该商店有会计利润200 000元，但经济利润为负值，说明该商人在这里投资并不合算。

四、经济利润和正常利润

当销售收入等于全部机会成本时，经济利润等于零，但这并不意味着企业就没有利润。这种情况下的企业利润称为正常利润。正常利润是指投资者如果把这笔资金投于其他相同风险的事业可能得到的收入，也就是为了吸引投资者在本企业投资，必须给他的最低报酬，否则投资者就会因不满意而把资金抽走，投到其他地方去。正常利润属于机会成本，是企业全部机会成本的组成部分，即经济成本中包含了正常利润。在例 0－9 中，这个正常利润就是资金的机会成本40 000元。所以，经济利润又是超过正常利润部分的利润。在例 0－9 中，经济利润为－100 000元，意味着投资者在这家企业投资，将比在其他地方投资（在其他地方可得正常利润40 000元）少得利润100 000元。

五、经济利润与外显成本、内涵成本

外显成本是指企业实际的支出，通常能在会计账上表现出来；内涵成本是指非实际的支出，是会计账上未表现出来的开支，它等于机会成本和外显成本的差额。例如，过去买进木料100 立方米，总价为100 000元，现在由于物价上涨，这批木料可售150 000元。则这批木料的外显成本为100 000元，机会成本为150 000元，内涵成本为50 000元（150 000－100 000）。在有些情况下，如外显成本为零，则机会成本等于内涵成本。例如，企业主如在别处工作每月可得工资 10 000 元；如在本企业自任经理，不拿工资，则其外显成本等于零，机会成本等于内涵成本，为 10 000 元。

因此，经济利润还可以用下式表示：

$$\text{经济利润}=\text{销售收入}-(\text{外显成本}+\text{内涵成本})^{②}$$

---

① 在本例中，售货员工资的机会成本等于会计成本。

② 在经济学中，经济利润＝销售收入－机会成本。这里不存在会计成本的概念。但在管理会计学中，为了运算方便，常使用这样的公式：经济利润＝销售收入－(会计成本＋机会成本)。在这里，会计成本是指外显成本，但机会成本已不是原来意义上的机会成本，而是指内涵成本。在本书以后几章中提到“机会成本”时，有的是指经济学上的概念，有的则使用管理会计学上的概念，请读者注意。

本书以后各章中谈到的成本和利润概念，除特殊标明的外，均指经济成本和经济利润。这里，经济成本即机会成本，包括外显成本和内涵成本。

生活中的经济学 0-2

看电视的经济学

看不看电视也是一种决策。为什么有人看得多，有人看得少？或有时看得多，有时看得少？他们决定是否看电视的依据是什么？依据之一就是看电视的机会成本的大小。

例如，孩子正在准备高考，家长可能会严格限制他看电视的时间。为什么？因为看电视要占用时间，而时间是稀缺资源，它可以用于多种用途，比如可用于看书（准备考试），也可用于看电视。但用于前者就必须放弃后者，反之亦然。看了电视就不能看书，高考成绩就会下降，升学概率就会降低，这就是看电视的机会成本。这个机会成本太大，是家长所不希望看到的。但如果孩子已经考完，闲暇时间很多，这时看电视的机会成本接近于零，家长就会放宽对孩子看电视的时间限制。

人们是否选择看电视，还有一个决定因素，就是电视节目的精彩程度，也就是能给自己带来多大的愉悦和满足。譬如，一位主妇要在做家务和看电视之间作出抉择。如果多看电视，就要少做家务，可能导致家里凌乱不堪，给生活带来不便和不悦，这就是她看电视的机会成本。但如果电视节目好，她觉得看电视带来的愉悦和满足（看电视的收益）足以弥补少做家务带来的不便和不悦（看电视的机会成本）而且有余，就会选择看电视，否则就选择做家务。如果电视节目很多，她会选择哪个节目？当然是收益高出成本最多的节目。

□小　结

管理经济学是一门研究如何把经济学（主要是微观经济学）的理论和经济分析方法应用于企业管理决策实践的学科。

管理经济学借用微观经济学的原理与方法，因此它们之间的关系十分密切。它们的共同之处是都研究企业的行为，但两者又是有区别的。微观经济学是一门理论科学，它研究抽象的企业；管理经济学则是一门应用科学，它研究现实的企业。微观经济学以企业的唯一目标是追求最大限度利润为假设；管理经济学则认为，现实企业的目标从短期看只能是有条件地谋求尽可能多的利润，从长期看则是追求企业价值的最大化。微观经济学是以企业所处环境的全部信息均已知和确定为假设，据此来研究企业行为的一般规律；管理经济学则认为企业的环境信息是不确定的，因而需要依靠多种学科的知识来收集有关的信息并进行具体的决策。管理经济学不应局限于对经济理论本身的探讨，而应当成为经济理论和管理实践之间的桥梁。

为了保证管理决策工作有序地进行，通常把管理经济学的决策过程分为七个步骤。

管理经济学不是简单借用微观经济学的一些现成原理和结论，更重要的是运用在推导这些原理和结论时所使用的经济分析方法，即边际分析法。边际分析法是管理经济学的基本方法，它体现了向前看的决策思想，并与最优化原理直接相联系。边际分析法与微分学结合，是寻求最优解的最方便的工具。增量分析法是边际分析法的变形，它与边际分析法一起将贯穿本书的始终。

讨论企业的性质主要是要回答两个问题：一是在市场经济中企业产生的根源。对这个问题，科斯用交易费用理论作出了回答。二是企业作为市场的主体和基本的决策单元所应当具备的特征，主要是自主经营、自负盈亏和产权明晰。

企业是构成国民经济的细胞，它对国民经济的发展和人民生活水平的提高起着决定性作用。

企业的目标分为短期目标和长期目标。企业的短期目标总是多样化的，尽管利润是其中的一个重要目标。它的长期目标则是企业价值的最大化。企业所有者（股东）和经理人员的目标是有差异的，由此产生了委托—代理问题。为了解决这个问题，在企业内部应当健全对经理人员的监督和激励机制，在企业外部则应造就一个竞争性的市场环境。

企业利润可以分为会计利润、经济利润和正常利润。只有经济利润才是决策的基础，会计利润是不能用于决策的。经济利润等于销售收入减机会成本。机会成本是指资源用于其他的、次好的用途所可能得到的净收入。正常利润是指投资者如果把投资用于其他相同风险的事业所可能得到的收入，它属于机会成本。

□ 重要名词和术语

管理经济学	边际分析法
增量分析法	企业价值最大化
委托—代理问题	会计利润和经济利润
机会成本	正常利润
外显成本和内涵成本	

□ 复习思考题

1. 管理经济学的研究内容是什么？它与微观经济学之间有什么关系？
2. 请阐述管理经济学的决策过程。
3. 什么是边际分析法？在管理决策中运用边际分析法有什么意义？
4. 在市场经济条件下，企业产生的根源是什么？作为市场的主体和基本的决策单元，它必须具备哪些基本特征？
5. 为什么说股东和经理之间存在委托—代理问题？怎样解决这个问题？
6. 什么是经济利润？什么是机会成本？为什么说经济利润是决策的基础？

□ 作业题

1. 某垄断企业的产品的成本函数为：$TC=Q^2+200Q+400$（Q 为产量，TC 为总成本），需求曲线方程为：$P=300-Q$（P 为价格），求该企业的最优产量。

2. 假定一家企业接受的任务处于这样的水平：增加一单位产量，可增加销售收入 100 元，但同时增加总成本 150 元。问：此企业应增产还是减产？

3. 假定某公司所属两家工厂 A 和 B 生产相同的产品，A 厂的成本函数为：$TC_A=Q_A^2+Q_A+5$，B 厂的成本函数为：$TC_B=2Q_B^2+Q_B+10$（TC_A 和 TC_B 分别为 A 和 B 厂的总成本，Q_A 和 Q_B 分别为 A 和 B 厂的产量）。假如该公司的总任务为生产1 000件产品。问：为了使整个公司的总成本最低，应如何在这两家工厂之间分配任务？

4. 李某是一家口腔医学仪器公司的销售人员，负责在三个省（江苏、浙江、山东）推销一种由黄金、白金和其他贵金属合成的精密合金制品。按照公司规定，他可按销售额的10%提取佣金。根据往年的经验，李某在每个省做销售的时间和销售额之间存在以下关系（见下表）。假如李某每个月只能抽出10天时间在这三个省做销售，为了使每月的佣金收入最大，他应如何在这三个省之间分配时间？他每月最大的佣金收入是多少？

江苏		浙江		山东	
天数	销售额（元）	天数	销售额（元）	天数	销售额（元）
0	4 000	0	0	0	2 500
1	10 000	1	3 500	1	5 000
2	15 000	2	6 500	2	7 000
3	19 000	3	9 000	3	8 500
4	22 000	4	10 500	4	9 500
5	24 000	5	11 500	5	10 000
6	25 000	6	12 000	6	10 000
7	25 000	7	12 500	7	10 000

5. 大河电子公司现有电子芯片库存5 000个，它们是以前按每个2.50元的价格买进的，但现在的市场价格为每个5元。这些芯片经过加工以后可按每个10元的价格出售，加工所需的人工和材料费用为每个6元。问：该公司是否应加工这些芯片？请给出解释。

6. 张三原来的工作年薪60 000元，现在打算辞职创办自己的咨询公司。预期公司的年收支情况如下：

总的咨询收入	70 000元
广告费	3 000元
保险费	2 000元
秘书薪酬	12 000元
其他支出	7 000元

问：(1) 张三的会计利润是多少？

(2) 张三的经济利润是多少？

7. 李四原在一家洗衣房工作，年薪为30 000元，现在打算离开那里自办洗衣房。预计年营业收入为150 000元。开支包括：雇员薪酬35 000元，各种用品10 000元，房租30 000元，水、电、煤气8 000元，银行利息支出5 000元。请计算：

(1) 外显成本；

(2) 内涵成本；

(3) 会计利润；

(4) 经济利润。

问：自办洗衣房是否合算？

8. 张先生是大昌空调安装公司的老板，他要与某市政府签订合同，为该市的市政大楼安装空调。该市政府要求这项工程必须在6月的21天内完成，并同意最高付安装费65 000元。张先生估计完成这项工程需要83个工，但6月是该公司最忙的月份，他只能抽出3个有经验的师傅，即只能有63个工（21×3）用于这项工程，每个工预计要付工资106元，即人工费用共为6 678元（106×63）。幸好，张先生的儿子小张学校放假，也可以参加该项工程，干一些辅助性工作。小张如果在假期到别处打工，每天可收入60元。

在安装过程中需要耗费材料。在材料中除了有一个特殊部件需要临时购买外，其他材料可从库存中提取，其原价为47 500元，现在的市场价为50 350元，预计特殊部件的价格为8 500元。

根据以上数据，张先生算得这项工程的利润为 2 322 元（计算过程见下表），他打算承接这项工程。你认为张先生的决策是否正确？为什么？

市政大楼安装空调机预算

（按会计成本计算）

单位：元

收　入		65 000
会计成本		62 678
其中：人工费	6 678	
材料费（库存）	47 500	
特殊部件	8 500	
利　润		2 322

市场供求及其运行机制 第1章

在市场经济条件下，企业的一切经营活动都必须面向市场，因此，企业管理者必须十分了解市场，并使自己的管理决策能够随时适应市场的变化。本章主要探讨市场的供求法则及其运行机制，目的是让读者了解市场运行的规律，以便更好地掌握市场的变化，正确地进行企业决策。

第1节 需　　求

需求和供给是构成市场的两个基本要素。在探讨市场的运行机制之前，有必要对与这两个要素有关的一些概念进行界定。本节着重探讨有关需求的若干概念和影响需求的主要因素。

一、需求量

需求量是指在一定时期内，在一定条件下，消费者愿意购买且能够买得起的某种产品或劳务的数量。在这里，“一定时期”一般指一年；“一定条件”指影响需求量的因素（如产品价格、消费者收入以及消费者偏好等）既定不变。这里需要指出的是，需求量不是指消费者实际购买某种产品的数量，也不是消费者想购买某种产品的数量。“愿意购买且能够买得起”指消费者不但要有购买欲望，而且要有支付能力。只有购买欲望，表明消费者有一种需要和要求，但还不能成为需求，要成为需求，消费者还必须具有支付得起一定费用的能力。

二、影响需求量的因素

在市场上，一种产品的需求数量并不是固定不变的，要受很多因素的影响。对不同的产品，其影响因素也是不同的，概括起来主要有以下几种。

1. 产品的价格

这是影响需求量的一个最重要、最灵敏的因素。通常情况下，需求量随价格的变化而呈相反方向的变化。产品的价格上涨，其需求量就会减少；产品的价格下跌，其需求量就会增加。在经济学上，这一现象被称作需求法则。

2. 消费者的收入

这里指的是消费者的平均收入水平。一般地，需求量与消费者收入呈相同方向的变化。消费者的收入水平提高，需求量就增加；消费者的收入水平下降，需求量也就减少。例如，这些年来农民对小轿车的需求量增加很快，就是因为农民的收入水平提高了。但对某些产品来说，消费者收入的增加反而会导致需求量的减少。例如，在城市里，对非智能手机的需求量就是随人们收入的增加而减少的。但不管怎样，消费者收入的变化会影响产品的需求量。

3. 相关产品的价格

相关产品包括替代品和互补品。如果 Y 产品和 X 产品互为替代品，说明它们对消费者有相似的用途，可以相互代替使用，如羊肉和牛肉、咖啡和茶叶等。替代品之间具有正相关关系。当 Y 产品的价格上涨时，人们就会把需求转移到 X 产品上去，从而使 X 产品的需求量增加；反过来，Y 产品的价格下跌，会引起 X 产品的需求量减少。所以，一种产品的需求量与其替代品的价格是呈相同方向变化的。如果 Y 产品和 X 产品是互补品，说明它们共同使用才能更好地发挥各自的效用，如复印机与复印纸、剃须刀刀架与刀片等。互补品之间具有负相关关系。Y 产品的价格上涨，会引起 Y 产品的需求量减少，从而也会使 X 产品的需求量减少；反过来，Y 产品的价格下跌，将引起 X 产品的需求量增加。所以一种产品的需求量与其互补品的价格是呈相反方向变化的。总之，某产品的相关产品（不论是替代品还是互补品）的价格发生变化会影响该产品的需求量。

4. 消费者的偏好

这主要是指人们对产品的爱好和选择。例如，一款服装很流行，对它的需求量大，是因为有很多人喜欢该服装的款式。一种掌上电脑质量好、外观新颖，销路好，也是因为许多人宁可购买它而不购买质量次、外观陈旧的其他同类产品。人们的爱好和选择还与人们的习惯有关。例如，在我国，对咖啡的需求量相对较小，对茶叶的需求量却很大，这是因为我国较多居民不习惯喝咖啡，却普遍有饮茶的习惯。人们的爱好和选择不是固定不变的，因此需要经常研究其变化，并据此改进老产品、开发新产品，只有这样，才能保持人们对产品的高需求。

5. 广告费用

广告会影响人们对产品的爱好和选择。一般来说，广告投入越大，人们对产品的需求量也就越大。但这里有一个合理的限度。起初，增加广告投入会使产品的需求量增加较多，但当广告费增加到一定程度后，增加一单位广告费而引起的需求量的增加将会递减，甚至为负数，这时再增加广告费就不一定合算了。

6. 消费者对未来价格变化的期望

人们对一种产品将来的价格期望如何，也会影响该产品的需求量。一般来说，如果价格看涨，需求量就会增加；如果价格看跌，需求量就会减少。我国 1988 年曾经出现过“抢购风”，究其原因，就是消费者预期产品将涨价，都想在涨价前多买一些，结果导致某些生活必需品的需求量猛增。

以上只是影响产品需求量的一般因素，不同的产品往往还涉及影响需求量的特殊因素。例如，雨具、啤酒、空调等商品的需求量与季节有关；家用电脑、床上用品等商品的需求量与人口数量有关；等等。

案例 1-1

通用汽车和克莱斯勒为什么会破产：相关产品价格变化影响需求

2009 年 6 月 1 日，美国通用汽车正式申请破产保护，这家世界上最大的汽车制造商不得不借助美国政府的力量开始重组。在此之前，美国的第三大汽车制造企业克莱斯勒已经向美国政府申请破产保护。为什么占据世界汽车产业老大位置近百年的通用汽车会轰然倒下？

为什么在金融危机面前美国汽车产业的巨头会如此不堪一击？

长期以来，以通用汽车为代表的美国汽车生产企业最擅长和最热衷的是生产大排量的高级轿车，美国消费者也十分喜欢这种豪华气派的轿车。但是，两次石油危机的爆发使汽油价格直线上涨，汽车的使用成本迅速上升，美国消费者的消费偏好开始从大排量高级轿车逐渐转向油耗低的小排量汽车。于是，丰田、本田等日本汽车企业趁机进入美国，凭借其价格低廉的小型车逐渐蚕食了美国汽车三巨头的市场。

作为在世界汽车市场称霸多年的美国三巨头，它们洞察到了美国消费者需求的变化。但是，由于生产小排量汽车的利润较低，因此以通用汽车为首的美国汽车生产企业都没有在小排量汽车的开发和生产上下大力气，而是固守利润丰厚的大型轿车的生产。

随着石油价格的不断上涨，包括美国在内的世界各国的消费者越来越倾向于购买小排量汽车，美国汽车企业生产的大排量高级轿车的需求持续下降，逐渐丧失了往日的优势。2008年开始的金融危机如雪上加霜，导致汽车需求迅速减少，给通用汽车和克莱斯勒以致命一击。汽油价格的不断上涨使美国汽车生产企业的市场越来越小，而没有对消费者需求的变化作出灵敏反应，是通用汽车和克莱斯勒最终没落的真正原因。

三、需求函数

产品的需求量受许多因素的影响，从数学上说，需求量就是影响它的诸因素的函数。需求函数就是需求量与影响这一数量的诸因素之间关系的一种数学表达式，可记为：

$$Q_X=f(P_X,P_Y,T,I,E,A,\cdots)$$

式中，Q_X 为对某产品的需求量；P_X 为某产品的价格；P_Y 为替代品（或互补品）的价格；T 为消费者的偏好；I 为消费者的个人收入；E 为对价格的期望；A 为广告费用。

但这种需求函数仅是最一般的表达式，它并没有表示出因变量和自变量之间的确定关系。所以，在决策时为了计算具体的需求量，还必须估计出更具体的需求函数。[①]

例 1-1

某洗衣机厂洗衣机的具体的需求函数估计为：

$$Q=-200P+50I+0.5A \tag{1-1}$$

式中，Q 为顾客对该厂洗衣机的需求量；P 为洗衣机价格；I 为居民的平均收入；A 为广告费用；−200，50 和 0.5 是这个需求函数各自变量的参数。

式（1-1）说明：价格每增加 1 元，对洗衣机的需求量将减少 200 台；居民收入每增加 1 元，将增加需求量 50 台；广告费每增加 1 元，将增加需求量 0.5 台。如果计划年度 P，I，A 的值分别预计为 3 000 元、25 000 元和1 000 000元，那么，在计划期某洗衣机厂洗衣机的预计需求量应为 115 万台，即

$$\begin{aligned}Q&=-200\times 3\,000+50\times 25\,000+0.5\times 1\,000\,000\\&=1\,150\,000(\text{台})\end{aligned}$$

① 如何估计具体的需求函数，将在第 3 章第 1 节“需求估计”中讨论。

四、需求曲线

需求曲线是假定在除价格之外其他因素均保持不变的条件下，反映需求量与价格之间关系的表达式，即 $Q=f(P)$。以上述洗衣机的需求函数为例，假设在式（1-1）的诸自变量中，居民收入与广告费是固定的，分别为 25 000 元和1 000 000元，只有价格是变动的。那么，式（1-1）就可写成：

$$Q=1\ 750\ 000-200P \tag{1-2}$$

这个方程就是洗衣机的需求曲线方程。用图形表示，这条需求曲线是一条倾斜的直线，见图 1-1。需求曲线上的各点反映了洗衣机的价格与其需求量之间的关系。例如，当价格为 6 000 元时，洗衣机的需求量为 55 万台；如价格降到 4 500 元，需求量就增加到 85 万台；如价格再下降到 3 000 元，需求量就增加到 115 万台等。

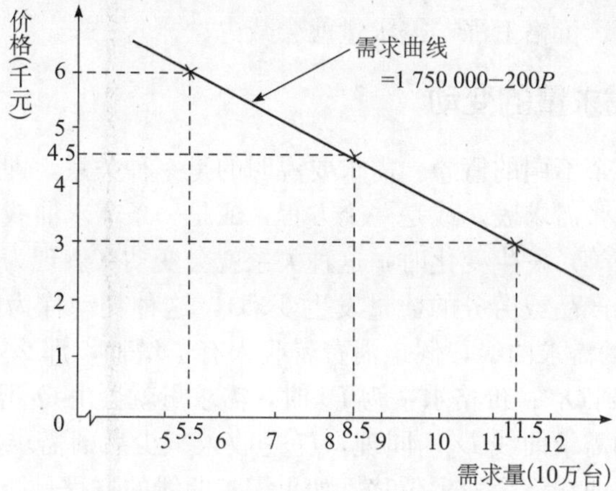

图 1-1　洗衣机的需求曲线

需求曲线既可以用方程来表示，如式（1-2）；也可以用图形来表示，如图 1-1；还可以用需求表来表示。需求表是用表格形式列出需求量与价格之间的关系。上述需求曲线的需求表见表 1-1。

表 1-1

价　格（元）	3 000	4 500	6 000
需求量（台）	1 150 000	850 000	550 000

需求曲线可以分为单个消费者需求曲线、行业需求曲线和企业需求曲线。单个消费者需求曲线表示单个消费者愿意购买某种产品的数量与其价格之间的关系。行业需求曲线表示市场上全体消费者愿意购买某种产品的总数与其价格之间的关系。行业需求曲线可由行业内各单个消费者的需求曲线横向相加求得。假设一个行业只有两个消费者，则这两种需求曲线的关系如图 1-2 所示。

企业需求曲线表示某企业的全体顾客愿意向该企业购买某种产品的数量与价格之间的关系。企业的商品如果涨价，消费者有可能立即把购买力转向其他生产同类产品的企业，使需求量迅速下降，所以企业需求曲线的斜率（绝对值）一般小于行业需求曲线。

任何需求曲线都有一个共同的规律，即它总是一条自左向右向下倾斜（斜率为负）的曲线。这是因为需求量的变动有自己的规律：价格上涨，需求量就减少；价格下跌，需求量就增加。两者通常按相反方向变化。价格下跌使需求量增加的原因是：(1) 价格下跌后，消费

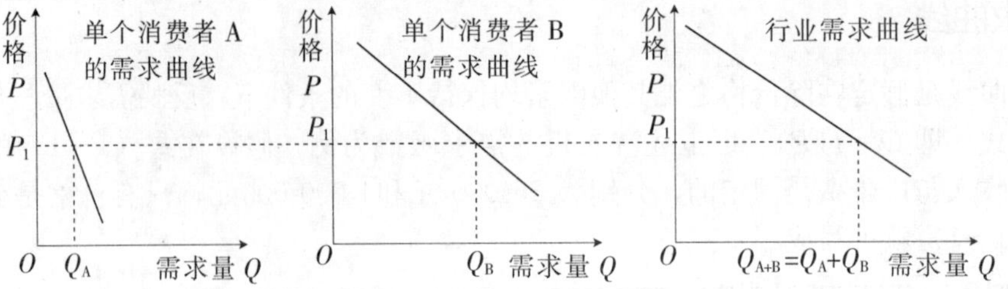

图 1-2 单个消费者和行业的需求曲线

者可以用同样的钱买到比以前更多的东西，这意味着消费者实际收入的提高，因而使需求量有所增加。这是由价格变化所产生的“收入效应”引起的。(2) 价格下跌后，消费者会把对替代品的需求转移到这种商品上，使这种商品的需求量增加。这是由价格变化所产生的“替代效应”引起的。同理，价格上涨，需求量就会减少。

五、需求的变动和需求量的变动

需求和需求量是两个不同的概念。需求要说明的是一种关系，即需求量与价格之间的关系。其表现形式或是一张需求表，或是一个方程，或是一条需求曲线。当非价格因素（如消费者收入、消费者偏好等）发生变化时，这种关系就会变动（表现为消费者按每一可能的价格愿意买且能买得起某产品或劳务的数量发生变动），这种变动称为需求的变动。例如，在图 1-3 中，D 是原来的需求曲线，假定消费者收入有了增加，那么，在价格水平为 P_1 时，需求量就会由 Q_1 增加到 Q_1'；价格水平为 P_2 时，需求量就会由 Q_2 增加到 Q_2'。连接这两个点即得到收入增加后的需求曲线 D'。同理，D''是收入减少后的需求曲线。可见，当非价格因素发生变化时，需求曲线就会发生位移（如果需求曲线的方程是线性的，这种位移是平行位移），这种位移就是需求的变动。

需求量则是一个量，它是指消费者在一定时期内，在所有非价格因素不变的条件下，按某一特定价格想买且能买得起的某种产品或劳务的数量。在非价格因素不变的情况下（此时需求曲线维持不动），当价格发生变化时，需求量也随之发生变化，价格上涨，需求量就减少，价格下跌，需求量就增加，这种变化称为需求量的变动。在图 1-4 中，D 是一条需求曲线，如果所有非价格因素都是既定的，需求曲线还是原来的需求曲线，价格由 P_1 下跌到 P_2，将使需求量由 Q_1 沿着原需求曲线增加到 Q_2，这就是需求量的变动。

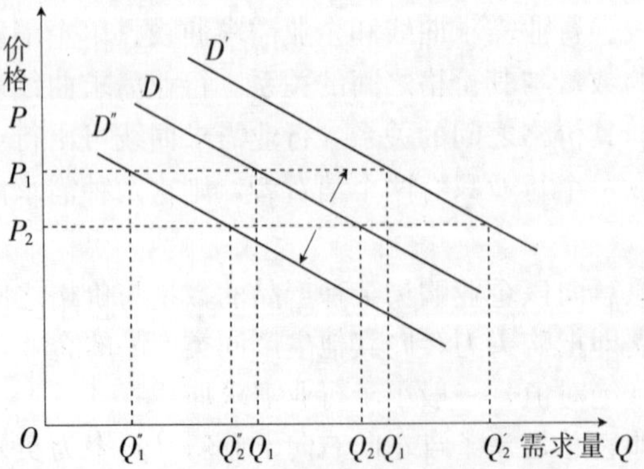

图 1-3 需求的变动

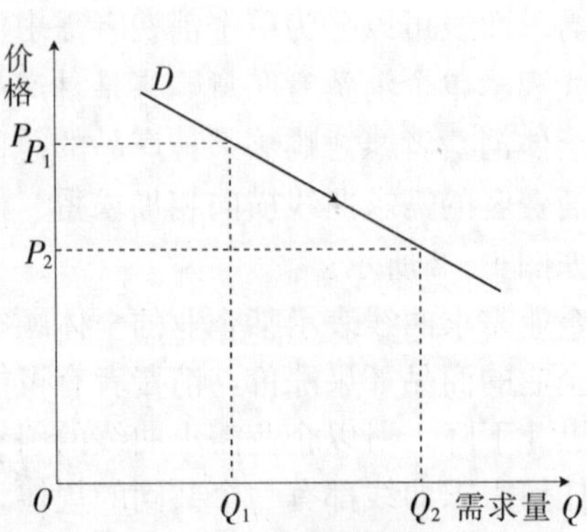

图 1-4 需求量的变动

弄清楚需求变动与需求量变动之间的区别对于正确进行需求—供给分析是很重要的。

案例1-2

乌梅脱销

乌梅是药店最常见的中药原料，但是2012年夏天，许多药店的乌梅突然脱销了。

我国很多地区都有夏天喝酸梅汤解暑的习惯。每到夏天，很多人都会从超市买回酸梅晶，用水冲泡制成酸梅汤后放入冰箱中，以备随时饮用。2012年某电视台的一档节目中介绍了酸梅晶生产企业的制作工艺，说酸梅晶制作过程中加入了化学成分，并不健康。同时，该节目介绍了家庭自制酸梅汤的具体方法。酸梅汤的主要原料就是乌梅、山楂干、甘草、桂花等中药原料，只需按照一定配比加冰糖熬制即可。由于家庭自制酸梅汤既简单又健康，因此该电视节目播出后这些中药原料热销。其中，乌梅的用量最大，北京几乎所有的药店均出现了乌梅脱销的情况。与此同时，酸梅晶的销量下降。可见，电视节目可以改变人们的消费偏好。

第2节 供 给

这一节着重探讨有关供给的若干概念和影响供给量的主要因素。

一、供给量

供给量是指在一定时期内，在一定条件下，生产者愿意且有能力提供某种产品或劳务的数量。在这里，“一定时期”一般指一年；“一定条件”指影响供给量的诸因素既定；“愿意且有能力提供”指生产者既要有向市场提供产品或劳务的愿望，又要有生产这种产品或劳务的能力，二者缺一不可。要指出的是，供给量并不是指生产者实际卖出的产品或服务的数量。

二、影响供给量的因素

影响企业（或行业）供给量的因素很多，主要有以下几个。

1. 产品的价格

一般情况下，产品价格上涨后，产品的供给量就会随之增加。这是由于价格上涨后，原有的生产者更有利可图，会进一步扩大生产，同时又会吸引新的企业加入这个行业来投资生产，使得企业和行业的供给量有所增加。反之，产品价格下跌后，供给量随之减少。

2. 生产中可互相替代的产品的价格

一般而言，替代品是指在消费中两种产品的效用相似，从而可以互相替代。这里讲的不是消费中的替代品，而是生产中的替代品。例如，农民利用同样的土地资源，既可以种小麦，又可以种棉花，则小麦和棉花是生产中可以互相替代的产品。如果小麦涨价，而棉花价格不变，人们就会多生产小麦，少生产棉花，结果是小麦涨价会使棉花的供给量减少。同理，企业家的资金既可以用来建养鸡场，又可以建养猪场，如果鸡的价格下跌，养鸡的利润减少，他就会把资金转到养猪上去，这样猪的供给量就会增加。

3. 产品的成本

一般来讲，产品成本越低，供给量就会越大。这是因为在产品价格既定的情况下，成本降低，单位产品的利润就会增加，因而企业愿意提供产品的数量也会增加，这样企业就能获得更多的利润。反之，产品成本提高，供给量就会减少。

企业产品成本的高低，是由企业的生产技术水平、原材料价格和工资率水平等因素决定的。如果技术水平提高，或原材料降价，或工人工资率下降，都将使产品成本降低。如果原材料涨价，或工人工资水平提高，就会使产品成本提高。所以，这些因素的变动都会通过成本的变动影响供给量。

以上是影响供给量的主要因素。此外，诸如政府的税收、补贴等因素也会影响产品的供给量。

三、供给函数和供给曲线

供给函数就是供给量与影响供给量的诸因素之间关系的一种数学表达式，其最一般的形式可记为：

$$Q_S=f(P,P_S,C,\cdots)$$

式中，Q_S 为某产品的供给量；P 为某产品的价格；P_S 为生产中可替代产品的价格；C 为某产品的成本。

在影响供给量的因素中，价格是最灵敏、最重要的因素，如果假定其他因素不变，仅研究价格与供给量之间的关系，就要使用供给曲线。供给曲线是反映价格与供给量之间关系的表达式，其一般形式可记为：$Q_S=f(P)$。它可以用图形来表示。在图 1-5 中，SS 是一条供给曲线，横轴表示供给量，纵轴表示价格。供给曲线上任一点的坐标都说明在某一特定价格水平上的供给量。此外，供给曲线也可以用代数方程来表示（如：$Q=a+bP$），还可以用表格形式来表示。

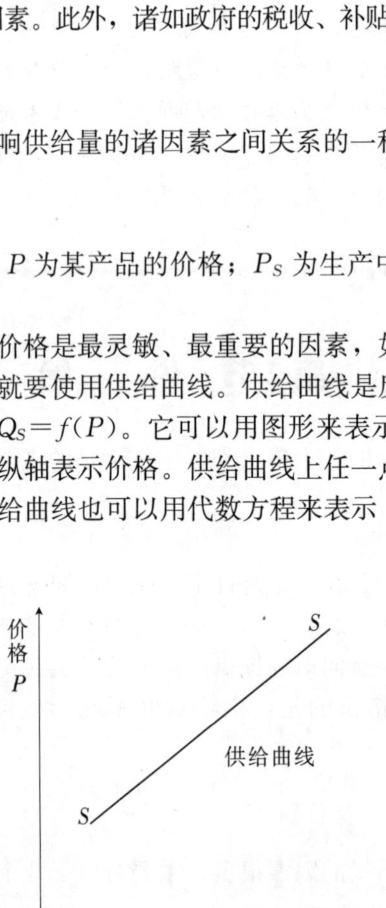

图 1-5　供给曲线

供给曲线可以分为企业供给曲线和行业供给曲线，它们分别表示企业和行业中某种产品的供给量与价格之间的关系。在作图时，行业供给曲线是由行业内诸企业的供给曲线横向相加而得（见图 1-6）。

供给曲线也有自己的规律：它总是一条从左到右向上倾斜（斜率为正）的曲线。这也是因为供给量的变动有自己的规律：价格上涨，供给量就增加；价格下跌，供给量就减少；两者呈相同方向变化。价格上涨，供给量会增加的原因是：产品价格上涨后，能产生以下效果：（1）原来亏损的不愿意生产这种产品的企业有可能扭亏为盈，变得愿意生产这种产品；

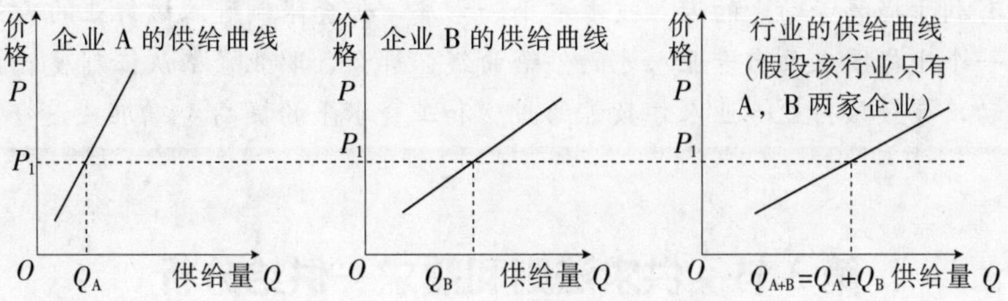

图 1－6　企业和行业的供给曲线

(2) 原来盈利的企业更有利可图，因而会进一步扩大生产，增加供给量；(3) 企业会把原来用于生产替代品的资源转而用来生产这种产品，也会使这种产品的供给量增加；(4) 会吸引新的企业加入这个行业，从而增加该产品的供给量。

四、供给的变动和供给量的变动

与需求的变动和需求量的变动一样，供给的变动和供给量的变动也是两个不同的概念。供给的变动是指因非价格因素发生变化而引起供给曲线的位移。如图 1－7 所示，因非价格因素变动，供给曲线从 S_0 变动到 S_1 或 S_2，均属供给的变动。供给量的变动是指供给曲线不变（所有非价格因素不变），因价格变化，供给量沿着原供给曲线而变化。如图 1－8 所示，当价格从 P_1 上涨到 P_2 时，供给量从 Q_1 增加到 Q_2。这里需注意的是：供给和供给量也是两个不同的概念。“供给”不是一个单一的数，而是指一张供给表，或一条供给曲线，或一个供给曲线的方程。“供给量”则是一定价格水平上，一个特定的供给量。当然，由于供给发生了变化，即使价格不变，供给量也会有所增减。在图 1－7 中，价格不变，但供给量在 S_1 情况下为 Q_1，在 S_2 情况下为 Q_2。

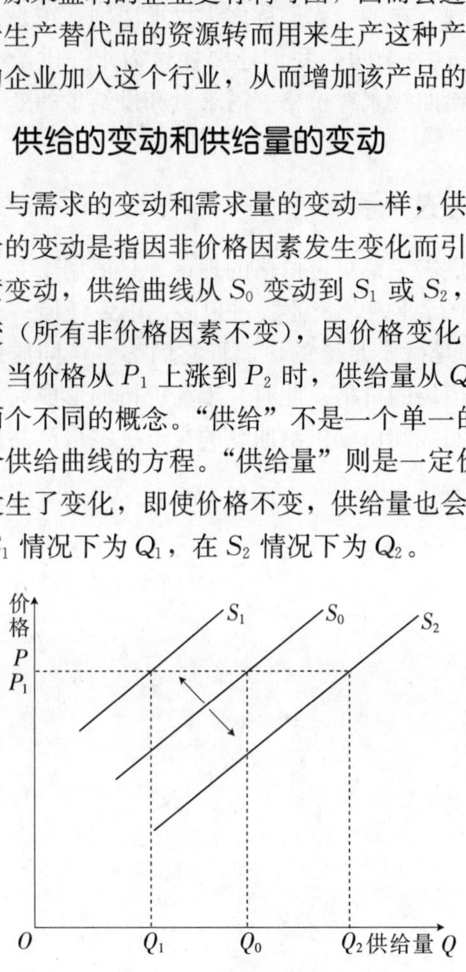

图 1－7　供给的变动

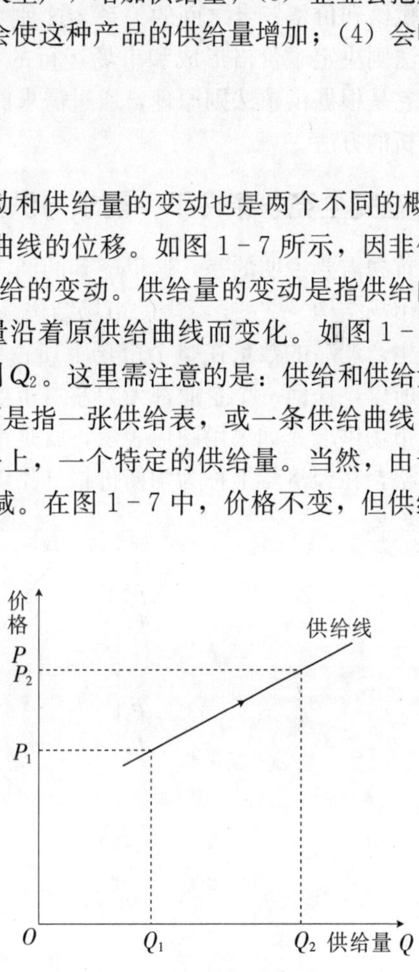

图 1－8　供给量的变动

案例 1－3

职业资格认证和专业人才的供给曲线

在我国许多行业都有职业资格认证制度。如导游、保健按摩师、厨师、营养师、拍卖师、调酒师等。

人们获得职业资格认证通常要通过考试。考试难度大，进入该行业的门槛就高。职业资格认证制度有利于提高劳动者的专业技术水平和素质，但会限制进入该行业的专业人才的数量。如果在一个坐标图上画出专业人才的供给曲线，那么，职业资格认证制度就会使该供给曲线向左移动，导致该行业专业人才数量的减少和工资水平的提高。

第3节 供求法则和需求—供给分析

前面我们探讨了与需求和供给有关的一些重要概念，在这一节里，我们要进一步探讨需求、供给和价格三者之间的关系。这种关系是客观存在的，人们称之为供求法则。正是这一供求法则决定了价格形成和市场运行的机制。在这一节里，我们还要探讨需求—供给分析法，它是根据供求法则原理，通过需求曲线和供给曲线来对价格、需求量和供给量的变化进行分析的方法。

一、在完全竞争条件下，需求与供给和价格的关系

首先需要说明的是，这里谈到的经济学关于供需关系决定价格的理论，只适用于完全竞争的市场结构。[①] 完全竞争的市场结构是指在一个行业内，企业数目很多，以致任何一个企业所生产产品的数量在整个市场上所占的份额都是微不足道的，而且它们都生产同质的产品。所以，任何一个企业都无力左右市场和操纵市场的价格。此时，市场价格的形成完全取决于市场供求。如果用图形表示，就是市场需求曲线和市场供给曲线的交点决定该产品的市场价格，在经济学上称为均衡价格（见图1-9）。

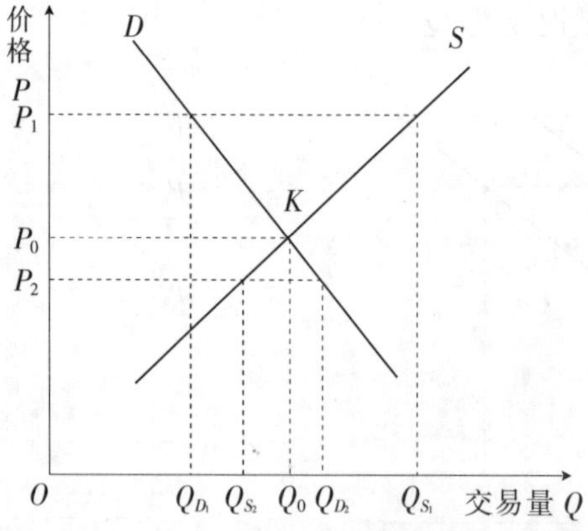

图1-9 均衡价格的确定

如上所述，需求曲线上的各点表示消费者在特定价格下愿意购买某种产品的数量，供给曲线上的各点表示出售者在特定价格下愿意提供某种产品的数量。供给曲线与需求曲线相交之处表明，此时需求量等于供给量，而且按这种价格成交能够使供需双方都满意。在图1-9中，两条曲线的交点K称为均衡点；此时的交易量Q_0称为均衡交易量；此时的价格P_0称为均衡价格。之所以称“均衡”，是因为如果价格高于P_0而为P_1，这时供给量大于需求量（$Q_{S_1}>$

① 按照经济学的观点，市场结构可以分为四种：完全竞争、完全垄断、垄断竞争和寡头垄断。各种市场结构的特征和划分将在本书第6章中详述。

Q_{D_1}），卖者找不到足够多的买主，就会把价格压低。假如价格压低到低于 P_0 而为 P_2，这时需求量就大于供给量（$Q_{D_2}>Q_{S_2}$），买者不能如数买到他想要买的东西，就会把价格抬高。所以，当价格不是 P_0 时，会有一种使价格趋向 P_0 的趋势，使价格朝 P_0 的方向变动，使价格最终变为 P_0。只有价格为 P_0 时，需求量和供给量才相等，买者想要买的量就等于卖者想要卖的量。只要没有新的干扰因素（即供需曲线都不发生位移），价格也就不会变动。所以，此时这个市场达到了均衡。①

这里需要指出两点：（1）上述原理只适用于完全竞争的情况。如果不是完全竞争的情况，企业或多或少有控制价格的能力，有可能根据利润最大化的原则来定价，这个问题将在第6章中论述。（2）这里所用的供给曲线和需求曲线都是整个行业的曲线，不是企业的供需曲线。

二、需求—供给分析法

在市场上，产品价格是经常变动的，这是因为影响价格的因素很多、很复杂，而且也是经常变动的。为了对产品价格的变化趋势进行分析，需要把这些复杂多变的因素理出一个头绪，需求—供给分析法就提供了这样一个工具。供求法则告诉我们，市场上影响价格的因素尽管很多，但归根到底都是通过供给和需求来影响价格的。例如，企业产品成本提高了，会促使企业产品涨价，但它是通过成本提高使供给曲线发生位移而影响价格的。又如，一种产品的替代品涨价会使该产品也相应涨价，这是因为替代品涨价导致该产品的需求曲线外移。正因为如此，可以通过绘制供给和需求曲线来分析许多有关的经济问题。不仅可以分析供给、需求与价格之间的关系，而且可以分析供需曲线背后诸因素对价格和市场交易量的影响。这种分析方法称为需求—供给分析法，是经济学中一种常用的经济分析工具。下面举例说明它的应用。

例1-2

西红柿的价格为什么会有季节性波动

在图1-10中，假定 S_1，S_2 和 S_3 分别为西红柿1月、4月和8月的供给曲线。由于1月气温低，西红柿的生长成本最高，因此供给曲线在最左侧；8月气温高，西红柿的生长成本最低，因此供给曲线在最右侧。由于不同季节供给曲线的位置不同，因而不同季节的价格不同，分别为 P_1，P_2 和 P_3；销售量也不同，分别为 Q_1，Q_2 和 Q_3。

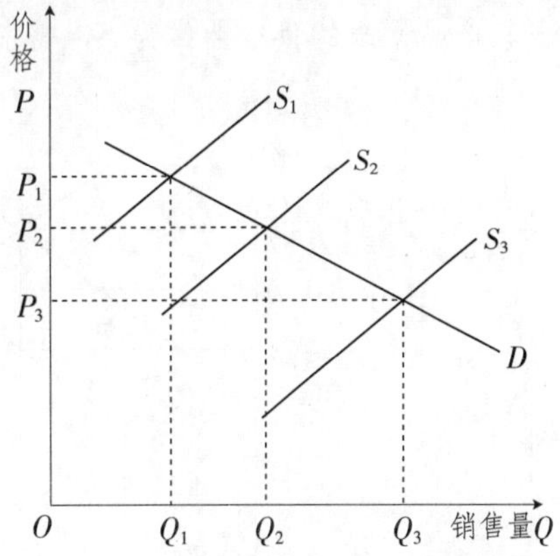

图1-10　西红柿的价格为什么会有季节性波动

① 实际上不可能没有新的干扰因素，因此，市场价格会经常波动。

例1-3

汽车需求的增加对轮胎价格的影响

首先分析汽车需求的增加对汽车销售量的影响。在图1-11中，汽车需求增加，使其需求曲线从D_1移到D_2，如果汽车的供给不变，结果使汽车价格从P_1上涨到P_2，销售量从Q_1增加到Q_2。再分析汽车销售量的增加对轮胎价格的影响。由于汽车和轮胎是互补的产品，汽车销售量增加，必然会导致轮胎的需求增加，因此在图1-12中，轮胎的需求曲线就会从D_1外移到D_2，从而使轮胎的价格从P_1上涨到P_2。通过以上分析得知，对汽车需求的增加最终也会导致轮胎价格的上涨。

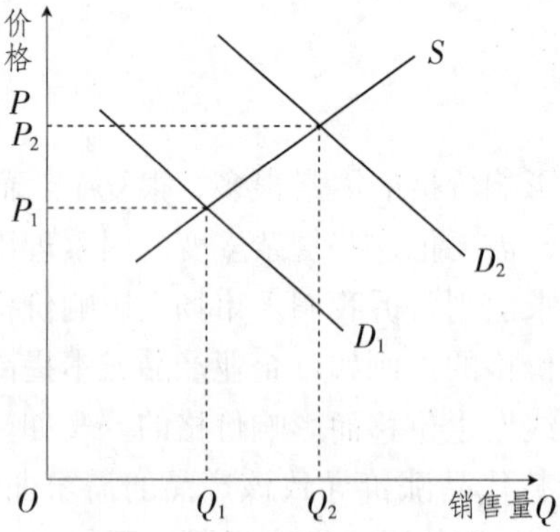

图1-11　汽车的需求

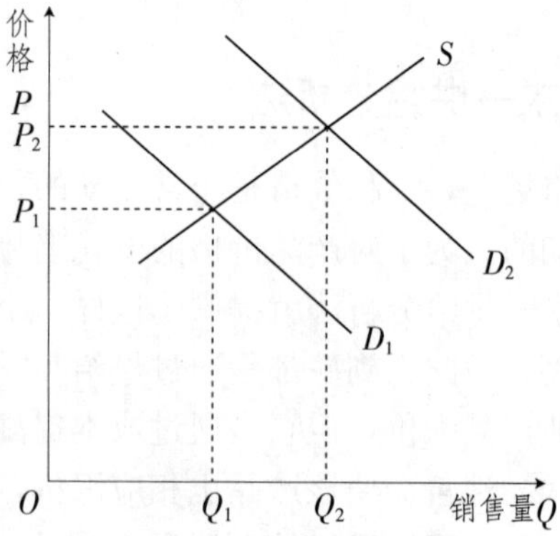

图1-12　轮胎的需求

例1-4

政府对产品征收消费税对产品的价格和销售量的影响

在市场经济中，对产品征收消费税会导致产品价格上涨、销售量减少。下面，用需求—供给分析法来说明并分析其影响的大小。

先假定某产品原来的供给曲线为S，需求曲线为D，均衡价格为OH（如图1-13所示）。

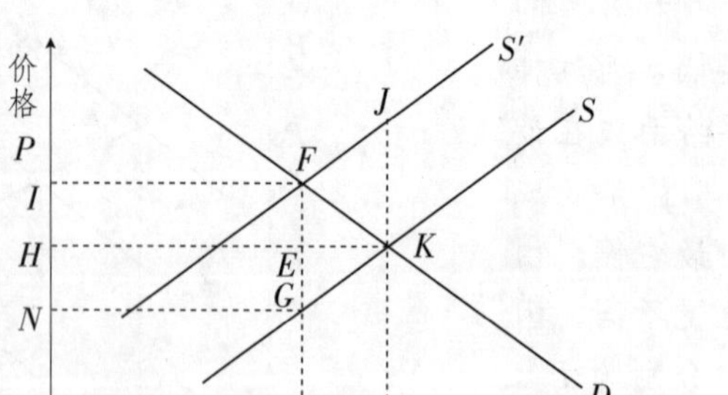

图1-13　征税对产品价格和销售量的影响

现在假定政府对这种产品征收消费税，办法是按单位产品征一定量的税。

显然，这种征税对需求曲线不会有影响。因为税是由销售者或生产者付给国家的，购买者对于价格中是否包括税金并不关心，他们关心的只是价格的高低。价格上涨了，需求量就减少；反之则增加。所以，征税对需求曲线没有影响。

但征税对供给曲线有影响。在征税前，生产者生产数量为 OL 的产品，要求的价格是 OH。现在征了税，假定单位产品的税额是 JK，那么价格必须上涨到 $JK+KL=JL$，生产者才能净得到原来的销售额 OH，才愿意生产数量为 OL 的产品。同样，在征税前，生产数量为 OM 的产品的相应价格是 MG，征税后（假定税额为 $FG=JK$），价格必须上涨到 $FG+MG=FM$，生产者才愿意生产数量为 OM 的产品。把 F，J 等点连接起来就是征税后的新供给曲线 S'。可见，由于征税，供给曲线会向左上方平行移动（从 S 移到 S'）。原供给曲线 S 与新供给曲线 S' 之间的垂直距离 $JK=FG=$ 单位产品的税额。

所以，征税后，由于供给曲线发生位移（需求曲线不动），均衡点从 K 移到 F，产品价格从原来的 OH 提高到 OI，供给量和需求量从 OL 减少到 OM。这样，征税使产品价格上涨了 IH（$OI-OH$），使销售量减少了 ML（$OL-OM$）。税金由谁负担？从图1-13中可以看出：(1) 消费者负担 FE 部分（$FM-KL$），生产者负担 EG 部分（$KL-GM$）；(2) 需求曲线的斜率越小，消费者负担的比例就越小；供给曲线的斜率越小，供给者负担的比例就越小。[①]

例1-5

政府为某些产品规定法定价格的后果

无论在东方还是西方，政府往往对一些产品规定法定价格，这种价格高于或者低于均衡价格。此时，经济工作者必须了解和分析因实行法定价格而可能带来的后果，以便拟定对策。

(1) 政府规定最高价格的例子。在战时由于物资短缺，或在平时由于通货膨胀，很容易引起一些基本生活资料的涨价。这时，政府为了保障人们的基本生活水平，往往对一些基本消费品（如糖、肉、奶、汽油等）规定低于均衡价格的最高价格。图1-14中，假定在正常市场条件下，某消费品的供给曲线为 S，需求曲线为 D，均衡点为 K，均衡价格为 OH，均衡交易量为 ON。

若政府认为按均衡价格定价太高，则规定最高价格为 OI，明确市场价格超过 OI 是非法的。从图1-14中可以看到这样规定的后果。如果价格定为 OI，供给量会减少到 OR，需求量会增加到 OL，就会出现供不应求的情况，即发生商品短缺。其短缺数量为：

$$OL-OR=RL$$

商品短缺可能在市场上引起一系列反常现象，如排队、走后门、搭配次货、黑市交易等。为了避免这些情况，保证公平分配，政府往往要实行配给制，凭票供应。

有些经济学家认为：政府为某些消费品规定最高价格，好处是可以保障穷人的生活，有利于社会的公平和安定，但也有很大的弊病。一方面，它不利于刺激生产，会造成产品长期短缺；另一方面，它会刺激需求，甚至造成资源的浪费。由商品短缺引起的走后门、黑市交易等反常现象又会造成社会风气的败坏。所以一般都反对长期由政府来规定消费品的价格。

---

① 需求价格弹性大的产品，需求曲线的斜率小；需求价格弹性小的产品，需求曲线的斜率大。详见第3章。

(2) 政府规定最低价格的例子。在这方面，典型的例子是世界上许多政府为农产品规定“支持价格”（或称保护价格）。例如，数十年来，美国农业生产技术发展很快，产量大幅增长，但是农产品的需求却增长很慢，结果造成农产品市场价格的下跌，严重影响了农场主的生产积极性。在这种情况下，美国政府为了保障农场主的合法收益，经常为某些谷物规定最低“支持价格”。我国也对重点粮食品种实行最低收购价格制度，以保护农民种粮的积极性，防止在粮价波动时“粮贱伤农”。

图1-15中，假定在正常市场条件下，某谷物的供给曲线为S，需求曲线为D，均衡点为K，均衡价格为OH，均衡交易量为ON。

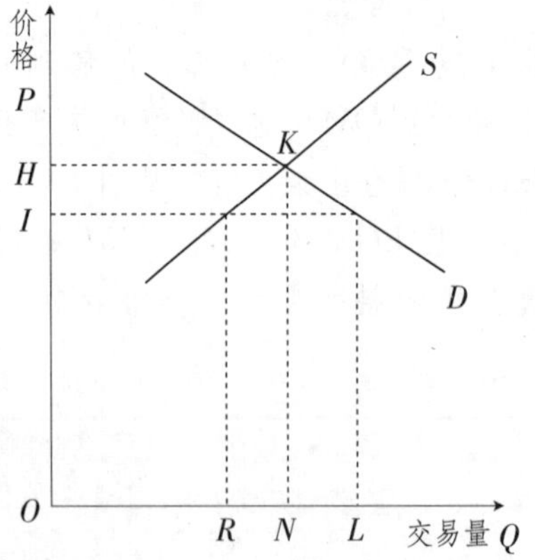

图1-14 政府规定最高价格的后果

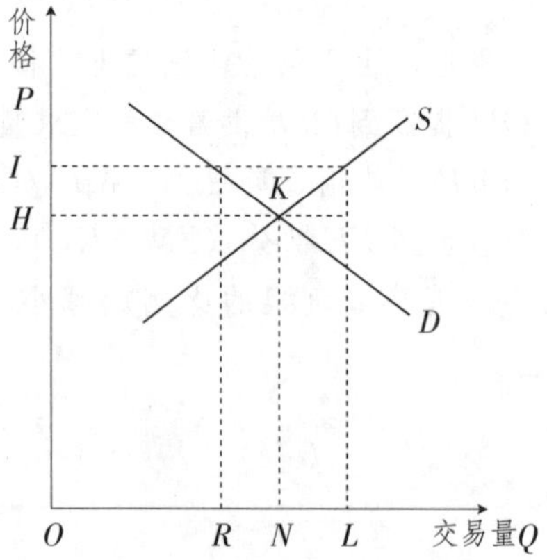

图1-15 政府规定最低价格的后果

若政府认为按均衡价格定价太低，则规定最低价格，假定为OI。这样，就会刺激供给量增加到OL，抑制需求量减少到OR。供给量大于需求量的部分为RL，即如果最低价格定在OI，就会造成农产品过剩，其数量为RL。

对于农产品过剩，政府必须考虑对策。通常采用以下办法：引导农民调整生产结构，限制某些农产品的产量；加强科学研究工作，扩大农产品的用途，以刺激需求；由政府收购，储存起来供将来使用或出口等。

生活中的经济学1-1

倒卖专家号，屡打不绝

北京的大医院曾经有一个奇怪的现象，号贩子大肆倒卖专家号，真正有病的人想看专家门诊要花数倍于实际挂号费的钱从号贩子手中购买专家号，病人叫苦不迭，却养肥了一帮号贩子。公安部门为保护患者的切身利益，进行了多次打击。几年前，北京市推出了统一的预约挂号平台，实行实名挂号制度，一定程度上缓解了挂号难，但号贩子倒号现象仍然存在。究其原因，说到底是政府为了让老百姓能看得起病，把专家挂号费定得较低，专家挂号费的标准未由市场供求关系来决定，结果限制了供给，增大了对看专家门诊的需求，加大了供求矛盾，给号贩子倒号留下了巨大的获利空间。既然有暴利可图，即使有被打击的风险，照样有敢冒风险的人从事倒号活动。2017年北京市实施医药分开改革，设立医事服务费，专家号价格上调，倒卖专家号的现象受到一定遏制。

第 4 节　市场机制与社会资源的配置

在市场经济中，消费者有选择购买何种产品的自由，经营消费品的企业有选择生产和销售何种消费品的自由，经营生产资料的企业则有选择提供何种生产要素的自由。在这样一个人们有权自由选择的经济社会里，为什么不会出现混乱状况？如果消费者想要的是面包，而消费品企业生产的是电视机，经营生产资料的企业提供的却是木料，社会生产和消费就会无法进行。所幸的是，在市场经济中存在竞争性的价格机制，正是这种机制，能自动地克服因人们的自由选择而带来的混乱，使消费者和生产者的决策得以相互沟通，社会生产得以协调并组织起来。

一、资源的稀缺性

在市场经济社会中，每个居民和企业都面临如何作出经济选择（决策）的问题。这是因为社会资源是稀缺的，如果资源相对于需要来说无限丰富，就不会有选择问题。消费者不必选择购买何种产品，因为他需要的任何产品都可以得到满足；同样，企业没有必要选择使用什么原料和方法来生产。然而，在现实生活中，资源是相对稀缺的。例如，消费者的收入总是有限的，他不可能购买所有的产品，因而必须有所选择。企业的资金也是有限的，在生产时它必须选用最经济的原料和方法。所以，资源的稀缺性决定了人们必须对使用什么样的资源和生产什么样的产品进行经济选择。

二、资源的可替代性

从一定程度上说，社会资源和产品是多种多样的。消费者通常可以用不同的产品来使自己得到满足。人们从北京到上海旅行，既可以坐飞机也可以坐火车，甚至可以坐汽车。饿了，既可以吃米饭，也可以吃面条或汉堡包来解决。企业也是这样，既可以较低的技术水平（即多用劳动力、少用机器设备）来生产，也可以较高的技术水平（即多用机器设备、少用劳动力）来生产。所以资源之间在很大程度上是可以互相替代的。需求曲线向右下方倾斜，是因为如果产品涨价，消费者就会转而购买其他可替代的物品。供给曲线向右上方倾斜，是因为生产者往往倾向于生产高价的产品来代替低价的产品。另外，生产者总是希望使用成本低的生产要素组合来代替成本高的生产要素组合。当然，这种可替代性不一定很完全，例如一碗米饭不一定能完全替代一碗面条，但只要资源之间存在一定程度的可替代性，就会使人们的经济选择成为可能。

三、企业和消费者的经济选择

在市场经济中，消费者和企业进行经济选择依靠的是价格信号。资源和产品的价格是其相对稀缺程度的指示器。一种资源越稀缺，它的价格就越高。人们出于对物质利益的追求，总是想购买其他便宜的产品来替代价高的产品，总是愿意生产价高的产品来代替便宜的产品，所以，价格机制作用就会使消费者少使用稀缺的产品，多使用不太稀缺的产品；使生产者多生产稀缺的产品，少生产不太稀缺的产品。这样，长线产品会变得不长，短线产品会变得不短，社会资源就会趋向于合理配置。

四、社会资源的优化配置

社会资源优化配置的基本标志是：社会上各种商品的供给量等于需求量，即供求平衡。此时，人们对各种商品的有效需求都能得到满足，同时又没有造成生产能力的过剩和资源的浪费，资源的分配获得了最大的社会经济效益。反之，如果一些商品生产过多，供给量超过需求量，另一些商品又生产不足，需求量大于供给量，那么，就前一类商品来说，分配给它的资源过多，生产了人们不需要的商品，造成了社会资源的浪费；就后一类商品来说，分配给它的生产资源过少，以致供不应求，人们的有效需求得不到满足。这就是资源配置的不合理。

价格机制之所以能够在社会资源的合理配置方面起决定性作用，就是因为在市场经济中，不仅需求和供给决定价格，而且价格对供给和需求有反作用：涨价能刺激生产，抑制消费；降价则能抑制生产，鼓励消费。正是这个作用使价格对经济起调节作用：当供大于求时，价格就会下跌，从而抑制生产，鼓励消费；当求大于供时，价格就会上涨，从而鼓励生产，抑制消费。这样，通过价格的波动最终使供求趋于平衡，实现社会资源的合理配置。①

□ 小　结

需求量是指一定时期内，在一定条件下，消费者愿意购买且能够买得起的某种产品或劳务的数量。影响需求量的主要因素有：产品的价格、消费者的收入、相关产品的价格、消费者的偏好、广告费用和消费者对未来价格变化的期望等。需求函数是需求量与影响这一数量的诸因素之间关系的数学表达式。需求曲线是假定需求函数中的非价格因素不变，反映需求量与价格之间关系的表达式。需求曲线可分为个人需求曲线、行业需求曲线和企业需求曲线。需求曲线具有向右下方倾斜的规律。需求的变动是指当非价格因素变化时需求曲线的位移。需求量的变动是指当非价格因素不变、价格变动时，需求量沿原需求曲线发生的变动。

供给量是指在一定时期内，在一定条件下，生产者愿意且有能力提供某种产品或劳务的数量。影响供给量的主要因素有：产品的价格、生产中可互相替代的产品的价格和产品的成本。供给函数是供给量与影响这一数量的诸因素之间关系的数学表达式。供给曲线是假定影响供给量的非价格因素不变，反映供给量与价格之间关系的表达式。供给曲线可以分为企业供给曲线和行业供给曲线。供给的变动是指当非价格因素变动时供给曲线的位移。供给量的变动是指当非价格因素不变、价格变动时，供给量沿原供给曲线发生的变动。

在完全竞争市场条件下，需求曲线与供给曲线决定市场的均衡价格和均衡交易量。需求—供给分析法通过供给和需求曲线分析供需双方及其影响因素和价格之间的关系，是一种常用的经济分析工具。

社会资源优化配置的基本标志是：社会上各种商品的供求达到平衡。价格上涨，能刺激生产、抑制需求；价格下跌，能抑制生产、刺激需求。所以从总体上看，价格机制通过各种商品的价格波动能基本实现供需平衡，从而实现社会资源的合理配置。

---

① 关于市场机制运作效率的问题，详见本书第10章。

□ 重要名词和术语

需求量	需求函数和需求曲线
单个消费者需求曲线	企业需求曲线
行业需求曲线	需求的变动和需求量的变动
供给量	供给函数和供给曲线
企业供给曲线	行业供给曲线
供给的变动和供给量的变动	需求—供给分析法

□ 复习思考题

1. 为什么产品的需求曲线是向右下方倾斜的，供给曲线则是向右上方倾斜的？

2. 影响需求和供给的主要因素各有哪些？

3. 为什么需求的变动表现为需求曲线的位移，需求量的变动则表现为需求量沿需求曲线移动？

4. 请解释在完全竞争市场条件下需求、供给和价格之间的关系。

5. 对产品征收消费税对产品的价格和产量会有什么影响？为什么？

6. 政府对人民基本生活必需品规定最高价格，对该产品的供求关系会产生什么影响？政府应相应采取什么措施？

□ 作业题

1. 下面的说法错在哪里？请用需求—供给分析图说明之。

"经济学家认为，降低价格一定会使供给量下降是一条规律。可是这个规律也有例外。例如，2000年10位数字的计算器每台卖150元。到2010年，同样的计算器每台只卖50元，然而销售量却增加了3倍。可见，降低价格不一定会使供给量下降。"

2. 请用需求—供给分析图分析下列事件对需求量、供给量和产品价格各有什么影响。

市场名称	事件
鞋	制鞋工人工资普遍提高了
汽车	从国外进口汽车受到了限制
租房	有更多青年人要成家立业，同时政府规定了房租的最高限价
苹果	政府开始对橘子征收营业税

3. 某地旅游汽车出租行业经营小轿车出租业务，预计明年会发生下列事件，它们对小轿车的租价、需求量和供给量分别会有什么影响？请逐一用需求—供给分析图加以说明。

（1）汽油涨价和司机工资提高；

（2）因进口关税税率降低，小轿车降价；

（3）由于我国政治和经济稳定，再加上对外宣传和广告的加强，预计来华旅游者增多；

（4）新成立了若干家出租汽车公司；

（5）国内居民收入大幅提高；

（6）政府统一规定的小轿车出租价格高于均衡价格；

（7）政府统一规定的小轿车出租价格低于均衡价格。

4. 某产品在三个地区中的需求曲线如下：

地区 1：$Q_1=307-5P$

地区 2：$Q_2=204-3P$

地区 3：$Q_3=500-9P$

求三个地区总的需求曲线。

5. 假定棉布的需求曲线为：$Q_D=100-2P$，棉布的供给曲线为：$Q_S=\frac{1}{2}P$（Q_D 和 Q_S 均以万米为单位，P 以元/米为单位）。问：

（1）棉布的均衡价格是多少？

（2）棉布的均衡销售量是多少？

（3）如果政府规定棉布的最高价格为 30 元/米，棉布的供求关系会发生什么变化？

（4）如果政府对棉布征税，税额为每米 10 元，征税后均衡价格应是多少？

6. 假定美国从中国进口个人计算机（PC）的供给方程为：$Q_S=0.031\,25P$。这里，Q_S 为 PC 的销售量（单位：千台），P 为 PC 的价格（单位：美元）。假定该 PC 可从网上购买，属完全弹性需求，价格为 800 美元，即它的需求曲线为一条价格为 800 美元的水平线。

（1）请画出 PC 的需求曲线和供给曲线。又如美国政府对从中国进口的 PC 按进口价加征 25%的关税，请在同一图上再画出一条新的（税后）供给曲线。

（2）加征关税会对 PC 的价格和销售量产生什么影响？如果需求是完全弹性的，谁将承担这一税负？

7. 某市举办露天音乐会，假定入场券的供给量是其价格的函数，即 $Q_S=P$。这里，Q 为入场券的出售量（单位：千张），P 为入场券价格。又假设入场券的需求是完全弹性的，价格保持 30 元不变。

（1）请画出入场券的需求曲线和供给曲线。如果地方政府为了补偿安保和清洁费用的支出，每张入场券加征税金 5 元，请在同一图上画出新的供给曲线。

（2）地方政府的征税对入场券的价格和销售量有何影响？在完全弹性需求情况下，谁承担这一税负？

8. 某产品的市场需求和供给曲线如下：

需求：$Q_D=200-2P$

供给：$Q_S=40+2P$

问：（1）该产品的均衡价格和均衡销售量是多少？

（2）如果政府限定该产品的最高价格为 30 元，此时会产生多大的过度需求（或过度供给）？

附录　在需求曲线的背后：消费者选择理论

本章前面讲到的需求函数，即需求量与影响需求量的诸因素之间的相互关系，归根到底是由消费者的选择行为决定的。本附录将探讨在不同情况下消费者的决策行为是怎样决定产品的需求的。这里所用的理论就是消费者选择理论。

一、消费者的偏好

人们都是根据自己的爱好和偏好来做购买选择。譬如，爱好运动的人愿意拿出较多的钱去购买运动器械，喜欢读书的人愿意拿出较多的钱去购买图书。个人的爱好和偏好是由许多因素决定的，诸如家庭环境、身体状况、年龄、受教育程度、嗜好等。接下来，我们假定人们的爱好和偏好已经给定，要讨论的主要是人们的这些爱好和偏好究竟是怎样变为消费者的决策的。

在传统的经济学里，探讨消费者选择理论有四个基本的假设。第一个假设是，人们能够将他们对物品和服务的不同组合的偏好进行排序。假如一个人只能买到两种物品：土豆和牛肉。又假如消费者面对这两种物品的下列几种组合：

A	B	C
6千克牛肉	2千克牛肉	4千克牛肉
2千克土豆	6千克土豆	4千克土豆

这里，排序能力是指人们能够对每个物品组合的相对满意度作出评价。例如，假定B是人们最满意的组合，而组合C和A被认为满意度相等，但均小于组合B。那么，我们就可以说，组合B优于组合C和A，但组合C和组合A没有优劣之分。

第二个假设是不满足性。意思是，人们对拥有的物品和服务总是多多益善，不会满足。假定组合D的组成如下：

D
3千克牛肉
7千克土豆

那么，根据不满足性假设，它必然优于组合B，因为它的牛肉和土豆都比B多。

第三个假设是转移性。意思是人们的偏好总是始终一贯的。如果组合D优于组合B，而组合B又优于组合A和C，那么，根据转移性假设，组合D就一定优于组合A和C。

最后一个假设是，消费者为了再多得一单位的某种物品所愿意放弃的其他物品的数量总是不断减少。例如，消费者为了获得第1千克牛肉，可能愿意放弃5千克土豆。但如果他已经拥有1千克牛肉，他为了再多得1千克牛肉所愿意放弃的土豆数量就会少于5千克。

二、无差异曲线

前面讲过，如果一个人对组合A和C的满意度是一样的，这个人对组合A和C的偏好就没有优劣之分（无差异）。假定还有其他组合，如对组合E，F，G和H的满意度也与组合A和C一样，那么，把这些组合都画在一张图上，再把这些点连接起来，我们就能得到一条无差异曲线。在这条无差异曲线上，对这个人来说，所有的物品组合带来的满意度都是相同的。

在图1A-1上，有若干条无差异曲线。在通过B点的曲线上的所有各点的满意度都与组合B相同。由于组合B优于组合A，根据转移性假设，通过B点的无差异曲线上所有的点都优于通过A点的无差异曲线上所有的点。同样，由于组合D提供的满意度高于组合B，通过D点的曲线上所有的点就都优于通过B点和C点的曲线上所有的点。根据不满足性假设，较高的无差异曲线代表较高的满意度。

上面讲到的四个假设决定了无差异曲线有几个基本的特征。人们能够对偏好进行排序的假设表明无差异曲线是存在的。不满足性的假设决定了无差异曲线的斜率一定是负的。如图1A-2所示，如果有一条斜率为正值的曲线通过点1。再在此曲线上另取一点，如点2。我们可以看到，点1代表的组合，其土豆和牛肉的数量都要大于点2。根据不满足性的假设，点1的两种物品都比点2多，说明点1一定优于点2。因此，这两个点不可能在同一条无差异曲线上。结论是，无差异曲线的斜率必然是负的（向右下方倾斜）。

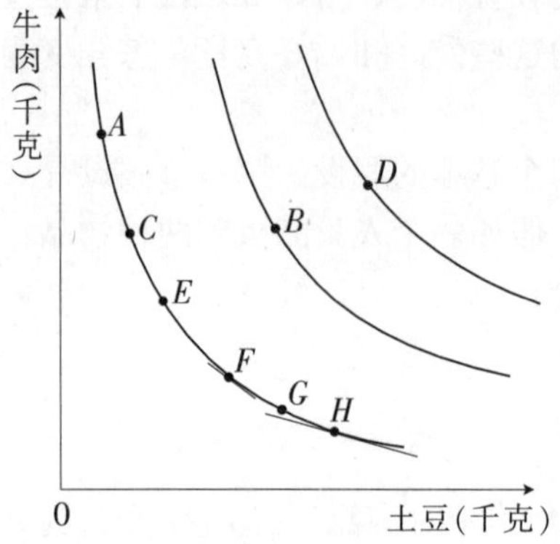

图 1A－1　无差异曲线

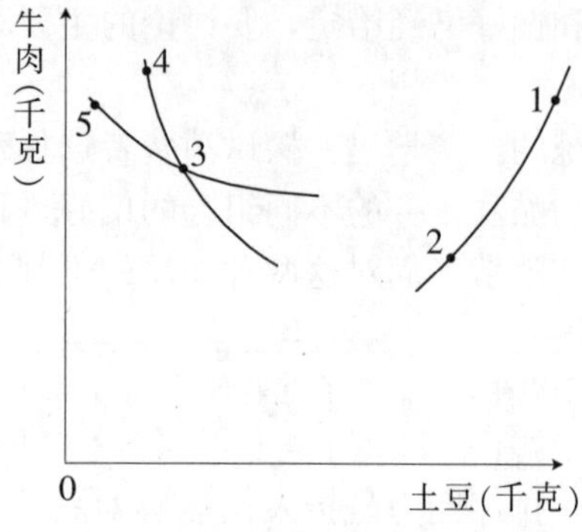

图 1A－2　无差异曲线的特征证明

转移性和不满足性决定了两条无差异曲线不可能相交。这也可以从图 1A－2 中看出，假定图中两条无差异曲线在点 3 相交，在两条曲线上还有两点：点 4 和点 5。由于点 4 所代表的组合比点 5 包含更多的牛肉和土豆，因此点 4 一定优于点 5。可是点 3 和点 5 在同一条无差异曲线上，因此转移性要求点 4 优于点 3，但这是不可能的，因为点 3 和点 4 在同一条无差异曲线上。可见，只要无差异曲线相交，转移性假设就会被破坏。

关于消费者为了多获得一单位的某种物品，愿意放弃相对较少的另一种物品的假设，决定了无差异曲线的形状一定是凸向原点的，如图 1A－1 所示。无差异曲线上任意一点的斜率就是该点切线的斜率。这一斜率表示，为了多获得 1 千克土豆，个人愿意放弃多少牛肉，也就是说，它是消费者愿意用牛肉替换土豆的比率。这一替代率称为边际替代率（简称 *MRS*）。例如，在图 1A－1 中，如果无差异曲线上 F 点的斜率为-1，就意味着个人愿意用 1 千克牛肉来换取 1 千克土豆。

为了满足第四个假设，边际替代率的绝对值必然是随着该无差异曲线向下移动而递减的。无差异曲线凸向原点，就是这一性质的体现。在图 1A－1 中，曲线的斜率随着从点 A 到点 H 而减小。如果点 H 的斜率为$-1/8$，人们此时就只愿意用 1/8 千克的牛肉来换取 1 千克土豆。无差异曲线必须凸向原点，才能符合递减的边际替代率的要求。

三、预算约束

一个人的爱好和偏好反映了他的需要，但一个人的实际购买行为还要受他的收入和价格因素的制约。假定 I 为个人的收入，P_B 和 P_P 分别为牛肉和土豆的价格。如果消费者能获得的只有这两种物品，那么，他可能的购买行为就可用下式来描述：

$$I \geqslant P_B Q_B + P_P Q_P \tag{1A-1}$$

式中，Q_B 和 Q_P 分别为牛肉和土豆的购买数量。这个式子的含义是：花费在购买牛肉上的钱加上花费在土豆上的钱，必须小于或等于个人的总收入。

如果把式（1A－1）变为等式，即得出：

$$I = P_B Q_B + P_P Q_P$$

它表示如果把个人的收入全部花光，所能买到的牛肉和土豆的数量组合。解此方程求 Q_B，可得出：

$$Q_B = \frac{I}{P_B} - \frac{P_P}{P_B} Q_P \tag{1A-2}$$

式中，Q_B 就是用收入、价格和土豆的购买量等变量表示的牛肉的可能购买量。这个方程可画成直线，如图 1A－3 所示。

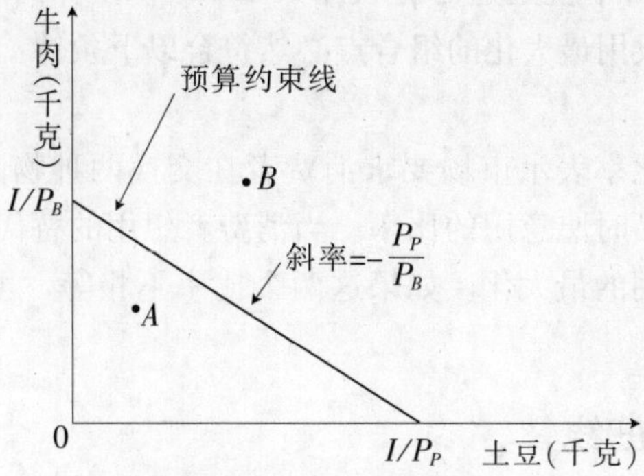

图 1A－3　预算约束线

图 1A－3 中的直线称为预算约束线。所有在直线左侧的点（如点 A），都代表用少于可得到的收入的钱所能购买到的牛肉和土豆的数量组合。所有在直线右侧的点（如点 B），都代表仅靠可得的收入所买不起的牛肉和土豆的数量组合。

这里，预算约束线的垂直截距为 I/P_B，代表如果所有的收入都用来买牛肉所能买到的量。水平截距为 I/P_P，代表如果所有的收入都用来买土豆所能买到的量。预算约束线的斜率为 $-P_P/P_B$，代表在市场上一种物品交换另一种物品的比率。例如，如果 $P_P/P_B=1/2$，表示必须用 2 千克土豆去交换 1 千克牛肉。

四、效用最大化

我们假定，人们通过购买选择，总是力求获得尽可能多的满足。这一目标常被称为效用最大化。为了实现这一目标，在做购买决策时就必须同时考虑无差异曲线和预算约束线。假定有一名消费者打算购买组合 X（见图 1A－4）。点 X 在预算约束线上，说明这是一个可以买得起的组合。但组合 X 并不是一个能使消费者效用最大的组合。因为点 Y 也在预算约束线上，但是点 Y 在一条更高的无差异曲线上，说明 Y 的满意度要高于 X，即 Y 优于 X。

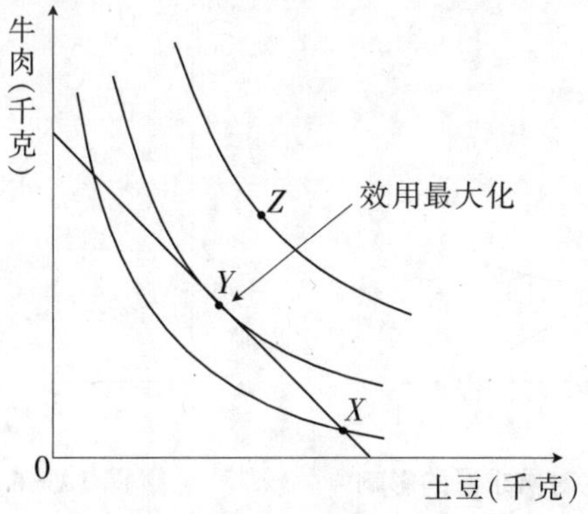

图 1A－4　效用最大化

点 Y 是预算约束线和无差异曲线的切点。也就是说，组合 Y 既在预算约束线上，是消费者买得起的组合，又在尽可能高的无差异曲线上，是消费者能获得最大满足的组合。

由于Y是无差异曲线和预算约束线的切点，因此，在这一点上，两条线的斜率相等。前面讲过，无差异曲线的斜率就是边际替代率（MRS），预算约束线的斜率为负的价格比率，即$-P_P/P_B$。因此，效用最大化的组合点必然符合以下条件：

$$-P_P/P_B=MRS \tag{1A-3}$$

在这一公式中，价格比率表示市场要求消费者在交换两种物品时必须用的比率。MRS表示消费者在替代一种物品时愿意用的比率。当消费者想用的替代比率刚好等于他必须用的交换比率时，就实现了效用的最大化。如果这两个比率不相等，可对购买的组合进行调整，以增加满意度或效用。

五、消费者选择与需求曲线

由单个消费者需求曲线所代表的价格—需求量相互关系是不同价格条件下效用最大化决策的结果。下面以土豆的需求曲线为例来说明。假定图1A-5为一定的偏好、收入和价格因素所决定的无差异曲线和预算约束线。当土豆价格为1元时，效用最大化的组合在点Y，这时对土豆的需求量为5千克。如果土豆的价格提高到2元，就会使预算约束线的斜率（$-P_P/P_B$）发生变化，由于斜率增加，预算约束线就会按顺时针方向旋转（见图1A-5）。注意，此时牛肉价格未变，所以垂直截距（I/P_B）不变。

由于预算约束线的旋转，点Y就不再是买得起的购物组合。必须选择新的效用最大化之点。和以前一样，新的点必须是无差异曲线与预算约束线的切点。这一点就是点Z。注意，点Z与点Y相比，组合中土豆的数量减少了（从5千克减少到3千克）。这是因为较高的土豆价格降低了个人的购买力，增加了相对于牛肉的土豆的机会成本。

可见，当土豆价格为2元时，消费者愿意购买5千克土豆，而当土豆价格上涨到4元时，消费者愿意购买3千克土豆。把这两对价格—数量关系画在以价格为纵轴、需求量为横轴的坐标图上，我们就能得出土豆需求曲线上的两点。同理，在图上还可以画出代表其他价格水平的价格—数量关系的点。把这些点连接起来，就是土豆的需求曲线（见图1A-6）。

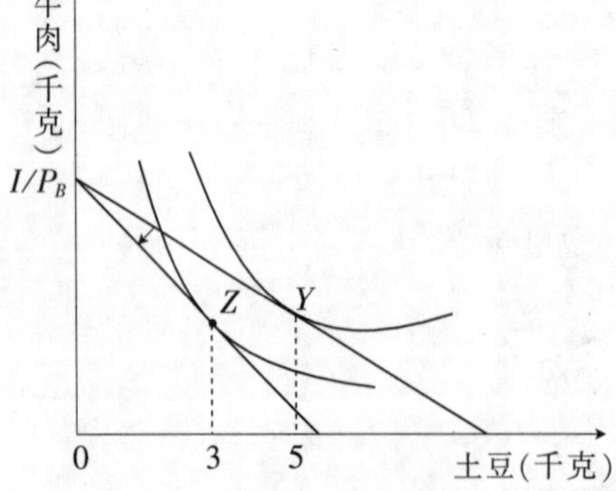

图1A-5 价格的变化对需求量的影响

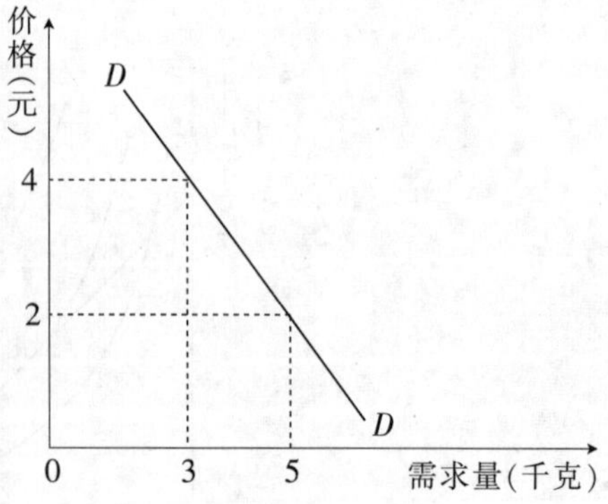

图1A-6 土豆的需求曲线

六、消费者选择与需求的变动

上面我们探讨了消费者的选择是怎样决定需求曲线的，也明白了需求量的变动究竟是怎样发生的（在上例中，土豆价格从2元上涨到4元，需求量沿着需求曲线发生变动）。下面，我们再用消费者选择理论来探讨需求的变动（需求曲线的位移）是怎样发生的。

需求曲线的位移是由非价格因素的变动引起的。这些非价格因素包括：收入、个人的偏好以及其他物品的价格等。下面，我们先来看收入的变化会怎样导致需求的变动。

当收入增加时，预算约束线会外移，如图1A－7所示。由于预算约束线的斜率是由两种物品的价格比决定的，因价格未变，预算约束线会平行外移。原来的效用最大化之点在Y，现在因预算约束线外移，新的预算约束线与新的更高的无差异曲线相切于点Z，点Z就成为新的效用最大化之点。点Z与点Y相比，土豆的价格没有变，但对土豆的需求量增加了。可见，收入的增加会导致土豆在每一价格水平上的需求量增加，也就是说，使需求曲线发生位移。

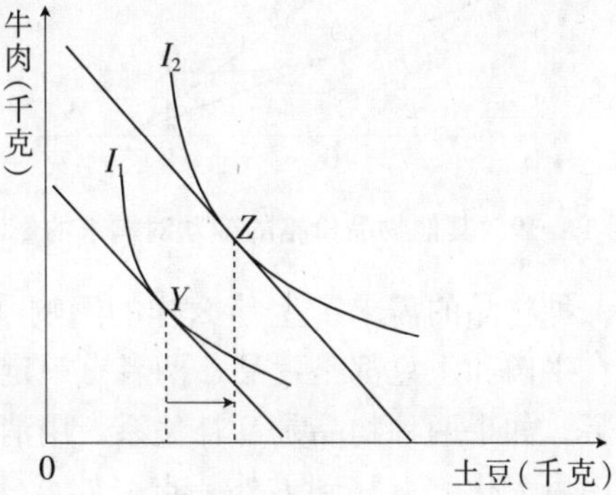

图1A－7　收入的变化对需求的影响

再来探讨消费者偏好的变化怎样影响需求。假定原来的效用最大化之点在Y（见图1A－8（a））。现在假定人们发现土豆中含有一种物质，能够有效降低血脂，减少人们患心脏病的概率。结果人们对土豆更加喜欢了。这使无差异曲线从I_1移到I_2，从而得出新的效用最大化之点即点Z（见图1A－8（b））。注意，在这新的点Z处，对土豆的需求量增加了（从5千克增加到10千克）。这表明，个人偏好的这种变化会使土豆在每一价格水平上的需求量均得到增加。这就属于需求的变动，土豆的需求曲线将向右移动。

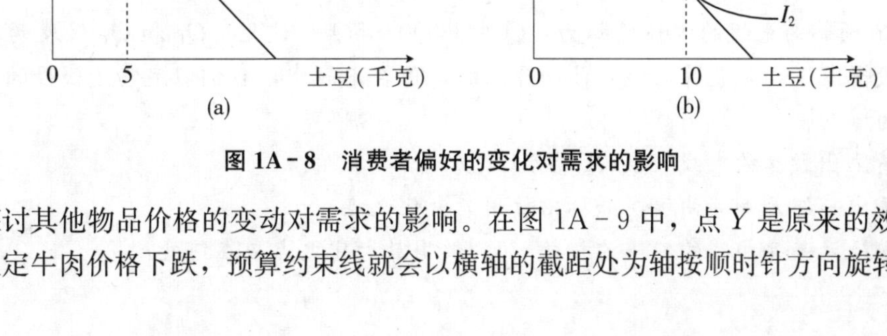

图1A－8　消费者偏好的变化对需求的影响

再探讨其他物品价格的变动对需求的影响。在图1A－9中，点Y是原来的效用最大化之点。假定牛肉价格下跌，预算约束线就会以横轴的截距处为轴按顺时针方向旋转（预算约束线斜率绝对值变大）。效用最大化之点从 Y 移到 Z。结果，一方面，牛肉的需求量增加了（从4千克增加到10千克），这是需求量的变动；另一方面，土豆的需求量减少了（从10千克减少到7千克），而且在每一价格水平上的需求量均将减少，所以属于需求的变动，土豆的需求曲线将向左移。

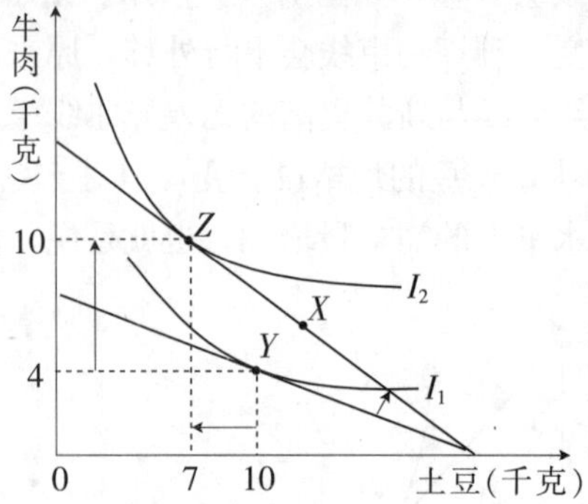

图 1A-9　其他物品价格的变动对需求的影响

一种物品的价格会对另一种物品的需求产生什么样的影响（是增加还是减少需求），将视两种物品之间的关系而定。牛肉和土豆都是食品，两者有一定的替代关系，所以牛肉价格的下跌使土豆的需求量减少了。如果两种物品是互补关系，用消费者选择理论来分析，牛肉价格的下跌有可能使新的效用最大化之点移到另外一点（如点 X），这会使土豆的需求量有所增长。

□ 复习思考题

1. 消费者选择理论有哪些基本的假设？请用这些假设来论证无差异曲线的基本特征。

2. 在消费者选择理论中，何谓"效用最大化"的物品组合？

3. 为什么当市场上个人交换物品所必须用的比率刚好等于个人所愿意接受的替换比率时，效用能达到最大？

□ 作业题

1. 假定某人只能买到两种物品，他的年收入为10 000元。牛肉的价格为每千克9元，土豆的价格为每千克2元。

（1）如果把牛肉的购买量当作因变量，请写出预算约束线的方程。

（2）预算约束线的斜率是多少？

（3）如果土豆价格涨到每千克4元，请写出新的预算约束线方程。

2. 假定预算约束线的方程已知为：$Q_1=1\,000-5Q_2$，这里，Q_1 和 Q_2 代表两种物品的数量。一般情况下，无差异曲线是凸向原点的，但在本题中，我们假定它是线性的，斜率是个常数，为−2。

（1）请画出预算约束线（Q_1 在纵轴上）。

（2）画出一组无差异曲线，并标出效用最大化之点。

（3）如果无差异曲线的斜率为常数−6，效用最大化之点应在何处？

需求分析 第2章

为了搞好企业的经营管理，第一步就要研究、分析市场（顾客）对企业产品的需求状况，由此决定企业应该生产什么和生产多少。分析和估计企业的需求之所以十分重要，是因为：(1) 高需求是企业能够兴旺发达的前提。即使企业内部管理有方，各项工作井井有条，但如果产品没有销路，企业也是没有前途的。(2) 它是企业一切计划工作的基础和出发点。无论是生产计划、销售计划、劳动工资计划、基建计划还是财务计划，如果离开了对需求的准确分析，就会失去依据。为了分析需求，就要具体分析需求量与影响需求量的诸因素之间的数量关系，也就要使用需求弹性这一工具。本章重点探讨需求弹性及其应用。

前面讲过，需求量的大小受许多因素的影响。例如，价格上涨，需求量就会减少，但是不同的商品受影响的程度有很大的不同。火柴价格下降50%而引起的需求量的变化肯定远远小于电视机因价格下降50%而引起的需求量变化。为了比较不同产品的需求量因某种因素的变化而受到影响的程度，我们使用“需求弹性”作为工具。需求弹性说明需求量对某种影响因素变化的反应程度，用公式表示为：

$$E=\frac{Q\text{变动}\%}{X\text{变动}\%}$$

式中，E 为需求弹性；Q 为需求量；X 为影响需求量的某因素。

需求弹性也可理解为：影响需求量的某因素每变化1%，需求量将变化的百分比。例如，价格每下跌1%，可使需求量增加2%，则需求的价格弹性为2。

需要指出的是：需求弹性并不是需求量变动的绝对数量与影响因素变动的绝对数量之比。这是因为，如果使用绝对数量，那么计算出来的弹性值将会因计量单位的不同而不同。例如，如果每千克猪肉价格上涨1元，会使需求量下降100千克。如用绝对数量计算，需求弹性=100/1=100。如果价格的计量单位不是元，而是分，那么需求弹性=100/100=1。这样，弹性的值就会有很大的随意性，而且在不同的产品之间将会因计量单位不同而无法进行比较。但用需求量和影响因素的变动率来计算需求弹性，就不会存在这些问题。

影响需求量的因素很多，如产品价格、居民收入、相关产品的价格等。所以，需求弹性可以分为需求的价格弹性、需求的收入弹性、需求的交叉弹性等。下面着重介绍这三种弹性。

第1节　需求的价格弹性

一、价格弹性的计算

需求的价格弹性反映需求量对价格变动的反应程度，或者说，价格变动1%引起的需求量变动的百分比。其计算公式为：

$$价格弹性=\frac{需求量变动\%}{价格变动\%}=\frac{\Delta Q/Q}{\Delta P/P}=\frac{\Delta Q}{\Delta P}\cdot\frac{P}{Q} \tag{2-1}$$

式中，Q 为需求量；ΔQ 为需求量变动的绝对数量；P 为价格；ΔP 为价格变动的绝对数量。

式（2-1）是计算价格弹性的一般公式。但在具体计算时，又可以有两种算法。一种是计算它的点弹性，即计算需求曲线上某一点的弹性（这意味着 ΔQ 和 ΔP 的量极微小，接近零），见图2-1。点价格弹性的计算公式为：

$$\varepsilon_P=\lim_{\Delta P\to 0}\frac{\Delta Q}{\Delta P}\cdot\frac{P}{Q}=\frac{dQ}{dP}\cdot\frac{P}{Q} \tag{2-2}$$

式中，ε_P 为点价格弹性。

点价格弹性也可以用几何方法来计算。从一定意义上说，用几何方法更直观、更简便。假如需求曲线为一条直线（见图2-2），按几何方法计算，则 B 点上的点弹性 $|\varepsilon_P|=BC/AB$。

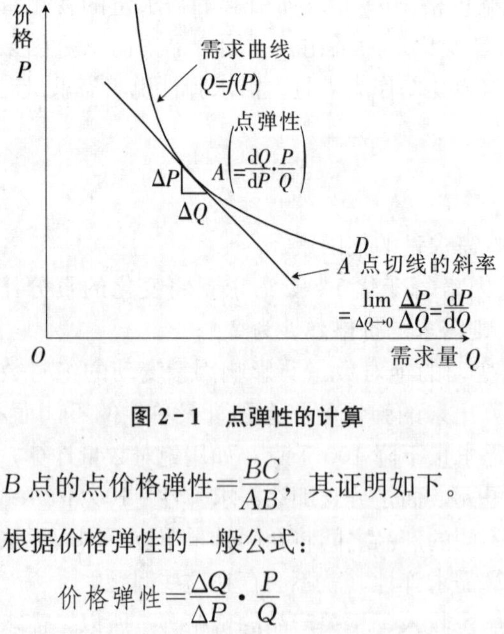

图2-1　点弹性的计算

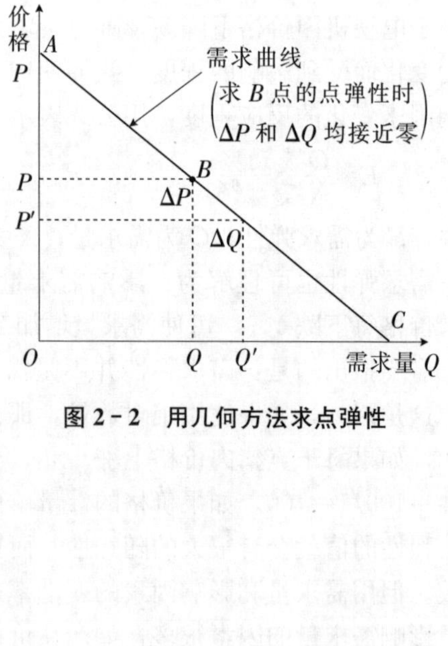

图2-2　用几何方法求点弹性

B 点的点价格弹性$=\frac{BC}{AB}$，其证明如下。

根据价格弹性的一般公式：

$$价格弹性=\frac{\Delta Q}{\Delta P}\cdot\frac{P}{Q}$$

在图2-2中，

$$\because\quad \frac{\Delta Q}{\Delta P}=\frac{QC}{BQ};\ \frac{P}{Q}=\frac{BQ}{OQ}$$

$$\therefore\quad 点价格弹性(\varepsilon_P)=\frac{QC}{BQ}\cdot\frac{BQ}{OQ}=\frac{QC}{OQ}=\frac{BC}{AB}$$

根据上述几何方法，可以直观地比较出在需求曲线的不同点上价格弹性的大小。例如，在图 2－3（a）中，在同一条需求曲线 D_1 上有两点 a 和 b，由于 $\frac{bB}{Ab}<\frac{aB}{Aa}$，因此，可以判断 b 点的价格弹性小于 a 点。同理，A 点的价格弹性为∞，B 点的价格弹性为 0。在图 2－3（b）中，需求曲线 D_1 和 D_2 的交点为 a，但 D_1 上 a 点的价格弹性小于 D_2 上 a 点的价格弹性，因为 $\frac{aB}{Aa}<\frac{aE}{Ca}$。

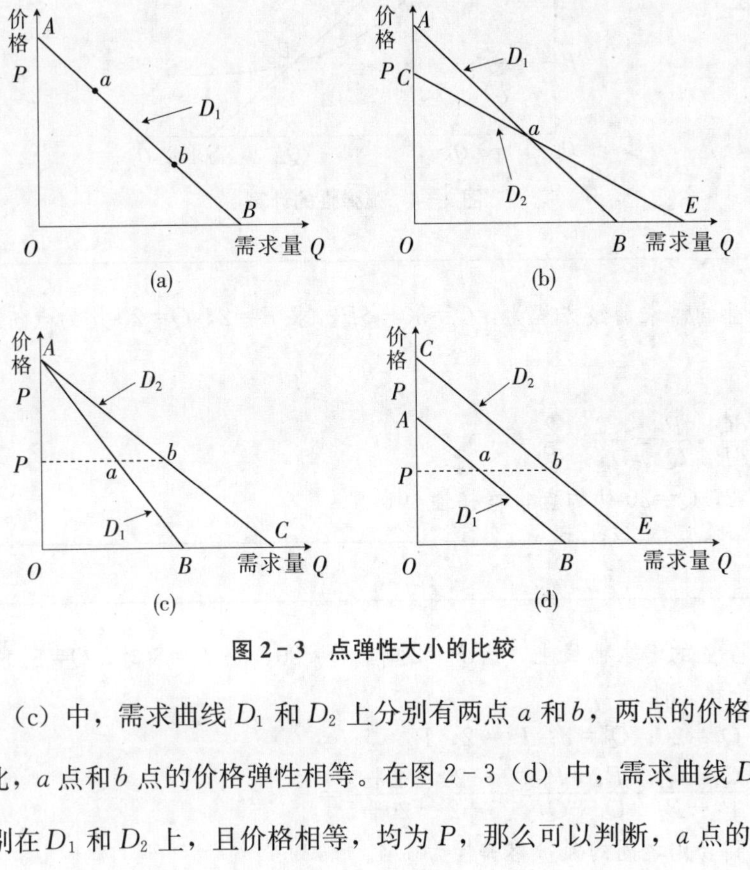

图 2－3　点弹性大小的比较

在图 2－3（c）中，需求曲线 D_1 和 D_2 上分别有两点 a 和 b，两点的价格均为 P，由于 $\frac{aB}{Aa}=\frac{bC}{Ab}$，因此，$a$ 点和 b 点的价格弹性相等。在图 2－3（d）中，需求曲线 D_1 和 D_2 平行，a 点和 b 点分别在 D_1 和 D_2 上，且价格相等，均为 P，那么可以判断，a 点的价格弹性大于 b 点。

要计算点弹性，其前提是需求曲线的方程必须已知。更多的情况是，不知道需求曲线的方程，但知道需求曲线上两点的坐标，此时就要用另一种方法来计算弹性，即计算需求曲线上这两点之间的平均弹性，这种弹性称为弧弹性，见图 2－4。

弧价格弹性的计算公式为：

$$E_P=\frac{\Delta Q/Q}{\Delta P/P}=\frac{(Q_2-Q_1)\Big/\frac{(Q_1+Q_2)}{2}}{(P_2-P_1)\Big/\frac{(P_1+P_2)}{2}}$$

$$=\frac{Q_2-Q_1}{P_2-P_1}\cdot\frac{P_1+P_2}{Q_1+Q_2} \tag{2-3}$$

式中，E_P 为弧价格弹性。

下面举例说明两种弹性的计算方法。

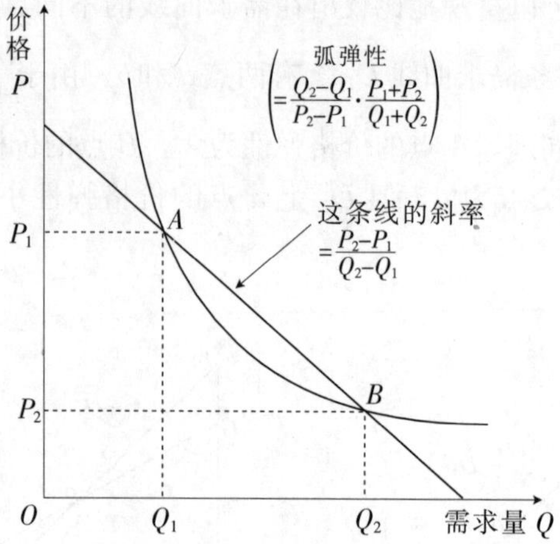

图 2-4 弧弹性的计算

例 2-1

假定某企业的需求曲线方程为：$Q=30-5P$。求 $P=2$，$Q=20$ 处的点价格弹性。

解：$\frac{dQ}{dP}=-5$

$$\varepsilon_P=\frac{dQ}{dP}\cdot\frac{P}{Q}=-5\times\frac{2}{20}=-0.5$$

∴ 在 $P=2$，$Q=20$ 处的点价格弹性为 0.5。

例 2-2

假定在某企业的需求曲线上，当 $P=2$ 时，$Q=20$；当 $P=5$ 时，$Q=5$。求价格在 2 元到 5 元之间的弧价格弹性。

解：已知 $Q_1=20$，$Q_2=5$；$P_1=2$，$P_2=5$；

$$E_P=\frac{Q_2-Q_1}{P_2-P_1}\cdot\frac{P_1+P_2}{Q_1+Q_2}=\frac{5-20}{5-2}\times\frac{2+5}{20+5}=-1.4$$

即价格在 2 元到 5 元之间的弧价格弹性为 1.4。

在计算价格弹性时必须注意：（1）由于在价格弹性公式中，分子（需求量变动的百分比）和分母（价格变动的百分比）是呈相反方向变动的，即价格上升时需求量下降，价格下降时需求量上升，因此计算出来的价格弹性是负值。但通常使用绝对值来比较弹性的大小。说某产品的价格弹性大，是指其绝对值大。（2）价格弹性与需求曲线的斜率是两回事，但两者有联系。价格弹性与需求曲线的斜率成反比，与 P/Q 的值成正比。所以，如果需求曲线是一条直线，尽管这条直线上各点的斜率不变，但由于 P/Q 的值是变动的，因此在这条直线上价格弹性也是变动的（见图 2-5（d））。但如果其他条件相同，那么，平坦的需求曲线弹性大，陡的需求曲线弹性小。

二、需求曲线按价格弹性的不同分类

需求曲线按照价格弹性的不同，大体上可以分为四类，见图 2-5。

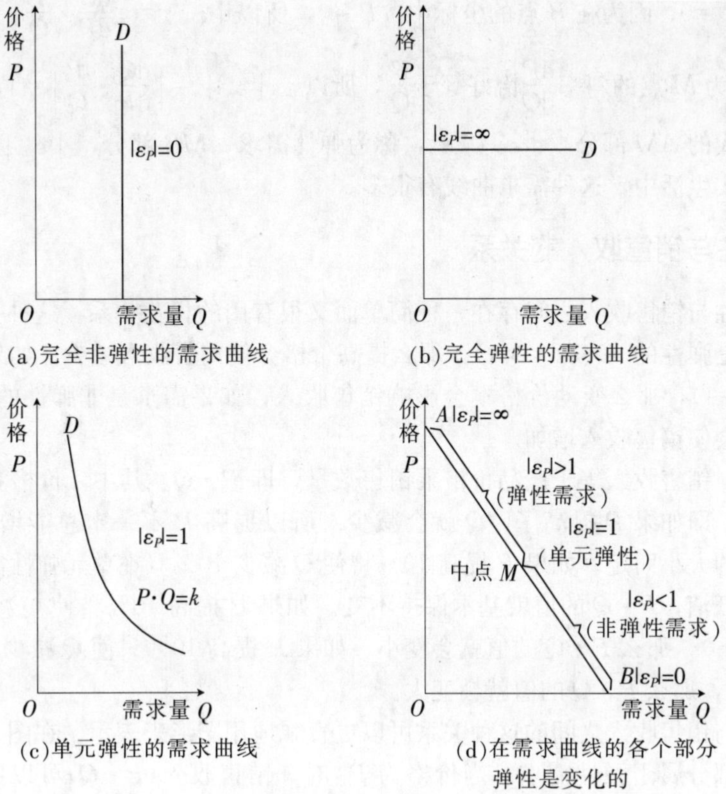

图2-5　需求曲线的类型（按价格弹性的不同）

图2-5（a）中的需求曲线是一条垂直的直线。在这条曲线上，所有各点的弹性均为零（$|\varepsilon_P|=0$），即不管价格多高，需求量总是保持不变（需求量变动率始终为零）。这种需求曲线称为完全非弹性的需求曲线。在现实生活中，家庭使用的自来水、电和天然气都是生活必需品，在没有替代品的情况下，价格虽有变化，需求量基本不变，就是近似这种需求曲线的例子。

图2-5（b）中的需求曲线是一条水平的直线。在这条需求曲线上，所有各点的价格弹性均为∞（$|\varepsilon_P|=\infty$），即只要价格略有上升，需求量就会立刻降到零。这种需求曲线称为完全弹性的需求曲线。在完全竞争的市场里，某些同质的产品由于竞争的需要而按同一价格卖出，如有企业稍稍提价，就会卖不出去，即属于这种需求曲线的例子。

图2-5（c）中的需求曲线是一条方程为 $P\cdot Q=k$ 的双曲线。在这条需求曲线上，所有各点的价格弹性均为1（$|\varepsilon_P|=1$），即价格变动一定百分比，会导致需求量变动同样的百分比。[①] 这种需求曲线称为单元弹性的需求曲线。假如某人每月总是从工资收入中取出200元钱买猪肉吃，如果猪肉涨价，他就少买，猪肉降价，他就多买，他对猪肉的需求曲线就是单元弹性的。

图2-5（d）中的需求曲线是一条倾斜的直线。在这条需求曲线上，各点的价格弹性是变化的。在 A 点，$|\varepsilon_P|=\infty$，因为在 A 点的坐标中，$Q=0$，所以 $|\varepsilon_P|=\left|\frac{dQ}{dP}\cdot\frac{P}{Q}\right|=\infty$。

---

① 在方程为 $P\cdot Q=k$ 的需求曲线上，价格弹性始终等于1，读者可自己证明。

在 B 点，$|\varepsilon_P|=0$，因为在 B 点的坐标中，$P=0$，所以 $|\varepsilon_P|=\left|\frac{\mathrm{d}Q}{\mathrm{d}P}\cdot\frac{P}{Q}\right|=0$。在中点 M，$|\varepsilon_P|=1$，因为 M 点的斜率 $\frac{\mathrm{d}P}{\mathrm{d}Q}$ 恰好等于 $\frac{P}{Q}$，所以，$|\varepsilon_P|=\left|\frac{\mathrm{d}Q}{\mathrm{d}P}\cdot\frac{P}{Q}\right|=1$，称为单元弹性需求；需求曲线的 AM 部分，$|\varepsilon_P|>1$，称为弹性需求；MB 部分，$|\varepsilon_P|<1$，称为非弹性需求。在现实生活中，这种需求曲线有很多。

三、价格弹性与销售收入的关系

在价格弹性与销售收入之间存在一种简单而又很有用的相互关系。这种关系可以表述如下：如果需求是弹性的（$|\varepsilon_P|>1$），那么提高价格会使销售收入减少；如果需求是单元弹性的（$|\varepsilon_P|=1$），那么变动价格不会影响销售收入；如果需求是非弹性的（$|\varepsilon_P|<1$），那么提高价格会使销售收入增加。

我们知道，销售收入等于产品价格乘销售数量，即 $P\cdot Q$。其中，价格和销售量是呈相反方向变动的，即如果 P 提高了，Q 就会减少。所以提高 P 不一定总能增加 $P\cdot Q$ 之值，要视价格弹性的大小而定。如果 P 提高 10%将使 Q 减少 10%（在单元弹性需求的情况下），那么两者大体抵消，$P\cdot Q$ 的值就基本保持不变。如果 P 提高 10%将使 Q 减少 20%（在弹性需求的情况下），那么 $P\cdot Q$ 的值就会变小。如果 P 提高 10%只使 Q 减少 5%（在非弹性需求的情况下），那么 $P\cdot Q$ 的值就会变大。

价格弹性与销售收入之间的这种关系可以更直观地用图形来表示。在图 2－6（a）中，需求曲线的上半部分属于弹性需求。当价格为 P_1 时，销售收入（$P\cdot Q$）可以用长方形 P_1bcO 的面积（$OP_1\cdot Oc$）来表示，如价格从 P_1 提高到 P_2，销售收入就从长方形 P_1bcO 的面积变为长方形 P_2adO 的面积，面积显然减少了。需求曲线的下半部分属于非弹性需求。在这里，如价格从 P_1' 提高到 P_2'，销售收入就从长方形 $P_1'ghO$ 的面积变为长方形 $P_2'feO$ 的面积，面积显然增加了。在图 2－6（b）中，是一条单元弹性的需求曲线。价格从 P_1 提高到 P_2，销售收入从长方形 P_1bcO 的面积变为长方形 P_2adO 的面积，这两个长方形的面积相等。

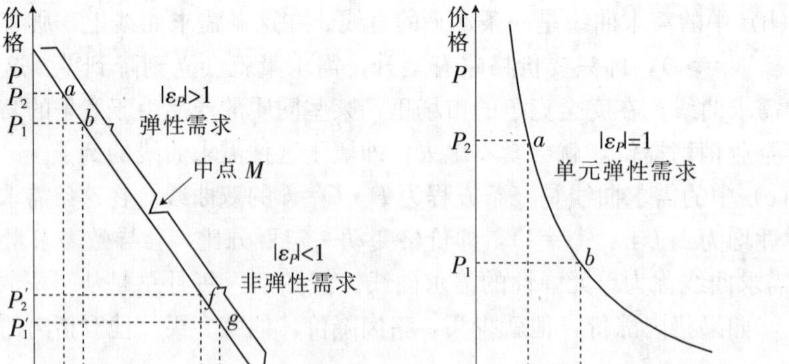

图 2－6　价格弹性与销售收入的关系

归结起来，价格与销售收入之间的相互关系如表 2－1 所示。

表2-1

价格变化	弹性需求 $\mid\varepsilon_P\mid>1$	单元弹性需求 $\mid\varepsilon_P\mid=1$	非弹性需求 $\mid\varepsilon_P\mid<1$
上涨	销售收入减少	销售收入不变	销售收入增加
下跌	销售收入增加	销售收入不变	销售收入减少

从表2-1可以看出，当价格弹性大于1时，价格和销售收入的变动方向是相反的；当价格弹性小于1时，两者的变动方向是一致的。

这种关系说明：通常人们认为要增加销售收入就只能依靠提高价格的想法是不正确的。在一定条件下，降低价格，即采取薄利多销的方法，也能增加销售收入。在这里，一定条件即指当价格弹性的值大于1时。

案例2-1

一次失败的降价

J食品公司是全球著名的食品生产企业，1992年开始进入中国市场。2000年以后，J公司将重量为18克的排块巧克力推向北京市场，价格为3元/块，计划目标销售额为20万元/月。在随后的两个月中，销售人员开拓了6 000多家零售店，月销售额达到8万元。但此后，销售额不断下降，连续3个月不足6万元。

J公司市场部经过调研发现，销售额下滑的原因是价格偏高，于是决定将价格降至2.5元/块。降价后的第一个月，销售收入上升到6.2万元，此后再次出现下降趋势，降价后的第三个月销售收入减少到5.2万元，降价促销方案没有成功。为了提高销售收入，销售部开始了第二次降价行动，进一步将价格降低到2元/块，但销售收入仍然没有提升。在两次降价失败后，销售部大规模压缩了部门的费用，咬牙打出了最后一张牌——5元3块，但遗憾的是月销售收入仍然没有突破6.5万元，三次降价行动宣告彻底失败。

事后，销售部计算了其18克排块巧克力的价格弹性，发现该产品的价格弹性为0.28，为非弹性需求。由于价格弹性小，降价不仅没有增加销售收入，还把销售部的销售利润大幅转移给了消费者，销售人员没有拿到销售奖金。

资料来源：改编自卢锋．商业世界的经济学观察．北京：北京大学出版社，2003，231-233.

四、价格弹性与总收入、边际收入和平均收入的关系

价格弹性与总收入（TR，即销售收入）、边际收入（MR）和平均收入（AR）之间的关系如图2-7所示。

由于当需求为弹性需求时，降价能使销售收入增加，当需求为非弹性需求时，降价则会使销售收入减少，因此，销售收入一定在单元弹性时为最大。另外，当需求量为零时，销售收入为零；当价格为零时，销售收入也为零。因此，销售收入曲线（即总收入曲线TR）的形状为一条抛物线（见图2-7）。

边际收入是指在一定产量水平上，额外增加一单位产量能使总收入增加多少。假如产量增加ΔQ会使总收入增加ΔTR，那么，边际收入$MR=\dfrac{\Delta TR}{\Delta Q}$。$\dfrac{\Delta TR}{\Delta Q}$也是总收入曲线的斜率，

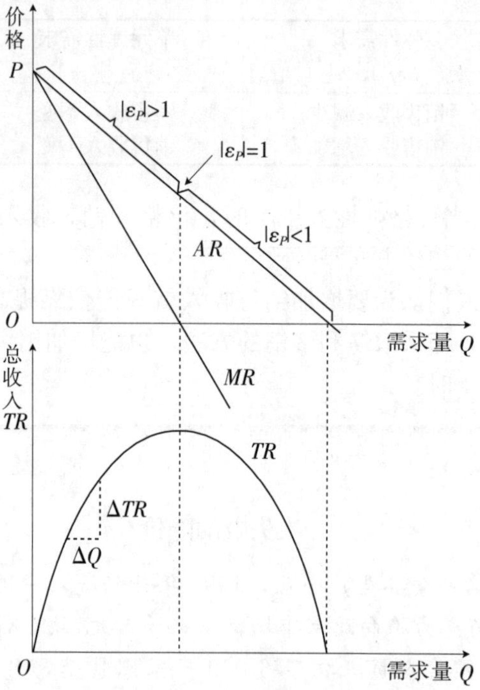

图 2-7　价格弹性与 TR，MR 和 AR 的关系

这一斜率在需求量为零时最大，然后逐渐变小，此时为弹性需求，斜率为正值，到单元弹性（即 TR 最大）时斜率为零，在需求为非弹性需求时则变为负值。所以，边际收入（MR）在需求量为零时最大，在需求为弹性需求时为正值，在单元弹性时为零，在非弹性需求时为负值（见图 2-7 中的曲线 MR）。

平均收入等于总收入除以销售量，即 $AR=TR/Q$。所以，平均收入也就是产品的价格 P，平均收入曲线即企业的需求曲线。

平均收入（即价格 P）、边际收入与价格弹性之间的关系可以用公式表示如下：

$$MR=P\left(1-\frac{1}{|\varepsilon_P|}\right) \tag{2-4}$$

①

从式（2-4）可以看到：当 $|\varepsilon_P|=\infty$ 时，$MR=P$；$|\varepsilon_P|$ 为其他值时，MR 均小于 P；$|\varepsilon_P|>1$ 时，MR 为正值；$|\varepsilon_P|=1$ 时，$MR=0$；$|\varepsilon_P|<1$ 时，MR 为负值。

五、影响价格弹性的因素

影响商品价格弹性的因素主要有以下几个。

---

① 这个公式可证明如下：$MR=\frac{d(TR)}{dQ}=\frac{d(P\cdot Q)}{dQ}$

$$=P+\frac{QdP}{dQ}=P\left(1+\frac{Q}{P}\cdot\frac{dP}{dQ}\right)$$

$$=P\left(1+\frac{1}{\varepsilon_P}\right)=P\left(1-\frac{1}{|\varepsilon_P|}\right)$$

1. 生活必需品与奢侈品

生活必需品的价格弹性小，奢侈品的价格弹性大。例如，粮食、食盐是生活必需品。如果涨价，人们对它们的需求量不会减少很多；如果降价，对它们的需求量也不会增加很多。但装饰品等不同，属于奢侈品。如果涨价，人们对它们的需求量就会大大减少；如果降价，需求量就会大幅增加。

2. 可替代品

对某种商品进行替代的难易程度决定了这种商品价格弹性的大小。如果一种商品有好几种替代品，在这些替代品的价格不变的情况下，一旦这种商品涨价，消费者就会很快把购买力从这种商品转向替代品，使这种商品的需求量迅速减少；一旦这种商品降价，消费者就会很快把购买力从替代品转向这种商品，使需求量迅速增加。那么，这类商品的价格弹性较大。例如：毛织品可以用多种织品（如棉织品、丝织品或化纤织品）来替代，其弹性就大；食盐几乎没有什么食品可以替代，其弹性就小。

3. 购买商品的支出在人们收入中所占的比重

所占比重大的商品，其价格弹性就大；所占比重小的商品，其价格弹性就小。例如，面粉、食盐等物品原来的价格低，即使价格上涨一倍，对需求量也不会有多大影响。因为这笔支出在人们的收入中所占比重很小，涨价不会影响个人总的经济状况。但如果电脑、汽车等商品涨价一倍，需求量就会大大减少。因为购买这些商品的支出在人们的收入中占很大的比重，其价格高低对于个人经济状况的影响是举足轻重的。

4. 时间因素

同样的商品，从长期看，其价格弹性就大；如果只看短期，其价格弹性就小。例如石油涨价，从短期看，企业会注意节约，但不会节省得太多，因为许多工厂使用的烧油炉短期内难以改造，所以对石油的需求量在短期内不会减少太多。但从长期看，许多烧油炉可以改造为烧煤炉，因此，对石油的需求量可能进一步减少。由此可见，如果时间长，消费者可能有足够的时间来改变他们的爱好、习惯和技术条件去使用替代品，其价格弹性就大；反之，其价格弹性就小。

以上是影响价格弹性的主要因素，根据这些因素可判断出哪些商品价格弹性大，哪些价格弹性小。例如，奶油蛋糕和自来水管的修理之间，前者的弹性一定大于后者，因为后者属于必需品；有两家自行车修理铺，一家在所在地区是独家经营，另一家在所在地区有四家竞争者，显然前者的弹性小，后者的弹性大，因为后者的产品（修车服务）也可以由其他车铺来提供。又如，三星牌照相机与一般照相机相比，前者的价格弹性更大，因为前者可由其他品牌的照相机来代替。所以，企业需求曲线的弹性要大于行业需求曲线。判断商品的价格弹性有一种简单的办法，那就是经常去商店看一看。如果商店中某类商品经常打折促销，一般来说这类商品的价格弹性较大，为弹性需求；如果某类商品很少打折促销，则这类商品的价格弹性较小，为非弹性需求。商家很清楚他们的产品的价格弹性属性。

生活中的经济学 2-1

自由贸易和价格弹性

20 世纪 80 年代以来，全球贸易自由化的步伐明显加快。90 年代初，欧洲就有了共同市场，消除了欧洲主要国家之间的贸易壁垒，后来又成立了欧盟（EU），进一步推进了欧洲经济和政治的一体化。在美洲，美国、加拿大和墨西哥签订了自由贸易协定，成立了北美自由贸易区（NAFTA）。在亚洲，东盟自由贸易区以及东盟与我国之间的自由贸易也已经启动。世界贸易组织的成员数目不断增加。

贸易自由化的这种趋势对产品的需求价格弹性会有什么影响？贸易自由化导致贸易壁垒降低，过去国与国之间不易流动的产品现在可以自由流动了，这就能有效地增加市场上可替代产品的数目，为消费者购买产品提供更多的选择，其结果必然是产品的需求价格弹性的增加。在这样的市场里，生产企业的压力增加了，过去受到保护、效率低下的企业，现在只有降低成本、提高质量才能生存下来。在这种形势下，最大的赢家是消费者，他们在比以前更加丰富多彩的产品世界里，能以更加低廉的价格买到自己需要的产品。那些成本居高不下、质量和服务差的企业，将在这场竞争中成为输家。

六、价格弹性应用举例

1. 用于对价格和销售量的分析和估计

例2-3

某国为了鼓励本国石油工业的发展，于2013年采取措施限制石油进口，估计这些措施将使可得到的石油数量减少20%，如果石油的需求价格弹性为0.8～1.4，问：第二年该国石油价格预期会上涨多少？

解：$\text{需求的价格弹性}=\dfrac{\text{需求量变动\%}}{\text{价格变动\%}}$

$$\therefore \quad \text{价格变动\%}=\frac{\text{需求量变动\%}}{\text{需求的价格弹性}}$$

当价格弹性为0.8时，$\text{价格变动\%}=\dfrac{20\%}{0.8}=25\%$

当价格弹性为1.4时，$\text{价格变动\%}=\dfrac{20\%}{1.4}=14.3\%$

所以，预期第二年该国石油价格上涨幅度为14.3%～25%。

例2-4

某企业某产品的价格弹性为1.5～2.0，如果明年把价格降低10%，问：销售量预期会增加多少？

解：需求量变动%＝价格变动%×价格弹性

当价格弹性为1.5时，需求量变动%＝10%×1.5＝15%

当价格弹性为2.0时，需求量变动%＝10%×2.0＝20%

所以，明年该企业销售量预期增加15%～20%。

---

2. 用于企业的价格决策

企业在定价时必须考虑产品的价格弹性。例如，企业经理任何时候都不应基于非弹性需求定价。因为如果基于非弹性需求定价，就不能实现企业利润最大化。这时应当提价，提价不仅能增加总收入，还能因产量减少而减少总成本支出，从而使企业利润增加。又如，飞机的舱位分为头等舱、公务舱和经济舱。其中头等舱的乘客或者比较富有，或者属于公务旅行，他们对价格的高低并不在乎。所以，它的价格弹性较小，价格可以定得高些。再如，给出口产品定价，如果出口的主要目的在于增加外汇收入，那么对价格弹性大的产品应定较低的价格，对价格弹性小的产品则应定较高的价格。

3. 用于政府制定有关的政策

例如，有时政府对某些产品征税，目的是限制这些产品的生产（或因为这些产品对消费者的健康有害，或因为这些产品要使用稀缺的战略物资等），此时应当考虑这些产品的价格弹性，只有对价格弹性大的产品征税才能收到预期的效果。

生活中的经济学 2-2

价格弹性与征税效果

政府对产品征税往往有两个目的：一是为了增加政府的财政收入；二是为了限制该产品的消费。但征税的效果，即实现这两个目的的程度，可因被征税产品需求弹性（或供给弹性）的不同而不同。如果征税的目的是增加国库的收入，那么，最好是向需求弹性（或供给弹性）较小的产品征税；如果征税的目的是限制消费，那么，最好是向需求弹性（或供给弹性）较大的产品征税。

譬如，我们对香烟征税。如果目的是限制人们对它的消费，在香烟的价格弹性很大的情况下（见图2-8，需求曲线D较平坦，S_1和S_2分别代表税前和税后的供给曲线，Q_1和Q_2分别代表税前和税后的销售量），征税使销售量减少了Q_1-Q_2。但在香烟的价格弹性很小的情况下（见图2-9，需求曲线D很陡，S_1'和S_2'分别代表税前和税后的供给曲线，Q_1'和Q_2'分别代表税前和税后的销售量），征税只使销售量减少了$Q_1'-Q_2'$。比较两幅图，可以明显看出，在价格弹性大的情况下，限制消费的征税效果会大得多。但如果目的是增加国库收入，那么，当价格弹性较小时征税效果会更好。在弹性较大的情况下，征税能使国库增加收入的量相当于四边形P_2bcd的面积（见图2-8），在弹性较小的情况下，增税能使国库增加收入的量相当于四边形$P_2'b'c'd'$的面积（见图2-9），两者相比，显然后一种情况能使国库增加更多的收入。

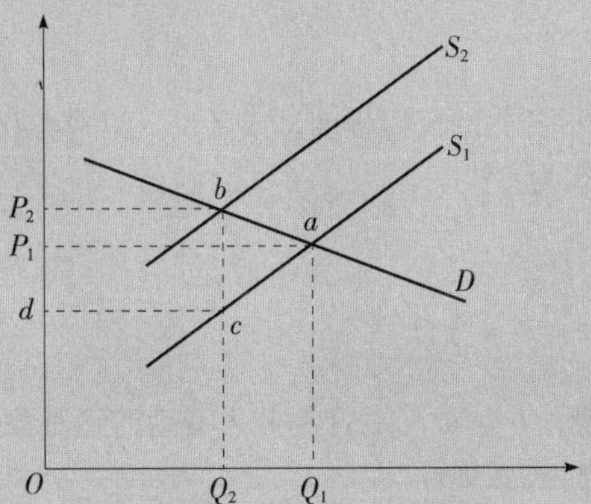

图2-8 需求弹性大的情况

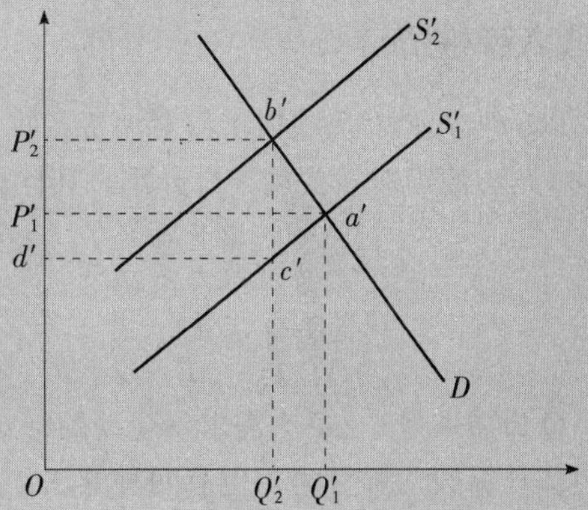

图2-9 需求弹性小的情况

案例2-2

根据“ε_p”把生意做大

——美国西南航空公司的一则发家故事

赫布·凯莱赫是美国西南航空公司的执行总裁，他告诉我们这样一个故事：

20世纪70年代初，美国民航界的领导人，包括当时的民航局，在关于低收入和中等收入的消费者对空中旅行抱什么想法的问题上普遍认为：空中旅行主要是那些能支付得起高票价的乘客的选择。他们或者是富人，或者是商务旅行者。普通美国人多数宁愿乘火车、汽车而不是飞机。他们还认为：普通美国人都把空中旅行看成是一种奢侈的消费，即使机票价格在可行的幅度内有所下降，也不会带来客运量的大幅增加。

凯莱赫和他的同事则持相反的看法，认为机票降价一定能使一般公众选择空中旅行的人数大幅增加。“我们肯定，在民航市场上，价格弹性要比他们估计的大得多。”由于当时民航局对美国州际航班的价格实行管制，不允许价格竞争，凯莱赫和他的同事只好选择州内飞行的航班进行试验。他们选择了得克萨斯州，飞行路线为从达拉斯到休斯敦，再到圣安东尼。他们向乘客提供简单而实惠的服务，点心只有花生和饮料，只设经济舱。售票柜台给顾客的只是简单的现金收据和可重复使用的塑料登机卡。但航空公司把乘客送到目的地，效率很高，又很便宜。

消费者对西南航空公司的降价之举作出了很大反应。很快，在州内航线上，西南航空公司与其他航空公司的竞争加剧，但它坚持原方针不变。消费者明白，如果西南航空公司试验失败，州内旅行就会回到原来的高价。于是，他们频频光顾西南航空公司，使其业务量大增，不仅生存下来，而且获得了可观的盈利。

这场由西南航空公司发起的价格竞争，开创了美国民航业的一个新时期，使机票折扣更多、客运量大增，民航局也逐渐放松了管制。

资料来源：Lila J. Truett & Dale B. Truett，*Managerial Economics*，6th ed.，Southwestern College Publishing，1998.

第2节　需求的收入弹性

一、收入弹性的计算

需求的收入弹性反映需求量对消费者收入水平变化的反应程度，或者说，消费者收入水平变动1%会使需求量变动的百分比。其计算公式为：

$$\text{收入弹性}=\frac{\text{需求量变动\%}}{\text{消费者收入变动\%}}=\frac{\Delta Q/Q}{\Delta I/I}=\frac{\Delta Q}{\Delta I}\cdot\frac{I}{Q} \qquad (2-5)$$

式中，Q为需求量；ΔQ为需求量变动的绝对数量；I为收入；ΔI为收入变动的绝对数量。

具体计算收入弹性时，也有两种办法：点弹性和弧弹性。

点收入弹性的计算公式为：

$$\varepsilon_I=\frac{dQ}{dI}\cdot\frac{I}{Q} \tag{2-6}$$

式中，ε_I 为点收入弹性。

弧收入弹性的计算公式为：

$$E_I=\frac{Q_2-Q_1}{I_2-I_1}\cdot\frac{I_1+I_2}{Q_1+Q_2} \tag{2-7}$$

式中，E_I 为弧收入弹性。

计算出的收入弹性一般为正值。这是因为需求量 Q 和消费者收入 I 一般呈相同方向运动，即当居民收入增加时，需求量也增加；当收入减少时，需求量也减少。但也有少数商品是例外。例如，在大城市，当收入增加时，人们往往多买绿色大米，少买普通大米，所以，普通大米的收入弹性为负值。在经济学中，收入弹性为负值（$\varepsilon_I<0$）的产品称低档货，收入弹性为正值（$\varepsilon_I>0$）的产品称正常货，收入弹性大于 1（$\varepsilon_I>1$）的产品称高档货。一般说来，生活必需品的收入弹性较小；工艺美术品、各种高档消费品、旅游业以及其他奢侈品的收入弹性较大。

二、收入弹性应用举例

1. 用于对销售量的分析和估计

例 2-5

政府为了解决居民住房问题，要制定住宅建设的长远规划。假定根据资料，已知租房需求的收入弹性为 0.8～1.0，买房需求的收入弹性为 0.7～1.5。估计今后 10 年内，每人每年平均可增加收入 2%～3%。问：10 年后对住房的需求量将增加多少？

解：先估计 10 年后居民平均收入增加多少。

如果每年增加 2%，则 10 年后可增加到 $1.02^{10}=121.8\%$，即 10 年后每人的收入将增加 21.8%。

如果每年增加 3%，则 10 年后可增加到 $1.03^{10}=134.3\%$，即 10 年后每人的收入将增加 34.3%。

∵　　收入弹性 $=\frac{\text{需求量变动\%}}{\text{收入变动\%}}$

∴　　需求量变动%＝收入弹性×收入变动%

(1) 10 年后租房需求量的增加：

收入弹性	收入增加% 21.8%	收入增加% 34.3%
0.8	+17.4%	+27.4%
1.0	+21.8%	+34.3%

所以租房需求量的增加幅度为 17.4%～34.3%。

(2) 10年后买房需求量的增加：

		收入增加%	
		21.8%	34.3%
收入弹性	0.7	+15.3%	+24.0%
	1.5	+32.7%	+51.5%

所以买房需求量的增加幅度为15.3%～51.5%。

2. 用于企业经营决策

一家企业经营什么产品是很重要的经营决策。精明的企业家在决定经营哪些商品时要考虑其收入弹性的大小。如果预测到国民经济或本地区的经济即将出现新的高涨，则经营收入弹性大的商品更有利，因为这种商品需求量的增长将超过国民收入的增长，所以销售量一定会有很大增加。如果预测国民经济或本地区的经济发展将出现不景气，则最好经营收入弹性小的商品，因为这种商品的销售量受国民经济不景气的影响较小。

3. 用于安排国民经济各部门的发展速度

在计划工农业各部门的发展速度时，收入弹性是需要考虑的一个重要因素。收入弹性大的行业，由于其需求量的增长快于国民收入的增长，因此其发展速度也应当快些。收入弹性小的行业，由于其需求量的增长慢于国民收入的增长，因此其发展速度就只能慢些。例如，家用电器的收入弹性大于农产品的收入弹性，所以，家用电器产业的发展速度一定要快于农业的发展速度。

第3节　需求的交叉弹性

一、交叉弹性的计算

许多商品的需求量会受相关商品价格变化的影响。例如，猪肉的价格变化会影响牛肉的需求量，即如果猪肉提价，人们就会少买猪肉，多买牛肉，从而使牛肉的需求量增加。交叉弹性说明一种产品的需求量对另一种相关产品价格变化的反应程度，也就是说明，如果另一种相关产品的价格变化1%，这种产品的需求量将变化的百分比。

设有两种相关的产品X和Y，计算产品Y交叉弹性的一般公式为：

$$交叉弹性=\frac{产品\ Y\ 需求量变动\%}{产品\ X\ 价格变动\%}$$

$$=\frac{\Delta Q_Y/Q_Y}{\Delta P_X/P_X}=\frac{\Delta Q_Y}{\Delta P_X}\cdot\frac{P_X}{Q_Y} \tag{2-8}$$

式中，Q_Y 为产品Y的需求量；ΔQ_Y 为产品Y需求量变动的绝对数量；P_X 为产品X的价格；ΔP_X 为产品X价格变动的绝对数量。

具体计算交叉弹性时，也有两种方法：点弹性和弧弹性。

$$\varepsilon_{P_X}=\frac{\mathrm{d}Q_Y}{\mathrm{d}P_X}\cdot\frac{P_X}{Q_Y} \tag{2-9}$$

式中，ε_{P_X} 为产品 Y 的点交叉弹性。[①]

$$E_{P_X}=\frac{Q_{Y_2}-Q_{Y_1}}{P_{X_2}-P_{X_1}}\cdot\frac{P_{X_1}+P_{X_2}}{Q_{Y_1}+Q_{Y_2}} \tag{2-10}$$

式中，E_{P_X} 为产品 Y 的弧交叉弹性。

二、交叉弹性的经济含义

不同的交叉弹性的值，具有不同的经济含义。

1. 交叉弹性为正值（$E_{P_X}>0$）

说明产品 X 价格的变动与产品 Y 需求量的变动方向一致。如猪肉价格提高，会使牛肉需求量增加。这表明两种相关物品是替代品，即两种产品对消费者具有相似的效用，任何一种均可代替另一种使用，如大米与面粉、棉布与化纤布等。

2. 交叉弹性为负值（$E_{P_X}<0$）

说明产品 X 价格的变动与产品 Y 需求量的变动方向相反。如复印机价格提高，会使复印纸的需求量减少。这表明两种相关物品是互补品，即两种产品必须合并使用，才能对消费者产生更大的效用，如汽车与汽油、剃须刀刀架和刀片等。

3. 交叉弹性为零（$E_{P_X}=0$）

说明产品 X 价格的变动对产品 Y 的需求量没有影响，从而表明这两种产品互相独立，互不相关。

三、交叉弹性应用举例

交叉弹性与价格弹性、收入弹性一样，对于价格和销售量的分析和估计很有用。

首先，在一家企业里如果生产多种产品，而且其中有替代品或互补品，那么在制定价格时就要考虑替代品或互补品之间的相互影响。就一种产品本身而论，提高价格可能对企业有利，但如果把它对相关产品的影响考虑进去，可能会导致企业总利润的减少。

其次，如果替代品分别在不同的企业中生产，那么交叉弹性可用来分析产品之间的竞争关系。交叉弹性越大，说明两家企业产品之间的竞争越激烈，一家企业必须密切关注另一家企业的经营动向，并及时采取相应的对策，否则就可能在竞争中陷于被动。例如，棉布和化纤布是替代品，假设这两种产品的交叉弹性数据如表 2-2 所示。

表 2-2

替代品	交叉弹性	对方降价 10%会导致的销售量的变化
棉　布	0.05	−0.5%
化纤布	1.74	−17.4%

表 2-2 中的数据说明，棉布制造厂不用担心化纤布降价。因为化纤布即使降价 10%，也只会使棉布销售量减少 0.5%。但交叉弹性并不是对称的。化纤布制造厂必须密切关注棉布价格的变动，因为后者如降价 10%会使化纤布销售量减少 17.4%。

又如，一家企业如果有两种产品，其交叉弹性为负值，说明这两种产品互补。互补产品一般可以分为基本产品和配套产品两种，通常的定价策略是对基本产品定低价，对配套产品

---

① 产品 Y 的交叉弹性用 ε_{P_X} 来表示，下标 P_X 是自变量，即产品 X 价格的变化导致产品 Y 的需求量发生变化。

定高价。例如，生产吉列牌剃须刀的公司是美国一家很著名的公司，它就是靠对刀片和刀架定不同的价格起家的，吉列牌的刀片必须使用吉列牌的刀架。它对刀架定低价，对刀片则定高价。顾客买了它的刀架，就必须购买它的刀片。主机与辅机、整机与零件、设备与所需的原料之间都存在互补关系，大多可以采用这种定价策略。

最后，在经济学中，交叉弹性还是从经济上划分不同行业的标志。交叉弹性的绝对值大，说明产品之间的相关程度很大，进而说明它们在经济上属于同一行业。交叉弹性的绝对值小，说明两种产品互不相关，因而在经济上属于不同的行业。

案例 2-3

汽油价格与小型汽车的需求

在市场上，一种产品的价格变动往往会影响另一些产品的需求。20 世纪 70 年代美国汽油价格的上涨影响了对小型汽车的需求，就是一个典型例子。

回顾 20 世纪 70 年代，美国市场的汽油价格两次上涨。第一次发生在 1973 年，当时石油输出国组织（欧佩克）切断了对美国的石油输出；第二次是在 1979 年，由于伊朗国王被推翻而导致该国石油生产瘫痪。经过这两次事件，美国的汽油价格从 1973 年的每加仑 0.27 美元猛涨到 1981 年的每加仑 1.40 美元。美国是一个“轮子上的国家”，汽车是老百姓代步的必需品，石油价格的暴涨对他们而言当然不是一件小事。

据统计，20 世纪 70 年代初，美国各种汽车每年的销售量为：大型汽车 250 万辆，中型汽车 280 万辆，小型汽车 230 万辆。但到了 1985 年，这三种车的销售比例出现明显变化，当年售出的大型、中型和小型汽车的数量分别为 150 万辆、220 万辆和 370 万辆。即自 70 年代以来，大型汽车销量迅速下降，小型汽车销量则持续攀升，只有中型汽车的销量还勉强保持原来的水平。原因很简单，每加仑汽油可供大型汽车行驶 15 英里，但可供小型汽车行驶 30 英里。如果一个人每年需要行车15 000英里，用大型车每年就需要汽油1 000加仑，如用小型车则仅需 500 加仑。按 1981 年的汽油价格，即每加仑 1.4 美元计算，小型车比大型车每年可节省开支 700 美元。这就是人们当时纷纷选购小型汽车的原因。

汽油和汽车在需求上呈互补关系，但小型汽车和大型汽车在需求上呈替代关系。这两种关系综合作用的结果是：汽油价格的上涨导致小型汽车的需求曲线向右移动，大型汽车的需求曲线则向左移动。

资料来源：[美] 斯蒂格利茨．《经济学》小品和案例．北京：中国人民大学出版社，1998.

□ 小 结

需求弹性反映需求量对其影响因素变化的反应程度，它等于需求量变动率与影响因素变动率之比。需求弹性可以分为价格弹性、收入弹性和交叉弹性等。

价格弹性反映需求量对价格变动的反应程度，它等于需求量变动率与价格变动率之比。

点价格弹性是需求曲线上某一点的弹性，其公式为：

$$\varepsilon_P = \frac{dQ}{dP} \cdot \frac{P}{Q}$$

弧价格弹性是需求曲线上两点之间的平均弹性，其公式为：

$$E_P=\frac{Q_2-Q_1}{P_2-P_1}\cdot\frac{P_1+P_2}{Q_1+Q_2}$$

需求曲线按价格弹性的不同可以分为四类：完全非弹性的、完全弹性的、单元弹性的和在需求曲线上各点弹性不同的需求曲线。

当价格弹性大于1时，价格的变动与销售收入的变动方向相反。当价格弹性小于1时，价格的变动与销售收入的变动方向一致。当价格弹性等于1时，价格变动时销售收入不变。

边际收入、价格和价格弹性之间的关系可用下面的公式表示，即

$$MR=P\left(1-\frac{1}{|\varepsilon_P|}\right)$$

边际收入在完全弹性时为最大（等于价格），在弹性需求时为正值，在单元弹性时为零，在非弹性需求时为负值。

影响价格弹性的主要因素有：生活必需品与奢侈品、可替代品、购买商品的支出在人们收入中所占的比重、时间因素等。

收入弹性反映需求量对消费者收入水平变化的反应程度，它等于需求量的变动率与消费者收入的变动率之比。

点收入弹性的公式为：

$$\varepsilon_I=\frac{dQ}{dI}\cdot\frac{I}{Q}$$

弧收入弹性的公式为：

$$E_I=\frac{Q_2-Q_1}{I_2-I_1}\cdot\frac{I_1+I_2}{Q_1+Q_2}$$

在经济学中，收入弹性为负值的称为低档货，为正值的称为正常货，大于1的称为高档货。

需求的交叉弹性反映一种产品的需求量对另一相关产品价格变化的反应程度，它等于一种产品的需求量变动率与另一种相关产品的价格变动率之比。

点交叉弹性的公式为：

$$\varepsilon_{P_X}=\frac{dQ_Y}{dP_X}\cdot\frac{P_X}{Q_Y}$$

弧交叉弹性的公式为：

$$E_{P_X}=\frac{Q_{Y_2}-Q_{Y_1}}{P_{X_2}-P_{X_1}}\cdot\frac{P_{X_1}+P_{X_2}}{Q_{Y_1}+Q_{Y_2}}$$

不同的交叉弹性有不同的经济含义：交叉弹性为正值，表明两种产品可以互相替代；交叉弹性为负值，表明两种产品互补；交叉弹性为零，表明两种产品互不相关。

各种需求弹性对于估计和分析价格和销售量的变化、企业作出经营决策及政府制定有关的政策都是很有用的。

□ 重要名词和术语

需求弹性	价格弹性
点弹性	弧弹性
完全弹性	完全非弹性

弹性需求	非弹性需求
单元弹性	总收入
边际收入	平均收入
收入弹性	低档货
高档货	正常货
交叉弹性	替代品
互补品	

□ 复习思考题

1. 价格弹性与销售收入之间存在什么关系？这一关系对于企业的价格决策有什么意义？举例说明。

2. 请解释收入弹性和交叉弹性在企业经营决策中所起的作用，并各举一例说明。

3. 当企业处于非弹性需求时，它的边际收入是正值还是负值？为什么？此时总收入呈上升还是下降趋势？平均收入是大于还是小于边际收入？

4. 哪些因素影响需求的价格弹性？在四种产品（a. 棉布；b. 香烟；c. 电视机；d. 某企业生产的电视机（不是名牌））中，你认为哪种产品的价格弹性最大？哪种最小？为什么？

5. 在这些产品（a. 优质大米；b. 棉布；c. 高级工艺品；d. 盐）中，哪种产品的收入弹性最大？哪种产品的收入弹性最小？为什么？

6. 假定某消费者认为物品A比任何其他物品都重要，他始终用全部收入购买这种物品，对这个消费者来说：

（1）物品A的价格弹性是多少？

（2）物品A的收入弹性是多少？

（3）物品A的交叉弹性（其他物品的价格变动对该物品销售量的影响）是多少？

7. 假定企业对香烟提价80%会导致它的销售量减少30%。问：此时价格的上涨会对企业利润产生什么影响？又假定政府对香烟征消费税，按销售量每盒征2.00元，也会导致香烟价格上涨80%。问：此时价格的上涨会对企业利润产生什么影响？

8. 点价格弹性和弧价格弹性的主要区别在哪里？什么时候使用点弹性，什么时候使用弧弹性？

9. 企业需求曲线的价格弹性一般要大于整个行业的需求曲线。为什么？

10. 2008年发生次贷危机后，美国的汽车产业遭受重创，通用汽车公司和克莱斯勒汽车公司在2009年6月进入破产保护程序，接受美国联邦政府注资，福特汽车公司也陷入大规模亏损的困境；而在同样的次贷危机面前，美国的农业遭受的损失却很小。这是为什么？

□ 作业题

1. 市场调查表明，目前我国市场上汽车的价格弹性为1.2，收入弹性为3。问：

（1）如汽车价格下降3%，市场上的汽车销售量会出现什么变化？

（2）如居民收入提高2%，市场上的汽车销售量会出现什么变化？

2. 胜利公司在决定扩大生产能力之前，对它的产品加湿器的需求进行了分析。初步的分析结果表明，每天的需求量Q（单位：台）是价格P的函数，其方程为：

$$Q=f(P)=1\,000-3P$$

(1) 假定公司计划每天销售 400 台，价格应定多少？

(2) 如果公司按每台 250 元的价格出售，每天能销售多少台？

(3) 按什么价格出售，销售量为零？

(4) 如果价格为每台 200 元，求点价格弹性。

3. 某企业生产和销售一种按摩器，它的需求曲线方程是：

$Q=400-2P$

式中，Q 为日销售量（单位：台）；P 为价格（单位：元）。

(1) 假定该企业计划每日销售按摩器 180 台，价格应是多少？

(2) 画出按摩器的需求曲线、边际收入曲线和总收入曲线。

(3) 求出按摩器价格 $P=120$ 元时的点价格弹性。

4. 某产品的需求曲线方程为：$P=20-2Q$

(1) 写出该产品的总收入、平均收入和边际收入方程。

(2) 平均收入和价格是什么关系？

(3) 平均收入曲线的斜率与边际收入曲线的斜率之间有什么关系？

5. 某产品的需求曲线方程为：$P=20-Q$

(1) 请写出它的总收入和边际收入方程。

(2) 为使销售收入最大，应如何定价？销售量是多少？

6. 某纺织公司估计市场对化纤布的需求与居民收入之间的关系可用函数 $Q=100+0.2I$ 来表示。这里，Q 为需求量，I 为每一人口的收入。

(1) 求收入水平分别在2 000元、3 000元、4 000元、5 000元、6 000元时的需求量。

(2) 求收入水平在4 000元和6 000元时的点收入弹性。

(3) 求收入范围为2 000～3 000元和5 000～6 000元时的弧收入弹性。

(4) 假定化纤布是该公司的唯一产品，问：如果国民经济处于迅速发展时期，该公司生产的增长速度能否快于国民收入的增长速度？为什么？

7. 公司甲和公司乙是机床行业的两个竞争者。这两家公司现在的销售量分别为 100 单位和 250 单位。其产品的需求曲线方程分别为：

公司甲　$P_{甲}=1\,000-5Q_{甲}$

公司乙　$P_{乙}=1\,600-4Q_{乙}$

(1) 求这两家公司当前的点价格弹性。

(2) 假定公司乙降价，使销售量增加到 300 单位，这一行动导致公司甲的销售量下降到 75 单位，公司甲产品的交叉价格弹性是多少？

(3) 假定公司乙的目标是谋求销售收入最大，你认为它降价在经济上是否合理？

8. 甲公司生产普通运动鞋，现价每双 60 元。2012 年，它的销售量是每月约10 000双。2013 年 1 月，它的竞争对手乙公司把运动鞋的价格从每双 65 元降为 55 元，甲公司 2 月的销售量减少到只有8 000双。问：

(1) 甲公司运动鞋和乙公司运动鞋价格之间的交叉弹性是多少？

(2) 假设甲公司运动鞋的弧价格弹性是−2.0，乙公司把运动鞋价格保持在 55 元，若甲公司想把销售量恢复到每月10 000双的水平，每双需要降价到多少元？

9. 假定某企业产品 X 的需求函数为：

$Q_X=34-8P_X+20P_Y+0.04I$

式中，P_X 为产品本身的价格；P_Y 为相关产品的价格；I 为居民收入。

当 $P_X=10$ 元，$P_Y=20$ 元，$I=5\ 000$ 元时：

（1）产品 X 的价格弹性是多少？

（2）产品 X 的交叉弹性（产品 Y 的价格变动对产品 X 需求量的影响）是多少？两种产品是互补的还是可互相替代的？

（3）产品 X 的收入弹性是多少？X 是正常货还是低档货？

需求估计和需求预测　第3章

在第2章中，我们探讨了需求函数、需求曲线和需求弹性等问题，在探讨这些问题时，假定需求函数或需求曲线和需求弹性是已知的。那么，企业是怎样得到它们，并根据它们对未来的市场需求进行预测的呢？这就是本章所要探讨的问题，即需求估计和需求预测问题。需求估计和需求预测属于市场调查和统计学等专门的学科领域，本章仅介绍其梗概。

第1节　需求估计

进行需求估计的方法很多，但基本上可归纳为两种：(1) 进行市场调查，根据所得资料估计需求；(2) 根据积累的统计资料，用统计方法估计。这两种方法又是不可分割的：对调查所得资料的分析和判断，离不开统计方法；当统计资料不足时，要以市场调查资料作补充，才能进行统计分析。

一、市场调查

市场调查就是通过对消费者直接进行调查，来估计某种产品的需求量与各变量之间的关系，即通过调查来了解顾客在不同的价格、不同的收入以及不同的相关产品的价格等条件下，愿意购买某种产品的数量。

市场调查通常采用访问调查法和市场实验法两种方法。

1. 访问调查法

访问调查法就是将拟调查的项目，以面谈、电话、电子邮件或书信等形式向消费者提问，以获得所需的资料。访问对象可根据调查项目的要求来选择，或采用抽样方法确定。通常这种调查的目的是了解到底具有哪些人口特征（如年龄、受教育程度、收入水平等）的人最可能购买这种产品，以及不同的价格政策将会如何影响其购买决策。调查能否成功，取决于调查人员的调查技巧。提问不要含糊不清；调查对象的选择要有代表性；要注意调查方式，使较多的人愿意回答提出的问题而不带偏见。访问调查法的主要问题是，从调查中得到的关于消费者需求量的信息一般不太准确，因为有些问题往往令被调查者感到无法回答。有的人可能是从个人利益角度来回答的，有的人也可能是为了迎合调查人员而回答的。由于访问调查法有这些局限性，因此最好把这种方法与其他方法（如市场实验法）结合起来使用。

下面举例说明访问调查法。

例3-1

某公司在1 000人中调查皮革钱包的需求量，调查表中列出了五种价格水平，要求被调查人对每一种价格发表购买意见，共有六种意见可供选择：(1) 肯定不买；(2) 不一定买；(3) 可能买；(4) 较可能买；(5) 很可能买；(6) 肯定买。调查结果如表3-1所示。

表3-1

价格（元）	持各种意见的人数					
	(1)	(2)	(3)	(4)	(5)	(6)
90	500	300	125	50	25	0
80	300	225	175	150	100	50
70	100	150	250	250	150	100
60	50	100	100	300	250	200
50	0	25	50	225	300	400

调查人把每种意见的购买概率定为：(1) 0；(2) 0.2；(3) 0.4；(4) 0.6；(5) 0.8；(6) 1.0。为了获得需求估计所需的数据，要根据概率计算每种价格水平上的期望需求量。

例如，价格为90元时的期望需求量为：

$$500\times0+300\times0.2+125\times0.4+50\times0.6+25\times0.8+0\times1.0=160(\text{个})$$

这样，就可以求得需求估计所用的各种价格水平上的期望需求量数据（见表3-2）。

表3-2

价　格（P）	50	60	70	80	90
需求量（Q）	800	640	500	335	160

把这些数据画在坐标图上，可以得到一条需求曲线，它在纵轴（价格）上的截距约为100.7元，其斜率约为−0.063，即需求量变动1单位，将导致价格变动0.063元。这条需求曲线的方程为：$P=100.7-0.063Q$（见图3-1）。

需要说明的是，估计这条需求曲线时，假定顾客样本是随机的，而且这些顾客在皮革钱包市场中具有代表性；假定顾客的购买意见与相应的购买概率符合实际购买行为。如果上述假设不能成立，得到的需求曲线自然就会不准确。

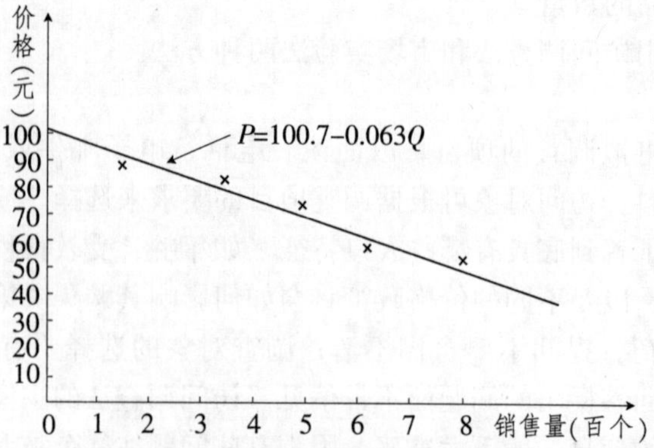

图3-1　皮革钱包的需求曲线

2. 市场实验法

有时采用访问调查法获得的数据不一定能真正反映消费者的实际行为，即被调查者不一定都按他们所说的去做，而市场实验法能克服这一缺点。市场实验通常是在一种新产品全面进入市场之前，或执行一项新的经营政策之前进行的。为了进行市场实验，首先要选好供实验用的市场。它可能是由若干城市组成的，也可能包括一个地区。市场实验的目的可能是测试顾客对一种新产品的接受程度，也可能是在不同城市（或地点）通过对一种现有产品制定不同价格以确定它的需求曲线和需求弹性。与访问调查法相比，市场实验法的优点是能真正反映消费者的行为，但它也有自己的问题。(1) 有风险。如果产品在实验时提高了价格，一部分顾客就会转而买竞争者的产品，实验结束后，这些顾客很难再回来。(2) 实验的结果可能会受企业所不能控制的因素变化的影响，如天气、经济条件或竞争者的经营策略在实验期间发生了变化等。(3) 因为市场实验的时间一般较短，顾客可能并不完全知道价格的变动，所以他们的反应不能充分说明这一变动对需求量的可能影响。在采用市场实验法时，应注意尽量避免以上问题。

下面的例子是美国佛（佛罗里达）州大学为了探讨佛州橘子和加（加利福尼亚）州橘子之间的竞争关系，而做的一次有名的市场实验。

实验地点选择在美国的锡达拉皮兹市，之所以选择该市，是因为其经济特征在美国中西部地区有代表性，得出的结果适用于中西部地区。实验时间选定为 31 天，因为如果时间过长，那些影响需求量的不可控制因素有可能发生变化，从而会影响数据的可比性；但如果时间太短，样本较小，也会降低实验的准确性。实验方法是选定 9 个超级市场，在实验期内每天改变橘子的价格，并把销售量记录下来。

通过实验，得出了如表 3-3 所示的结果。

表 3-3

价格变动 1%	销售量变化率（%）		
	佛州印第安河流域产橘子	佛州内地产橘子	加州产橘子
佛州印第安河流域产橘子	−3.07	+1.56	+0.01
佛州内地产橘子	+1.16	−3.01	+0.14
加州产橘子	+0.18	+0.09	−2.76

根据以上结果，实验者得出了以下结论：

(1) 三种橘子的价格弹性都很大（分别为−3.07，−3.01 和−2.76），说明为了增加销售收入，可以考虑降价，实行薄利多销。

(2) 佛州两种橘子之间的交叉弹性为 1.16 和 1.56，说明它们之间有替代性，因而有一定竞争性。

(3) 佛州与加州橘子之间的交叉弹性很小，说明两者间基本无竞争关系。

案例 3-1

什么样的人扔什么样的垃圾

美国一家公司为使产品开发更贴近消费者，曾请某大学教授对垃圾进行研究。教授及其助手每次在垃圾收集日从垃圾堆中挑选数袋垃圾，对其内容进行分析，将垃圾按名称、重量、数量、包装形式等进行分类，如此反复进行了一年的研究，从中获取了当地食品消费的宝贵信息，并得出以下结论：

（1）消费者饮用各种啤酒品牌的比例不同，其中劳动者阶层所喝进口啤酒比收入高的阶层多。

（2）中等阶层人士消费的食物比其他阶层人士更多，这可能是因为他们主要是双职工，都要上班，没有时间处理剩余食物，因而丢弃的较多。

（3）减肥的清凉饮料和鲜榨的橘子汁是高层人士喜欢的食物。

该公司根据教授的研究分析所提供的第一手资料调整生产，并组织营销，获得了巨大的成功。

资料来源：中国工商，2000（10）.

二、统计法

估计需求的统计方法可以有多种，但最主要的是回归分析法。用回归分析法进行需求估计就是依据多组观察数据，根据最小二乘法的基本原理，找出关于这些数据点的最佳拟合曲线，从而确定影响需求量变化的诸因素对需求量变化的影响的关系式，并用一个确定的需求函数描绘出来。

运用回归分析法估计需求，一般可分为四个步骤。

1. 确定自变量

确定自变量即确定有哪些因素会影响需求量。影响一种商品需求量的因素可能有很多，但在实际建立数学模型时，只需要找出主要的影响因素就可以了。主要因素一般是：商品价格、消费者收入、相关产品的价格等。但需要注意，某些商品可能有自己的特殊影响因素。例如，对雨衣、雨伞的需求量，就与当地的天气状况或季节有关，因此本地区的天气状况或季节就成为重要的自变量。

2. 取得观察数据

回归分析法的实质是从观察数据中找出自变量与因变量之间的相关关系。观察数据可以分为两种：（1）时间序列数据。例如每个月取一次价格与需求量的数据，一年共取12个数据，这些数据就属于时间序列数据。（2）剖面数据。例如共有10家商店，获取每家商店在同一时间的价格与需求量的数据，这些数据就属于剖面数据。两种数据可以根据情况选用一种。观察数据既可以从历史记录中取得，也可以从市场调查中取得。

3. 选择回归方程的形式

常用的需求函数的形式有两种：线性函数、幂函数。

（1）线性函数的表达式为：

$$y=\alpha+\beta_1 x_1+\beta_2 x_2+\cdots+\beta_n x_n \tag{3-1}$$

式中，y 为需求量；x_1，x_2，…，x_n 为函数中的诸自变量，分别代表影响需求量的诸因素，函数中应包括哪些自变量是根据不同的产品和不同的市场环境具体确定的；α，β_1，β_2，…，β_n 为方程中待求的诸参数。

线性函数有两个重要的性质：

1）每个自变量的边际需求量（即自变量变动一单位，将导致需求量变动多少）是一个常数，它的值等于这个自变量的参数。[①] 在式（3-1）中，x_1，x_2，…，x_n 的边际需求量分别为 β_1，β_2，…，β_n。假如 $\beta_1=5$，就意味着 x_1 增加 1 单位，将导致 y 增加 5 单位。

2）它是最便于用最小二乘法来估计诸参数的一种方程形式。

（2）幂函数的表达式为：

$$Q=\alpha X^{\beta_1}Y^{\beta_2}Z^{\beta_3} \tag{3-2}$$

式中，Q 为需求量；X，Y，Z 为函数中的诸自变量，分别代表影响需求量的诸因素，函数中应包括哪些自变量要根据不同的产品和不同的市场环境具体确定；α，β_1，β_2，β_3 为幂函数中待求的诸参数。

幂函数在需求估计中之所以常用，是因为它有一些有用的性质：

1）在这种函数中，每个变量的弹性都是一个常数，它的值等于这个自变量的指数。[②] 在式（3-2）中，X，Y 和 Z 的弹性应分别为 β_1，β_2 和 β_3。即假如 $\beta_1=3$，那么如果 X 变动 1%，将导致 Q 变动 3%。

2）尽管这类方程看起来很复杂，但可以通过对数形式转化为线性关系，因而仍可以用最小二乘法来找出它的参数。例如，式（3-2）可转化为：

$$\ln Q=\ln\alpha+\beta_1\ln X+\beta_2\ln Y+\beta_3\ln Z$$

令 $Q'=\ln Q, \alpha'=\ln\alpha, X'=\ln X, Y'=\ln Y, Z'=\ln Z$，代入上式得

$$Q'=\alpha'+\beta_1X'+\beta_2Y'+\beta_3Z' \tag{3-3}$$

式（3-3）为线性方程，可以用一般的最小二乘法求诸参数。

究竟哪一种函数形式较好，要视实际情况而定，即视哪种形式最能反映变量之间的实际关系。这可以凭经验来确定，也可以用不同的函数形式试一试，然后用统计方法进行检验，看哪一种函数形式更合适。一般来说，幂函数更符合需求变动的实际情况；但线性函数比较简便，在一般数据观察范围内，也能满足需求估计的实际需要。

初步确定需求函数的形式之后，下一步就要用最小二乘法来估计方程中的参数。

4. 估计回归参数

也就是估计上述方程中的诸参数 α，β_1，β_2，…，β_n 的值。

为了便于说明估计回归参数的方法，假定需求函数（回归方程）的形式为一元线性方程：$y=\alpha+\beta x$，如图 3-2 所示。

假定观察数据有：

$$(x_1,y_1),\ (x_2,y_2),\ \cdots,\ (x_n,y_n)$$

在 $x=x_i$ 时，y 的估计值为 $\hat{y}_i$；此时，y_i 与 $\hat{y}_i$ 之间的离差为 μ_i（$\mu_i=y_i-\hat{y}_i$）。产生离差 μ_i 的原因是观察时存在随机因素，以及其他影响需求量的因素未被全部包括在回归方程内。

---

① x_1 的边际需求量$=\dfrac{\partial y}{\partial x_1}=\dfrac{\partial(\alpha+\beta_1x_1+\beta_2x_2+\cdots+\beta_nx_n)}{\partial x_1}=\beta_1$；同理，$x_2$ 的边际需求量$=\beta_2$；x_3 的边际需求量$=\beta_3$；等等。

② 需求弹性 $\varepsilon_X=\dfrac{\partial Q}{\partial X}\cdot\dfrac{X}{Q}=\alpha\beta_1X^{\beta_1-1}Y^{\beta_2}Z^{\beta_3}\dfrac{X}{\alpha X^{\beta_1}Y^{\beta_2}Z^{\beta_3}}=\beta_1$；同理，$\varepsilon_Y=\beta_2$；$\varepsilon_Z=\beta_3$；等等。

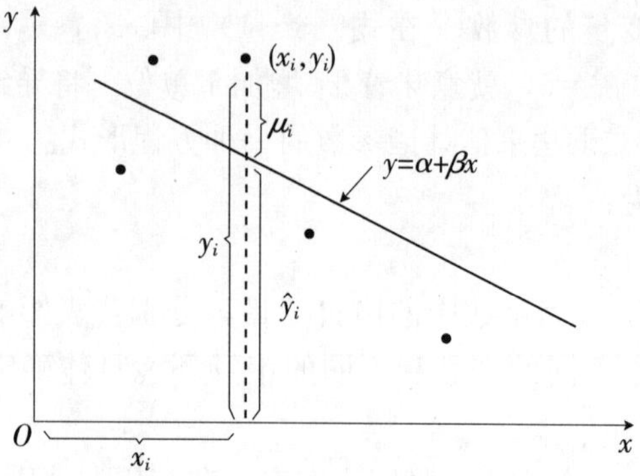

图 3－2　估计回归参数

用最小二乘法求参数 α 和 β，也就是使上述离差的平方和 $\sum_{i=1}^{n}\mu_i^2$ 的值最小，这时，回归方程 $\hat{y}_i=\alpha+\beta x_i$ 能最好地拟合观察数据。[①]

$\because \quad \mu_i=y_i-\hat{y}_i;\ \hat{y}_i=\alpha+\beta x_i$

$\therefore \quad \mu_i=y_i-(\alpha+\beta x_i)=y_i-\alpha-\beta x_i$

$$\sum_{i=1}^{n}\mu_i^2=\sum_{i=1}^{n}(y_i-\alpha-\beta x_i)^2$$

根据微分知识，为使上式的值最小，α 和 β 必须满足下列条件：

$$\frac{\partial \sum_{i=1}^{n}\mu_i{}^2}{\partial \alpha}=-2\sum_{i=1}^{n}(y_i-\alpha-\beta x_i)=0$$

$$\frac{\partial \sum_{i=1}^{n}\mu_i{}^2}{\partial \beta}=-2\sum_{i=1}^{n}x_i(y_i-\alpha-\beta x_i)=0$$

解上述两个方程，即可求得参数 α 和 β 的值。

$$\beta=\frac{n\sum_{i=1}^{n}x_iy_i-\sum_{i=1}^{n}x_i\sum_{i=1}^{n}y_i}{n\sum_{i=1}^{n}x_i{}^2-(\sum_{i=1}^{n}x_i)^2} \tag{3-4}$$

$$\alpha=\bar{y}-\beta\bar{x} \tag{3-5}$$

式（3－4）、式（3－5）中，n 为观察数据成对的数目；$\sum_{i=1}^{n}x_i$ 为观察数据 x 的总和；$\sum_{i=1}^{n}y_i$ 为观察数据 y 的总和；$\bar{y}$ 为观察数据 y 的算术平均值（$\bar{y}=\sum_{i=1}^{n}y_i/n$）；$\bar{x}$ 为观察数据 x 的算术平均值（$\bar{x}=\sum_{i=1}^{n}x_i/n$）。

① 这里不以离差的代数和等于零（$\sum_{i=1}^{n}\mu_i=0$）作为条件，来求最能拟合观察数据的回归方程参数，是因为当存在很大正离差和很大负离差的情况下，$\sum_{i=1}^{n}\mu_i$ 也能等于零，即符合 $\sum_{i=1}^{n}\mu_i=0$ 条件的方程可以有无数个，因此，不能据此来估计回归方程的参数。

根据式（3-4）、式（3-5），只要已知一组 x 和 y 的观察数据，就能算出这个一元线性回归方程的参数 α 和 β，这个回归方程就最能符合 x 和 y 之间的实际关系。

下面举例说明这种算法。

例 3-2

假定一家连锁商店在自己的六家分店中销售蛋糕。这六家分店所在地区居民的收入水平均属中等。最近，各分店都按每千克 7.9 元出售，平均每店每月销售4 625千克（假定各分店的月销售量比较接近）。今连锁商店打算估计蛋糕的需求曲线和价格弹性，为此做了实验：一家分店的价格仍维持每千克 7.9 元不变，但其他五家分店的价格都有变动。价格变动后，各分店的月销售量如表 3-4 所示。

表 3-4

分店编号	1	2	3	4	5	6
价格 x_i（元）	7.9	9.9	12.5	8.9	5.9	4.5
销售量 y_i（千克）	4 650	3 020	2 150	4 400	6 380	5 500

假定蛋糕的价格与销售量之间的关系为线性关系，其函数形式为：$y=\alpha+\beta x$。请用最小二乘法估计回归方程中 α 和 β 的值。

解：六家分店价格和销售量的观察数据以及据此计算出来供最小二乘法使用的各种数字如表 3-5 所示。

表 3-5

分店编号	价格 x_i（元）	销售量 y_i（千克）	x_iy_i	x_i^2	y_i^2
1	7.9	4 650	36 735	62.41	21 622 500
2	9.9	3 020	29 898	98.01	9 120 400
3	12.5	2 150	26 875	156.25	4 622 500
4	8.9	4 400	39 160	79.21	19 360 000
5	5.9	6 380	37 642	34.81	40 704 400
6	4.5	5 500	24 750	20.25	30 250 000
	$\sum_{i=1}^{n}x_i=49.6$	$\sum_{i=1}^{n}y_i=26\,100$	$\sum_{i=1}^{n}x_iy_i=195\,060$	$\sum_{i=1}^{n}x_i^2=450.94$	$\sum_{i=1}^{n}y_i^2=125\,679\,800$

$$\bar{y}=\frac{\sum_{i=1}^{n}y_i}{n}=\frac{26\,100}{6}=4\,350$$

$$\bar{x}=\frac{\sum_{i=1}^{n}x_i}{n}=\frac{49.6}{6}=8.267$$

代入式（3-4），得

$$\beta=\frac{6\times195\,060-49.6\times26\,100}{6\times450.94-49.6^2}$$
$$=-505.95$$

代入式（3－5），得

$$\alpha = 4\ 350-(-505.95\times 8.267) = 8\ 532.7$$

所以，拟合观察数据的回归方程应为：

$$y=8\ 532.7-505.95x$$

这个回归方程可用图形表示（见图3－3）。这条需求曲线在 y 轴上的截距为8 532.7千克，其斜率为－505.95，也就是说，价格每上涨1元，销售量将减少505.95千克。但必须注意：截距值并不能解释为价格为零时的销售量。因为价格观察值的范围是4.5～12.5元，估计出来的 α 和 β 的值只有在这一范围内才是适用的。

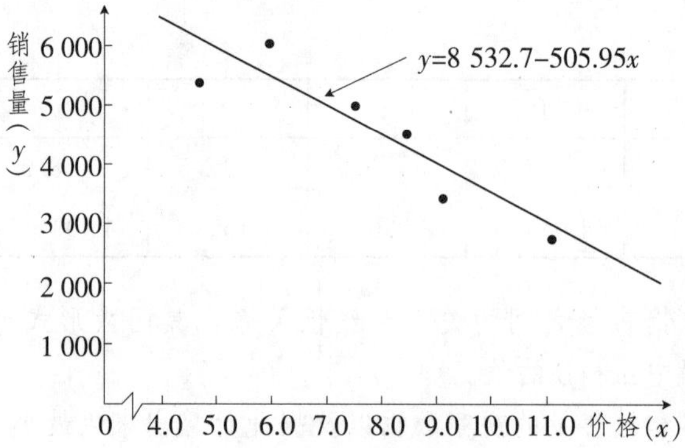

图3－3 回归方程的图形表示

需求曲线估计出来之后，就可以据此估计各个价格水平上的需求价格弹性。例如，给定 $P=8.5$ 元/千克，可以求得 $Q=8\ 532.7-8.5\times 505.95=4\ 232.1$。该需求曲线的 $\frac{dQ}{dP}=-505.95$，把以上数据代入点弹性公式，可得

$$\varepsilon_P = \frac{dQ}{dP}\cdot\frac{P}{Q} = -505.95\times\frac{8.5}{4\ 232.1} = -1.016$$

即在价格为8.5元时，蛋糕的点价格弹性接近1。

上面估计出来的回归方程究竟能否很好地说明价格与销售量之间的相关关系，还要用统计方法进行测定。这里对此仅作初步的介绍，读者可参阅有关统计学图书进一步了解详细内容。

（1）测定回归模型总的解释能力。

1）可决系数。可决系数通常用 R^2 来表示，这一统计量说明整个回归方程能在多大程度上解释因变量的变化。它可以定义为在因变量的全部变动中，可由回归模型中全部自变量来解释的比例有多大。因此，R^2 可以从0（表示求得的回归模型完全不能解释因变量的变动）到1.0（表示回归模型能够解释因变量的全部变动，也就是说，所有的数据都落在回归线上）。如果某回归方程的 R^2 值只有0.32，就意味着各对观察数据分布分散，它们与回归线偏离相对较大，因变量与自变量之间的相关关系较弱。

可决系数可用下列公式求得：

$$R^2=\left\{\frac{n\sum xy-\sum x\sum y}{\sqrt{\left[n\sum x^2-\left(\sum x\right)^2\right]\left[n\sum y^2-\left(\sum y\right)^2\right]}}\right\}^2 \tag{3-6}$$

把表3-5中计算出的数值代入式（3-6），可得

$$R^2=\left[\frac{6\times 195\ 060-49.6\times 26\ 100}{\sqrt{(6\times 450.94-49.6^2)(6\times 125\ 679\ 800-26\ 100^2)}}\right]^2$$
$$=0.86$$

这就是说，通过该回归模型，在观察到的蛋糕销售量的变化中，有约86%可由价格水平的变动来解释。其他未能解释的部分，可能是由其他（未包括在回归方程中）的影响因素引起的，如六家分店的消费者可能在收入、爱好和其他方面有差别。

2）估计标准误差。估计标准误差（S_e）也是用来测定整个回归模型的准确程度的。如果自变量的值给定，它可用来估计所预测的因变量的值的置信区间。也就是说，它可用来确定，在不同的统计可信程度下，因变量预期将会落在多大的区间内。我们对因变量的最佳估计值为 $\hat{y}_i$（由回归方程估计的值），通过计算估计标准误差就能确定 $\hat{y}_i$ 的准确程度如何。

假定误差项（离差）在回归直线（最佳拟合线）附近呈正态分布，根据正态分布的性质，我们可以认为，因变量的实际观察值将有68%的概率落在估计值加或减一个估计标准误差的区间内；将有95%的概率落在估计值加或减两个估计标准误差的区间内；将有99%的概率落在估计值加或减三个估计标准误差的区间内。在以上三种概率中，用得最多的是95%的概率。也就是说，对每一个 x 值来说，在回归方程所估计的 y 值之上，加上和减去两个估计标准差，就能得出该 x 值的 y 估计值的概率为95%的置信区间。

估计标准误差 S_e 的计算公式为：

$$S_e=\sqrt{\frac{\sum y^2-a\sum y-\beta\sum xy}{n-2}} \tag{3-7}$$ [①]

把表3-5中的数值代入式（3-7），可得

$$S_e=\sqrt{\frac{125\ 679\ 800-8\ 532.7\times 26\ 100-(-505.95\times 195\ 060)}{6-2}}$$
$$=645.55$$

所以，估计标准误差为645.55千克。为了求出95%的置信区间，只需在估计值 $\hat{y}$ 上加上和减去这个值的两倍即可。例如，当每千克蛋糕的价格为8.5元时，销售量估计为：

$$\hat{y}=8\ 532.7-505.95\times 8.5$$
$$=4\ 232.1$$

这里，4 232.1千克是价格为8.5元时的最佳估计销售量，但不能期望实际的销售量一定是这个数目，它很可能偏离这个数字。要知其偏离的大小，需要计算置信区间。

在概率为95%的情况下，置信区间的上限为：

---

① 这个公式只在 x 和 y 接近平均值时才是准确的。如果 x 和 y 远离其平均值，会导致对置信区间的低估。不论 x 和 y 的值的大小，准确计算估计标准误差的公式应为：

$$S_P=\sqrt{S_e\left(1+\frac{1}{n}+\frac{(\bar{x}-x_i)^2}{\sum x^2-n\bar{x}^2}\right)}$$

$$\hat{y}+2S_e=4\ 232.1+2\times645.55$$
$$=5\ 523.2$$

在概率为95%的情况下，置信区间的下限为：

$$\hat{y}-2S_e=4\ 232.1-2\times645.55$$
$$=2\ 941.0$$

即当每千克蛋糕的价格为8.5元时，销售量有95%的概率在5 523.2～2 941.0千克之间。显然，估计标准误差的值越小越好，因标准误差小，置信区间也小，说明实际结果会更加接近估计值$\hat{y}$。

(2) 测定单个变量的解释能力。如果为了测定整个回归模型预测因变量的准确性，可以使用估计标准误差，那么为了测定每个自变量的回归参数的准确程度，就要使用系数标准误差（S_β）。在回归模型中，自变量的系数β表明变量y和x之间的边际关系（x增加一单位会导致y变化多少）。在上例中，β的估计值为-505.95，但这是在对观察的六对数据进行测算后求得的。显然，如果人们使用的是另一些观察数据组，得出的β值就会不同。系数标准误差就是用来衡量自变量和因变量之间的边际关系（β系数）分布的分散程度的。假定估计的β值和真正的β值之间的离差呈正态分布，我们可以认为，真正的系数β将有95%的概率落在所估计的系数加上和减去两个系数标准误差的区间内。显然，系数标准误差也是越小越好，它越小，回归系数就越能可靠地说明x_i和y值之间的边际关系。

系数标准误差（S_β）的计算公式为：

$$S_\beta=\frac{S_e}{\sqrt{\sum x^2-n\bar{x}^2}} \tag{3-8}$$

在销售蛋糕的例子中，估计的β值为-505.95，则它的概率为95%的置信区间，可把表3-5中的数值代入式（3-8），求得

$$S_\beta=\frac{645.55}{\sqrt{450.94-6\times8.267^2}}$$
$$=100.97$$

这样，所估计的系数的95%置信区间将在$-505.95+2\times100.97$至$-505.95-2\times100.97$之间，即-304.01～-707.89。

检验回归系数可信度的一种简便方法是把系数标准误差的两倍与所估计的回归系数进行比较，如果回归系数大于标准差的2倍，就有95%的把握说明所估计的系数显著地为非零，即变量之间在统计上存在显著关系。在上例中，$\beta=-505.95$，它远远大于S_β的2倍（$2\times100.97=201.94$），因此，可以有95%的把握认为价格水平是蛋糕销售量的一个决定因素。

以上粗略地介绍了用最小二乘法估计一元线性回归方程的参数的方法。随着计算机的普及，通常这种估计要使用计算机。如果是多元线性回归方程，也可使用这种方法，不过计算更加复杂，必须使用计算机。

例3-3

例3-2是以人工计算的方法估计回归方程中系数的值和其他相关统计量。但是在数据量较大、变量较多的情况下，人工计算的方法会比较复杂。随着科学技术的发展和计算机的普及，例3-2中的所有结果都可以运用Excel等软件轻松得到。

以例3-2为例，假定蛋糕的价格与销售量之间的关系为线性关系，其函数形式为$y=\alpha+$

βx。使用 Excel 软件求出估计的回归方程中的 α 和 β 以及其他统计指标。

（1）数据分析操作步骤。将表 3-4 中的数据输入 Excel 表格之后，用 Excel 进行回归分析的具体步骤如下：

第 1 步：选择“工具”下拉菜单。

第 2 步：选择“数据分析”选项。

第 3 步：在分析工具中选择“回归”，然后点击“确定”。

第 4 步：在对话框出现时，需要选择 x 和 y 所在数据区域以及输出区域。选择之后，点击“确定”，Excel 会自动计算出 α 和 β 的最小二乘估计值，以及其他统计值，如下所示：

	A	B	C	D	E	F	G
1	SUMMARY OUTPUT						
2							
3	回归统计						
4	Multiple R	0.928630043					
5	R Square	0.862353756					
6	Adjusted R Square	0.827942195					
7	标准误差	646.4685028					
8	观测值	6					
9							
10	方差分析	df	SS	MS	F	Significance F	
11		1	10473114	10473114	25.06	0.007458739	
12	回归分析	4	1671686	417921.5			
13	残差	5	12144800				
14	总计						
15							
16	参数估计						
17		Coefficients	标准误差	t Stat	P-value	Lower 95%	Upper 95%
18	Intercept	8532.499593	876.1908	9.738175	0.000623	6 099.803911	10965.195
19	X Variable 1	−505.9475314	101.0683	−5.006	0.007459	−786.5581034	−225.337

说明：Excel 输出的回归结果中包含了例 3-2 中计算得出的全部结果和相关统计值。输出结果包含三个部分。第一部分是“回归统计”，给出了回归分析中的一些常用的统计量，包括相关系数（Multiple R）、可决系数 R^2（R Square）、调整后的 $\bar{R}^2$（Adjusted R Square）、标准误差、观测值的个数等。第二部分为“方差分析”，该部分给出了自由度（df）、总平方和（SS）、回归和残差的均方（MS）、检验统计量（F）、F 检验的显著性水平（Significance F）。第三部分是“参数估计”的有关内容。包括回归方程的截距（Intercept）、斜率（X Variable 1）、截距和斜率的标准误差、用于检验的回归系数的 t 统计量（t Stat）、P 值（P-value），以及截距和斜率的置信区间（Lower 95% 和 Upper 95%）等。

（2）回归统计模型的解释。

1）回归方程：根据 Excel 的运行结果，α 和 β 在“参数估计”中给出：α 为“参数估计”中 Coefficients 和 Intercept 交叉对应的表格的值，为 8 532.499 593；β 为 Coefficients 和 X Variable 1 交叉对应的表格的值，为 −505.9 475 314。该例题的回归方程为：

$$y=8\ 532.5-505.95x$$

即价格每增加 1 元，销售量减少 505.95 千克。

2）可决系数 R^2：Excel 自动计算出模型的可决系数 R^2，可决系数 R^2 为“回归统计”中 R Square 对应的数值。这一统计量说明整个回归方程能在多大程度上解释因变量的变化。在本例中，$R^2=0.86$，即价格能够解释 86% 的蛋糕销售量的变化。

3）估计标准误差 S_e：Excel 能够直接给出估计方程的标准误差，S_e 为“回归统计”中

“标准误差”对应的值。标准误差用于求出估计方程的置信区间内估计量的变动范围。在本例中估计方程的标准误差为646.5。为了求出95%的置信区间，只需在估计值 y 上加上和减去标准误差的两倍即可。

4）系数标准误差 S_β：用 Excel 进行回归分析，可直接得出 S_β 的值和 β 的95%的置信区间。S_β 为“参数估计”中“标准误差”和“X Variable 1”交叉对应表格中的值；β 的95%置信区间为 X Variable 1 与 Lower 95%和 Upper 95%交叉对应表格中的值。在本例中，$S_\beta=101.07$，并且估计的系数 β 的95%置信区间在−786.56至−225.34之间。

注意：人工算出的结果与计算机算出的结果相比有一些差距，这是因为在人工计算中，数字会四舍五入，有的统计量还用了近似值。

5. 运用回归分析应注意的问题

在回归分析中经常会遇到一些问题，当出现这些问题时，通过回归分析仍然可以得出回归参数和统计量，但其结果可能是虚假的，从而会误导决策者的解释和预测。为了防止这种情况出现，在运用需求估计回归分析法时应该注意以下几个问题。

（1）鉴别问题。在实际工作中，人们往往采取这样的做法：收集一组不同时间的价格与销售量的数据，然后根据这些数据来寻找一条与之拟合的曲线作为需求曲线。

例如，在图3-4中，某企业已知第一季度、第二季度和第三季度价格和销售量的数据，然后根据这些数据求出需求曲线 AB。但是，这样求出的需求曲线 AB 很可能不是实际的需求曲线。实际的需求曲线可能如图3-5所示。

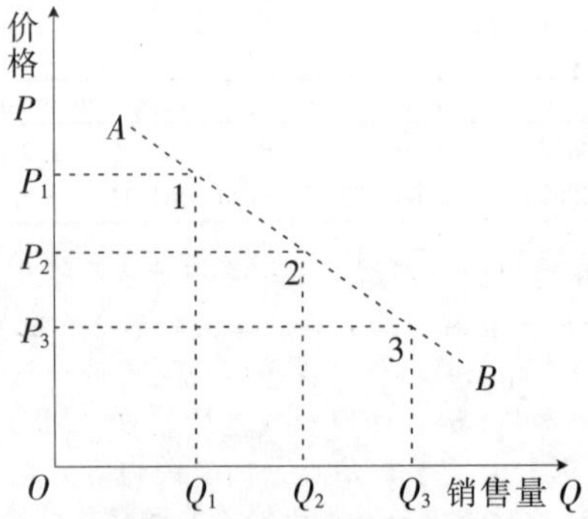

图3-4　失真的需求曲线

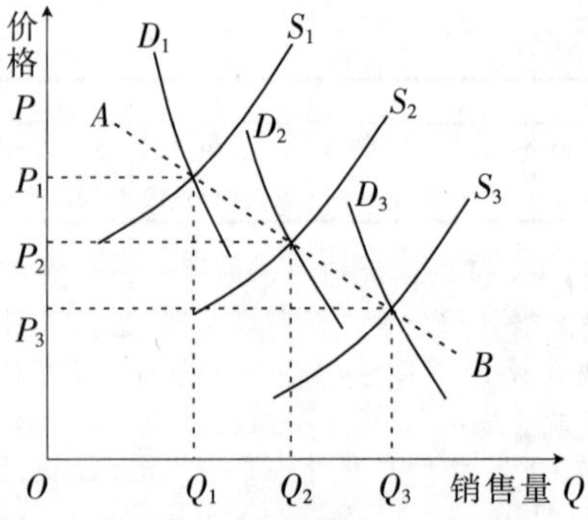

图3-5　实际的需求曲线

实际的需求曲线，第一季度为 D_1，第二季度为 D_2，第三季度为 D_3。即随着时间的推移，由于非价格因素的变化，供给曲线和需求曲线都发生了位移。从图3-5中还可看到，需求曲线 AB 比实际的需求曲线的斜率更小，弹性更大。显然，如果把需求曲线 AB 当作实际的需求曲线来进行价格决策，就会导致决策的严重失误。

根据不同时间的价格和销售量数据来估计需求曲线，必须具备两个条件：1）需求曲线没有位移，只是供给曲线有位移。例如，某种产品在短期内由于技术有了突破，致使成本迅速下降，导致供给曲线的位移，但影响需求曲线的非价格因素都没有变化，如图3-6所示。2）有足够的资料来确定供给曲线和需求曲线是怎样移动的。也就是说，要把前者的位移与后者的位移区分开，这就是需求估计中的鉴别问题。为了获得鉴别所需的资料，往往要求助于市场调查。

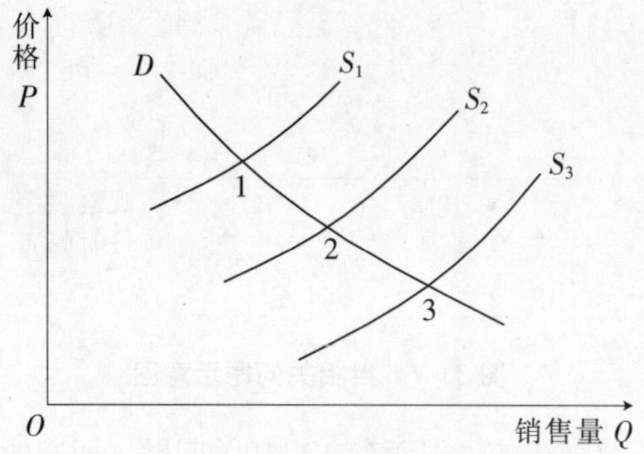

图3-6 只有供给曲线移动的情形

(2) 模型设定上的问题。在回归模型的设定上可能会产生两类问题：1) 对函数形式作了错误的设定。前面讲过，回归分析只能用于线性函数，但经过对数转换也能用于非线性函数，如幂函数。如果本来应该是一个非线性函数，但在回归分析中把它设定为线性函数，或者本来是线性的，却把它设定为非线性的，就是模型设定上的错误。避免这类错误的办法是，用可决系数（R^2）来测定不同模型的解释能力，从中选择最佳的函数形式。2) 可能在模型中漏掉了重要的自变量，这会导致回归系数的可信度下降，并可能破坏我们对误差项设定的限制条件。因为如果有重要的自变量未包括在回归模型中，这些变量的影响就会通过其他（包括在模型中）的变量和误差项来表现。

(3) 多重共线性问题。在多元回归分析中，如果在两个或两个以上的自变量之间呈高度相关关系（不是互相独立，而是一起变化），就会产生多重共线性问题。在这种情况下，无法准确估计自变量的回归系数，因为观察数据不提供在一种自变量不变的情况下，另一种自变量对因变量的影响。

在回归分析中，可以使用可决系数和系数标准误差这两个统计量发现多重共线性问题。如果回归模型的可决系数很高（如接近1.0），说明该模型作为一个整体能够解释因变量的变化。但如果该模型各个自变量的系数标准误差也很大，说明所估计的每个自变量的边际关系的可信度很低。在这种情况下，尽管回归模型的一组自变量作为一个整体与因变量之间存在显著的关系，但未能把每个自变量与因变量之间的关系互相分开，这就说明在自变量之间存在高度相关的关系，即多重共线性问题。要指出的是，尽管多重共线性问题会使回归方程中的自变量系数不准确，但它仍可用于预测目的，因为在预测需求量时，人们所关心的是一组自变量对因变量的总体影响。

(4) 自相关问题。在回归分析中，如果误差项的分布违背了回归分析对它的假设，就会产生自相关问题。自相关，也称序列相关，可以由残差序列的状况来说明。从观察的顺序来看，残差值存在一种特定的趋势或周期性的变化。例如，图3-7就说明它们之间存在自相关问题，表明模型外还有某些其他变量的变化影响着因变量。这时，可以通过在回归方程中增加相应的自变量的方法来消除影响。例如，当随着时间的推移，残差呈周期性变化时，可以把周期性的国民收入水平列入自变量；如果残差呈持续上升或下降趋势，则可以把时间也列作一种解释性变量。

大多数计算机回归程序都输出 DW 统计量，它可以用来说明回归分析中是否存在自相关问题。如果 DW 统计量的值在2左右，说明不存在自相关问题，如果 DW 统计量的值远远大于或

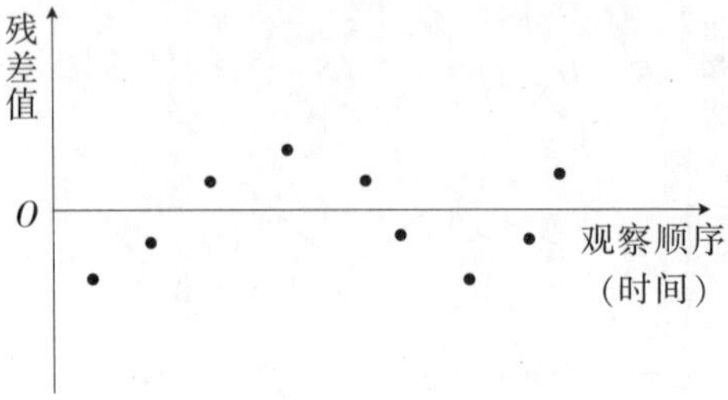

图3-7 自相关问题示意图

小于2，说明残差的分布不是随机的，因而存在自相关问题，回归的结果就会不可靠。

第2节 需求预测

绝大多数企业都非常关心销售量的预测，用于预测的方法很多，从简单到复杂，从定性到定量，每种方法都有其适用的情形，很难简单地说哪种方法好，哪种方法不好。为了使预测的结果更具客观性，人们通常同时使用两种以上的方法，再结合管理者的分析判断，最后确定预测的结果。下面是几种常用的预测销售量的方法。

一、德尔菲法

德尔菲法又称专家调查法。如果把专家集中到一起，通过讨论可以集思广益，但有一个很大的缺点：在面对面的情况下，或碍于情面，或由于压力，某一两个人（如专家、权威、领导）的意见可能会影响大家。为避免这种弊端，德尔菲法采取背靠背征求专家意见的方式。其具体步骤如下。

第一步：选择参与预测的专家。

第二步：向每个参与者发放预测的问题及说明。

第三步：收集并整理各参与者预测的结果。

第四步：把整理后的结果再分发给各参与者，供其考虑是否修正以前的预测结果。

第五步：重复第二步至第四步多次，直到大家的意见基本一致，或大家不想再对自己的意见进行修改时为止。

运用该方法的关键：一是要选择好专家，这主要取决于预测任务；二是要决定适当的专家规模，一般以10～50人为宜；三是要拟定好调查表，因为它的质量直接影响预测的精确度。尤其是所提的问题是否集中、是否确切、能否定量或确切地描述。

二、时间序列分解法

有些经济数据的长期趋势可以用前面介绍过的线性回归模型来估计，但是有些数据序列的长期趋势往往受季节性、周期性和一些不规则因素的影响，在这种情况下，可以用时间序列分解法来分离这些因素。

1. 概述

这里要介绍的时间序列分解法假定时间序列的各因子间呈乘法关系，即

$$Q=T\cdot S\cdot C\cdot I \tag{3-9}$$

式中，Q 为销售量预期值；T 为长期趋势值；S 为季节性因子；C 为周期性因子；I 为不规则因子。

长期趋势值一般可以在销售量数据消除季节性因素后，以线性函数形式，用回归分析法来估计。

季节性因子反映在一年内数据重复的、有规则的变动，而且以后每年的情况都类似。一般情况下，它们或者属季度的变动，或者属月度的变动。

周期性因子反映数据围绕长期趋势线的上下波动。

不规则因子是由随机事件引起的，随着时间的推移，它不再重复（至少不是有规则地变动）。例如，战争、罢工、特别恶劣的天气等。这些事件具有随机性质，所以无法正式列入模型。

这种预测方法的使用见表 3-6。

表 3-6

观察时间（年/季度）	期数	销售量（Q）（千件）	移动平均数（MA）	移动平均中心值（CMA）	长期趋势值（$CMAT$）	季节系数（SF）	周期系数（CF）	季节指数（SI）	预计销售量
2011/1	1	7			5.073			1.237	
2011/2	2	6			5.446			1.009	
2011/3	3	4	5.75	5.875	5.819	0.681	1.010	0.759	4.46
2011/4	4	6	6.00	6.125	6.192	0.980	0.989	0.995	6.09
2012/1	5	8	6.25	6.500	6.565	1.231	0.990	1.237	8.04
2012/2	6	7	6.75	6.875	6.938	1.018	0.991	1.009	6.94
2012/3	7	6	7.00	7.250	7.311	0.828	0.992	0.759	5.50
2012/4	8	7	7.50	7.750	7.684	0.903	1.009	0.995	7.71
2013/1	9	10	8.00	8.000	8.057	1.250	0.993	1.237	9.90
2013/2	10	9	8.00	8.250	8.430	1.091	0.979	1.009	8.33
2013/3	11	6	8.50	8.750	8.803	0.686	0.994	0.759	6.64
2013/4	12	9	9.00	9.125	9.176	0.986	0.994	0.995	9.08
2014/1	13	12	9.25	9.625	9.549	1.247	1.008	1.237	11.91
2014/2	14	10	10.00	10.375	9.922	0.964	1.046	1.009	10.47
2014/3	15	9	10.75	10.875	10.295	0.826	1.056	0.759	8.25
2014/4	16	12	11.00	11.000	10.668	1.091	1.031	0.995	10.96
2015/1	17	13	11.00	10.875	11.041	1.195	0.985	1.237	13.45
2015/2	18	10	10.75	10.625	11.414	0.941	0.931	1.009	10.72
2015/3	19	8	10.50		11.787		0.97[a]	0.759	8.68
2015/4	20	11			12.160		0.98[a]	0.995	11.86
2016/1	21	?[b]			12.533		1.01[a]	1.237	15.66[c]
2016/2	22	?[b]			12.906		1.04[a]	1.009	13.54[c]
2016/3	23	?[b]			13.297		1.06[a]	0.759	10.68[c]
2016/4	24	?[b]			13.652		1.04[a]	0.995	14.13[c]

注：a. 表示估计值；

b. 表示 2016 年以后的销售量未知；

c. 表示 2016 年期间的预测值。

表 3-6 中，共有 20 个季度的销售量（Q）数据。MA 栏是连续 4 个时期的销售量的移动平均数。该栏第 3 行的移动平均数的计算如下：

$$MA_3=\frac{Q_1+Q_2+Q_3+Q_4}{4}$$

下一个移动平均数（MA_4）的算法相同，只是所用的 4 个时期都向前移动一季度，即去掉第 1 期，加上第 5 期：

$$MA_4=\frac{Q_2+Q_3+Q_4+Q_5}{4}$$

因此，4 期移动平均数的计算公式一般可表示为：

$$MA_t=\frac{Q_{t-2}+Q_{t-1}+Q_t+Q_{t+1}}{4} \tag{3-10}$$

注意，在表 3-6 中，第 1、第 2 和第 20 期以后，缺移动平均数，这是因为第 1、第 2 期之前和第 20 期以后用于这一计算的数据不足。

从表 3-6 可以看到，移动平均数的变动性远小于销售量的变动性，这说明通过计算移动平均数可以消除原始销售量数据中的季节性。每个移动平均数都包括第一至第四季度的值，因此，它表示该一年期内（不一定是日历年）典型的季度销售量水平。

例如，在表 3-6 中：

$$MA_3=\frac{7+6+4+6}{4}=5.75$$

5.75 代表包括第 1～第 4 期在内的年度典型的季度销售量水平。同样

$$MA_4=\frac{6+4+6+8}{4}=6.00$$

6.00 代表包括第 2～第 5 期在内的年度典型的季度销售量水平。

按照理想状况，每个移动平均数应当居于它所代表的年份中间。为了做到这一点，还要计算移动平均中心值（CMA）。

$$CMA_3=\frac{MA_3+MA_4}{2}$$

其一般公式为：

$$CMA_t=\frac{MA_t+MA_{t+1}}{2} \tag{3-11}$$

即按照理想状况，MA_3 的值应当居于第 2.5 期，MA_4 的值应当居于第 3.5 期。现在把第 2.5 期和第 3.5 期的值加以平均，就得出居于第 3 期的最能代表该年度典型的季度销售量水平的值，这个值就是 CMA_3。

$$\begin{aligned}CMA_3&=\frac{MA_3+MA_4}{2}\\&=\frac{5.75+6.00}{2}=5.875\end{aligned}$$

2. 计算时间序列分解模型的各因子，并利用模型进行预测

（1）确定长期趋势值。表 3-6 中的移动平均中心值（CMA）序列，是消除了季节因素之后，最能代表每个季度典型销售量水平的数据。因此，我们可以用它来估计长期趋势值，即

长期趋势值（$CMAT$）$=f(t)$

式中，t 为期数。

用回归分析法估计出它的线性函数为：

$$CMAT=4.701+0.373t \tag{3-12}$$

把不同的期数（如 2011 年第一季度，$t=1$）代入式（3-12），可以得出表 3-6 的 $CMAT$ 栏中的所有数据（这里的 $CMAT$ 是分解模型中的 T，即 $CMAT=T$）。

（2）测定季节因素。如果把 2011 年第三季度的实际销售量与相应的移动平均中心值进行比较，可以看到，前者（4）比后者（5.875）要低得多，这说明第三季度的实际值小于消除了季节因素后的值。再看其他年度第三季度的实际销售量，也都偏低。为了衡量它的季节性，计算其季节系数（SF）如下：

$$SF_t=\frac{Q_t}{CMA_t} \tag{3-13}$$

2011 年第三季度：

$$SF_3=\frac{4}{5.875}=0.681$$

从表 3-6 的 SF 栏中看到，各期季节系数的变化尽管有一定的模式，但每年四个季度的重复并不是绝对相同的，如各年第三季度的季节系数并不都等于 0.681。在时间序列分解模型中，使用的不是各季节的 SF 值，而是季节指数（SI）。季节指数是在每个季度的平均季节系数的基础上，经过规范化之后求得的。其计算过程见表 3-7。

表 3-7

年份	季节系数（SF）				
	第一季度	第二季度	第三季度	第四季度	
2011			0.681	0.980	
2012	1.231	1.018	0.828	0.903	
2013	1.250	1.091	0.686	0.986	
2014	1.247	0.964	0.826	1.091	
2015	1.195	0.941			
总计	4.923	4.014	3.021	3.960	
均值	1.231	1.004	0.755	0.990	均值合计=3.980
规范化均值（季节指数）	1.237	1.009	0.759	0.995	

表 3-7 中季节系数的规范化均值，即季节指数（SI）的计算公式为：

$$\text{季节指数}(SI)=\text{季节系数均值}\times\frac{\text{每年季节数}}{\text{均值合计数}} \tag{3-14}$$

例如：第一季度：$SI_1=1.231\times\frac{4}{3.980}=1.237$

第二季度：$SI_2=1.004\times\frac{4}{3.980}=1.009$

第三季度：$SI_3=0.755\times\frac{4}{3.980}=0.759$

第四季度：$SI_4=0.990\times\frac{4}{3.980}=0.995$

需要说明的是，时间序列分解模型中的季节因子 S 即这里的季节指数 SI。

（3）确定周期系数。周期系数（CF）是通过比较移动平均中心值与长期趋势值得出的。移动平均中心值围绕长期趋势线上下波动，这就是周期性运动。周期系数（分解模型中的C）的计算公式为：

$$CF_t=\frac{CMA_t}{CMAT_t} \tag{3-15}$$

例如，在表3-6中，第三季度的周期系数$CF_3=5.875/5.819=1.010$。

（4）使用时间序列分解模型。表3-6中，“预计销售量”栏就是长期趋势值、季节指数和周期系数三者的乘积。即

预计销售量$=T \cdot S \cdot C$

或 $=CMAT \cdot SI \cdot CF$ （3-16）

把这一栏中的值与实际销售量比较，可以看出两者十分接近。这也可以从图3-8中看出。在图3-8中，虚线表示预计销售量，实线表示实际销售量，两者是很接近的。这说明这个模型对“向后测”是很适用的。向前预测与“向后测”的方法一样。使用下面的线性趋势线（引自式（3-12）），可以算出未来任何一期的长期趋势值。

$CMAT=4.701+0.373\times$期数

季节性因子（$S=SI$）是每年重复的，所以也能得到未来任何一期的SI值。

困难的是如何确定未来的周期性因子，利用图示法有助于确定这个值。图3-9中，随着时间的推移，周期系数环绕基线（1.00）波动。要掌握其波动的规律，分析者可以根据过去的波动模式来推测未来某一期的CF值，在进行推测时，还应结合国民经济和行业的发展状况以及专家的意见。也可以用更复杂的方法来估计周期系数。例如，可以把CF为因变量，选定一个或几个周期性指示器（如股票价格、订单数量可以作为经济趋向繁荣的指示器）作为自变量，根据经验数据，用回归分析法求出它的预测模型。

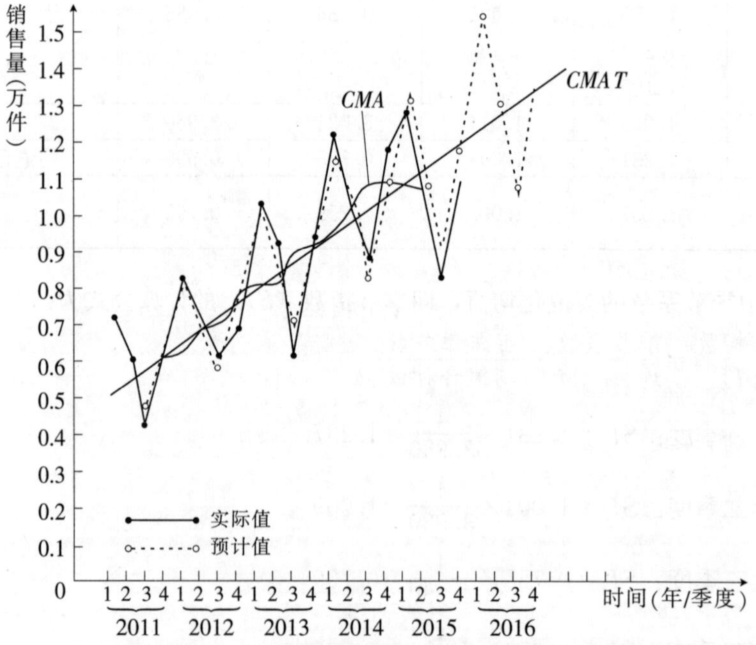

图3-8 销售量实际值与预计值的比较

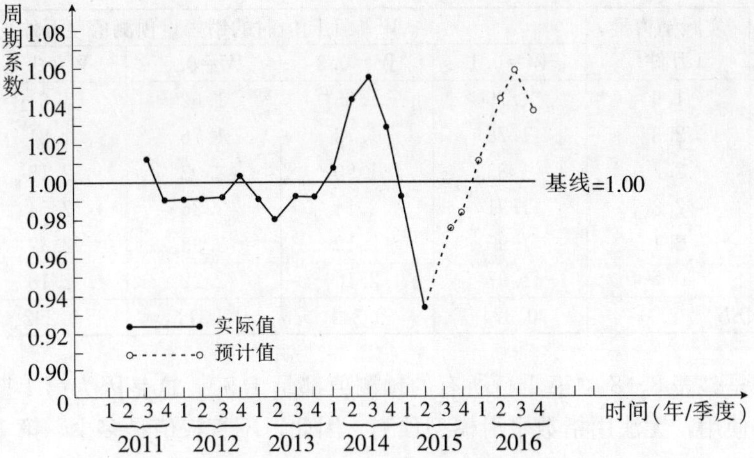

图 3-9　用图示法确定周期系数

三、指数平滑法

如果人们想要预测一个相当平稳（不存在上升或下降的趋势，但有一定的不规则运动）的销售量序列，可以使用简单的指数平滑模型。它是通过对过去所有各期的实际值和预测值进行加权平均来预测的。由于时间越远，对过去各期所用的"权"值越小，而这种变小是按指数方式实现的，故名指数平滑法。

尽管这一方法本身考虑了过去的所有各期，但所幸的是，它可以简化为：只要知道当期的实际销售量（A_t）、过去对当期销售量的预测（F_t）以及权值（W），就能预测下一期的销售量（F_{t+1}）。其模型为：

$$F_{t+1}=F_t+W(A_t-F_t)$$

经过整理，上式可变为：

$$F_{t+1}=WA_t+(1-W)F_t \tag{3-17}$$

从式（3-17）可以看到，对当期的实际销售量和当期的预期销售量赋予一定的权值，就可以预测下一期的销售量。

在表 3-8 中，列出了大明食品公司 2013 年第一季度至 2016 年第一季度各季的实际销售量，以及根据五种不同的权值用式（3-17）计算出来的销售量预测值。

表 3-8

时间（年/季度）	实际销售量（万件）	W 取不同值时的销售量预测值（万件）				
		W=0.1	W=0.3	W=0.5	W=0.7	W=0.9
2013/1	1.9	1.90	1.90	1.90	1.90	1.90
2013/2	1.7	1.90	1.90	1.90	1.90	1.90
2013/3	1.4	1.88	1.84	1.80	1.76	1.72
2013/4	1.5	1.83	1.71	1.60	1.51	1.43
2014/1	1.8	1.80	1.65	1.55	1.50	1.49
2014/2	1.6	1.80	1.69	1.68	1.71	1.77
2014/3	1.6	1.78	1.66	1.64	1.63	1.62

续前表

时间（年/季度）	实际销售量（万件）	W 取不同值时的销售量预测值（万件）				
		$W=0.1$	$W=0.3$	$W=0.5$	$W=0.7$	$W=0.9$
2014/4	1.9	1.76	1.65	1.62	1.61	1.60
2015/1	2.3	1.78	1.72	1.76	1.81	1.87
2015/2	2.7	1.83	1.90	2.03	2.15	2.26
2015/3	2.3	1.91	2.14	2.36	2.54	2.66
2015/4	2.1	1.95	2.19	2.33	2.37	2.34
2016/1	0.7	1.97	2.16	2.22	2.18	2.12
RMSE		0.374	0.341	0.311	0.292	0.277

要注意的是，表3-8中第1行所有的预测值都是1.90，这是因为第1期预测值没有以前的数据可供使用，无法用指数平滑模型预测。因此，不管权值是多少，第1期预测值都按该期实际销售量（1.90）来确定。在表3-8中，还根据五种不同的权值（W）预测了2016年第一季度的销售量。

用哪一种权值来预测最精确，可以用多种方法来判断，最常用的是通过计算误差平方均值之根（root mean squared error，*RMSE*）来判断。

$$RMSE=\sqrt{\frac{\sum(A_t-F_t)^2}{n}}$$

式中，A_t 为第 t 期的实际值；F_t 为第 t 期的预测值；n 为总期数。

RMSE 越小说明精度越高，因为 *RMSE* 说明的是预测的平均误差。表3-8中，最小的 *RMSE* 为0.277，相应的权值 W 为0.9，因此，按权值0.9来预测销售量是最精确的。

四、在预测中使用回归模型

下面举例说明如何利用多元线性回归模型来预测销售量。

例3-4

假设已知太阳食品公司的需求函数为：

$$Q=15.939-9.057P+0.009I+5.092C$$

式中，Q 为销售量（吨）；P 为太阳食品公司食品的价格（元）；I 为社会人均收入水平（元）；C 为主要竞争对手的定价水平（元）。

假定该公司下个季度的价格预计为5.85元，主要竞争对手的价格预计为4.99元，收入预测值为4 800元，请预测销售量。

把已知数据代入需求函数，得

$$\begin{aligned}Q&=15.939-9.057\times5.85+0.009\times4\ 800+5.092\times4.99\\&=31.565(\text{吨})\end{aligned}$$

即该公司下个季度的预计销售量为31.565吨。

应注意的是，该公司必须在预测社会人均收入水平和竞争对手的可能定价水平后，再根据自己产品的定价预测未来产品的销售量。

□ 小 结

需求估计可以采用市场调查法和统计法。市场调查法就是通过对消费者的直接调查，来估计某种产品的需求量和各变量之间的关系。市场调查法又可以分为访问调查法和市场实验法两种。

统计法主要是指回归分析法，就是依据多组观察数据，根据最小二乘法的基本原理，找出拟合这些数据点的最佳拟合曲线，从而确定要求的需求函数。用回归分析法估计需求一般分为四个步骤：(1) 确定自变量；(2) 取得观察数据；(3) 选择回归方程的形式；(4) 估计回归参数。

常用的需求函数的形式有两种：一为线性函数；二为幂函数。幂函数尽管看起来复杂，但可以用对数形式转化为线性关系，因而仍可以用最小二乘法来估计它的参数。

如果回归方程为单元线性方程：$y=\alpha+\beta x$，则估计参数的基本公式为：

$$\beta=\frac{n\sum_{i=1}^{n}x_iy_i-\sum_{i=1}^{n}x_i\sum_{i=1}^{n}y_i}{n\sum_{i=1}^{n}x_i{}^2-\left(\sum_{i=1}^{n}x_i\right)^2}$$

$$\alpha=\bar{y}-\beta\bar{x}$$

可决系数 (R^2) 说明在因变量的全部变动中，可由回归模型中全部自变量来解释的比例有多大。

如果自变量的值给定，估计标准误差 (S_e) 可以用来估计所预测的因变量的值的置信区间。如果置信度为 95%，则置信区间为：$\hat{y}\pm 2S_e$。

系数标准误差 (S_β) 可以用来测定每个自变量的回归参数的准确程度。如果置信度为 95%，则系数 β 的置信区间为：$\beta\pm 2S_\beta$。

回归分析中应该注意下列问题，否则有可能降低回归分析的准确性和误导决策者。(1) 鉴别问题；(2) 模型设定上的问题；(3) 多重共线性问题；(4) 自相关问题。

需求预测的主要方法有：

1. 德尔菲法，又称专家调查法，是专家们背靠背地进行预测，经过多次反复修正，最终得出预测结果的方法。

2. 时间序列分解法。它的模型为：$Q=T\cdot S\cdot C\cdot I$。它主要适用于数据序列的长期趋势受季节性、周期性和多种不规则因素影响的情况。

3. 指数平滑法。它适用于预测一个较为平稳的销售额时间序列。其模型为：$F_{t+1}=WA_t+(1-W)F_t$。然后用误差平方均值之根 ($RMSE$) 来判断能使预测精度最高的 W 值应是多少。

4. 用回归模型进行预测。

□ 重要名词和术语

需求估计	需求预测
访问调查法	市场实验法
需求估计的回归分析法	可决系数 (R^2)
估计标准误差 (S_e)	系数标准误差 (S_β)

鉴别问题　　多重共线性问题
自相关问题　　德尔菲法
时间序列分解法　　指数平滑法

□ 复习思考题

1. 什么是需求估计？主要采用哪些方法？什么是市场调查的访问调查法和市场实验法？各有什么特点？

2. 用回归分析法估计需求主要有哪几个步骤？请给出解释。

3. 需求函数的形式主要有哪两种？各有什么特点？

4. 在回归分析中，怎样测定回归模型和每个回归系数对因变量的解释能力？

5. 在回归分析中应防止出现哪些问题？

6. 需求预测有哪几种主要方法？请给出解释。

□ 作业题

1. 大陆电子有限公司最近生产一种新式的录音笔。该公司销售部门对数千名顾客做了一次调查，在5种不同的价格水平上，不同销售量的概率如下表所示。

价格（元）	销售量（件）	销售概率
100	7 500	0.20
	6 000	0.25
	4 500	0.40
	3 000	0.10
	1 500	0.05
125	6 000	0.10
	5 000	0.20
	4 000	0.45
	2 500	0.20
	1 000	0.05
150	4 500	0.10
	4 000	0.20
	3 000	0.40
	2 000	0.20
	750	0.10
175	3 500	0.05
	3 000	0.10
	2 500	0.50
	1 000	0.20
	500	0.15
200	3 000	0.05
	2 500	0.15
	1 500	0.30
	1 000	0.25
	500	0.25

(1) 请计算每一种价格水平上的期望销售量。

(2) 根据这些期望销售量，用回归分析法估计这种新产品的需求曲线。

(3) 通过计算可决系数，说明这一回归方程是否可接受。

2. 某企业生产一种儿童玩具，通过调查，其不同价格水平下的销售量数据如下表所示。

价格（元）	日销售量（件）
10	64
15	53
17	43
20	37
27	29
30	23

(1) 请根据以上数据在直角坐标系上画出散点图，并用手描法画一条需求曲线，从这些点的中间穿过。

(2) 用回归分析法求这条需求曲线的方程并计算其可决系数。

(3) 如果价格为23元/件，估计销售量应是多少？请对这一估计的准确性作出评价(计算估计销售量和回归系数95%的置信区间)。

3. 大昌公司生产一种汽车上用的自动控速器，它有可能使汽车保持最优速度，以节省燃料。该公司的销售部门经过调查分析，估计该产品的需求函数为：

$$Q_x = 125\,062.85 - 1\,862.52P_x + 1\,226.94P_s + 524.18A_x + 28\,672.74y + 0.035S$$

式中，Q_x 为自动控速器的需求量（单位：件）；P_x 为自动控速器的价格（单位：元）；P_s 为竞争对手销售这类产品的平均价格（单位：元）；A_x 为该公司每月广告费（单位：千元）；y 为居民平均收入水平（单位：千元）；S 为新汽车月销售量（单位：辆）。

回归分析还提供了以下数据：

可决系数（R^2）$=0.867\,5$

估计标准误差（S_e）$=6\,432.75$

系数标准误差（S_β）：P_x 的为725.6；P_s 的为482.8；A_x 的为106.2；y 的为188.1；S 的为0.015

大昌公司生产这种产品的成本比较稳定，其边际成本为常数，即132.50元/件。目前自变量的值分别为：$P_x=189.95$；$P_s=195.00$；$A_x=12.65$；$y=1.53$；$S=895\,645$。

(1) 请计算这种产品的价格弹性、交叉弹性和收入弹性。这些数值说明了什么问题？

(2) 请求出该产品的需求曲线和边际收入曲线的方程。

(3) 这种产品的最优产量和最优价格应为多少？

(4) 请计算在最优价格水平上，估计销售量的置信度为95%的置信区间。

4. 某企业2012年第四季度到2016年第三季度的销售量如表1所示。

表 1

时期（年/季度）	实际销售量	期数	移动平均数（*MA*）	移动平均中心值（*CMA*）	季节系数（*SF*）	长期趋势值（*CMAT*）	周期系数（*CF*）
2012/4	2	1	—	—	—	—	—
2013/1	5	2	—	—	—	—	—
2013/2	9	3					
2013/3	3	4					
2013/4	4	5					
2014/1	9	6					
2014/2	17	7					
2014/3	6	8					
2014/4	7	9					
2015/1	13	10					
2015/2	24	11					
2015/3	6	12					
2015/4	8	13					
2016/1	15	14					
2016/2	26	15		—	—		
2016/3	6	16	—	—	—		
2016/4	—	17	—	—	—		
2017/1	—	18	—	—	—		
2017/2	—	19	—	—	—		
2017/3	—	20	—	—	—		
2017/4	—	21	—	—	—		

（1）计算四个时期的移动平均值（*MA*）和移动平均中心值（*CMA*），填入表 1 的适当栏内。

（2）用销售量的实际值以及移动平均中心值计算季节系数（*SF*），填入表 1 的适当栏内。

（3）请计算该企业销售量各季度的季节指数（*SI*），填入表 2。

表 2　各季度的季节系数

年份	一季度	二季度	三季度	四季度
2013	—			
2014				
2015				
2016		—	—	—
合计				
均值				
SI				

均值合计

（4）用最小二乘法估计移动平均中心值的线性长期趋势（估计方程 $CMAT=a+bt$ 中 a 和 b 的值，这里 t 为期数），并把算出的 *CMAT* 值填入表 1 中 2016 年第四季度至 2017 年第四季度的相应栏中。

（5）计算周期系数 CF（用 CMA 除以对应季度的 $CMAT$），把这些值标在下图，并在图上对 2017 年各季度的 CF 值作出推测或估计。

（6）用上面求得的 $CMAT$，SI 和 CF，预测该企业 2017 年各季度的销售量，填入表 3 中。

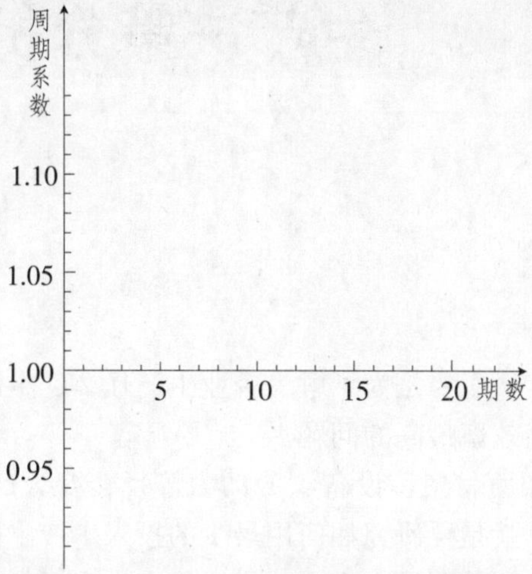

表 3

时间（年/季度）	长期趋势值（$CMAT$）	季节指数（SI）	周期系数（CF）	预测销售量
2016/4				
2017/1				
2017/2				
2017/3				
2017/4				

5. 已知某企业产品 2011—2016 年各季度的销售数据如下表所示。

年份	季度			
	一	二	三	四
2011	835	1 102	794	502
2012	793	1 089	777	511
2013	804	987	725	487
2014	808	1 015	820	487
2015	789	1 262	923	739
2016	1 156	1 336	944	696

（1）以销售量作为时间 t 的函数，求销售量的时间趋势模型。（在 $Q=a+bt$ 模型中，估计 a 和 b 的值，这里 t 为期数，2011 年第一季度的 t 等于 1。）

（2）按上表作图，并观察是否存在季节性因素。

（3）运用指数平滑法按 $W=0.3$ 和 $W=0.8$ 分别预测 2017 年度的销售量。

第4章 生产决策分析

对需求进行分析和估计，主要是为了解决企业生产什么、生产多少的问题，接着就要解决怎样组织生产才能使生产效率最高的问题。

生产是指把投入物（如原材料、设备、劳动力等）转变为产出（如产品或服务）的过程。研究生产效率的高低，就是要研究如何用最少的投入生产出同样多的产出，或用同样多的投入生产出最大的产出。这就要研究生产的投入与产出之间的关系。本章的目的就是研究这一关系以谋求生产效率最高（或利润最大）。

第1节 什么是生产函数

生产的投入与产出之间的关系可以用生产函数来表示。生产函数表明在生产过程中，在一定的技术条件下，各种投入要素组合所能产生的最大产量。它的一般表达式为：

$$Q=f(x_1,x_2,\cdots,x_n) \tag{4-1}$$

式中，Q 为产量；x_1，x_2，…，x_n 为诸投入要素，如原材料、设备、劳动力等。

例如，$Q=K^{\frac{1}{2}}L^{\frac{1}{2}}$ 是一个生产函数，在这里，Q 为产量，K 为资本量，L 为劳动量。假定在生产中投入的资本量 $K=16$，劳动量 $L=4$，那么根据这一生产函数，其最大产量为：$\sqrt{16}\times\sqrt{4}=8$。需要指出的是，生产函数中的产量指的是最大产量，这是因为我们假定生产函数中的所有投入要素都得到了有效的使用，没有丝毫浪费或闲置，所以，这些投入要素所能产生的产量，是在给定的技术条件下最大可能的产量。

一个生产体系的投入、产出关系取决于该生产体系中设备、原材料和劳动力等诸要素的技术水平，所以，技术的任何改进都会导致产生新的投入产出关系，从而产生新的生产函数。不同的生产函数代表不同的技术水平。

生产决策分析就是通过对生产函数的分析，寻找最优的投入产出关系，以确定最优的投入要素的数量组合，使生产的成本最低或利润最大。

生产函数又可以分为短期生产函数和长期生产函数。短期生产函数的特点是生产函数中至少有一种投入要素的投入量是固定的。长期生产函数的特点是生产函数中所有投入要素的投入量都是可变的。本章第2节对单一可变投入要素的最优利用问题的探讨就是对短期生产函数进行决策分析，第3节对多种投入要素的最优组合问题的探讨和第4节对规模与收益的关系问题的探讨则是对长期生产函数进行决策分析。

第 2 节　单一可变投入要素的最优利用

假定其他投入要素的投入量不变，只有一种投入要素的数量是可变的，研究这种投入要素的最优使用量（这种使用量能使企业的利润最大），就属于单一可变投入要素的最优利用问题。这类问题在短期决策中经常遇到。例如，在短期内现有企业的厂房、设备都无法变更，要增加产量，只有增加劳动力，那么增加多少劳动力才是最优的呢？这就属于单一可变投入要素的最优利用问题。为了探讨这个问题，需要从总产量、平均产量和边际产量这三者的相互关系谈起。

一、总产量、平均产量和边际产量的相互关系

下面举例说明这三者之间的关系。

假定某印刷车间拥有 4 台印刷机。如果该车间只有 1 名工人，这名工人的产量一定是有限的，因为他不能用他的全部时间来操作印刷机，还必须亲自做许多辅助工作，如取原料、搬运制成品、打扫卫生等。现假定这时他的日产量为 13 单位。如果车间增加到 2 名工人，尽管第 2 名工人的才干与第 1 名工人相同，但增加这名工人所增加的产量一定会超过第 1 名工人原来的产量。这是因为有了两个人就可以协作，协作可以产生新的生产力。现假定增加第 2 名工人所增加的日产量为 17 单位。此时总产量从每天 13 单位提高到 30 单位。同理，假定增加到 3 名工人时，总产量达到每天 60 单位。增加到 4 名工人时，即每人操作 1 台印刷机时，总产量上升到每天 104 单位。如果车间工人数增加到 5 名，总产量将继续上升，因为新增的第 5 名工人可以专做搬运等辅助工作，但第 5 名工人增加的产量会少于第 4 名工人增加的产量。现假定第 5 名工人使日产量增加 30 单位，使总产量达到 134 单位。如果工人数目增加到 6 名，第 6 名工人可能是个替换工，即当其他工人需休息或有病时由他来替代，这样也能增加产量，但增加的量更少了。如果工人继续增加下去，可以设想一定会达到这样的阶段，即增加工人不仅不会增加产量，反而会使产量减少。例如，当工人太多，许多工人无活可干，到处闲逛，以致影响生产正常进行时，就会出现这种情况。

现在把这个例子中的数据列成表 4-1。在这里，总产量 Q 是指一定数量的工人所能生产的全部产量；平均产量是指每一名工人的平均产量（总产量/工人人数 $=Q/L$）；边际产量是指在有一定数量的劳动力时，增加 1 名工人引起的总产量的变化（总产量的变化/工人人数的变化 $=\Delta Q/\Delta L$）。需要指出的是，边际产量在生产决策分析中是一个很重要的概念。这个例子告诉我们，随着车间工人人数的增加，工人人数的单位变化会给总产量带来什么影响。

表 4-1　印刷车间每天的总产量、平均产量和边际产量

工人人数	总产量	平均产量	边际产量
0	0		
1	13	13	13
2	30	15	17
3	60	20	30
4	104	26	44

续前表

工人人数	总产量	平均产量	边际产量
5	134	26.8	30
6	156	26	22
7	168	24	12
8	176	22	8
9	180	20	4
10	180	18	0
11	176	16	−4

根据表 4－1 可画出总产量、平均产量和边际产量图（见图 4－1）。

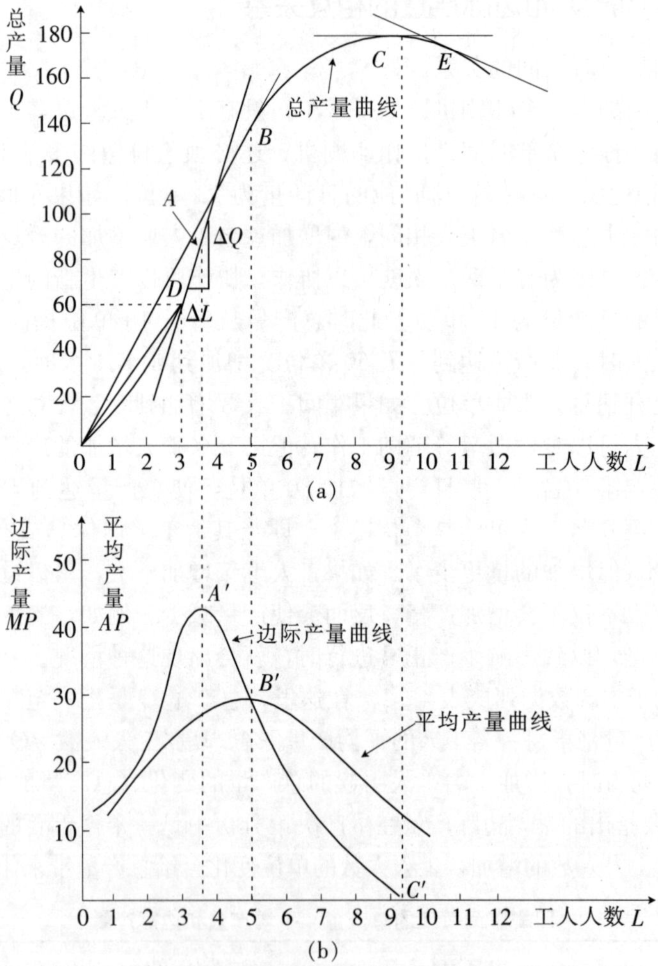

图 4－1　总产量、平均产量和边际产量的相互关系

从图 4－1 可以看出，在总产量、平均产量和边际产量之间存在以下三种关系。

1. 工人人数取某值时的边际产量等于总产量曲线上该点切线的斜率

根据边际产量的定义，边际产量 $=\Delta Q/\Delta L$。即当 ΔL 取很小的值时，边际产量 $=\frac{\mathrm{d}Q}{\mathrm{d}L}$，

$\frac{dQ}{dL}$就是总产量曲线上当工人人数取某值时该点切线的斜率。

因此，图 4－1（a）中总产量曲线上的拐点 A（斜率最大之点），也就是图 4－1（b）中边际产量曲线的顶点 A'；总产量曲线上的顶点 C（斜率为零之点），也就是边际产量曲线上边际产量为零之点 C'。

边际产量与总产量之间的这个关系告诉我们：当边际产量为正值时，总产量曲线呈上升趋势（斜率为正值），此时增加工人能增加产量；当边际产量为负值时，总产量曲线呈下降趋势（斜率为负值），此时增加工人反而使产量减少；当边际产量为零时，总产量为最大（斜率为零），此时增加工人不会使产量发生变化。

2. 工人人数取某值时的平均产量等于总产量曲线上该点与原点的连接线的斜率

平均产量$=Q/L$，而 Q/L 正是总产量曲线上该点与原点之间的连接线的斜率。例如，在图 4－1（a）中，车间拥有 3 名工人时的平均产量，等于原点与 D 点的连接线 OD 的斜率，即 20 单位（60÷3）。

在图 4－1（a）中的 B 点，由于在这一点上总产量曲线的切线和它与原点的连接线重合（即两条线的斜率相等），因此在这一点，平均产量等于边际产量。表现在图 4－1（b）中，平均产量曲线和边际产量曲线相交于 B'。

3. 当边际产量大于平均产量时，平均产量呈上升趋势；当边际产量小于平均产量时，平均产量呈下降趋势；当边际产量与平均产量相等时，平均产量最大

边际产量是指新增 1 名劳动力会使总产量增加多少。如果边际产量大于以前的平均产量，必然会使平均数上升。反之，如果边际产量小于以前的平均产量，就必然使平均数下降。如果边际产量等于平均产量，说明平均产量在这一点上既不上升，又不下降，正好处于顶峰（或谷底），这时的平均产量为极大（或极小）。

在图 4－1（b）中我们看到，当边际产量曲线在平均产量曲线之上时，平均产量曲线呈上升趋势；在平均产量曲线之下时，平均产量曲线呈下降趋势；在 B'点，两者相交（即其值相等）时，平均产量的值为最大。

以上就是总产量、平均产量和边际产量之间的主要关系，弄清这些关系对于在决策分析中判断有关曲线的走向和它们之间的相互关系是很有用的。①

二、边际收益递减规律

上述印刷车间的例子说明，只要印刷机、车间面积等生产要素固定不变，最初随着劳动力的增加，劳动力能与大量丰富的固定生产要素相结合，所以，其边际产量是递增的；但随着劳动力的继续增加，能与新增劳动力结合的固定生产要素越来越少，这时，边际产量就会递减。需要指出的是：这不是一种偶然现象，而是各行各业的一个普遍规律，人们称之为边际收益递减规律。这个规律已被大量的观察所证明。它可具体表述为："如果技术不变，增加生产要素中某个要素的投入量，而其他要素的投入量不变，投入量的增加起初会使该要素的边际产量递增，增加到一定点之后，再进一步增加就会使边际产量递减。"

这一规律在农业中表现得最为典型。例如，如果在固定的土地面积上增施化肥，开始

① 这里讲到的总产量、平均产量和边际产量之间的关系是数学关系，这种关系一般存在于总值、平均值和边际值之间。例如，存在于总成本、平均成本和边际成本之间，以及总收入、平均收入和边际收入之间等。

时，每增加1单位化肥所能增加的农作物产量是递增的，但当所施的化肥超过一定量时，每增加1单位化肥所能增加的农作物产量就会递减，此时，如继续增加化肥，就有可能不仅不会增加农作物的产量，反而会导致农作物产量的减少。

在理解这个规律时，要注意两点：（1）收益递减规律是以其他生产要素的投入固定不变，只变动一种生产要素的投入为前提的，收益递减的原因就在于增加的生产要素只能与越来越少的固定生产要素相结合；（2）这一规律是以技术水平不变为前提的，如果技术条件发生了变化，就不再适用。

这个规律揭示了投入与产出之间的客观联系，因此对于研究投入和产出之间的关系是很重要的。它告诉我们，并不是任何投入都能带来最大的收益，更不是投入越多收益一定越大。正因为这样，尊重这一规律，对企业的投入数量和组合进行科学的分析，对于提高经济效益和作出正确决策是十分必要的。

三、生产的三个阶段

基于边际收益递减规律在起作用，经济学家根据可变投入要素投入数量的多少，把生产划分为三个阶段（见图4-2）。

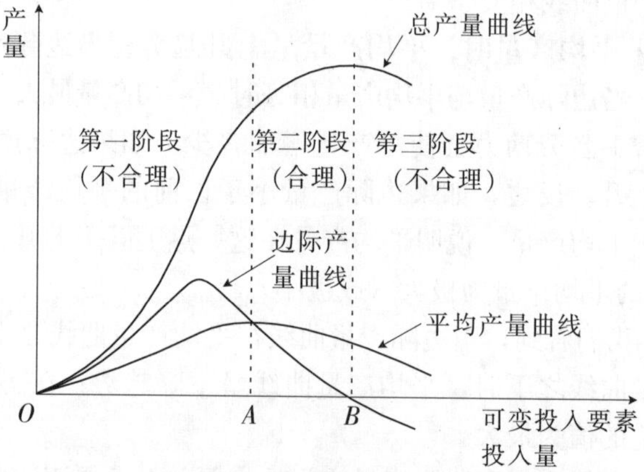

图4-2　生产的三个阶段

第一阶段：可变投入要素的数量小于 OA。这一阶段生产函数的特征是可变要素的边际产量先递增，后递减。在这一阶段，总产量、平均产量均呈上升趋势。

第二阶段：可变投入要素的数量在 OA 和 OB 之间。这一阶段生产函数的特征是可变要素的边际产量是递减的，但仍为正值，不过要小于平均产量。平均产量呈递减趋势，总产量仍呈递增趋势。

第三阶段：可变投入要素的数量大于 OB。这一阶段生产函数的特征是边际产量为负值，总产量和平均产量均呈递减趋势。

在这三个阶段中，第一和第三阶段在经济上是不合理的，只有第二阶段才是合理的。其原因可以从对这三个阶段的成本分析看出。

在第一阶段，由于总产量呈上升趋势，因此单位产品中的固定生产要素成本（固定成本）呈下降趋势；又由于平均产量呈上升趋势，因此单位产品中的可变投入要素的成本（变动成本）也呈下降趋势。两者都呈下降趋势，说明在这一阶段，增加可变投入要素的数量能进一步降低成本。所以，可变投入要素的数量停留在这一阶段从经济上讲是不合理的。

在第三阶段，由于总产量呈下降趋势，因此单位产品的固定成本呈上升趋势；又由于平均产量呈下降趋势，因此单位产品的变动成本也呈上升趋势。两者都呈上升趋势，说明可变投入要素的数量不能超过 OB，否则就会使成本增加。可见，第三阶段也是不合理的。

在第二阶段，由于总产量呈上升趋势，因此单位产品的固定成本呈下降趋势；又由于平均产量呈下降趋势，因此单位变动成本呈上升趋势。固定成本和变动成本的运动方向相反，说明在这一阶段有可能找到一点，使两种成本的变动恰好抵消。在这一点上再增加或减少投入要素的数量都会导致成本的增加。所以，第二阶段是经济上合理的阶段，最优的可变投入要素的投入量只能在第二阶段中找到。

生产三阶段理论说明，在企业里，劳动力和资本之间应当始终保持合理的比例，资本相对过多（第一阶段）或劳动力相对过多（第三阶段），都会导致经济效益的下降。

生活中的经济学 4-1

人多真的好办事吗

人（劳动力）只有与资本保持合适的比例，才能高效率地创造财富。所以，人多好办事是有条件的，即劳动力与资本之间必须保持合理的比例关系。如果一味增加劳动力，没有资本的相应增加，只会导致生产率的下降。

比如，汽车的需求增加了，为了满足需求，汽车制造商起初可以靠增加工人来增加产量，但这是有限度的，一旦工人人数达到最优，再增加工人，就会导致成本的增加和利润的降低。如果汽车需求的增加是持久的，更明智的做法应当是扩建工厂，既增加工人，又增加设备。又比如种地，要提高土地的产量，仅靠增加劳动力是行不通的。我国在“大跃进”期间大搞“人海战术”并没有收到效果，就是例证。为什么我国以前要实行计划生育？一个最重要的原因就是国家的耕地和其他许多资源是有限的，如果人口（劳动力）无限地增长，必然会导致生产率的下降，从而降低人民的生活水平。

如果仅靠增加劳动力真的能无限增产，那么，在一家汽车厂里就能制造出全世界需要的汽车，在一亩土地上就能长出全球人口所需的粮食。显然，这是不可能的，因为有边际收益递减规律在起作用。

案例 4-1

马尔萨斯的人口论为什么破产

1798 年，英国牧师、政治经济学教授托马斯·马尔萨斯曾预言，世界人口的增速将会超过世界粮食的增产，因为全球土地面积是固定的，根据边际收益递减规律，单位劳动力的粮食产量会递减。这就可能引起全球的粮荒，进而引起战争和疾病的流行。

然而今天，世界人口比当时几乎增加 7 倍，但人们的粮食比以前更丰足，生活更美好。我们并没有看到劳动力的边际产量出现递减。为什么？这是因为农业的科技进步，农民的各种生产投入要素如种子、肥料、土壤、水利设施等的科技含量都提高了。生产函数发生了变化，农业的劳动生产率大大提高了。

四、单一可变投入要素最优投入量的确定

下面进一步探讨如何在生产的第二阶段具体确定最优的可变投入要素的数量。

假如企业的其他投入要素（如厂房设施、设备等）的投入量是固定的，只有一种投入要素（如劳动力）的投入量是可变的。要回答这种可变投入要素究竟投入多少才是最优的问题，需要首先弄清两个概念：(1) 可变投入要素的边际产量收入；(2) 可变投入要素的边际支出。

边际产量收入是指在可变投入要素投入量一定的基础上，再增加一单位的投入量会使企业的总收入增加多少。如果 MRP_y 为可变投入要素 y 的边际产量收入，则

$$MRP_y=\frac{\Delta TR}{\Delta y} \tag{4-2}$$

式中，ΔTR 为可变投入要素 y 的投入量由 Δy 变化而引起的总（销售）收入的变化。

这里，很容易证明，投入要素 y 的边际产量收入等于它的边际产量乘以企业的边际收入。

$$\begin{aligned}MRP_y&=\frac{\Delta TR}{\Delta y}=\frac{\Delta TR}{\Delta Q}\cdot\frac{\Delta Q}{\Delta y}\\&=MR\cdot MP_y\end{aligned} \tag{4-3}$$

式中，ΔQ 为企业产量的变化；$\Delta TR/\Delta Q$ 为该企业的边际收入（MR）；$\Delta Q/\Delta y$ 为投入要素 y 的边际产量（MP_y）。

可变投入要素的边际支出是指在可变投入要素投入量一定的基础上，再增加一单位的投入量会使企业的总成本增加多少。假定 ME_y 为可变投入要素 y 的边际支出，则

$$ME_y=\frac{\Delta TC}{\Delta y} \tag{4-4}$$

式中，ΔTC 为可变投入要素 y 的投入量由 Δy 变化而引起的总成本的变化。

如果 $MRP_y>ME_y$，说明此时企业的利润不是最大的，因为再增加 y 的投入，还能增加利润；如果 $MRP_y<ME_y$，说明此时企业的利润也不是最大的，因为减少 y 的投入量，反而能再增加利润。因此，企业应当使

$$MRP_y=ME_y \tag{4-5}$$

这时，企业的利润最大，可变投入要素 y 的投入量最优。

需要说明的是 ME_y 值的计算。如果在企业的诸多投入要素中，确实只有 y 是唯一的可变投入要素，那么 ME_y 就是投入要素 y 的价格 P_y，式（4-5）就变为：

$$MRP_y=P_y \tag{4-6}$$

如果可变投入要素为劳动力，则 P_y 就是劳动力的价格，即工资率；如果可变投入要素是资本，则 P_y 就是资本的价格，即贷款利率。

但在实际生活中，随着一种可变投入要素投入量的变化，其他要素的投入量往往也会发生变化（如随着劳动力的增加，原材料的投入也会增加）。这时，y 的边际支出（ME_y）除了包括 y 要素的价格外，还应包括增投一单位 y 而引起的其他要素支出的增加额。

例 4-1

假定某印染厂进行来料加工，其产量随工人人数的变化而变化。两者之间的关系可用下列方程表示：$Q=98L-3L^2$，式中，Q 为每天的产量；L 为每天雇用的工人人数。又假定成品布不论生产多少，都能按每米 20 元的价格出售，工人每天的工资均为 40 元，而且工人是该厂唯一的可变投入要素（其他要素投入量的变化忽略不计）。问：该厂为谋求利润最大，

每天应雇用多少工人？

解：因成品布不论生产多少，都可按每米20元的价格出售，所以边际收入（MR）为20元。

成品布的边际产量为：

$$MP_L=\frac{dQ}{dL}=\frac{d(98L-3L^2)}{dL}=98-6L$$

则 $MRP_L=MR\cdot MP_L=20\times(98-6L)$

$ME_L=P_L=40$

根据式（4－5），有

$$20\times(98-6L)=40$$

$$L=16$$

即该厂为实现利润最大，应雇用工人16名。

例4－2

在前文有关印刷车间的例子中（见表4－1），假定印刷品的价格为每单位15元，工人的日工资率为120元。

（1）假定工人是该车间唯一的可变投入要素，该车间应雇用多少工人？

（2）假定随着工人人数的增加，带来用料（纸张）的增加，假定每单位印刷品的用料支出为5.0元。该车间应雇用多少工人？

解：（1）假定工人是唯一的可变投入要素，该车间各种工人人数的边际产量收入和边际支出可计算如下（见表4－2）。

表4－2

工人人数（1）	0	1	2	3	4	5	6	7	8	9	10
边际产量（MP_L）（2）		13	17	30	44	30	22	12	8	4	0
边际产量收入（MRP_L） (3)＝15×(2)		195	255	450	660	450	330	180	120	60	0
边际支出（ME_L）(4)＝120元		120	120	120	120	120	120	120	120	120	120

根据表4－2，当 $MRP_L=ME_L=P_L=120$ 元时，工人人数为8人，所以应雇用8人。

（2）假定随着工人人数的增加，会相应增加原材料支出。该车间各种工人人数的边际产量收入和边际支出可计算如下（见表4－3）。

表4－3

工人人数（1）	0	1	2	3	4	5	6	7	8	9	10
边际产量（2）		13	17	30	44	30	22	12	8	4	0
边际产量收入（MRP）（3）		195	255	450	660	450	330	180	120	60	0
边际支出（ME_L） (4)＝120＋5.0×(2)		185	205	270	340	270	230	180	160	140	120

根据表4－3，当工人人数为7时，$MRP_L=ME_L=180$。所以，最优工人人数应定为7人。

第3节　多种投入要素的最优组合

生产产品需要多种投入要素。在实际生活中，特别是在长远规划中，多种投入要素之间往往是可以互相替代的。例如，建一个一定规模的织布厂，需要设备和劳动力。可以采用先进的技术织布，即使用贵重的设备与少量劳动力相组合；也可以用手工织布，即使用便宜的设备与较多的劳动力相组合。可见，在确定如何新建一个织布厂时，设备与劳动力之间是可以互相替代的。又如，盖一定建筑面积的厂房，需要土地、建筑材料与人工。可以盖平房，即用较多的土地和较少的建筑材料与人工相结合；也可以盖高楼，即用较少的土地和较多的建筑材料与人工相结合。可见，为了盖一定建筑面积的厂房，土地和建筑材料与人工之间也是可以互相替代的。既然投入要素之间可以互相替代，就涉及最优组合的问题：在成本一定的条件下，投入要素之间怎样组合才能使产量最大；或在产量一定的条件下，投入要素之间怎样组合才能使成本最低。这类问题就是多种投入要素的最优组合问题。人们常常通过它来选择最优的技术装备水平。

为了寻找投入要素的最优组合，需要利用等产量曲线和等成本曲线。

一、等产量曲线的性质和类型

由于投入要素之间可以互相替代，因此，同一产量可以通过不同比例的投入要素来实现。假如有两种投入要素 x 和 y。如果 $x=3$，$y=8$；$x=4$，$y=6$；$x=6$，$y=4$；$x=8$，$y=3$；等等，都可以生产出20件产品，那么把这些点连接起来的曲线就是产量为20件的等产量曲线（如图4-3所示）。

所以，等产量曲线是指这样一条曲线，曲线上的各点代表投入要素的各种组合比例，其中的每一种组合比例所能得到的产量都是相等的。

等产量曲线有一个重要的特性：处于较高位置的等产量曲线总是代表较大的产量。如在图4-4中，等产量曲线 Q_2 的位置高于等产量曲线 Q_1。这表明 Q_2 的产量一定大于 Q_1 的产量，即 $Q_2>Q_1$。这是因为较高的等产量曲线上投入要素 x 和 y 的投入量必然大于（至少是等于）较低的等产量曲线上投入要素 x 和 y 的投入量。在图4-4中，$x_2>x_1$，$y_2=y_1$。由于假设较大的投入量一定会得到较大的产量，因此较高的等产量曲线一定代表较大的产量。

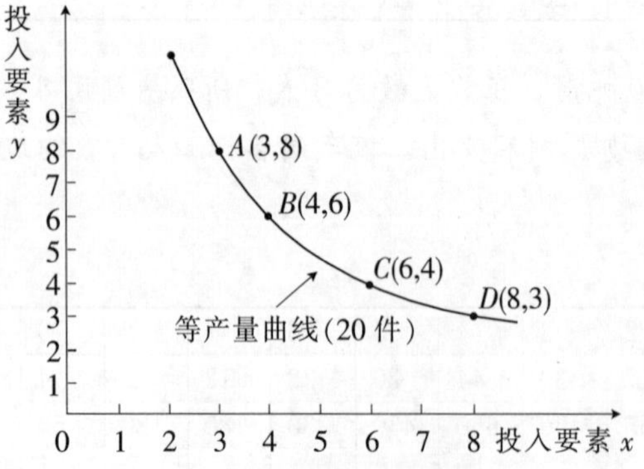

图4-3　等产量曲线

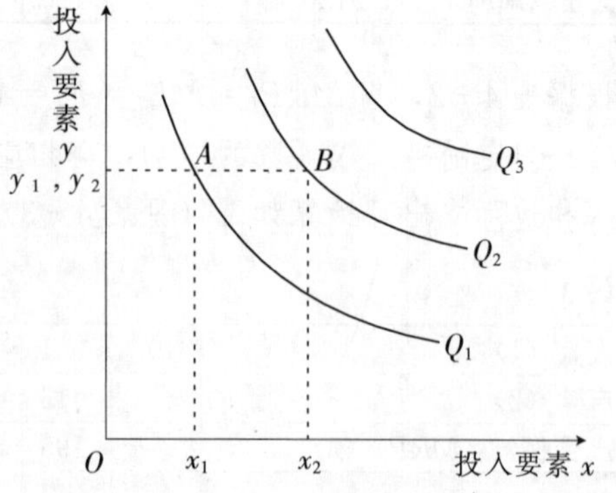

图4-4　较高的等产量曲线代表较大的产量

按照投入要素之间能够相互替代的程度，可以把等产量曲线划分为三种类型。

第一种：投入要素之间完全可以替代。例如，如果发电厂的锅炉燃料既可全部用煤气又可全部用石油（当然也可以部分用煤气、部分用石油），就称这两种投入要素是完全可以替代的。这种等产量曲线的形状是一条直线，如图 4-5 所示。在这里，煤气替代石油的比例（替代率）为 1.5∶1，是个常数。

第二种：投入要素之间完全不能替代。如生产自行车，在投入要素车架和车轮之间是完全不能替代的。这种等产量曲线的形状是一条直角线，如图 4-6 所示。完全不能替代的投入要素之间的比例是固定的，如车架与车轮之间的比例为 1∶2。

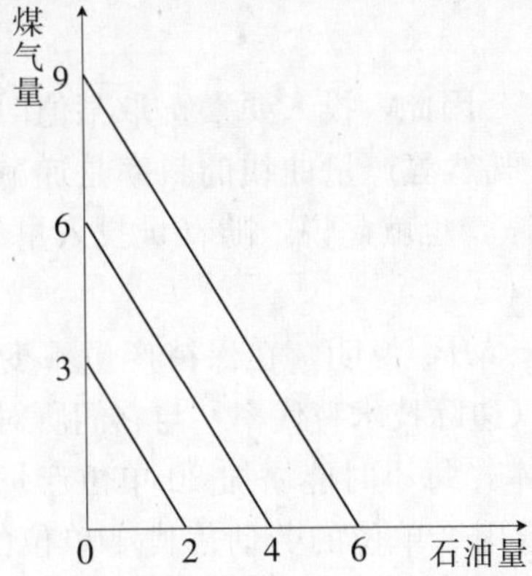

图 4-5　投入要素之间完全可以替代的情形

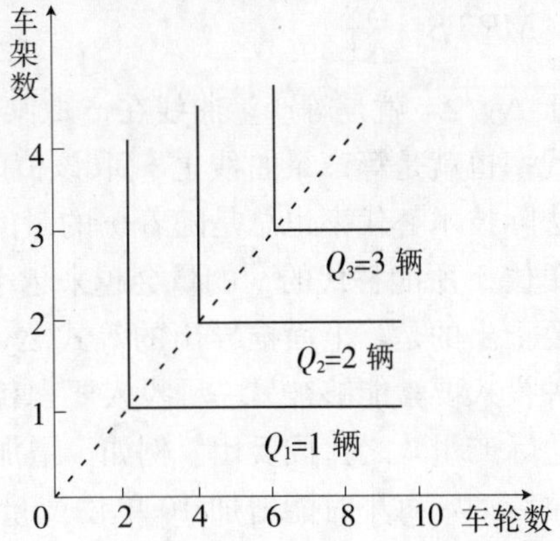

图 4-6　投入要素之间完全不能替代的情形

第三种：投入要素之间不完全可以替代。例如，在生产中，设备和劳动力能互相替代，但设备不可能替代所有的劳动力，劳动力也不能替代所有的设备，就属于这种情况。这种等产量曲线的形状一般为凸向原点的曲线（见图 4-7）。之所以会出现这种形状，是因为对不能完全替代的投入要素来说，它们的等产量曲线的斜率一般随着投入要素 x 的量的增加而递减。下面介绍其原因。

在图 4-8 中，假定投入要素 x 的边际实物产量为 MP_x，投入要素 y 的边际实物产量为 MP_y。由于沿等产量曲线从 P_1 到 P_2（这时 x 增加 Δx，y 减少 Δy）产量不变，因此，$\Delta x \cdot MP_x = \Delta y \cdot MP_y$，也就是 $\Delta y/\Delta x = MP_x/MP_y$，即等产量曲线的斜率（$\Delta y/\Delta x$）等于两种投入要素的边际实物产量之比（$MP_x/MP_y$）。又由于边际收益递减规律在起作用，随着 x 相对于 y 的量的增加，MP_x 会递减，随着 y 相对于 x 的量的减少，MP_y 会递增，因此，随着 x 的量的增加，MP_x/MP_y 的值会趋于变小。既然 $\Delta y/\Delta x = MP_x/MP_y$，那么，等产量曲线的斜率一定也随 x 的量的增加而递减。所以，等产量曲线就凸向原点。

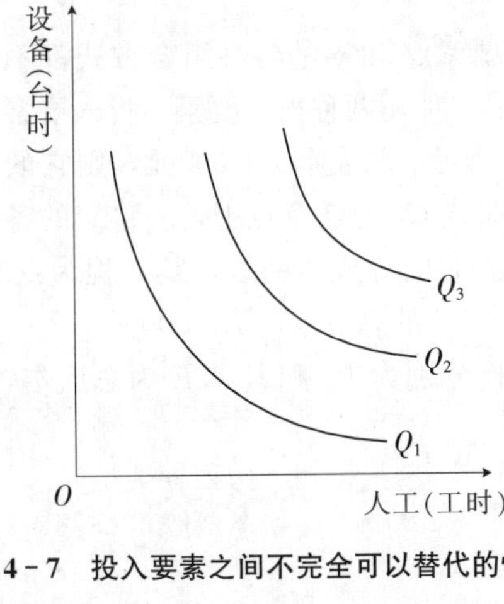

图 4-7　投入要素之间不完全可以替代的情形

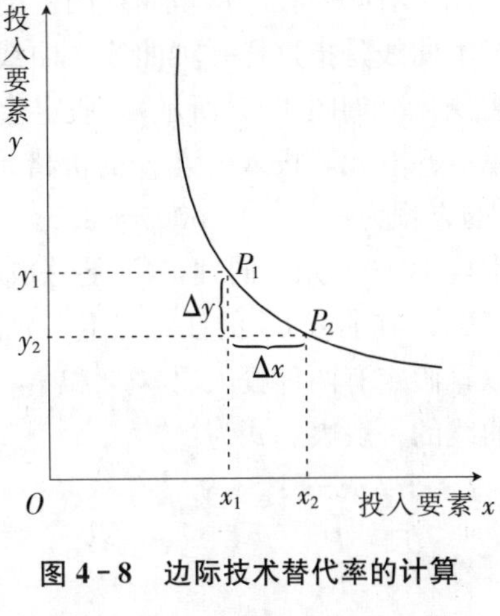

图 4-8　边际技术替代率的计算

等产量曲线的斜率递减，说明这种类型的替代有一个重要的特性，即投入要素 x 的边际技术替代率（$MRTS$）总是随着 x 的量的增加而递减。

如果 x 和 y 是两种可以互相替代的投入要素（见图 4－8），那么，x 的边际技术替代率是指当 x 取某值时，增加一单位的投入要素 x，可以替代多少单位的投入要素 y。用公式表示为：

$$MRTS=\frac{\Delta y}{\Delta x}$$

由于 $\Delta y/\Delta x$ 就是等产量曲线在 x 取某值时的斜率，因此，投入要素 x 取某值时的边际技术替代率也就是等产量曲线上 x 取该值时的斜率。既然等产量曲线的斜率是递减的，那么它的边际技术替代率也总是随着 x 的量的增加而递减，也就是说，随着 x 投入量的增加，增加一单位 x 所能替代的 y 的量会越来越小。

需要指出的是，上面推导出的等式 $\Delta y/\Delta x=MP_x/MP_y$ 说明，在保持产量不变的情况下，一种投入要素能够被另一种投入要素替代的比率（边际技术替代率）与它们所对应的生产率（边际产量）之比成反比。例如，增加 1 单位资本，每小时能增加 20 单位产量，而增加 1 单位劳动，每小时能增加 10 单位产量，那么，可用 2 单位的劳动替代 1 单位的资本。因为在这种情况下，$MP_L=10$，$MP_K=20$，$MP_L/MP_K=1/2$，所以，$\Delta K/\Delta L=1/2$。

上面介绍了三种等产量曲线的形状和性质。在这三种等产量曲线中，如属于第二种情况，则不必作出投入要素最优组合的决策，因为它们的组合比例是固定的。例如，为了生产自行车，一个车把只能与两个车轮相结合，没有其他选择。如属于第一种情况，即两种投入要素可以完全替代，作出决策也很容易，只要找出使用哪一种投入要素最便宜就行了。例如，160立方米的天然气和一桶石油产生的能量相同，前者的价格为 400 元，后者的价格为 600 元，就应选择以天然气为能源。

上述两种情况下的决策过程比较简单。下面探讨多种投入要素的最优组合问题，主要是第三种情况，即投入要素之间不完全可以替代的情况。这种情况在实际生活中大量存在。

二、等成本曲线及其性质

等产量曲线只能说明实现一定的产量可以有哪些不同的投入要素组合方式，不能说明哪一种组合方式是最优的。为了求最优解，就要考虑成本因素，即要看哪一种组合方式的成本最低。为此，有必要在等产量曲线图上引进等成本曲线。

等成本曲线是指这样一种曲线，曲线上的投入要素 x 和 y 的各种组合方式都不会使总成本发生变化（如图 4－9 所示）。假定生产某种产品，使用两种投入要素，投入要素 x 的价格是每单位 500 元，投入要素 y 的价格是每单位 250 元，总成本为1 000元，则它的等成本曲线 C_1 的方程为：$1\,000=500x+250y$。在等成本曲线 C_1 的任意点上，x 和 y 的各种组合的总成本均为1 000元。同理，C_2 是总成本为2 000元时的等成本曲线，其方程为：$2\,000=500x+250y$。在曲线 C_2 的任意点上，x 和 y 的各种组合的总成本均为2 000元。

所以，假定有两种投入要素 x 和 y，它们的价格分别为 P_x 和 P_y，E 为总成本，那么，等成本曲线的一般表达式为：

$$E=P_x\cdot x+P_y\cdot y$$

或

$$y=\frac{E}{P_y}-\frac{P_x}{P_y}\cdot x \tag{4-7}$$

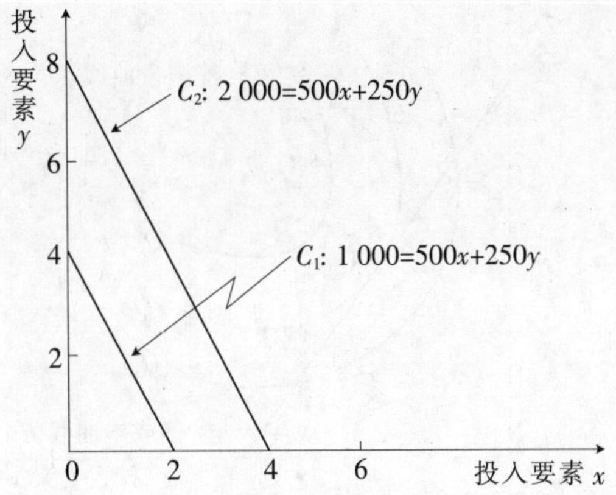

图 4-9　等成本曲线

E/P_y 是等成本曲线在 y 轴上的截距，在本例曲线 C_1 中：

$$\frac{E}{P_y}=\frac{1\ 000}{250}=4$$

$-P_x/P_y$ 是等成本曲线的斜率，在本例曲线 C_1 中：

$$-\frac{P_x}{P_y}=-\frac{500}{250}=-2$$

式中，P_x/P_y 是两种投入要素的价格比例。所以，如果投入要素的总成本发生了变化，而两种投入要素的价格比例仍保持不变，那么，曲线仅仅发生平行位移，因为它的斜率未变。在图 4-9 中，x 和 y 的价格未变，总成本从1 000元变为2 000元，使等成本曲线从 C_1 平行移动到 C_2。另外，由于外侧的等成本曲线的截距大于内侧的等成本曲线的截距，因此，外侧的等成本曲线所代表的总成本一定大于内侧的等成本曲线。在图 4-9 中，C_2 在外侧，C_1 在内侧，C_2 代表的成本（2 000元）就大于 C_1 的成本（1 000元）。

三、投入要素最优组合的确定

确定多种投入要素的最优组合，可以使用图解法，也可以根据最优组合的一般原理来计算。前者只适用于两种投入要素的情况，后者对两种以上（即多种）投入要素的情况也是适用的。

1. 图解法

如果已知等产量曲线，又已知等成本曲线，就可以用图解法来找最优的投入要素组合。办法是把这两种曲线画在一起，如图4-10 所示。等产量曲线与等成本曲线相切的点，就是投入要素的最优组合点。在图中，等成本曲线 E 与等产量曲线 Q_2 相切于 A 点，说明最优的投入要素组合为（x_1，y_1）。这是因为等产量曲线 Q_2 上的其他各点都与较高的等成本曲线相交，说明产量 Q_2 的任何其他可能的组合方式的成本都要比等成本曲线 E 所代表的成本高。另外，等成本曲线 E 上的其他各点都与较低的等产量曲线相交，说明尽管除 A 点以外的点所代表的组合的成本未变，但产量均小于 Q_2。所以，A 点（x_1，y_1）代表了产量为 Q_2、成本最低的组合，或成本为 E、产量最大的组合。

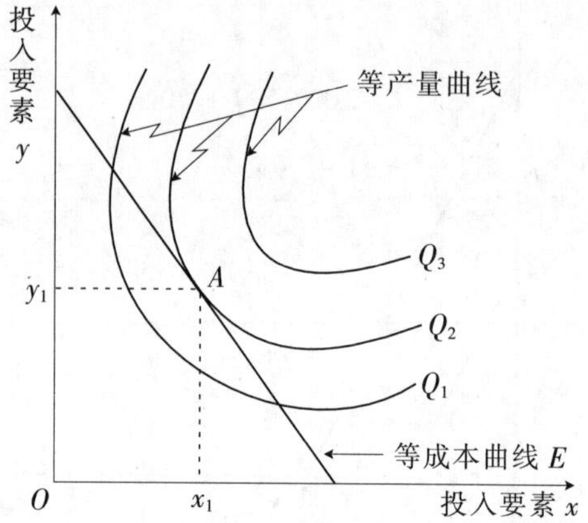

图 4-10　投入要素最优组合的确定：图解法

例 4-3

某厂生产汽车零件，每周要用卡车把零件运往100公里以外的汽车装配厂供组装用。卡车运输费用是由所需时间和所用的燃料（汽油）数量决定的。这里，时间和燃料是两种可以互相替代的投入，即如果高速行车，可以节省时间，但要花费更多燃料。有关卡车的速度、所需时间和燃料等的数据如表4-4所示（按往返200公里计算）。

表 4-4

速度 （公里/小时）①	汽油消耗 （公里/升）②	时间（小时）③ （200/①）	汽油总消耗量（升）④ （200/②）
40	40	5	5
50	35	4	5.71
60	29	3.33	6.90
70	23	2.86	8.70

（1）请在以时间为纵轴、汽油总消耗量为横轴的坐标图上画出 $Q=200$ 公里的等产量曲线。

（2）如果汽油价格为每升5元，司机工资为每小时5元，按哪种速度开车可使运输费用最低？此时运输费用是多少？

（3）如果司机工资增加到每小时10元，汽油价格不变，则按哪种速度开车最合算？

解：（1）根据上述资料，可画出等产量曲线（见图4-11）。

（2）先画一条任意的等成本曲线 AB，斜率为：

$$\frac{P_{汽油}}{P_{司机}}=\frac{5}{5}=1$$

然后平行移动至 CD，切等产量曲线于 b 点，b 点就代表时间和燃料的最优组合，即时间为4小时，总耗油量为5.71升。总运输费用为48.55元（4×5+5.71×5），为最低。此时车速为50公里/小时，为最优。

（3）再画一条任意的等成本曲线 AB'，斜率为：

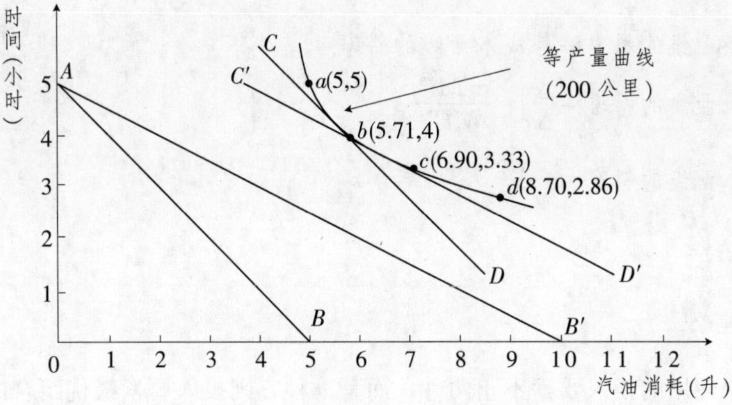

图4-11　等产量曲线

$$\frac{P_{汽油}}{P_{司机}}=\frac{5}{10}=\frac{1}{2}$$

然后平行移动到 $C'D'$，使其切于等产量曲线。在切点 c 得到最优组合，时间为3.33小时，总耗油量为6.9升，总运输费用为67.8元（3.33×10+6.9×5）。此时车速为60公里/小时，为最优。

---

2. 多种投入要素最优组合的一般原理

该原理的内容是：在多种投入要素相结合以生产一种产品的情况下，当各种投入要素每增加一元所增加的产量都相等时，各种投入要素之间的组合比例为最优。

这一原理也可以用数学式表示如下。

假设有多种投入要素 x_1，x_2，…，x_n 结合起来生产一种产品，它们的边际产量分别为 MP_{x_1}，MP_{x_2}，…，MP_{x_n}，它们的价格分别为 P_{x_1}，P_{x_2}，…，P_{x_n}。那么，只有当

$$\frac{MP_{x_1}}{P_{x_1}}=\frac{MP_{x_2}}{P_{x_2}}=\cdots=\frac{MP_{x_n}}{P_{x_n}}$$

时，各种投入要素之间的组合比例为最优。

这一原理可以证明如下。

假如只使用两种投入要素 x 和 y（见图4-12），A 点是等产量曲线 Q 和等成本曲线 E 的切点，所以 A 点代表产量 Q 的最优投入要素组合。

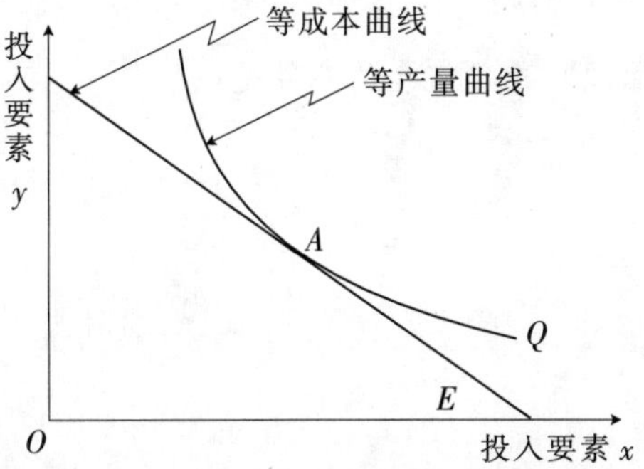

图4-12　多种投入要素的最优组合

在A点：

等产量曲线的斜率＝等成本曲线的斜率

由于　等产量曲线的斜率$=\frac{\Delta y}{\Delta x}=\frac{-MP_x}{MP_y}$

等成本曲线的斜率$=\frac{-P_x}{P_y}$

因此　$\frac{MP_x}{MP_y}=\frac{P_x}{P_y}$

或　$\frac{MP_x}{P_x}=\frac{MP_y}{P_y}$

依此类推，如果使用的投入要素不止两种，而是n种，则投入要素最优组合的条件为：

$$\frac{MP_{x_1}}{P_{x_1}}=\frac{MP_{x_2}}{P_{x_2}}=\cdots=\frac{MP_{x_n}}{P_{x_n}}$$

这个一般原理之所以成立，还因为如果各种投入要素每多投一元所增加的产量不等，那么，从每元边际产量较小的投入要素上抽出资金，用来增加每元边际产量较大的投入要素的投入量，就能在成本不变的情况下使产量增加。既然有可能增加产量，就说明这时的投入要素组合不是最优的。例如，企业有两种投入要素x_1和x_2，投入要素x_1每增加1元可使产值增加5元，x_2每增加1元可使产值增加10元。那么，从投入要素x_1中抽出1元资金转投于投入要素x_2，就可以在总成本不变的情况下使企业的总产值增加5元。既然总产值还有增加的余地，说明现有x_1和x_2的组合不是最优的。结论是：只有当所有投入要素每多投一元的边际产量都相等时，投入要素的组合才是最优的。

例4-4

假设等产量曲线的方程为：$Q=K^aL^b$，式中，K为资本数量，L为劳动力数量，a和b为常数。又假定K的价格为P_K，L的价格（工资）为P_L。试求这两种投入要素的最优组合比例。

解：先求这两种投入要素的边际产量。

L的边际产量为：

$$MP_L=\frac{\partial(K^aL^b)}{\partial L}=K^abL^{b-1}$$

K的边际产量为：

$$MP_K=\frac{\partial(K^aL^b)}{\partial K}=L^baK^{a-1}$$

根据最优组合的一般原理，最优组合的条件是：

$$\frac{MP_L}{P_L}=\frac{MP_K}{P_K}$$

即　$\frac{K^abL^{b-1}}{P_L}=\frac{L^baK^{a-1}}{P_K}$

或　$\frac{bK}{P_L}=\frac{aL}{P_K}$

$$\frac{K}{L}=\frac{aP_L}{bP_K}$$

所以，K 和 L 两种投入要素的最优组合比例为 aP_L/bP_K。

例 4-5

某出租汽车公司现有小轿车 100 辆，大轿车 15 辆。如再增加一辆小轿车，估计每月可增加营业收入15 000元；如再增加一辆大轿车，每月可增加营业收入40 000元。假定每增加一辆小轿车每月增加开支12 500元（包括利息支出、折旧、维修费、司机费用和燃料费用等），每增加一辆大轿车每月增加开支25 000元。该公司这两种车的比例是否最优？如果不是最优，应如何调整？

解：$MP_{大}=40\ 000$，$P_{大}=25\ 000$

∴　$\frac{MP_{大}}{P_{大}}=\frac{40\ 000}{25\ 000}=1.6$(元)

∵　$MP_{小}=15\ 000$，$P_{小}=12\ 500$

∴　$\frac{MP_{小}}{P_{小}}=\frac{15\ 000}{12\ 500}=1.2$(元)

即大轿车每月增加 1 元开支可增加营业收入 1.6 元，而小轿车每月增加 1 元开支只能增加营业收入 1.2 元。两者不等，说明两种车的比例不是最优。如想保持总成本不变，而使总营业收入增加，就应增加大轿车，减少小轿车。需要注意的是，在本例中，$P_{大}$ 和 $P_{小}$ 不应是大轿车和小轿车的购置价格，而应是因投入这两种车而引起的每月开支的增加额，因为营业收入也是指每月的增加额。

案例 4-2

日本企业曾通过省人化努力降低成本

近年来，随着劳动力成本的上涨，我国东部沿海地区劳动密集型产业的部分外资企业外迁，申请破产的内资企业也逐渐增多，沿海地区劳动密集型产业的发展遭遇困境。

从产业发展的过程来看，当劳动密集型产业丧失了劳动力成本优势后，多数企业不会选择关闭企业，也不会轻易选择退出原有产业，进入新的产业领域，而是采用流程升级的办法，通过用机器设备代替手工劳动（即提高企业的装备水平）的办法对劳动要素使用量大的部门进行改造和升级（省人化）。因为随着经济的发展，要素价格在不断变化，劳动力成本的上升和资本价格的相对下降是相伴而生的。用机器代替人的省人化努力，是劳动密集型产业降低成本、提高竞争力的首选对策，可以使已经失去竞争优势的劳动密集型产业在新的要素组合下实现新的增长，获得第二次生命。

以日本为例，20 世纪 80 年代以后，日本国内劳动力的成本迅速上升。为了摆脱劳动力成本上升的压力，日本企业纷纷采取用机器设备代替手工劳动的做法。企业不断加大技术和设备投入，努力提升员工的技术装备水平，以期达到降低劳动力成本的目的。表 4-5 反映了 20 世纪 70 年代末到 80 年代末 10 年间日本几个代表性产业的技术装备水平的变化。

以丰田汽车公司为例。20 世纪 80 年代末，丰田将 1 200 万日元作为资本代替劳动力的临界点，即如果用 1 200 万日元以下的设备投资可以节约 1 名劳动力，则增加投资；如果节约1名劳动力的投资额超过1 200万日元，则继续使用劳动力。

表4-5　日本几个产业的人均技术装备率变化　单位：万日元

	1979年	1980年	1981年	1982年	1983年	1984年	1985年	1986年	1987年	1988年
制造	720	760	810	850	910	960	1 010	1 070	1 130	1 190
电机	280	320	360	410	460	510	560	590	610	640
汽车	570	620	700	790	860	880	910	970	1 030	1 080
精密机械	300	370	450	520	580	640	720	770	780	810
机械	400	430	480	540	580	620	670	730	770	810

资料来源：现代企业入门．日本经济新闻社，1990：46.

生活中的经济学4-2

用投入要素最优组合原理指导裁员决策

企业有时会碰到需要裁员的情况，特别是当经济不景气，需求不足，企业需要减产时。企业通过裁员可以降低成本，扭亏为盈。从事生产的员工往往不止一种，每种员工应当各裁减多少？一种办法是主观判断，譬如，每种员工都按同一比例（如20%）来裁减，这显然是武断的、不科学的。正确的做法应当是运用投入要素最优组合原理来计算。根据这一原理，就需要比较每种员工每多投入一元人工费用所能增加的产量MP_L/P_L。当增加员工时，应当优先增加MP_L/P_L最大的那种员工；当裁减员工时，应当优先裁减MP_L/P_L最小的那种员工；如果各种员工的MP_L/P_L值相等，说明此时各种员工之间的比例达到了最优。下面举一个简单的例子。

某企业的产品长期销路不好，打算每月减产3 000件，并相应裁减员工，以节省开支。共有6名员工承担该产品的生产任务。A，B是高级工，C，D，E，F是初级工。他们每月的生产力（边际产量）和工资如表4-6所示：

表4-6

工人	边际产量（MP_L）（件/人·月）	工资（P_L）（元/人·月）	MP_L/P_L（件/元）
A	3 000	3 000	1.00
B	3 000	3 000	1.00
C	1 500	2 000	0.75
D	1 500	2 000	0.75
E	1 500	2 000	0.75
F	1 500	2 000	0.75

减产3 000件/月，从表4-6来看，可有两个方案：一是裁去一名高级工，二是裁去两名初级工。哪个方案更优？根据最优组合原理，要比较两种工人每投入一元人工费用所能带来的产量的增加（MP_L/P_L），在这里，比较MP_L/P_L的值，A，B为1.0，C，D，E，F为0.75，即初级工的值较低，故裁两名初级工的方案是最优的。可验证如下：裁去一名高级工可节省成本3 000元，裁去两名初级工可节省成本4 000元。可见，两个方案都能减产3 000件，但第二个方案能节省更多的成本，故为最优方案。

四、利润最大化的投入要素组合

要指出的是，前文介绍的多种要素最优组合（即当等产量曲线与等成本曲线相切时，或当 $MP_x/P_x=MP_y/P_y$ 时的组合）仅仅说明，在一定产量上，投入要素按此组合能使成本最低；或在一定成本上，按此组合能使产量最大。它并不说明此时企业的利润一定最大。因为企业可以安排不同的产量进行生产，每种产量都可有自己的最优组合。在图 4－13 中，有三种产量：10，20 和 30，每种产量都有等产量曲线与等成本曲线的切点，如 a，b 和 c，分别代表不同产量时的最优组合，但其中能使企业利润最大的只有一点，即某一特定产量上的最优组合。

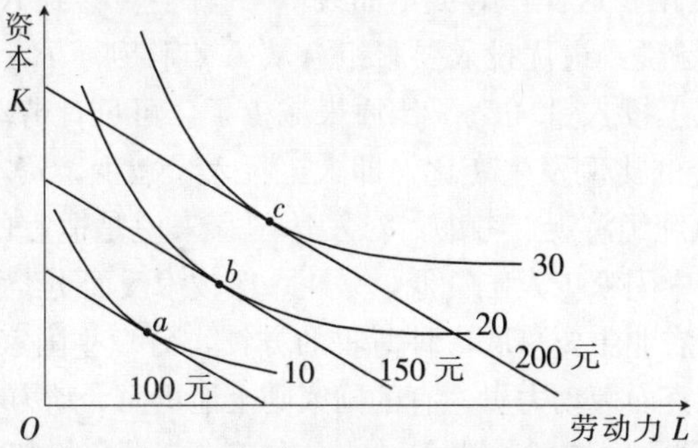

图 4－13　不同的产量都有自己的最优组合

如何寻求利润最大化的投入要素组合？为此，必须再次使用前面讲过的单个可变要素最优利用的规则。即当单个可变投入要素的边际产量收入等于它的价格时，该要素的投入量能使企业利润最大。把这一规则用于多个可变要素的情况，那么当各个投入要素的投入量能使各个要素的边际产量收入都等于各自的价格时，该组合能使企业的利润最大。假如企业只有两种可变投入要素 K 和 L。为做到这两个投入要素的投入量能使企业利润最大，就必须同时满足以下两个条件，即

$$MRP_K=P_K \tag{4-8}$$

$$MRP_L=P_L \tag{4-9}$$

也就是说，一旦这两个条件同时得到满足，企业的投入要素组合就实现了利润最大化。

要指出的是，能够满足利润最大化的这两个条件，也一定能满足最优组合的条件（即 $MP_x/P_x=MP_y/P_y$）。可证明如下：

因　$MRP_K=P_K$

$MRP_L=P_L$

故

$$MR\cdot MP_K=P_K \tag{4-10}$$

$$MR\cdot MP_L=P_L \tag{4-11}$$

用式（4－10）除以式（4－11），得

$$\frac{MP_K}{MP_L}=\frac{P_K}{P_L}$$

或

$$\frac{MP_K}{P_K}=\frac{MP_L}{P_L}$$

所以，如果企业谋求利润最大，它的各种投入要素之间的组合必须是最优（成本最低）的。但各种要素之间实现最优组合，并不意味着企业利润一定最大，即要素最优组合是企业利

润最大化的必要条件，但不是充分条件，除非此时的产量为最优。

五、价格变动对投入要素最优组合的影响

如果投入要素的价格比例发生变化，人们就会更多地使用比以前便宜的投入要素，更少地使用比以前贵的投入要素。

在图 4-14 中，假定等产量曲线为 Q，等成本曲线为 $K'L'$。它的斜率代表原来的投入要素的价格比例。这时成本最低的投入要素组合在切点 A，由投入要素 K_A 和 L_A 组成。如果劳动力价格上涨了，或资本的价格下跌了，就会使投入要素价格比例发生变化，从而使等成本曲线的斜率也发生变化。这样，等成本曲线 $K'L'$ 就会转移到 $K''L''$ 的位置。它与等产量曲线 Q 切于 B 点，也就是说，最优投入要素组合从 A 点移到了 B 点。在 B 点，资本投入量（K_B）比原来增加了，人工投入量（L_B）比原来减少了。可见，劳动力价格上涨，或资本价格下跌，会导致最优组合的比例发生变化，即人工投入量减少，资本投入量增加。这个道理可以用来解释，为什么从纯经济观点考虑，对发达国家来说是适宜的先进技术，对发展中国家不一定适宜。因为发展中国家工人工资低，采用一般技术反而更经济。这个道理也可以用来解释，为什么一些国家的农业主要采取广种薄收的方针，另一些国家则采取精耕细作的方针。这是因为有的国家土地便宜而劳动力贵，有的国家则土地贵而劳动力相对便宜。与其他国家相比，我国人均资源（水、土地、矿产资源等）十分贫乏，资源价格却长期偏低，这也是造成我国资源浪费严重的一个原因。

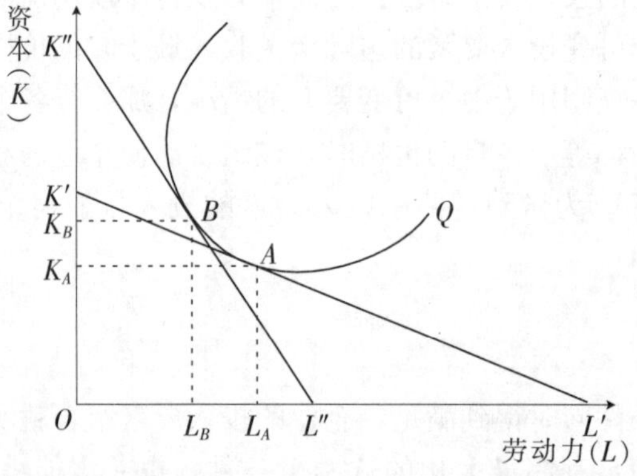

图 4-14 价格变动对投入要素最优组合的影响

六、对投入要素征税对投入要素最优组合的影响

对投入要素征税也会影响其最优组合，这是因为对一种要素征税就意味着该投入要素价格（成本）的相对提高。如果企业谋求生产成本的最低化，就会少使用这种价格相对较高的投入要素，多使用其他价格相对较低的要素。正是由于这个原因，对投入要素征税常被用作公共政策的一种工具。例如，对能源的使用征税，有助于推动能源的集约利用；对排污物征税（收排污费），有助于推动对污染的治理。[①]

---

① 在这里，水和空气作为稀释污染物的载体，被视为投入要素。征收排污费就是使水和空气的使用不再免费，也要付费。

七、生产扩大路线

如果投入要素的价格不变、技术不变，随着生产规模的扩大（产量增加），投入要素最优组合比例也会发生变化。这种变化的轨迹称为生产扩大路线。

生产扩大路线可以分为长期生产扩大路线和短期生产扩大路线。如果随着生产规模的扩大，各种投入要素的投入量都是可变的，这时投入要素最优组合的变化轨迹称为长期生产扩大路线。如果随着生产规模的扩大，至少有一种投入要素的投入量是不变的，这时投入要素最优组合的变化轨迹称为短期生产扩大路线。

在图 4-15 中，Q_1，Q_2，Q_3，Q_4 分别为不同产量的等产量曲线；C_1，C_2，C_3，C_4 分别为与上述等产量曲线相切的等成本曲线；其切点分别为 a，b，c，d。连接这些点，就是当投入要素投入量均可变动的情况下最优组合的变化轨迹，即长期生产扩大路线。

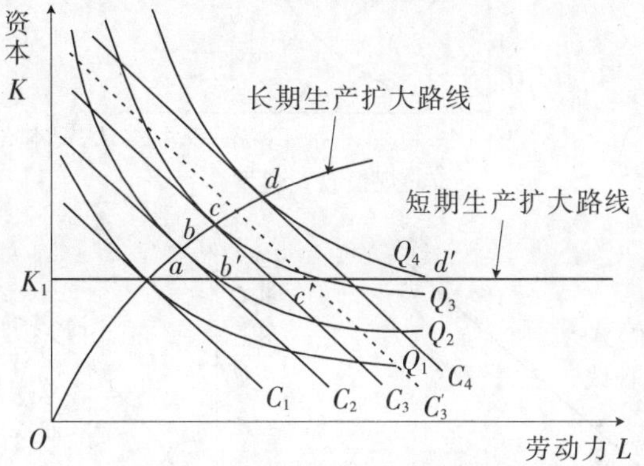

图 4-15　生产扩大路线

但如果企业的资本（K）不变，那么随着产量从 Q_1 分别增加到 Q_2，Q_3，Q_4，投入要素的组合将分别在 a，b'，c'，d' 点上。连接这些点，就构成了短期生产扩大路线。

需要指出的是，在图 4-15 中，短期生产扩大路线表明，除了产量为 Q_1 时外，在各种产量水平上，短期成本都比长期成本高。例如，当产量为 Q_3 时，短期成本为 C'_3，高于同样产量的长期成本 C_3。

第 4 节　规模与收益的关系

以上对生产函数的分析，一直仅限于投入要素组合比例的变化会对产量产生什么影响。规模收益问题则不同，它要探讨的问题是：当所有投入要素的使用量都按同样的比例增加时，这种增加会对总产量有什么影响。

假定 L 单位的劳动力和 K 单位的资本相结合可以生产 Q 单位产品，即 $L+K\rightarrow Q$。规模收益问题要探讨的是：如果 L 和 K 都增加到原来的 a 倍，产量 Q 将发生什么变化，即 $aL+aK\rightarrow ?$

一、规模收益的三种类型

假定 $aL+aK=bQ$，那么，根据 b 值的大小，我们可以把规模收益分为三种类型。

第一种类型：$b>a$，即产量增加的倍数大于投入要素增加的倍数。例如，人工和资本增加1倍，能使产量增加2倍。这种类型叫做规模收益递增。

第二种类型：$b=a$，即产量增加的倍数等于投入要素增加的倍数。例如，人工和资本增加1倍，产量也增加1倍。这种类型叫做规模收益不变。

第三种类型：$b<a$，即产量增加的倍数小于投入要素增加的倍数。例如，人工和资本增加2倍，却只能使产量增加1倍。这种类型叫做规模收益递减。

这三种类型的总产量曲线的形状如图4-16所示。

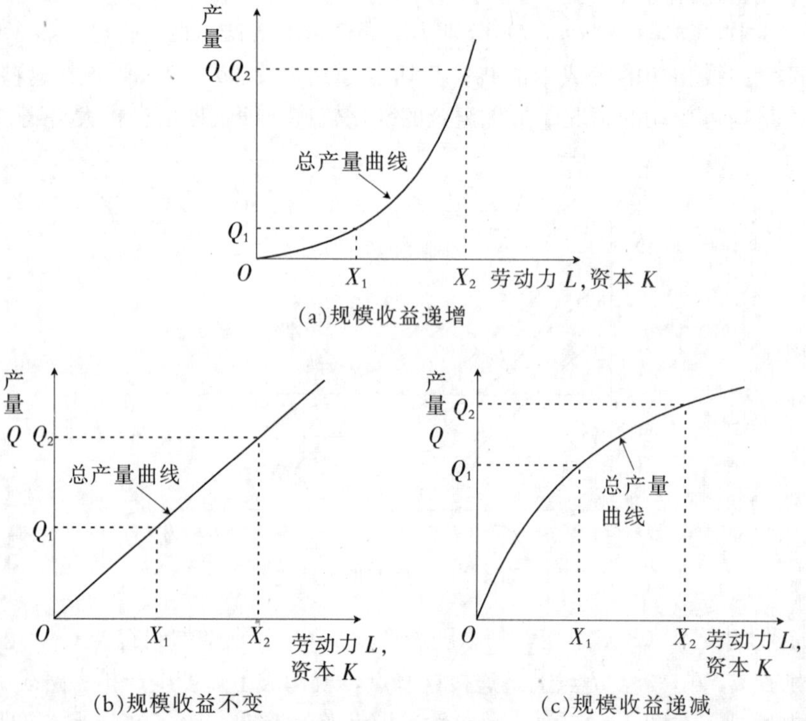

图4-16　三种类型的总产量曲线

二、影响规模收益的因素

当改变生产规模时，随着生产规模由小变大，一般会先后经历规模收益递增、不变和递减三个阶段。之所以会出现这三个阶段，是因为在不同的阶段，有不同的因素在起作用。

1. 促使规模收益递增的因素

如果原来生产规模较小，现在扩大生产规模，会使规模收益递增。这是因为有以下因素在起作用：

（1）技术装备因素。大设备单位生产能力的制造费用通常比小设备低。假如500吨高炉的设备制造成本为5 000万元，1 000吨高炉的设备制造成本为9 000万元，则从单位生产能力的设备投资来看，1 000吨高炉仅为500吨高炉的90%。不仅如此，高炉越大，生产单位产品的能耗越低，生产效率越高。

（2）专业化。在小企业中，一个工人可能要做好几种作业。在大企业中，工人更多，分工更细，工人的专业化程度更高。专业化有利于提高工人的技术熟练程度，提高劳动生产率。

（3）专用设备和先进技术的使用。一般来说，小企业因为产量少，只能采用通用设备。大企业实行大量生产，有利于采用专用设备和较先进技术。

（4）存货经济性。企业通常需要准备一些设备和备件，以应对可能出现的设备故障。假如企业需要保证 10 台设备一直运转，每台设备的故障率为 5%，则企业需要 1 台备用设备。如果企业规模扩大到 20 台，每台设备的故障率仍为 5%，则企业也只需要 1 台备用设备就可以了。

（5）大规模采购的经济性。企业规模较小，采购原材料和零部件的数量就很有限，采购价格会较高。随着企业规模扩大，采购原材料和零部件的数量增加，其采购价格可以压得很低。

（6）大规模雇用的经济性。企业规模越大，雇用单位劳动力的成本会越低，这就是大规模雇用的经济性。例如，大企业和小企业均在本地的报纸上刊登一则招工启事，广告费为 5 000元。大企业招工 100 人，小企业招工 10 人。那么大企业招聘每一位员工的广告成本只有小企业的 1/10。

（7）大规模金融的经济性。小企业往往难以从银行借到贷款，即使一些银行会考虑给小企业贷款，也会要求小企业找担保公司担保，且贷款利率上浮。大企业则不同，很多银行会主动给大企业贷款，而且贷款利率下浮。

（8）大规模广告的利益。广告成本的高低不能仅看广告投入总额，而要看单位产品中的广告成本。小企业往往没有足够的财力做广告，即使偶尔做一次广告，均摊到单位产品中的广告费也会很高。大企业的广告投入巨大，但由于产品销量大，均摊到单位产品中的广告成本并不高。以方便面生产企业为例，我国最大的方便面生产企业的年产量为 100 亿袋，即使每年的广告投入达 1 亿元，均摊到单位产品中的广告费也仅为 0.01 元。

（9）影响力强大的利益。大企业对于国家和地方的财政及就业贡献大，容易得到各级政府的重视和支持，当企业遇到困难时，政府会积极为企业解决问题。有些时候，大企业甚至可以通过影响立法等手段为企业发展创造良好的外部条件。而小企业影响力小，难以做到这些。

2. 促使规模收益不变的因素

规模收益递增的趋势不可能是无限的，当生产达到一定规模之后，上述促使规模收益递增的因素会逐渐不再起作用。例如，工人分工如果过细，就会导致工人工作单调，影响工人的积极性。设备生产率的提高最终也要受当前技术水平的限制。所以，通常工厂总会有一个最优规模。对公司来说，当工厂达到最优规模时，要进一步扩大生产，可采用建若干规模基本相同的工厂的办法。这时，基本处于规模收益不变阶段。这个阶段往往要经历相当长的时期，但最终要进入规模收益递减阶段。

3. 促使规模收益递减的因素

导致规模收益递减的因素主要是管理问题。企业规模越大，对企业各方面业务进行协调的难度也会越大。许多专家认为，由于高级管理人员很少接触基层，中间环节太多，必然会造成文牍主义和官僚主义，使管理效率大大降低，促使规模收益递减。

三、规模收益类型的判定

对生产函数规模收益的类型进行判定，有助于确定企业的最优规模，实现企业的规模经济。

假设在一个生产函数 $Q=f(x,y,z)$ 中，所有投入要素都乘以常数 k，即所有投入要素的量都增加到 k 倍，会使产量 Q 增加到 h 倍。即

$$hQ=f(kx,ky,kz)$$

根据 h 和 k 的值的大小就可以判定该生产函数规模收益的类型。$h<k$，表明该生产函数为规模收益递减；$h=k$，表明该生产函数为规模收益不变；$h>k$，表明该生产函数为规模收益递增。

在有的生产函数中，如果把所有投入要素都乘以常数 k，可以把 k 作为公因子提取出来，这种生产函数称为齐次生产函数。对于齐次生产函数，可用下面更方便的方法来判定：

$$\begin{aligned} hQ &= f(kx,ky,kz) \\ &= k^n f(x,y,z) \end{aligned}$$

这里，通过 n 这个指数，就可以判断规模收益的类型。$n=1$，说明规模收益不变（$h=k$）；$n>1$，说明规模收益递增（$h>k$，假定 $k>1$）；$n<1$，说明规模收益递减（$h<k$，假定 $k>1$）。

假定生产函数为：$Q=x^{0.4}y^{0.2}z^{0.8}$。如果所有投入要素都增加到 k 倍，则

$$\begin{aligned} hQ &= (kx)^{0.4}(ky)^{0.2}(kz)^{0.8} \\ &= k^{1.4}x^{0.4}y^{0.2}z^{0.8} \end{aligned}$$

式中，$n=1.4>1$，说明这一生产函数的规模收益是递增的。

如果生产函数属于非齐次生产函数，只有对不同的投入量进行逐一测试，才能知道在该投入量范围内规模收益属于何种类型。

例 4-6

假定生产函数为：$Q=10K+8L-0.2KL$，如果 $K=10$，$L=20$，可求得

$$\begin{aligned} Q &= 10\times10+8\times20-0.2\times10\times20 \\ &= 220 \end{aligned}$$

如果投入量加倍，即 $K=20$，$L=40$，可求得

$$\begin{aligned} Q' &= 10\times20+8\times40-0.2\times20\times40 \\ &= 360 \end{aligned}$$

由于 $Q'/Q=1.64$，产量增加了 64%，投入量却增加了 1 倍，投入量的增加大于产量的增加，说明该生产函数在该投入量范围内规模收益递减。

案例 4-3

马克西-西尔伯斯通曲线与汽车生产的规模经济

英国人马克西和西尔伯斯通在合著的《汽车工业》一书中详细研究了 20 世纪 30 年代汽车产业的规模经济问题，并绘制出表示汽车生产的规模和成本之间关系的马克西-西尔伯斯通曲线（见图 4-17）。

马克西和西尔伯斯通认为，某一种车型的生产批量和成本的关系是：

年产量从 1 000 辆增加到 5 万辆，单位成本下降 40%；

年产量从 5 万辆增加到 10 万辆，单位成本下降 15%；

年产量从 10 万辆增加到 20 万辆，单位成本下降 10%；

年产量从 20 万辆增加到 40 万辆，单位成本下降 5%；

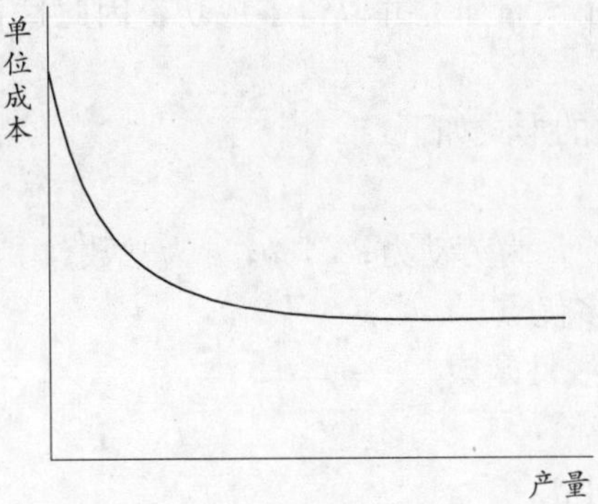

图 4-17 马克西-西尔伯斯通曲线

年产量超过40万辆，单位成本下降速度急剧减慢；

年产量超过100万辆，不存在规模经济。

接下来需要讨论的是一条汽车生产线的最小最优规模是多少。马克西和西尔伯斯通对汽车生产各工序的最小最优规模的估计是：

组装：6万～10万辆/年；

发动机：50万台/年；

冲压设备：100万套/年。

这样，汽车生产线的最优规模就是各工序最优规模的最小公倍数，即1套冲压设备+2条发动机生产线+10条组装生产线=100万台生产能力，这种组合的生产成本是最低的。

资料来源：杨治．产业经济学导论．北京：中国人民大学出版社，1985：156-158.

第5节 柯布-道格拉斯生产函数

每一个生产单位，小到车间、企业，大到一个行业或整个国民经济，只要有投入和产出，就有自己的生产函数。与需求函数一样，这种生产函数可以用统计方法根据经验数据来进行估计。常用的统计方法是回归分析法（详见第3章）。与对需求函数进行估计一样，对生产函数进行经验估计需要选择适当的函数形式。从理论上讲，假如投入要素只有劳动力和资本两种，生产函数应该是如下三次方程的形式：

$$Q=aLK+bL^2K+cLK^2-dL^3K-eLK^3$$

式中，Q 为产量；L 为劳动力数量；K 为资本数量。

这一函数形式表明，随着 L 和 K 投入量的增加，规模收益先递增，后递减；还表明，每种投入要素的边际产量先递增，后递减。[①] 在实践中，要对这样的三次方程进行经验估计难度较大，所以最常用的生产函数形式是幂函数。20世纪20年代后期，美国经济学家柯布

① 例如，劳动力的边际产量 $MP_L=\frac{\partial Q}{\partial L}=(aK+cK^2-eK^3)+2bKL-3dKL^2$，随着 L 投入量的增加，MP_L 的值先递增，后递减。

和道格拉斯对这种幂函数做了大量研究并取得了成功，因此这种函数也称为柯布-道格拉斯生产函数。

柯布-道格拉斯生产函数的形式如下：

$$Q=aK^bL^c \tag{4-12}$$

式中，Q 为产量；K 为资本；L 为劳动力；a，b，c 为常数。

这种生产函数形式有很多优点。

1. 它的对数形式是一个线性函数

它的对数形式是：

$$\ln Q=\ln a+b\ln K+c\ln L$$

设 $\ln Q=Q'$，$\ln a=a'$，$\ln K=K'$，$\ln L=L'$，代入上式，可得

$$Q'=a'+bK'+cL'$$

这样，就有可能用回归分析法对参数 a，b，c 进行估计。

2. 每种投入要素的边际产量取决于所有投入要素的投入量，这是与实际相符的

例如，劳动力的边际产量 MP_L 为：

$$MP_L=\frac{\partial Q}{\partial L}=acK^bL^{c-1}$$

这里，MP_L 的值不仅取决于 L，而且取决于 K。假如 K 的值固定，$c<1$，那么 MP_L 的值就会随 L 投入量的增加而递减，这是符合边际收益递减规律的。

3. 它属于齐次生产函数

如果方程中的 K 和 L 都乘以 k，有可能把 k 作为公因子提取出来，得：$hQ=ak^{b+c}K^bL^c$，这样，从 $b+c$ 的大小可以很容易地判定这个函数规模收益的类型。

4. 它的变量 K，L 的指数 b，c，正好分别是 K，L 的产量弹性①

即对生产函数 $Q=aK^bL^c$ 来说，如果 K 增长 1%，产量将增长 b%；如果 L 增长 1%，产量将增长 c%。这样，只要把参数 b 和 c 估计出来，就能很容易地根据 K 和 L 的变化来测算 Q 的变化。

正因为柯布-道格拉斯生产函数具有以上明显的优点，所以，利用它来估计生产函数十分方便。

柯布和道格拉斯从 1899—1922 年美国经济发展的资料中，用经验估计方法得出美国在这一期间的生产函数为：

$$Q=1.01L^{0.75}K^{0.25}$$

式中，Q 为国民生产总值；L 为劳动力数量；K 为资本数量。

---

① 这可以证明如下：

$$\begin{aligned}\text{资本 }K\text{ 的产量弹性}&=\frac{\text{产量变化\%}}{\text{资本变化\%}}=\frac{\Delta Q/Q}{\Delta K/K}=\frac{\Delta Q}{\Delta K}\cdot\frac{K}{Q}\\&=\frac{\partial Q}{\partial K}\cdot\frac{K}{Q}=(abK^{b-1}L^c)\cdot\frac{K}{aK^bL^c}\\&=b\end{aligned}$$

所以，K 的产量弹性等于其指数 b。

同理，L 的产量弹性等于其指数 c。

这个生产函数表明，美国经济的增长基本上属于规模收益不变类型。在柯布和道格拉斯之后，有许多经济学家对不同国家的国民经济及其各个部门的生产函数进行经验估计，虽然得到的指数 b 和 c 的值有所不同，但 $b+c$ 的值都在 1 附近，即基本上都属于规模收益不变类型，这个结果与柯布和道格拉斯的结论是一致的。

第 6 节　生产函数和技术进步

迄今为止，我们是在假定生产函数给定，也就是技术水平给定的条件下，探讨投入要素的最优使用问题。但技术在不断进步，技术变革会导致生产函数的改变。本节将探讨技术进步会怎样导致生产函数的改变，技术进步有哪些类型，以及如何利用生产函数来测定技术进步对经济增长所做的贡献。

一、技术进步导致生产函数的改变

技术是知识在生产中的应用。从广义上说，它不仅包括技术本身的发明、创造、模仿和扩散等硬技术知识，而且包括组织、管理、经营等方面的软技术知识。技术进步就是技术知识及其在生产中的应用有了进展。

在一定时点上技术所处的水平，决定着一定量的投入在最大限度上能得到多少产出。或者说，一定的技术水平决定了从一定量的资源中能得到的产品数量和质量的极限。一定的技术水平是可以由一定的生产函数来代表的。在图 4 - 18 中，2000 年等产量曲线 Q 上各点所代表的就是当时各种投入组合最大可能实现的产量均为 Q 时所处的技术水平。

由于新知识的应用，技术进步应当表现为用较少的投入能够生产出与以前同样多的产品。所以，技术进步导致生产函数的改变，这种改变可以用等产量曲线的位移来说明。在图 4 - 19 中，两条等产量曲线的产量均为 Q，一条为期初的曲线，一条为期末的曲线。期末的等产量曲线表明，用比期初少的资本（K）和劳动力（L），可以得到与期初一样多的产量，这说明在此期间技术进步了。可见，等产量曲线位移的程度可以用来说明技术进步的速度。位移越大，说明技术进步越快。

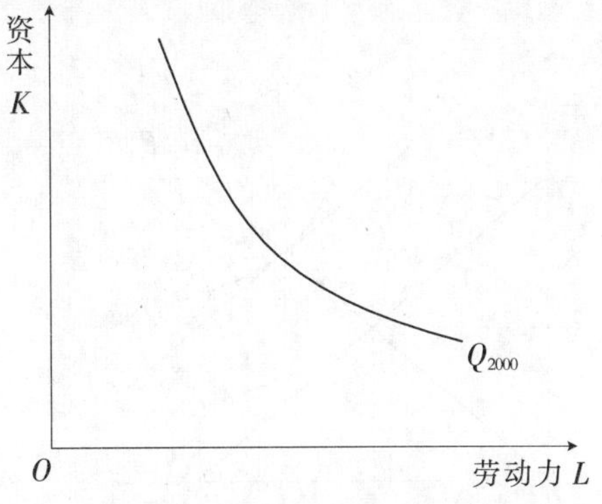

图 4 - 18　生产函数

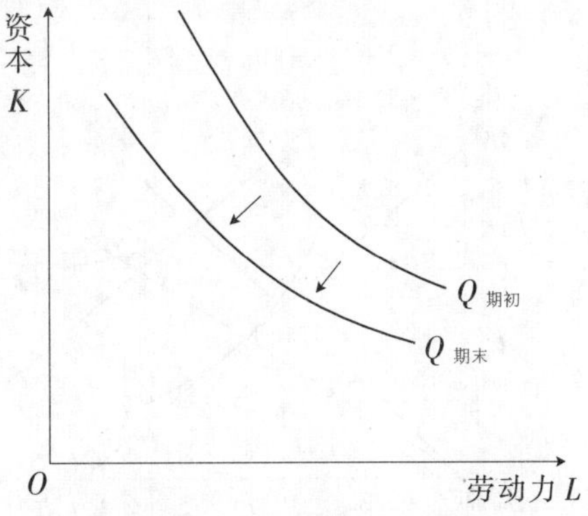

图 4 - 19　生产函数的位移

案例 4 - 4

技术进步不断推动成本降低

大规模集成电路制造技术的不断进步带动了其制造成本的大幅下降，使微型计算机的成本比初期时下降了90%以上，于是微型计算机不再是少数人员的专利，成为家庭必备的日常用品。而且，大规模集成电路制造技术的更新速度还在加快。

例如，20世纪70年代买一台微型计算机要数万美元，而现在买一台微型计算机仅需要几百美元，但是其功能却比70年代的特大型计算机还要强大得多。正如摩尔定律所预言的：计算机芯片的能力每年会成倍增长，而其制造成本却几乎逐年下降一半，性能价格比逐年提高数倍。

不仅计算机产品是如此，世界上几乎任何制造业产品在其生命周期内的制造成本及性能价格比的变化规律都是如此。

资料来源：21世纪经济报道，2001-11-04.

二、技术进步的类型

技术进步可以分为三种类型：劳动节约型、资本节约型和中立型（见图4-20）。

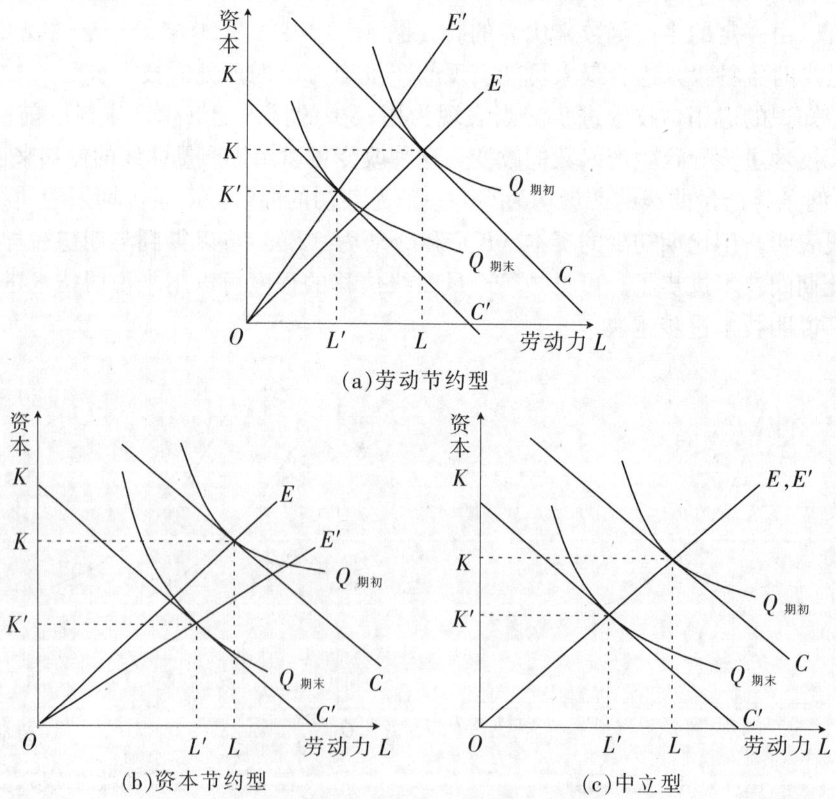

图4-20 三种类型的技术进步

1. 劳动节约型技术进步

劳动节约型技术进步是指这样一种技术进步，它能使资本的边际产量比劳动的边际产量增加更快，因此，人们就会相对多用资本而少用劳动力，从而导致劳动的节约大于资本的节约。在图4-20（a）中，技术进步导致等产量曲线从$Q_{期初}$位移到$Q_{期末}$，使生产同样产量Q所需的成本从C减少到C'。但这种技术进步在K和L的组合比例相同的情况下能使MP_L/MP_K的值（即劳动的边际技术替代率）变小，等产量曲线$Q_{期末}$会变得比$Q_{期初}$更平坦。在要素价格不变（即等成本曲线斜率不变）的情况下，这种技术进步会导致资本量从K减少到K'，劳动量从L减少到L'，由于资本减少较少，劳动减少较多，故资本与劳动的投入比例将增大，从期初的K/L（由射线OE的斜率来表示）加大到期末的K'/L'（由射线OE'的斜率来表示）。

2. 资本节约型技术进步

资本节约型技术进步是指这样一种技术进步，它能导致劳动的边际产量比资本的边际产量增加更快，因此，为了提高经济效益，人们就会相对多用劳动力而少用资本，从而导致资本的节约大于劳动的节约。从图4-20（b）看，技术进步导致等产量曲线从$Q_{期初}$位移到$Q_{期末}$，使生产同样产量Q所需的成本从C减少到C'。但这种技术进步在K和L的组合比例相同的情况下能使MP_L/MP_K的值（即劳动的边际技术替代率）变大，等产量曲线$Q_{期末}$会变得比$Q_{期初}$更陡。在要素价格不变（即等成本曲线斜率不变）的情况下，这种技术进步会导致资本量从K减少到K'，劳动量从L减少到L'。由于资本减少较多，劳动减少较少，因此，资本与劳动的投入比例将变小（由射线OE的斜率减小到射线OE'的斜率）。

3. 中立型技术进步

中立型技术进步是指这样一种技术进步，它引起的劳动的边际产量的增长率与资本的边际产量的增长率相等，因而人们节约劳动和节约资本的比例相等。从图4-20（c）看，技术进步导致等产量曲线从$Q_{期初}$位移到$Q_{期末}$，使生产同样产量Q所需的成本从C减少到C'。但这种技术进步并没有改变MP_L/MP_K的值（即劳动的边际技术替代率不变），等产量曲线$Q_{期末}$和等产量曲线$Q_{期初}$平行。这种技术进步导致资本量和劳动量都按同一比例减少，因此并不影响资本和劳动的投入比例（射线OE与射线OE'重合，两者的斜率相同）。

三、技术进步在产量增长中所做贡献的测定

经济增长的方式基本上可以分为两种：（1）主要依靠增加投入；（2）主要依靠技术进步。前者称为粗放型增长方式，后者称为集约型增长方式。当前我国的经济建设要求经济增长方式从粗放型向集约型转变。为了衡量一个生产单位（一个国家、一个部门或一个企业）在多大程度上实现了集约型的经济增长方式，需要有一种能够测定技术进步在经济增长中所做贡献的方法。

假定某生产单位期初的生产函数为：

$$Q=aK^{\alpha}L^{\beta}$$

那么

$$MP_K=a\alpha K^{\alpha-1}L^{\beta}$$

$$MP_L=a\beta K^{\alpha}L^{\beta-1}$$

假定在此期间，该单位增加的全部产量为ΔQ，则

$$\Delta Q=MP_K\cdot\Delta K+MP_L\cdot\Delta L+\Delta Q'$$

式中，$MP_K\cdot\Delta K+MP_L\cdot\Delta L$为因增加投入引起的产量的增加；$\Delta Q'$为因技术进步引起的

产量的增加。

等式两边均除以 Q，得

$$\frac{\Delta Q}{Q}=\frac{MP_K\cdot K}{Q}\cdot\frac{\Delta K}{K}+\frac{MP_L\cdot L}{Q}\cdot\frac{\Delta L}{L}+\frac{\Delta Q'}{Q}$$

$$\because\quad \frac{MP_K\cdot K}{Q}=\frac{a\alpha K^{\alpha-1}L^{\beta}\cdot K}{aK^{\alpha}L^{\beta}}=\alpha$$

$$\frac{MP_L\cdot L}{Q}=\frac{a\beta K^{\alpha}L^{\beta-1}\cdot L}{aK^{\alpha}L^{\beta}}=\beta$$

$$\therefore\quad \frac{\Delta Q}{Q}=\alpha\frac{\Delta K}{K}+\beta\frac{\Delta L}{L}+\frac{\Delta Q'}{Q} \tag{4-13}$$

如果 $\Delta Q/Q$ 为全部产量增长率，记为 G_Q；$\Delta K/K$ 为资本增长率，记为 G_K；$\Delta L/L$ 为劳动增长率，记为 G_L；$\Delta Q'/Q$ 为因技术进步引起的产量增长率，记为 G_A，则式（4-13）又可写为：

$$G_Q=\alpha G_K+\beta G_L+G_A$$

或

$$G_A=G_Q-(\alpha G_K+\beta G_L) \tag{4-14}$$

例4-7

假定某企业期初的生产函数为：$Q=5K^{0.4}L^{0.6}$。在此期间，该企业资本投入增加了10%，劳动力投入增加了15%，到期末总产量增加了20%。问：

（1）在此期间，该企业由技术进步引起的产量增长率是多少？

（2）在此期间，技术进步在全部产量增长中所做的贡献有多大？

解：（1）由技术进步引起的产量增长率为：

$$\begin{aligned}G_A&=G_Q-\alpha G_K-\beta G_L\\&=20\%-0.4\times10\%-0.6\times15\%\\&=7\%\end{aligned}$$

即在全部产量增长率20%中，由技术进步引起的产量增长率为7%。

（2）技术进步在全部产量增长中所做的贡献为：

$$\frac{G_A}{G_Q}\times100\%=\frac{7\%}{20\%}\times100\%=35\%$$

即在全部产量增长中，有35%是由技术进步引起的。

□小　结

生产函数是生产中投入和产出之间相互关系的数学表达式，它说明了各种投入要素的一定组合最大可能实现多少产量。

总产量、平均产量和边际产量之间存在一定的联系，这种联系属于数学关系，一般存在于总值、平均值和边际值之间。

边际收益递减规律可表述如下：如果技术不变，增加生产要素中某个要素的投入量而其他投入要素的投入量不变，投入量的增加起初会使边际产量递增，增加到一定点之后，再进一步增加就会使边际产量递减。这个规律适用于所有行业。

根据可变投入要素投入数量的多少，可把生产划分为三个阶段，在这三个阶段中，只有第二阶段是合理的。

在生产中，当 $MRP_y = ME_y$ 时，可变投入要素 y 的投入量为最优。

等产量曲线是指这样一条曲线，曲线上的各点代表投入要素的各种组合比例，其中每一种组合比例所能得到的产量都是相等的。等产量曲线可分为三种类型：(1) 投入要素之间完全可以替代；(2) 投入要素之间完全不能替代；(3) 投入要素之间不完全可以替代。在决策实践中，第三种类型是经常遇到的，这类等产量曲线的形状总是凸向原点的。投入要素 x 的边际技术替代率是指一单位的 x 能够替代另一种投入要素 y 多少单位，它的值与它们所对应的投入要素边际产量之比成反比（$\Delta y/\Delta x = MP_x/MP_y$）。

等成本曲线是指这样一条曲线，曲线上的各点代表投入要素 x 和 y 的各种组合，它们的总成本都是相等的。$-P_x/P_y$ 是等成本曲线的斜率，E/P_y 为它的截距（这里 E 为总成本）。

等产量曲线与等成本曲线的切点代表两种投入要素的最优组合，其条件是 $MP_x/P_x = MP_y/P_y$，这一最优组合的条件也可以推广用于寻找两种以上投入要素的最优组合。

要说明的是，上面所指的最优组合，是指一定产量下能使成本最低，或一定成本下能使产量最大的组合，但不一定使企业的利润最大。为谋求利润最大，两种投入要素之间的组合必须同时满足 $MRP_K = P_K$ 和 $MRP_L = P_L$。这种组合也一定能满足最优组合的条件，即 $MP_K/P_K = MP_L/P_L$。

投入要素的价格变动会影响它的最优组合比例，即人们会更多地使用降价的投入要素，少使用涨价的投入要素。对投入要素征税也会影响投入要素之间的最优组合比例。随着生产规模的扩大，投入要素的最优组合比例会发生变化，其变化的轨迹称为生产扩大路线。

规模收益要探讨的问题是：如果所有投入要素的投入量都按同样的比例增加，这种增加会对产量有什么影响。根据这种影响的不同，可把规模收益分为三种类型：规模收益递增、不变和递减。对生产函数规模收益类型的判定，有助于确定企业的最优规模。

最常用的生产函数形式为柯布-道格拉斯生产函数，它的形式为：$Q = aK^bL^c$，这种生产函数有许多优点。

技术是指知识在生产中的应用。技术进步的速度可以用一定时期内等产量曲线位移的大小来说明。技术进步可能导致投入要素之间的组合比例发生变化，根据这种变化的不同，可以把技术进步分为三种类型：劳动节约型、资本节约型和中立型。如果某生产单位期初的生产函数为 $Q = aK^\alpha L^\beta$，G_Q 为该单位全部产量增长率，G_K 和 G_L 分别为资本增长率和劳动增长率，那么因技术进步引起的产量增长率 $G_A = G_Q - (\alpha G_K + \beta G_L)$。

□ 重要名词和术语

生产函数	短期生产函数
长期生产函数	总产量、平均产量和边际产量
边际收益递减规律	边际产量收入
等产量曲线	边际技术替代率
等成本曲线	生产扩大路线
规模收益递增	规模收益不变
规模收益递减	柯布-道格拉斯生产函数
劳动节约型技术进步	资本节约型技术进步
中立型技术进步	

□ 复习思考题

1. 请解释总产量、平均产量和边际产量三者之间的相互关系。

2. 请举两个例子，说明边际收益递减规律的实际存在。如果生产中用的某种投入要素是免费的，而且取之不尽、用之不竭，那么企业使用这种投入要素是否越多越好？为什么？

3. 边际收益递减规律和规模收益递增原理是否矛盾？为什么？

4. 什么是单一可变投入要素的最优利用问题？怎样确定单一可变投入要素的最优投入量？

5. 边际产量、边际收入和边际产量收入三者的区别和联系是什么？

6. 什么是多种投入要素最优组合问题？怎样确定多种投入要素的最优组合比例？

7. 劳动力、资本和能源等投入要素之间的组合比例如果是固定的，是否意味着该生产函数的规模收益不变？请给出解释。

8. 什么是利润最大化的投入要素组合？怎样确定利润最大化的投入要素组合比例？

9. 使成本最低的投入要素最优组合是不是利润最大化的必要条件？是不是利润最大化的充分条件？请给出解释。

□ 作业题

1. 下表列出的是每亩地上土豆的产量和所用人工数：

人工数	产量
0	0
1	100
2	107
3	112
4	116
5	119
6	120
7	110

（1）请计算各人工数上的边际产量收入（假定土豆的单位价格为10元）。

（2）假如工人工资为每人40元，最优的工人数应是多少？为什么？

2. 某生产过程中劳动力的边际产量为 $MP_L=10\ (K^{0.5}/L^{0.5})$，资本量是固定的，为64单位，工资为每人10元，产品售价为每件5元。请找出最优的人工投入量。

3. 某加油站用两种方式提供加油服务。一为自助方式（由顾客自我服务），一为全程服务方式（由加油站服务人员提供服务）。两种方式收费不同。前者每升收费8.00元，后者每升收费8.10元。加油站观察到，服务人员的人数与全程服务的日销售量存在以下关系：

服务人员人数	全程服务日销售量（升）
0	0
1	2 000
2	3 800
3	5 400
4	6 800
5	8 000

（1）请列表表示加油站服务人员的净边际产量收入。

（2）如果服务人员的工资（包括福利）为每天160元，加油站雇用多少人员为最优？

（3）当雇用4人时，加油站可付的最高日工资应是多少？

4. 某出租汽车公司有小轿车20辆、大轿车3辆。当司机分别为15人、20人、25人、30人、35人时，每月营业收入分别为1 100 000元、1 175 000元、1 225 000元、1 250 000元、1 260 000元。如果司机每月平均工资为4 000元，因增加一名司机而引起的其他支出（如燃料费等）为1 000元。问：该公司应聘用多少司机，才能使公司利润最大？

5. 假如资本的价格（P_K）为每小时80元，人工的价格（P_L）为每小时40元。企业在劳动力和资本上的总支出为1 600元。

（1）请写出其等成本曲线方程。

（2）假如把资本画在纵轴上，如果资本的价格上涨了50%，等成本曲线会发生什么变化？

（3）假如资本和劳动力的价格都上涨了50%，等成本曲线会发生什么变化？

6. 某公司计划建新厂生产某种产品，根据对消费者的需求估计，希望每月生产产品100单位。假定为了达到这一产量，可以选择不同的投入组合（见下表）。工人工资是每人每月3 200元，资本成本（即利息）为每万元每月200元。请画出等产量曲线和等成本曲线，并从图上求出劳动力和资本的最优组合方式。

产量	资本（万元）	劳动力（人）
100	1 000	30
100	800	40
100	400	80
100	200	150

7. 大华混凝土公司正在考虑一台混凝土搅拌机的技术改造问题。目前该机器由两名工人操作，每小时共配料30立方米。如再增加一名工人，可使配料速度提高到40立方米/小时。如果不增加工人（仍维持两名工人），而是对机器进行技术改造，则可使配料速度提高到48立方米/小时。该机器经技术改造后，估计会使公司成本每年增加80 000元（包括折旧费、燃料费和利息支出）。工人每小时的工资为32元。该公司每年有300个工作日，每个工作日按8小时计。问：为了提高搅拌机的配料速度，是增加工人合算，还是进行技术改造合算？

8. 某钢铁厂的生产函数为$Q=5LK$，Q是它的年产量，L是使用的劳动力数量，K为使用的资本数量。假定劳动力成本为每单位1元，资本成本为每单位2元。如果该厂打算每年生产20单位产品，问：当投入劳动力和资本各多少时，成本最低？

9. 假定某企业的生产函数为：$Q=10L^{0.5}K^{0.5}$，其中，劳动力（L）的价格为50元，资本（K）的价格为80元。

（1）如果企业希望生产400单位的产品，应投入L和K各多少才能使成本最低？此时成本是多少？

（2）如果企业打算在劳动力和资本上总共投入6 000元，它在K和L上各应投入多少才能使产量最大？最大产量是多少？

10. 假定某大型多种经营的企业有三种主要产品X，Y，Z，已知这三种产品的生产函数分别为：

$$Q_x = 1.6L^{0.4}K^{0.4}M^{0.1}$$

$$Q_y = \sqrt{0.4L^2KM}$$

$$Q_z = 10L + 7K + M$$

式中，Q 为特定时期内的产量；L 为投入的劳动力数量；K 为投入的资本数量；M 为投入的管理人员数量。

问：这三种产品的规模收益各属于什么类型？

11. 假定我国在1960—1980年期间，国民生产总值每年增长6%，资本（生产基金）每年增加9%，劳动力每年增加3%。又据测算，在我国，资本的产量弹性（α）为0.2，劳动力的产量弹性（β）为0.8。问：在此期间，技术进步使国民生产总值增长了多少？它在国民生产总值的增长中所做的贡献有多大？

12. 假定某林场种树 A 棵，每棵树的经验生产函数为 $Q=t^{\alpha}$。式中，Q 为 t 年之后木料的立方米数；α 为参数，因树种不同而不同，而且 $0<\alpha<1$。又假定树的成本为：$F+WQ+rP\int_0^t Q\mathrm{d}t$。式中，$F$ 为种树的成本；W 为维护成长中的树每立方米所需的费用；r 为利息率；P 为每立方米木料的价格；$rP\int_0^t Q\mathrm{d}t$ 为到砍树时为止因占用资金引起的机会成本。问：什么时候砍树利润最大（即求 t 的最优值）？

成本利润分析 第5章

成本利润分析在管理经济学中占有重要地位，因为任何管理决策都要对成本和利润进行分析，只有能降低成本和增加利润的方案，才是可接受的方案。本章将探讨管理决策中几个重要的成本概念、企业的成本函数与其估计、规模经济以及对企业经营进行成本利润分析的科学方法。在阐明决策的经济学原理的同时，着重介绍它们在企业经营中的具体应用，并说明为什么有些习以为常的计算成本和利润的方法实际上是不科学的。

第1节　管理决策中几个重要的成本概念

成本就是企业为获得所需的各项资源而付出的代价，但它的具体内涵的确定取决于是出于会计目的还是决策目的。本节从决策的需要出发，探讨必须弄清的几个基本的成本概念。

一、相关成本和非相关成本

相关成本是近些年来在管理经济学和管理会计中常用的概念。相关成本是指适宜用于决策的成本。与它相对应的成本就是非相关成本。非相关成本是指不适宜用于决策的成本。例如，过去买进10吨钢材，每吨价格为5 000元。由于涨价，现在的市价为每吨10 000元。那么，如果利用这批钢材承包一项工程，在决策时应当用什么价格来计算成本？显然应当用市价（10 000元/吨），而不是用过去进货时的价格（5 000元/吨）。所以，用市价算出的成本是相关成本，用过去价格计算的成本是非相关成本。又如，一台机器从账面上看折旧已经提完，其残值为零。但实际上这台机器还能使用，如果出售还可以卖100元。在决策时应当选用什么价格？显然应当按100元计算，而不应按零计算。所以，100元是这台机器的相关成本，其非相关成本为零。在管理决策中，正确区分相关成本和非相关成本是十分重要的。如果误把非相关成本当作相关成本作为决策的根据，就会导致错误的决策。

二、机会成本和会计成本

关于机会成本和会计成本的概念，在绪论中已经作了介绍，这里不再重复。由于在管理决策中我们使用的是机会成本，而不是会计成本、历史成本，因此前者属于相关成本，后者属于非相关成本。会计成本虽不直接用于决策，但它是确定机会成本的基础。决策所用的机会成本往往要通过对会计数据的调整来求得，所以，会计数据的准确性也很重要。

三、增量成本和沉没成本

增量成本和沉没成本也是管理经济学的重要概念。增量成本是指因作出某一特定的决策而引起的全部成本的变化。例如，决策前的成本为 C_1，决策后的成本为 C_2，那么增量成本 ΔC 就等于 C_2-C_1。这里强调的是“因作出某一特定决策而引起的”成本变化。与此相对应，如果有的成本不因决策而变化（如决策前已经支出的成本，或已经承诺支出的成本，决策对它没有影响，即与决策无关），那么，这种成本就是沉没成本。在管理决策中，增量成本属于相关成本，是决策时必须考虑的；沉没成本属于非相关成本，是决策时不予考虑的。

运用增量成本进行决策的方法是：把增量成本与增量收入进行比较（这里，增量收入是指因作出某一特定决策而引起的总收入的变化），如果增量收入大于增量成本，说明这一方案会导致总利润的增加，因而是可以接受的；否则，就是不可接受的。下面举例说明增量成本和沉没成本的应用。

例 5-1

某安装工程公司投标承包一条生产线，其工程预算如表 5-1 所示。

表 5-1 单位：元

投标准备费用	200 000
固定成本（不中标也要支出的费用，如折旧、管理人员工资等）	200 000
变动成本（中标后为了完成合同需要增加的支出，如材料费、工人工资等）	500 000
总成本	900 000
利润（33%）	300 000
报价	1 200 000

安装工程公司报价 1 200 000 元，可是投标后，发包方坚持只愿出600 000元，而该安装公司目前能力有富余。它应不应接受这项工程？

解：在本例中，投标准备费用（200 000 元）和固定成本（200 000元）是沉没成本，因为它们都是在投标前已经支出的，无论是否承包这项工程，都已无法收回，所以与决策无关，在决策中不应考虑。如果接受这项工程，增量收入为600 000元，增量成本为500 000元（变动成本）。增量收入大于增量成本，所以可以接受这项工程，因为它能带来增量利润100 000元（600 000－500 000）。

如果在本例中，准备投标前已经知道发包方的最高价格是600 000元，增量成本将为700 000元（500 000＋200 000），沉没成本为200 000元（固定成本），增量收入仍是600 000元，增量收入小于增量成本，则不应参加投标。

可见，在决策时，只考虑增量成本，不考虑沉没成本，是为了贯彻向前看的决策思想，沉没成本代表过去的支出，这种支出再多也不应留恋、惋惜。只要能给将来带来增量利润，就是可以接受的方案。

例 5-2

某企业原生产产品 A 1 000件，单位变动成本为 1 元，总固定成本为 500 元（单位固定成本为 0.5 元），单位全部成本为 1.5 元，单位价格为 2 元。现有人只愿以 1.3 元的价格订购 400 件，如企业生产能力有富余，是否应接受这笔订货？

解：在这里，500 元固定成本是沉没成本，因为它不受企业接受订货后产量增加的影响。增量成本为 400 元（1.0×400），增量收入为 520 元（1.3×400），增量收入大于增量成本 120 元（520－400），说明可接受这笔订货，因为这可使企业增加利润 120 元，尽管 1.3 元的价格低于产品的全部成本 1.5 元。

生活中的经济学 5-1

为从国外购买的物品补税是否合算

张某在国外购买了一台数码摄像机，是用美元支付的，折合人民币为25 000元。张某把它携带回国，入境时因发票丢失，只好由海关重新估价。海关估价为人民币40 000元，按税率 30%计算，需要缴关税12 000元方可放行，否则将被没收。对于这么高的税金，张某有点不悦。当时，有人告诉他，同样品牌同样型号的摄像机国内也能买到，价格只要30 000元。据此，张某考虑，如果缴这笔税，总共将支出37 000元，不如在国内买一台便宜，就打算拒缴这笔税，并自愿放弃这台摄像机。张某的妻子学过管理经济学，她认为，在要不要纳税的问题上，25 000元已经支出，无法追回，属于沉没成本，不应考虑。如果纳税，增量成本仅为12 000元（税金支出），但增量收入却有30 000元（国内摄像机的价格）。增量收入大于增量成本，故纳税仍是合算的。最后张某还是采纳了妻子的意见，缴了税。

四、边际成本

企业生产产品的总成本是随产量的变化而变化的。边际成本是指在一定产量水平上，产量增加一单位，给总成本带来的变化（$MC=\Delta TC/\Delta Q$）。表 5-2 说明了产量、总成本和边际成本之间的关系。

表 5-2

产量（Q）	总成本（TC）	边际成本（MC）
0	0	0
1	4	4
2	7	3
3	9	2
4	10	1

从表 5-2 中可以看出，当产量从 2 增加到 3 时，总成本从 7 增加到 9，边际成本为 2［即（9－7）/（3－2）］。所以，边际成本说明了在一定的产量水平上，单位产量的变化会对总成本产生什么影响，这对于研究分析产量和成本之间的动态关系是十分重要的。

五、变动成本和固定成本

在管理决策中，常把成本分为变动成本和固定成本。变动成本是指企业在可变投入要素上的支出，是随产量的变化而变化的成本，如直接工人的工资、直接材料费用等。固定成本是指企业在固定投入要素上的支出，是不受产量变化影响的成本，如房租、折旧费、借款利息和管理费用等。把成本划分为变动成本和固定成本，是为了便于分析产量变化和成本变化之间的关系，确定相关成本，以进行决策分析。

第2节　成本函数

成本函数反映产品的成本 C 与产量 Q 之间的关系。用公式表示为：

$$C=f(Q)$$

一、成本函数与生产函数

企业产品的成本函数取决于：(1) 产品的生产函数；(2) 投入要素的价格。生产函数表明投入与产出之间的技术关系。这种技术关系与投入要素的价格相结合，就决定了产品的成本函数。

具体来说，假如在整个时期投入要素的价格不变、生产函数属于规模收益不变，即产量的变化与投入量的变化成正比，则它的成本函数是：总成本的变化与产量的变化也成正比（见图5-1）。

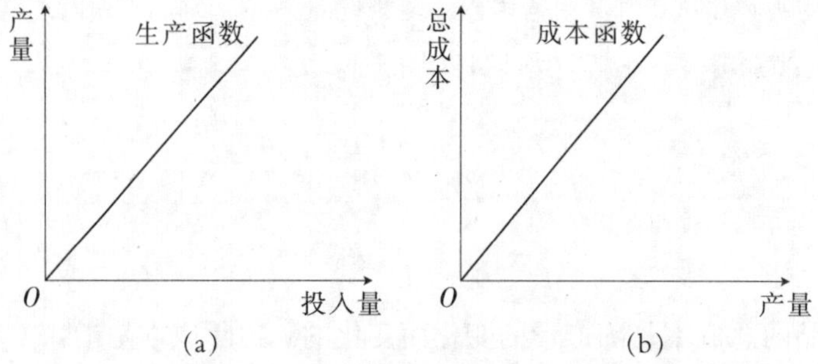

图5-1　规模收益不变条件下的生产函数和成本函数

如果价格不变，而生产函数属于规模收益递增，即产量的增加速度随投入量的增加而递增，那么，它的成本函数是：总成本的增加速度随产量的增加而递减（见图5-2）。

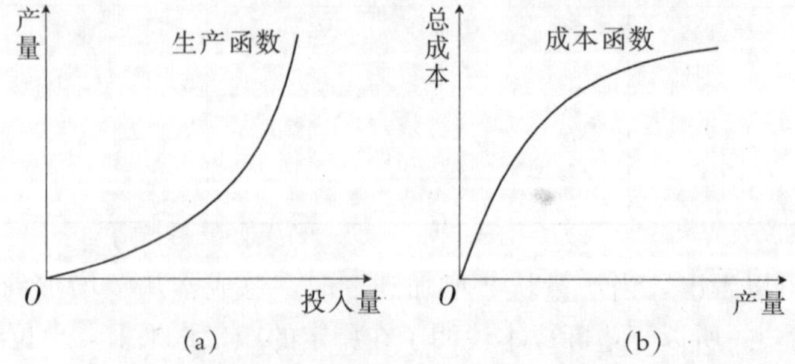

图5-2　规模收益递增条件下的生产函数和成本函数

如果价格不变，而生产函数属于规模收益递减，即产量的增加速度随投入量的增加而递减，那么，它的成本函数是：总成本的增加速度随产量的增加而递增（见图 5-3）。

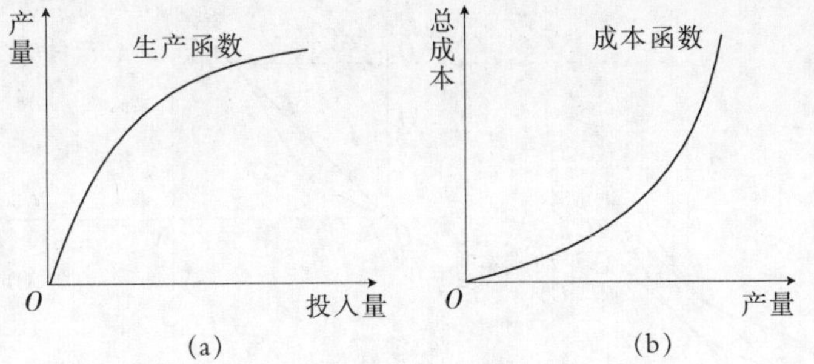

图 5-3　规模收益递减条件下的生产函数和成本函数

由此可见，成本函数导源于它的生产函数，只要知道某种产品的生产函数，以及投入要素的价格，就可以推导出它的成本函数。

二、短期成本函数与长期成本函数

在决策过程中，成本函数可以分为两种：短期成本函数和长期成本函数。在这里，短期和长期并不是以日历时间的绝对长度来划分的。短期是指此期间很短，以至于在诸种投入要素中至少有一种或若干投入要素的数量固定不变。这样形成的产量和成本之间的关系称为短期成本函数，它的图形即短期成本曲线。例如，对一家已经建成的钢铁厂来说，在短期内，无论产量如何变化，厂房和设备都不大可能变化，可变的只是劳动力和原材料的数量。在这种条件下形成的产量和成本之间的关系称为短期成本函数。长期是指此期间很长，以至于所有的投入要素的数量都是可变的。例如，一家已经建成的钢铁厂，打算规划 30 年后的企业产量和成本，在这 30 年内，企业可以通过技术改造和扩建，使各种投入要素的投入量都发生所需要的变化；又如，计划新建一座钢铁厂，这个厂用什么样的设备、建多大的规模，在设计时都是可以选择的。在各种投入要素的投入量都可变的情况下，企业有可能在各种产量水平上选择最优的投入组合，在这样的条件下形成的产量和成本（准确地说是各种产量上可能的最低成本）之间的关系，就是长期成本函数，它的图形即长期成本曲线。

在短期成本中，因为有一部分投入要素固定不变，所以，它除了包括变动成本外，还包括固定成本。在长期成本中，因为所有投入要素都是可变的，所以没有固定成本，都是变动成本。短期成本函数通常用来反映现有企业中产量与成本的关系，所以，它主要用于日常经营决策。长期成本函数是指从长期看，企业在有可能调整它的各种资产、寻求最优要素组合条件下的成本函数。所以长期成本函数一般用于长期规划。把成本函数区分为短期和长期，就可以区分这两种不同的情况来研究产量与成本之间的关系。

三、短期成本曲线

短期成本函数可以表示为以产量为横轴、以成本为纵轴的坐标图上的短期成本曲线。短期成本可以分为总变动成本、平均变动成本、总固定成本、平均固定成本、总成本、平均成本和边际成本等。这些成本曲线的形状、特点及其相互关系如图 5-4 所示。

1. 总变动成本

总变动成本（TVC）是指企业在可变投入要素上支出的全部费用。它的曲线的形状是由企业的总产量曲线的形状决定的（见图 5-5）。

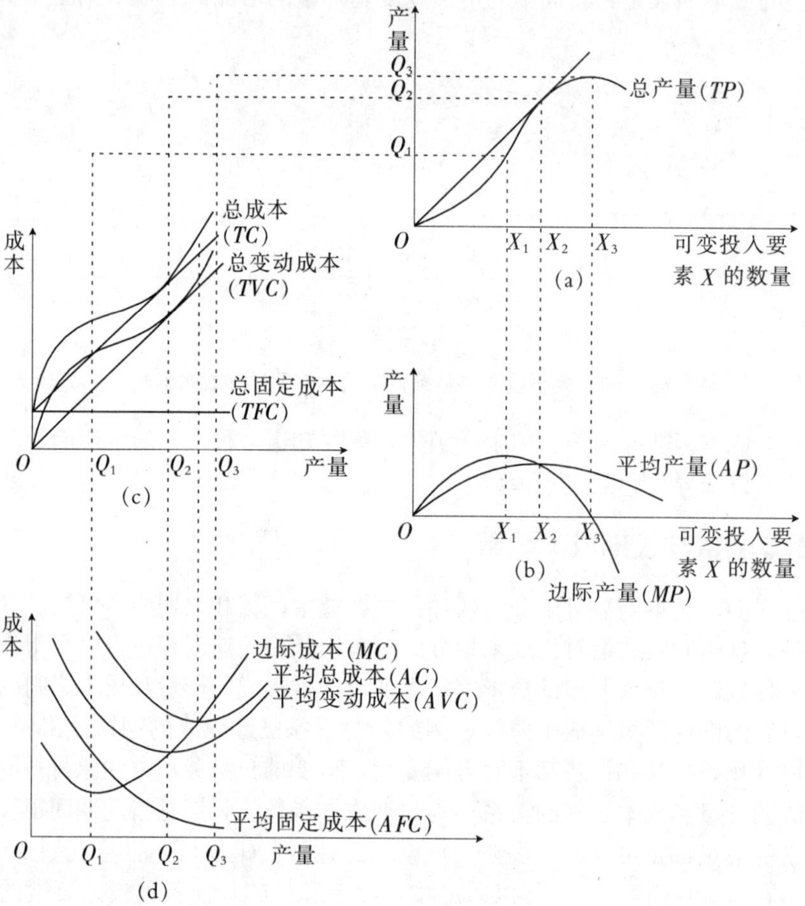

图 5-4　短期成本曲线

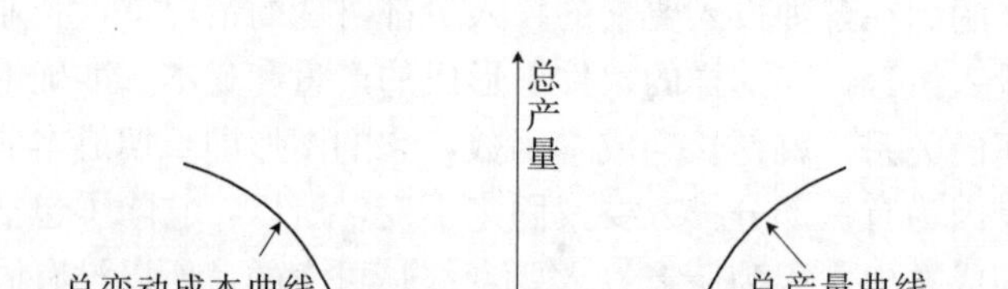

图 5-5　总变动成本曲线和总产量曲线

在图 5-5 的右侧，横坐标为可变投入要素投入量，用实物衡量。纵坐标为总产量，图右侧的曲线即总产量曲线。这条曲线的特征是：当可变投入要素投入量较少时，随着可变投入要素投入量的增加，产量的增加越来越快；但随着可变投入要素投入量的继续增加，产量的增加就会越来越慢。这是由边际收益递减规律决定的（参见第 4 章）。在图 5-5 的左侧，横坐标是总变动成本，纵坐标是总产量，由于总变动成本不过是可变投入要素投入量的价值形态（单价×可变投入要素投入量），因此，在这个坐标图上代表总产量与总变动成本之间关系的曲线，应当是与总产量曲线相对称的。但由于在成本函数中，产量是自变量，总变动成本是因变量，即应把产量作为横坐标，把成本作为纵坐标，因此，还需要把图 5－5 左侧部分旋转 90°，使产量变为横轴，成本变为纵轴，这时总变动成本曲线的形状就如图 5－6 所示。所以可以说，总变动成本曲线的形状是由总产量曲线的形状决定的，归根到底，又是由边际收益递减规律决定的。

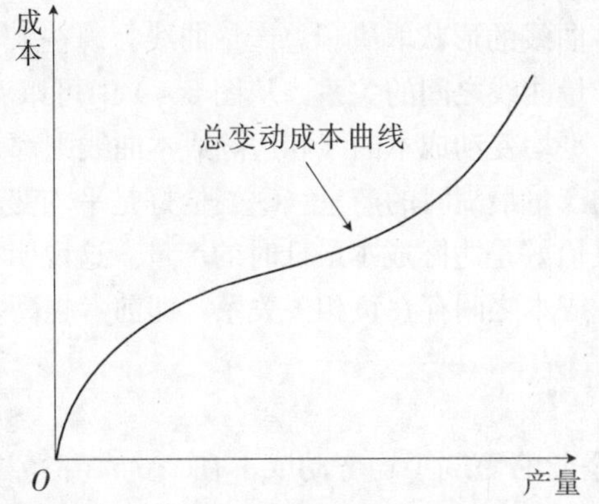

图 5－6　总变动成本曲线

从图 5－6 中可以看到，当产量较小时，成本曲线向左上方凸出，说明总变动成本的增长慢于产量的增长。当产量较大时，成本曲线向右下方凸出，说明总变动成本的增长快于产量的增长。

2. 总固定成本和总成本

由于固定成本是不随产量变化而变化的，因此总固定成本（*TFC*）曲线是一条平行于横轴的直线。由于总成本（*TC*）等于总变动成本加总固定成本（*TC*＝*TVC*＋*TFC*），因此，总固定成本曲线与总变动成本曲线垂直相加就得出总成本曲线，见图 5－4（c）。在每一个产量水平上，总变动成本曲线的斜率与总成本曲线的斜率是相等的。

3. 平均固定成本、平均变动成本和平均成本

由于平均固定成本（*AFC*）等于总固定成本除以产量（*AFC*＝*TFC*/*Q*），因此它随产量的增加而递减，它的曲线由左上方向右下方伸展，渐渐与横轴接近，见图 5－4（d）。某一产量水平上的平均变动成本是总变动成本曲线图上相应点与原点的连线的斜率，它的斜率最小点就是平均变动成本的最低点。平均变动成本在最低点以前呈下降趋势，在最低点以后则呈上升趋势，所以平均变动成本曲线呈 U 形，见图 5－4（c）和图 5－4（d）。

平均成本也称平均总成本（*AC*）。它等于平均变动成本加平均固定成本（*AVC*＋*AFC*），或等于总成本除以产量（*TC*/*Q*）。

某一产量水平上的平均总成本是总成本曲线上相应点与原点的连线的斜率。从原点作总成本曲线的切线，其切点是平均总成本的最低点，因为在连线中相切的连线的斜率最小。与平均变动成本曲线一样，平均总成本曲线也呈 U 形。由于平均固定成本趋近于零，因此，随着产量的增加，平均总成本曲线和平均变动成本曲线也趋于接近，见图 5－4（c）和图 5－4（d）。

4. 边际成本

某产量水平上的边际成本（*MC*）等于总成本曲线上该点切线的斜率。由于总成本曲线的斜率先由大变小，后由小变大，因此边际成本曲线也呈U形，其最低点处于总成本曲线上的拐点，因为拐点的斜率最小。由于边际成本说明由产量的每单位变化而引起的总成本的变化，因此它只与总变动成本有关，而与总固定成本的大小无关。当边际成本小于平均总成本时，平均总成本呈下降趋势；当边际成本大于平均总成本时，平均总成本呈上升趋势；当边际成本等于平均总成本时，平均总成本处于最低点，也就是说，平均总成本曲线与边际成本曲线相交于平均总成本曲线的最低点，见图5-4（d）。

5. 成本曲线与产量曲线的关系

前面讲过，总变动成本曲线的形状取决于总产量曲线。现在来考察平均变动成本、边际成本曲线和平均产量、边际产量曲线之间的关系。从图5-4中可以看到，平均产量曲线和边际产量曲线都是向上凸出的，平均变动成本曲线和边际成本曲线则都是向下凸出的，两种曲线凸出的方向相反。而且，平均产量最高时的产量（Q_2）恰好是平均变动成本最低时的产量，边际产量最高时的产量（Q_1）又恰好是边际成本最低时的产量。这说明在平均产量和平均变动成本之间，以及边际产量和边际成本之间存在负相关关系，即前者越高，后者就越低。

生活中的经济学5-2

为什么有些企业的短期平均变动成本在一定产量范围内是不变的

从理论上讲，企业的短期平均变动成本曲线呈U形（见图5-4（d））。但在实际生活中，不少企业的短期平均变动成本曲线是碟形的（见图5-7）。由图可见，企业的平均变动成本曲线在产量q_1到q_2的范围内是水平的，即在此范围内平均变动成本不变（同样，在此范围内，边际成本等于平均变动成本，也不变）。超出这个范围，曲线向上翘起，成本上升。

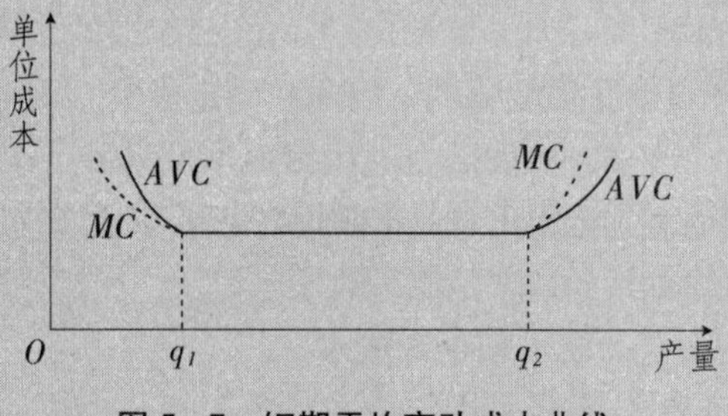

图5-7 短期平均变动成本曲线

为什么从理论上说，短期平均变动成本曲线呈U形？这是因为在进行理论探讨时，我们假定企业的固定投入是不可分割的，即企业的全部固定投入要么全部使用，要么全部不用，不能只使用其中一部分，其余部分闲置不用。因此，当企业开始投入并逐渐增加一种可变投入要素（比如劳动力）时，该可变要素与固定要素（比如资本）之间的数量比例起初逐渐接近最优，平均变动成本呈下降趋势。当两者的比例达到最优时，平均变动成本最低。此时，如再继续增加可变要素的投入量，它与固定要素之间的数量比例就会变得过大，平均变动成本就会上升。由于可变投入要素与固定投入要素的最优比例限定在一个点上，平均变动成本的最低处也只能是一个点，故平均变动成本曲线呈U形。

需要指出的是，上面的解释基于这样一个假设，即企业的全部固定投入要素是不可分割的（有些行业的确如此，如化工、炼油工业等）。但在实际生活中，有些行业（如机械制造、服装加工和家具工业等）的情况并不是这样，企业的固定投入要素有可能是可以分割的。即企业可以根据需要只使用一部分固定投入要素，而让剩下的固定投入要素闲置。举个简单的例子。有一家工厂拥有 10 台缝纫机，每台由一名工人操作，每天的产量为 20 件。如果需要每天生产 200 件，就要由 10 名工人来操作 10 台缝纫机。但如果产品的需求减少到每天 180 件，那么，有一名工人可能会被解雇，同时有一台机器会被停用，这样工人和机器之间的比例仍然保持不变。也就是说，当每天的产量在 20～200 件之间变动时，工人和机器之间的比例关系仍可以保持不变，因此这个厂的边际成本和平均变动成本在这个产量范围内不会变。只有当产量大于 200 件时，成本才会上升。因为那时需要加班加点，或用其他办法来使更多的工人去与最多 10 台机器相结合，导致工人与机器之间的最优比例遭到破坏。

类似的情况也会在一家企业拥有多家工厂时发生。例如，一个制造商拥有几家工厂，可以通过暂时关闭一家或几家工厂的办法来减产，而让其他工厂仍然正常生产。又如，一家企业为了减产，可暂时让所属的工厂每天都只开工 6 小时或每周只开工 4 天。这两种情况都是同时减少工人和设备的投入，使工人和设备的使用数量比例始终保持不变，于是，企业的短期平均变动成本也保持不变。

四、长期成本曲线

从长期看，各种投入要素都是可变的，所以，长期成本曲线实际上都是长期变动成本曲线，不存在长期固定成本曲线。长期成本曲线可以分为长期总成本曲线、长期平均成本曲线和长期边际成本曲线三种。

1. 长期总成本曲线

长期总成本（*LTC*）曲线说明，如果企业能够选择最优企业规模（即可以自由选定自己所需的投入要素的组合比例），在各个产量水平上可能的最低的总成本是多少。长期总成本曲线可以根据生产扩大路线图（见图 4－15）求出。图 4－15 说明，如果随着生产规模的扩大，企业可以选定不同的最优规模，那么，当产量为 Q_1，Q_2，Q_3 和 Q_4 时，可能的最低总成本将分别为 C_1，C_2，C_3 和 C_4。据此，可以画出长期总成本曲线图（见图 5－8）。

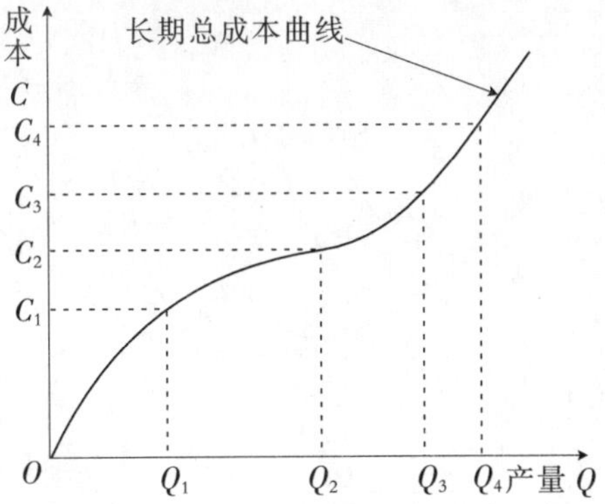

图 5－8　长期总成本曲线

2. 长期平均成本曲线

长期平均成本（*LAC*）曲线说明，如果企业能够自由选择最优规模，在各个产量水平上可能的最低平均成本是多少。如果已知长期总成本曲线，就不难画出长期平均成本曲线（$LAC=LTC/Q$）。

下面讨论长期平均成本曲线与短期平均成本曲线之间的关系，了解这些关系对于正确选择企业规模是很重要的。

长期平均成本曲线反映产量与平均成本之间的关系，它与短期平均成本曲线的不同之处在于，企业可以根据不同产量选择最优的规模。现在假定可供选择的规模只有三种，SAC_1，SAC_2，SAC_3 分别代表小、中、大三种不同生产规模的三条短期平均成本曲线。从图 5-9 中可见，当产量（需求）小于 OA 时，不宜采用中等规模生产，而宜采用小规模生产。因为当产量小于 OA 时，中等规模生产的成本高于小规模生产的成本，在图 5-9 中，就是 IH 高于 KH。所以，此时最低的成本曲线为 KH。当产量（需求）大于 OA 小于 OB 时，宜选用中等规模生产，不宜选用大规模生产或小规模生产，此时最低的成本曲线为 HG。因为产量在 OA 与 OB 之间时，大规模和小规模生产的成本均高于中等规模生产的成本，在图 5-9 中，就是 K_1H 高于 HG 和 J_1G 高于 HG。当产量（需求）大于 OB 时，则选用大规模生产，此时成本最低的成本曲线为 GJ。所以，从长期看，由于随着产量的变化，生产规模可以变更和选择，其平均成本曲线为 $KHGJ$ 线，即各短期平均成本曲线交点以下的线段。交点以上的虚线部分与长期平均成本无关。

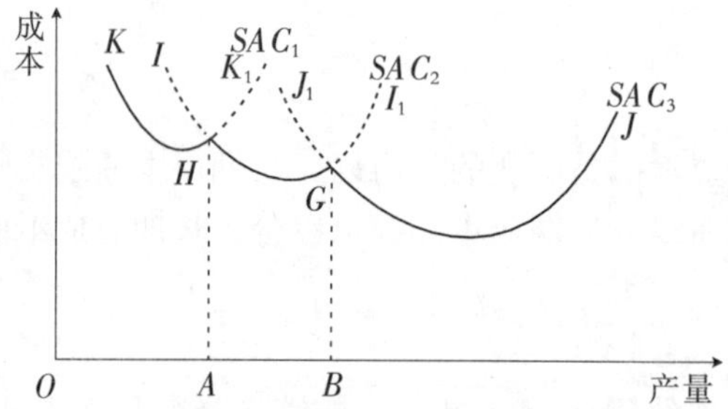

图 5-9　长期平均成本曲线

现在假定可供选择的生产规模不止这三个，而是很多，则短期平均成本曲线就有很多，此时交点以下的长期平均成本曲线也就逐渐接近于一条平滑曲线，这条曲线可视为许多短期平均成本曲线的包络线（见图 5-10）。其形状与短期平均成本曲线也相似，呈 U 形，但较平坦。

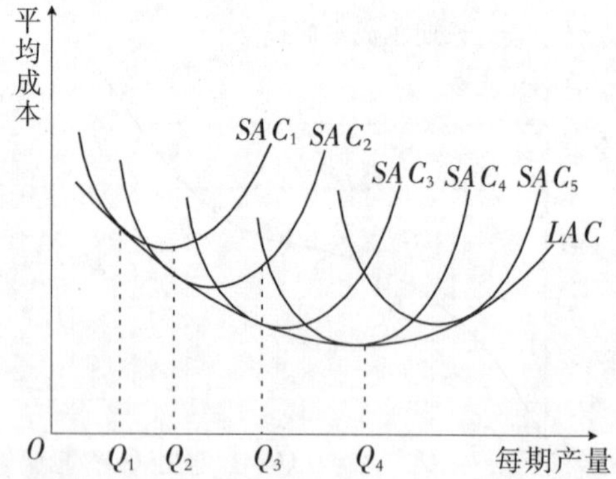

图 5-10　长期平均成本曲线是短期平均成本曲线的包络线

图 5-10 表明，如果企业估计它的产量（消费者的需求）为 OQ_1，就会选择 SAC_1 所代表的企业规模，因为任何其他规模都会导致较高的生产成本。如果企业的需求增加到 OQ_2，这时虽然 SAC_1 也能实现这个产量，但其成本要高于 SAC_2 所代表的规模，所以从长期看，企业会选择 SAC_2。同理，如果消费者的需求再增加到 OQ_3，企业就会选择 SAC_3 所代表的

规模。在所有企业规模中，能使平均成本最低的是与长期平均成本曲线最低点相切的短期平均成本曲线所代表的规模，这一规模称为最优规模，在图 5－10 中为 SAC_4，其产量为 OQ_4。

需要指出的是，LAC 曲线并不是与 SAC 曲线的最低点相切（最优规模的 SAC_4 曲线除外）。当 LAC 曲线呈下降趋势时，LAC 曲线与 SAC 曲线相切于 SAC 的最低点的左侧。因此，当产量小于 OQ_4 时，如产量为 Q_2，不应选择 SAC_1（尽管 SAC_1 曲线最低点的产量是 Q_2），而应选择规模稍大一点的 SAC_2（尽管由 SAC_2 来生产 Q_2，生产能力有点利用不足）。同理，当 LAC 曲线呈上升趋势时，LAC 和 SAC 曲线相切于 SAC 曲线最低点的右侧。因此，当产量大于 OQ_4 时，所选的企业规模应稍小（尽管由它来实现所需的产量，生产能力会负荷稍重）。

3. 长期边际成本曲线

长期边际成本（LMC）曲线表示，假如企业能够改变所有投入要素的投入量，在每一个产量水平上，再增加一单位产量会使总成本增加多少。$LMC=\Delta LTC/\Delta Q$。根据边际值和平均值之间的关系，在 LAC 下降时，LMC 曲线位于 LAC 曲线的下方；在 LAC 上升时，LMC 曲线位于 LAC 曲线的上方；LMC 曲线通过 LAC 曲线的最低点（见图 5－11）。

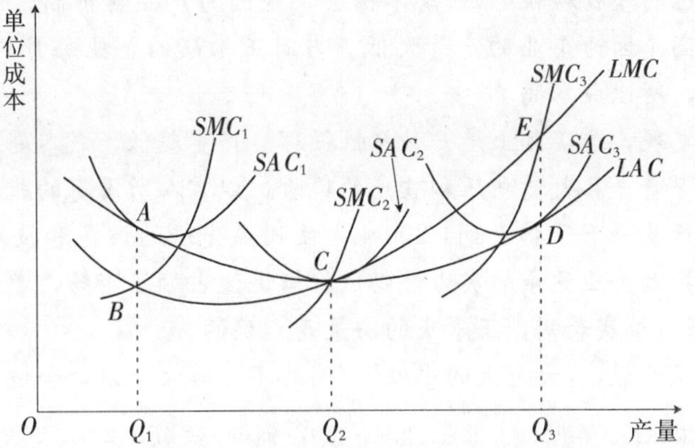

图 5－11　SAC，SMC，LAC 和 LMC 曲线之间的关系

图 5－11 还显示，与 LAC 曲线相切的有三条短期平均成本曲线 SAC_1，SAC_2，SAC_3，其相应的短期边际成本曲线为 SMC_1，SMC_2，SMC_3。由于 SAC_1 与 LAC 相切于 A 点，SMC_1 就一定与 LMC 相交于 B 点，A 和 B 都在产量 Q_1 上。[①] 同理，由于 SAC_3 相切于 LAC

① 可证明如下：

因为 SAC_1 和 LAC 相切于产量为 Q_1 的 A 点，所以产量为 Q_1 时，有

$$\frac{d(SAC_1)}{dQ}=\frac{d(LAC)}{dQ} \tag{1}$$

$$SAC_1=LAC \tag{2}$$

又

$$SMC_1=\frac{d(STC_1)}{dQ}=\frac{d(SAC_1\cdot Q)}{dQ}$$

$$=Q\frac{d(SAC_1)}{dQ}+SAC_1 \tag{3}$$

$$LMC=\frac{d(LTC)}{dQ}=\frac{d(LAC\cdot Q)}{dQ}$$

$$=Q\frac{d(LAC)}{dQ}+LAC \tag{4}$$

将式（1）、式（2）代入式（3）、式（4）可得：当产量为 Q_1 时，有

$$LMC=SMC_1$$

的 D 点，SMC_3 就一定与 LMC 相交于 E 点，D 和 E 都在产量 Q_3 上。由于 SAC_2 的最低点与 LAC 的最低点相切，因此，LMC 和 SMC_2 一定都通过最低点 C，使 $LMC=SMC_2=SAC_2$ 的最低点与 LAC 的最低点重合。

案例5-1

塑胶大王王永庆的成功之路

20世纪50年代，台湾亟须发展纺织、水泥、塑胶等工业。当时名不见经传的王永庆像吃了豹子胆，竟然筹措50万美元，创建了台湾第一家塑胶公司。塑胶原料生产出来了，但是日本同类产品物美价廉，充斥台湾市场，而王永庆的产品严重滞销，仓库爆满，股东们心灰意冷。王永庆几乎陷入绝境。

王永庆对失败有着自己独特的理解。他认为，失败并不可怕，只要从失败中找出原因，就可能取得成功。

王永庆认为自己的塑胶粉粒PVC卖不出去，是因为产品售价高，售价高又是因为产品成本过高，而成本高是因为企业的产量太低。当时王永庆的企业每月产量只有100吨，是世界上规模最小的，所以成本高。

王永庆敏锐地发现，这实际上是一种恶性循环。产量越低，成本越高，竞争力越弱，就越打不开市场。他冒着产品大量积压和破产的风险，以常人所没有的胆识，采取了“以毒攻毒”的策略，把月产量一下子扩大到1 200吨，使用最先进的设备和技术，使产品成本大幅下降，具备了与世界大企业竞争的实力，以低价格迅速占领了市场，最终使他的公司进入世界化工行业前50强。事实表明，王永庆的决策是正确的。

但是正如王熙凤所说，“大有大的难处”。因此不是越大越好，合适才好。

资料来源：梁小民．微观经济学纵横谈．北京：生活·读书·新知三联书店，2000.

五、成本函数推导举例

下面举例说明怎样根据生产函数来推导短期和长期成本函数，以及得出相应的短期和长期成本曲线。

例5-3

某企业的技术部门已经估计出该企业的生产函数为：$Q=4\sqrt{KL}$，式中，Q 为每月的产量（单位：千件）；K 为每月的资本投入量（单位：千台时）；L 为每月雇用的人工数（单位：千工时）。假定工人每千工时的工资为8 000元，资本每千台时的费用为2 000元。

（1）求出它的短期总成本函数、短期平均成本函数和短期边际成本函数（假定在短期内，K 是固定的，等于10）。

（2）求出它的长期总成本函数、长期平均成本函数和长期边际成本函数。

（3）画出它的短期和长期平均成本曲线及边际成本曲线，并说明它们之间的相互关系。

解：$Q=4\sqrt{KL}$ （5-1）

$TC=2\,000K+8\,000L$ （5-2）

由式（5-1）可得：$L=\frac{Q^2}{16K}$

代入式（5-2），得

$$TC=\frac{500Q^2}{K}+2\,000K \tag{5-3}$$

（1）从短期看，$K=10$。

∴　短期总成本函数为：

$$STC=\frac{500Q^2}{10}+2\,000\times 10$$
$$=50Q^2+20\,000$$

短期平均成本函数为：

$$SAC=\frac{STC}{Q}=\frac{50Q^2}{Q}+\frac{20\,000}{Q}$$
$$=50Q+\frac{20\,000}{Q}$$

短期边际成本函数为：

$$SMC=\frac{\mathrm{d}(STC)}{\mathrm{d}Q}$$
$$=\frac{\mathrm{d}(50Q^2+20\,000)}{\mathrm{d}Q}$$
$$=100Q$$

（2）从长期看，所有投入都是可变的。为了找出产量为 Q 时使总成本最低的资本投入量，根据式（5-3），令

$$\frac{\mathrm{d}TC}{\mathrm{d}K}=-\frac{500Q^2}{K^2}+2\,000=0$$

或　$$K=\frac{Q}{2}$$

代入式（5-3），得

长期总成本函数为：

$$LTC=2\,000Q$$

长期平均成本函数为：

$$LAC=\frac{LTC}{Q}=2\,000$$

长期边际成本函数为：

$$LMC=\frac{\mathrm{d}(LTC)}{\mathrm{d}Q}=\frac{\mathrm{d}(2\,000Q)}{\mathrm{d}Q}=2\,000$$

（3）该企业的短期和长期平均成本曲线及边际成本曲线如图 5-12 所示。在图 5-12 中，短期边际成本曲线与短期平均成本曲线相交于后者的最低点（$Q=20$ 千件，$SAC=SMC=2\,000$元）。长期平均成本曲线与短期平均成本曲线在后者的最低点相切。这里 LAC 是一条水平线，说明该企业规模收益不变。

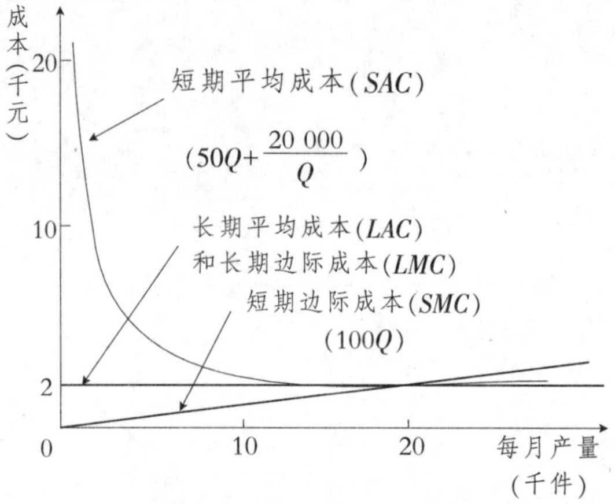

图 5－12　某企业的成本曲线

第 3 节　规模经济和范围经济

一、规模经济和企业规模的选择

我们已经讨论了经济学的成本理论，下面将探讨成本理论在企业决策中的应用。在此先探讨规模经济和企业规模的选择问题，因为它是长期成本理论的重要应用。然后在本章第 4 节和第 5 节里探讨短期成本的应用。

先来解释什么是规模经济。前面已经讲过，企业的长期平均成本曲线呈 U 形。之所以呈 U 形，是由规模收益递增—不变—递减的规律决定的（见图 5－13）。在规模收益递增阶段，平均成本随规模（产量）的增加而下降，长期平均成本曲线就呈向下倾斜趋势，这时生产是规模经济的，也就是说，此时扩大企业规模能使产品的单位成本下降。在规模收益不变阶段，平均成本保持不变，长期平均成本曲线呈水平状，这时企业达到最优规模，产品成本最低。在规模收益递减阶段，平均成本随规模（产量）的增加而上升，长期成本曲线向上倾斜，这时生产是规模不经济的，表示企业规模已经过大。由此可见，规模经济是选择企业规模时必须考虑的重要因素。但需要指出的是，在决定最适宜的企业规模时，不仅要考虑规模经济，而且要考虑需求，即产品的销路问题。例如，建一座钢厂，虽然 100 万吨的规模可使单位产品成本最低，但如果市场需求只有 50 万吨，建 100 万吨的工厂就会使生产能力利用不足，造成很大的浪费。可见，企业规模的选择要兼顾规模经济和需求等方面。[①]

在确定企业规模时，怎样才能兼顾规模经济和需求？前面讨论过的关于长期成本曲线的经济学原理（见图 5－10 及相关解释）为我们提供了这方面的理论依据，但在决策实践中，要找出企业的长期成本曲线是很费力的，下面的案例尽管简单，但为我们展示了一种实用的分析方法。

① 在进行企业规模决策时，还应考虑产品的运输成本。在注重规模经济的行业，扩大企业规模能使生产成本降低，但大企业的产品离消费地点远，运输成本会比小企业高。只有当生产成本的降低大于运输成本的提高时，建大企业才是合算的。

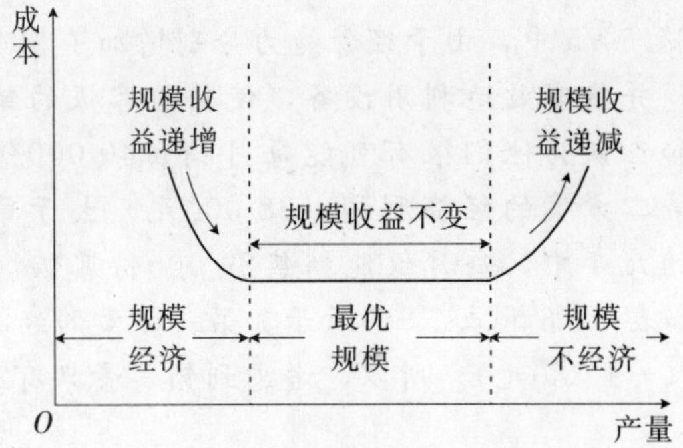

图5-13　规模经济和规模不经济

案例5-2

怎样确定餐厅的经营规模

甲和乙合伙经营南方餐厅，40 000元资金和餐厅所用的房屋设施都是他们自己的。他们还兼任餐厅经理，自己管理这家餐厅。2013年10月的经济利润表见表5-3。

表5-3　南方餐厅2013年10月经济利润表　单位：元

总收入（20 000份客饭，平均单价12元）		240 000
减：销货成本（20 000份客饭的原料，平均单价8.4元）		168 000
毛利		72 000
减：固定营业费用	40 000	
变动营业费用（20 000份客饭，平均每份1元）	20 000	
		60 000
会计利润		12 000
减：机会成本（放弃的租金收入）	4 000	
机会成本（放弃的薪酬收入）	5 200	
机会成本（放弃的利息收入）	300	
		9 500
经济利润		2 500

当时该餐厅每月销售20 000份客饭，这一销售量已接近餐厅的经营能力。如今他俩打算对餐厅进行扩建，正在考虑两个方案。第一个方案是对原餐厅进行重新改装，以扩大接待能力。这个方案能使餐厅的经营能力扩大50%，即月销售量增加到30 000份客饭。实现这个方案需投资120 000元，其中40 000元为两人自有，其余80 000元则是从别处借来的，年利率为9%。假如扩建后的餐厅能按其全部经营能力经营，那么，预期的月经济利润将如表5-4所示。

第二个扩建方案是购买餐厅隔壁的小楼。这样，增加的营业面积可使餐厅的经营能力加倍，即每月销售40 000份客饭。这个方案需投资200 000元，除自有资金40 000元外，另需外借160 000元，年利率为9%。假若按这一方案扩建并能充分利用其经营能力，那么，预期的月经济利润将如表5-5所示。

注意，在表5-4和表5-5中，由于经营能力分别增加了50%和1倍，能够大批量地购买原料和其他用品，并能有效地利用设备，使每份客饭的销售成本和变动营业费用都有所降低。如果甲和乙认为他们很有可能每月销售40 000份客饭，那么他们显然会选择第二方案，因为第二方案的经济利润（38 000元）大于第一方案（15 000元）。但假如他们估计在未来的几年中，每月仅能销售29 000份客饭，据此计算出第一方案和第二方案的经济利润如表5-6和表5-7所示。第一方案的经济利润（12 220元）大于第二方案的经济利润（－1 380元）。所以，考虑到销售量只有29 000份，甲和乙最终选择了第一方案。

表5-4　南方餐厅预期的月经济利润表

（按第一方案设计的经营能力计算）　单位：元

总收入（30 000份客饭，平均单价12元）		360 000
减：销货成本（30 000份客饭的原料，平均单价8.3元）		249 000
毛利		111 000
减：固定营业费用	58 000	
变动营业费用（30 000份客饭，平均每份0.92元）	27 600	
利息支出	600	
		86 200
会计利润		24 800
减：机会成本（放弃的租金收入）	4 000	
机会成本（放弃的薪酬收入）	5 200	
机会成本（放弃的利息收入）	600	
		9 800
经济利润		15 000

表5-5　南方餐厅预期的月经济利润表

（按第二方案设计的经营能力计算）　单位：元

总收入（40 000份客饭，平均单价12元）		480 000
减：销货成本（40 000份客饭的原料，平均单价8.2元）		328 000
毛利		152 000
减：固定营业费用	71 000	
变动营业费用（40 000份客饭，平均每份0.8元）	32 000	
利息支出	1 200	
		104 200
会计利润		47 800
减：机会成本（放弃的租金收入）	4 000	
机会成本（放弃的薪酬收入）	5 200	
机会成本（放弃的利息收入）	600	
		9 800
经济利润		38 000

表5-6 南方餐厅预期的月经济利润表

（按第一方案，月销售量为29 000份计算） 单位：元

总收入（29 000份客饭，平均单价12元）		348 000
减：销货成本（29 000份客饭的原料，平均单价8.3元）		240 700
毛利		107 300
减：固定营业费用	58 000	
变动营业费用（29 000份客饭，平均每份0.92元）	26 680	
利息支出	600	
		85 280
会计利润		22 020
减：机会成本（放弃的租金收入）	4 000	
机会成本（放弃的薪酬收入）	5 200	
机会成本（放弃的利息收入）	600	
		9 800
经济利润		12 220

表5-7 南方餐厅预期的月经济利润表

（按第二方案，月销售量为29 000份计算） 单位：元

总收入（29 000份客饭，平均单价12元）		348 000
减：销货成本（29 000份客饭的原料，平均单价8.3元）		240 700
毛利		107 300
减：固定营业费用	71 000	
变动营业费用（29 000份客饭，每份平均0.92元）	26 680	
利息支出	1 200	
		98 880
会计利润		8 420
减：机会成本（放弃的租金收入）	4 000	
机会成本（放弃的薪酬收入）	5 200	
机会成本（放弃的利息收入）	600	
		9 800
经济利润		−1 380

二、范围经济

许多企业都同时生产多种产品。例如，一家果园既生产橘子，又生产柚子；一口油井既生产原油，又生产天然气；一家汽车制造厂既生产轿车，又生产卡车；一家商业银行为客户提供多种金融服务；等等。只要一家企业生产多种产品的总成本低于这些产品中每种产品分别由一家企业来生产所需成本的总和，我们就说，这里存在范围经济。

例如，一家银行代理处既为社区居民办理储蓄业务，又为他们代理家庭财产保险和人寿保险业务，每月总开支为30 000元。但如果一家银行代理处只为社区居民办理储蓄业务，每月开支为20 000元，只代理保险业务，每月开支为15 000元，两者相加为35 000元，大于该代理处同时兼做两种业务所需的成本（30 000元）。这里就存在范围经济。

假定一家单产品企业生产一定产量的产品X的成本为$C(Q_X)$，另一家单产品企业生产一定产量另一种产品Y的成本为$C(Q_Y)$。又假定一家多产品企业，既生产同样产量的产品X，又生产同样产量的产品Y，其总成本为$C(Q_X, Q_Y)$。如果$C(Q_X, Q_Y) < C(Q_X) + C(Q_Y)$，就存在范围经济。

范围经济的大小（SC）可由下列公式来衡量：

$$SC = \frac{C(Q_X) + C(Q_Y) - C(Q_X, Q_Y)}{C(Q_X, Q_Y)} \tag{5-4}$$

SC的值越大，范围经济就越大。在激烈的市场竞争中，精明的管理者总要想方设法利用尽可能多的范围经济。

存在范围经济的原因有很多。当企业的某些设施和资源既可用于生产某种产品，又可用于生产其他产品时，范围经济就会经常发生。这是因为当生产和经营两种以上产品时，诸如共用生产设施、联合进行市场营销、共用相同的资源和共同管理等都能带来相应的经济效益。特别是有时企业在生产过程中能得到副产品，这种副产品能进一步加工为另外的产品。例如，炼铁厂利用矿渣生产建筑材料。有时企业生产的是关联产品，即在生产一种产品的同时，只需增加少量成本（或不需增加成本）就能得到另一种产品。如屠宰场生产牛肉和牛皮，炼油厂生产汽油、柴油和沥青等。

范围经济的另一个来源是企业优势的利用。企业优势可以包括销售网络优势、顾客的信任、企业的技术和品牌优势等。如阿玛尼、迪奥等著名的时装、香水品牌企业推出了墨镜、手表等产品，而且定价很高，这一做法就是在发挥其品牌优势。

案例5-3

7-ELEVEN的多元化经营与范围经济的利用

7-ELEVEN是一家24小时经营的便利店（小型超市），最初是美国企业，后被日本企业收购。

7-ELEVEN不以低价格取胜，其经营的最大特点是“便利”。商店面积虽然不大，但消费者日常所需商品一应俱全。7-ELEVEN是营业时间最长的商店，全年每天24小时营业。7-ELEVEN也是日本店铺最多的企业，不管是繁华的商业街、居民小区还是路边，也不管是城市还是乡村，只要有人的地方几乎都有7-ELEVEN的店铺。7-ELEVEN编织了一个覆盖全日本的销售网络。它的管理十分规范，所有商店的布局和商品摆放位置完全一致，顾客进入任何一家商店都可以马上找到自己所需的商品，无须花时间寻找。由于每个顾客购买的产品品种和数量很少，交款时间也很短，几乎无须等待，因此大大节约了顾客寻找商品和交款所需的时间。

随着店铺数量的增加，7-ELEVEN开始发展多元化经营。首先，7-ELEVEN扩大了经营的范围，开始代售电话卡、各种演出门票和一些生活类杂志等。此后，7-ELEVEN在每个店面都安装了复印机，消费者可以投币复印。逐渐地，7-ELEVEN将业务扩展到了金融领域，可以代收水电费、煤气费、电话费等各种款项。近几年，7-ELEVEN的店铺又安装了ATM机，顾客可以在7-ELEVEN提取存款，而不必去银行排队。今天的7-ELEVEN，利用其覆盖全日本的销售网络优势，成功地实现了多元化经营。

第4节　贡献分析法及其应用

这一节和下一节讨论的都是短期成本在企业决策分析中的应用。本节讨论贡献分析法，下一节讨论盈亏分界点分析法。在这里，为了简化分析过程，我们假定单位变动成本是一个常数，不随产量的变化而变化。这两种分析方法使用简便，在企业中得到了广泛的应用。

一、贡献分析法

贡献分析法是增量分析法在成本利润分析中的应用。一个方案的贡献是指该方案能够为企业增加多少利润。通过贡献的计算和比较来判断一个方案是否可以被接受的方法，称为贡献分析法。所以贡献也就是增量利润，它等于由决策引起的增量收入减去由决策引起的增量成本。

贡献(增量利润)＝增量收入－增量成本

如果贡献大于零，说明这一决策能使利润增加，因而是可以接受的。如果有两个以上的方案，它们的贡献都是正值，则贡献大的方案就是较优的方案。

在产量决策中，常常使用单位产品贡献这一概念，即增加一单位产量能给企业增加多少利润。如果产品的价格不变，增加单位产量的增量收入就等于价格，增加单位产量的增量成本就等于单位变动成本，所以，单位产品贡献就等于价格减去单位变动成本。

单位产品贡献＝价格－单位变动成本

由于价格是由变动成本、固定成本和利润三部分组成的，因此，贡献也等于固定成本加利润，这表明企业得到的贡献首先要用来补偿固定成本的支出，剩下的就是企业的利润。当企业不盈不亏（利润为零）时，贡献与固定成本的值相等。

贡献分析法主要用于短期决策。短期决策是指在一个已经建立并正在运营的企业中进行经营决策。在这里，即使企业不开工，设备、厂房、管理人员工资等固定成本也仍然要支出，所以属于沉没成本，决策时不予考虑。正因为这样，在短期决策中，决策的准则应是贡献（增量利润），而不是利润。

例5-4

某企业单位产品的变动成本为2元，总固定成本为10 000元，原价为3元。现有人愿按2.5元的价格订货5 000件。如不接受这笔订货，企业就无活可干。问：企业应否承接此订货？

解：如果接受订货，则接受订货后的利润为：

利润＝销售收入－(总变动成本＋总固定成本)

＝2.5×5 000－(2×5 000＋10 000)＝－7 500(元)

接受订货后的贡献将为：

贡献＝单位产品贡献×产量＝(2.5－2)×5 000＝2 500(元)

如果根据有无利润来决策，由于企业接受订货后要亏损7 500元，因此不应接受订货，但这一结论是错误的。因为在计算中把固定成本考虑进去了，而固定成本在这里是沉没成本。

应当按有无贡献来作出决策，贡献不是指利润，而是指利润的变化。如不接受订货，企业仍然要支出固定成本，即企业利润为－10 000元。接受订货后企业的利润为－7 500元。相比之下，企业若接受订货可以减少亏损2 500元，这就是利润的变化量，即贡献，有贡献就应接受订货。

贡献是短期决策的根据，但这并不是说利润不重要，利润是长期决策的根据。[①] 如果要决定是否投资于某企业，是否新建一家企业，就属于长期决策。在例 5－4 中，如果企业预计亏损7 500元，肯定不能投资。另外，在亏损的情况下接受订货，即使有贡献也只能是暂时的。如果企业的亏损长期得不到扭转，最终仍将破产。

二、贡献分析法的应用

贡献分析法应用甚广，下面从几个方面来探讨。

1. 是否接受订货

如果企业面对一笔订货，其价格低于单位产品的全部成本，企业要不要接受？乍一看，价格低于全部成本，肯定会增加企业的亏损，其实不一定。在一定条件下，即使所接受的订货的价格低于全部成本，也能增加企业的利润。这些条件是：

（1）企业有剩余的生产能力。

（2）新的订货不会影响企业的正常销售，如国外的订货不影响产品原来在国内的销售。

（3）虽然订货价格低于产品的全部成本（包括固定成本在内），但高于产品的单位变动成本。

例 5－5

大陆仪器公司生产各种计算器，一直通过自己的销售网进行销售。最近有一家大型百货商店愿意按每台 8 元的价格向它购买20 000台 X1－9 型计算器。大陆仪器公司现在每年生产 X1－9 型计算器160 000台，如果这种型号的计算器再多生产20 000台，就要减少生产更先进的 X2－7 型计算器5 000台。与这两个型号相关的成本、价格数据见表 5－8。

表 5－8　　单位：元

	X1-9 型	X2-7 型
材料费	1.65	1.87
直接人工费	2.32	3.02
变动间接费用	1.03	1.11
固定间接费用	5.00	6.00
利润	2.00	2.40
批发价格	12.00	14.40

大陆仪器公司很想接受百货商店的这笔订货，但又不太愿意按 8 元的单价出售（因为在正常情况下 X1－9 型计算器的批发价是 12 元）。可是，百货商店坚持只能按 8 元单价购买。大陆仪器公司是否应接受这笔订货？

---

① 在长期决策中，增量分析法依然适用，不过在这里，连固定成本也是可以变动的。

解：如果接受20 000台X1－9型计算器的订货：

贡献＝20 000×[8－(1.65＋2.32＋1.03)]

　　－5 000×[14.40－(1.87＋3.02＋1.11)]

　＝18 000(元)

有贡献就应接受这笔订货，因为它能为企业增加利润18 000元，尽管其订货价格低于批发价。

乍一看表5－8中的数据，可能会对“应接受订货”这一结论产生疑问。在表5－8中，每台X1－9型计算器的成本为10元(1.65＋2.32＋1.03＋5.00)，而百货商店的采购价格仅为每台8元，完成20 000台的订单就意味着每台亏损2元，共计亏损40 000元。为了生产20 000台X1－9型计算器，公司还需要减少5 000台X2－7型计算器的生产，表5－8中每台X2－7型计算器的利润为2.4元，生产5 000台的利润为12 000元（2.4×5 000)。为什么公司要减少盈利产品X2－7型计算器的生产，转而生产亏损的X1－9型计算器？

疑问之所以产生，是因为没有使用增量分析法。大陆仪器公司如接受订货，增量收入为20 000×8－5 000×14.40＝88 000元，增量成本为20 000×(1.65＋2.32＋1.03)－5 000×(1.87＋3.02＋1.11)＝70 000元，因而增量利润将为88 000－70 000＝18 000元。注意：题中的固定间接费用属于沉淀成本，决策时如果考虑进去，就会导致错误的结论。

---

2. 自制还是外购

企业经常面临这样的选择：产品中的某个部件或零件应该自制还是外购？在进行这种决策时，通常要比较部件或零件的自制和外购的成本。在作出决策时，关键是选择合适的成本（相关成本）。如果使用了不应该使用的成本，漏掉了应该使用的成本，就会导致决策错误。

例5－6

假定通用电气公司制造No.9零件20 000个，其成本数据如表5－9所示。

表5－9　　单位：元

费用	20 000个零件的总成本	单位成本
直接材料费	20 000	1
直接人工费	80 000	4
变动间接费用	40 000	2
固定间接费用	80 000	4
合计	220 000	11

如果外购，每个零件的价格为10元，可以节省固定间接费用20 000元（因为如果不制造这种零件，班长可以调做其他工作，从而可以节省班长工资20 000元）。同时，闲置的设备可以出租，租金收入为35 000元。问：通用电气公司应自制还是外购这种零件？

解：这里要分别计算自制和外购的增量成本，然后进行比较。需要注意的是，在计算自制的增量成本时，不应包括固定间接费用80 000元，因为它是沉没成本，但要把两笔机会成本（外购可以节省的固定间接费用20 000元和闲置设备可能的租金收入35 000元）包括进去。

外购的增量成本＝10×20 000＝200 000(元)

自制的增量成本＝20 000＋80 000＋40 000＋20 000＋35 000

＝195 000(元)

200 000＞195 000，所以，尽管初看起来，自制的单位全部成本 11 元大于外购成本 10 元，还是应当自制，因为自制的增量成本较低。

---

3. 增加何种新产品

当企业打算利用剩余的生产能力增加新产品时，如有几种新产品可供选择，应选择贡献大的产品，而不应选择利润大的产品。

例 5-7

某企业原来只生产产品 A，现有 B 和 C 两种新产品可以上马，但因剩余生产能力有限，只允许将其中之一投入生产。公司每月总固定成本为50 000元，且不会因上新产品而增加。新、老产品的相关数据如表 5-10 所示。

表 5-10

项目	产品 A	产品 B	产品 C
产销数量（月平均）（件）	20 000	10 000	50 000
单价（元）	5	10	3
单位变动成本（元）	2	5.4	2

这种情况下，该企业应增加哪种新产品？

解：产品 B 的总贡献＝(10－5.4)×10 000＝46 000(元)

产品 C 的总贡献＝(3－2)×50 000＝50 000(元)

产品 C 的贡献比产品 B 多 4 000 元（50 000－46 000），所以应生产产品 C，可比生产产品 B 多得利润 4 000 元。

这个决策的正确性，可通过比较两种方案（一个是生产产品 A 和产品 B，另一个是生产产品 A 和产品 C）的利润得到证明。

生产产品 A 和产品 B 的总利润＝(5×20 000＋10×10 000)－(2×20 000＋5.4×10 000)－50 000

＝56 000(元)

生产产品 A 和产品 C 的总利润＝(5×20 000＋3×50 000)－(2×20 000＋2×50 000)－50 000

＝60 000(元)

增加新产品 C 比新产品 B 可多得利润 4 000 元（60 000－56 000）。这个答案和前面计算贡献的答案相同，但不如贡献分析法简便。

需要指出的是，如果先在各种产品上分摊固定成本，然后计算每种产品的利润，再根据利润大小来决策，这种方法是错误的。

按销售收入的大小来分摊固定成本，则

$$\text{产品B应负担的固定成本}=\frac{\text{产品B的销售收入}}{\text{产品A和产品B的总销售额}}\times\text{总固定成本}$$

$$=\frac{10\ 000\times10}{5\times20\ 000+10\times10\ 000}\times50\ 000$$

$$=25\ 000(\text{元})$$

$$\text{产品C应负担的固定成本}=\frac{\text{产品C的销售收入}}{\text{产品A和产品C的总销售额}}\times\text{总固定成本}$$

$$=\frac{50\ 000\times3}{5\times20\ 000+3\times50\ 000}\times50\ 000$$

$$=30\ 000(\text{元})$$

$$\text{产品B的利润}=10\times10\ 000-5.4\times10\ 000-25\ 000=21\ 000(\text{元})$$

$$\text{产品C的利润}=3\times50\ 000-2\times50\ 000-30\ 000=20\ 000(\text{元})$$

21 000>20 000，所以应增加产品 B 的生产。

这个结论之所以错误，是因为它在各种产品中分摊固定成本有很大的随意性。例如，可以按销售收入分配，也可以按工人工资、工时数分摊，等等。所以，把作为沉没成本的固定成本牵扯进去，实在是吃力不讨好的事，采用贡献分析法则不必分摊固定成本。

例 5-8

在例 5-7 中，如果增加产品 C 的生产，需要增购一台设备，使固定成本每月增加 10 000元。问：在这种情况下，企业应生产哪种新产品？

解：需要注意的是，这里增加的固定成本不是沉没成本，而是增量成本。

$$\text{产品B的总贡献}=(10-5.4)\times10\ 000=46\ 000(\text{元})$$

$$\text{产品C的总贡献}=(3-2)\times50\ 000-10\ 000=40\ 000(\text{元})$$

46 000>40 000，所以应生产新产品 B。

4. 亏损的产品要不要停产或转产

如果企业生产几种产品，其中有的产品是亏损的，则会面对两个问题：(1) 亏损的产品要不要停产？有人认为，停产亏损的产品可以避免亏损。(2) 要不要转产？转产是否合算？下面举例说明。

例 5-9

假定某企业生产三种产品 A，B，C，其中产品 C 是亏损的。每月的销售收入和成本利润数据如表 5-11 所示。

表 5-11

单位：元

项目	产品 A	产品 B	产品 C	总计
销售收入	1 000 000	1 500 000	2 500 000	5 000 000
成本				
变动成本	700 000	1 000 000	2 200 000	3 900 000
固定成本	200 000	300 000	500 000	1 000 000
利润	100 000	200 000	−200 000	100 000

（1）产品 C 要不要停产？

（2）假如把产品 C 的生产能力转产产品 D，产品 D 每月的销售收入为2 000 000元，每月的变动成本为1 500 000元。要不要转产产品 D？

（3）假如产品 C 停产后，可以把部分管理人员和工人调往他处，使固定成本下降80 000元，腾出的设备可以出租，租金收入预计每月250 000元。产品 C 要不要停产？

解：（1）产品 C 要不要停产，不是看它是否亏损，而是看生产产品 C 能否给企业带来贡献，如能带来贡献，就应继续生产；如贡献为负值，就不应继续生产。在本例中：

产品 C 的贡献＝2 500 000－2 200 000

＝300 000(元)

所以，不应停止产品 C 的生产，因为这样反而会使企业减少利润300 000元。

需要说明的是，上述决策是以两个假设为前提的：(1) 假设停产某一产品后，企业总固定成本保持不变。在本例中，总固定成本1 000 000元并不因停产产品 C 而减少；(2) 假设停产后，这部分生产能力被闲置不用。在这两个假设下，停产产品 C 会使企业从原来的盈利100 000元变为亏损200 000元，使企业净减少利润300 000元（见表 5-12）。

表 5-12

单位：元

项目	企业合计		
	维持产品 C 的生产	停产产品 C	差额
销售收入	5 000 000	2 500 000	
成本			
变动成本	3 900 000	1 700 000	
固定成本	1 000 000	1 000 000	
利润	100 000	−200 000	−300 000

（2）把生产产品 C 的生产能力转用于生产产品 D 是否可行，需要比较产品 C 和产品 D 两者贡献的大小。

产品 C 的贡献＝2 500 000－2 200 000

＝300 000(元)

产品 D 的贡献＝2 000 000－1 500 000

＝500 000(元)

500 000＞300 000，所以转产产品 D 是合算的，它能给企业增加利润200 000元。

（3）在这种情况下，仍看生产产品 C 有无贡献，但在计算这一贡献时，要考虑两笔机会成本（如果停产，可以节省固定成本80 000元，还可以得到租金收入250 000元）。

如果生产产品 C，则

增量收入＝2 500 000 元

增量成本=2 200 000+80 000+250 000

=2 530 000(元)

贡献=2 500 000−2 530 000=−30 000(元)

生产产品C的贡献为负值，所以应予停产。

5. 有限资源怎样最优使用

企业的资源是指企业生产产品时所使用的原材料、设备、熟练劳动力等。有时企业所需的某种资源的来源可能受到限制，数量有限，成为生产中的瓶颈。

如果这家企业生产多种产品，就会涉及如何把有限资源分配给各种产品以使企业获利最多的问题。这里需要指出的是，有限资源应当优先用于什么产品以及使用的先后顺序，不是取决于每种产品单位利润的多少，也不是取决于每种产品单位贡献的大小，而是取决于单位有限资源所带来的贡献大小。

例5-10

大新纺纱公司已经试验成功，可以用一种新的人造纤维纺出三种纱，其型号分别为25PAG，40PAG和50PAG。这种新的人造纤维是由另一家人造纤维公司生产的，产量有限，只能限量供应，对大新纺纱公司的供应量限定为每月3 000千克。大新纺纱公司生产这三种纱的成本和利润的数据如表5-13所示。

表5-13

项目	25PAG	40PAG	50PAG
单位产量原料消耗（千克）	4	2.5	2
单位成本（元）			
原料费	3.20	2.00	1.60
人工费	0.25	0.30	0.40
间接费用	0.30	0.40	0.50
（其中50%为变动费用，50%为固定费用）			
合计（元）	3.75	2.70	2.50
销售价格（元）	4.60	3.20	2.85
利润（元）	0.85	0.50	0.35

假定25PAG的最大销售量为500单位，40PAG为700单位，50PAG为800单位。问：大新纺纱公司最优的产品方案应如何确定？

解：先算出每种产品的单位利润、单位贡献和单位原料贡献（本例中原料来源有限，是生产中的瓶颈），见表5-14。

表5-14 单位：元

项目	25PAG	40PAG	50PAG
单位产品利润	0.85	0.50	0.35
单位产品贡献 （=单位固定成本+单位利润）	1.00 （=0.15+0.85）	0.70 （=0.20+0.50）	0.60 （=0.25+0.35）

续前表

项目	25PAG	40PAG	50PAG
单位原料贡献（＝单位产品贡献÷原料消耗定额）	0.25（＝1.00÷4）	0.28（＝0.70÷2.5）	0.30（＝0.60÷2）

由以上数据可知，单位产品利润最高的产品是25PAG，单位产品贡献最多的产品也是25PAG。但由于原料的供应是薄弱环节，能使企业获利最多的产品应是单位原料贡献最大的产品50PAG，其单位原料贡献为0.30元/千克，次多的是40PAG，为0.28元/千克，获利最小的是25PAG，为0.25元/千克。可验证如下：

如把所有原料分别用于各种产品，可分别算出总贡献如下：

总贡献＝单位产品贡献×产量

用于25PAG：

$$总贡献=1.00\times\frac{3\ 000}{4}=750(元)$$

用于40PAG：

$$总贡献=0.70\times\frac{3\ 000}{2.5}=840(元)$$

用于50PAG：

$$总贡献=0.60\times\frac{3\ 000}{2}=900(元)$$

可见，50PAG贡献最大，为900元，是企业获利最多的产品；40PAG贡献次之，为840元，是企业获利次多的产品；25PAG贡献最小，为750元，是企业获利最少的产品。原料分配应按此先后顺序进行。

由于25PAG的最大销售量为500单位，需用原料2 000千克（4×500）；40PAG的最大销售量为700单位，需用原料1 750千克（2.5×700）；50PAG的最大销售量为800单位，需用原料1 600千克（2×800）。根据这种情况，企业的3 000千克原料中，1 600千克优先用于生产50PAG 800单位，剩下的1 400千克用于生产40PAG 560单位（1 400÷2.5），不生产25PAG产品。

需要说明的是，上述产品方案是完全从盈利角度考虑的。在实际决策时，可能还要兼顾企业形象、企业风险、营销战略等非利润因素。

6. 向公司内还是公司外购买

总公司下面都设有分公司（或者一个企业集团由许多企业组成），各分公司通常是利润中心，自负盈亏，有定价自主权。假如一家分公司打算购买一种产品或劳务，既可以向总公司内部的分公司购买，也可以向公司外部的企业购买。这时，如果总公司内部分公司开出的价格高于公司外部企业的价格，想购买产品或劳务的分公司就会向外部购买。但是，总公司对分公司的这种购买行为应该表示同意还是不同意？决策依据是什么？依据应当是从总公司的立场（不是从分公司利益角度）看，哪一个方案能使净购买成本最低。这里，净购买成本是指从总公司的角度看购买产品（或劳务）的净支出，等于付出的费用减去下属各分公司因购买而引起的贡献收入。

例 5-11

某木材加工总公司下设三个分公司，即锯木厂分公司、家具制造分公司和木制品批发分公司。这三家分公司自负盈亏，有定价自主权。但如果分公司之间在价格上有争议，总公司有裁决权。现木制品批发分公司拟订购一批高级家具。它可以向总公司的家具制造分公司订购，后者出价每套5 000元；也可以向外面的家具商 A 或 B 订购，A 出价每套4 500元，B 出价每套4 000元。如果由总公司的家具制造分公司生产这批家具，变动成本为4 000元，其中有 75%为木料费用，购自总公司的锯木厂分公司。锯木厂分公司生产这批木料所付变动成本占售价的 60%。如果由外面的家具商 A 生产这批家具，则需要委托总公司的家具制造分公司进行油漆，油漆价格为每套 800 元，其中变动成本占 70%。现总公司的家具制造分公司坚持这批订货的价格不能低于5 000元，但木制品批发分公司认为太贵，打算向外面的家具商 B 订购。如果你是总公司总经理，应如何决策？

解：这里一共有三个购买方案：(1) 向总公司的家具制造分公司购买；(2) 向公司外面的家具商 A 购买；(3) 向公司外面的家具商 B 购买。从分公司的角度看，第一方案最贵，价格为5 000元；第二方案次贵，为4 500元；第三方案最便宜，为4 000元。但这不应是决策的依据，决策的依据应当是从总公司的角度看，哪个方案的净购买成本最低。下面计算净购买成本：

(1) 向总公司的家具制造分公司订购。

$$\text{净购买成本}=\underbrace{5\,000}_{\text{价格}}-\Big[\underbrace{(5\,000-4\,000)}_{\text{家具制造分公司的贡献收入}}+\underbrace{(4\,000\times75\%-4\,000\times75\%\times60\%)}_{\text{锯木厂分公司的贡献收入}}\Big]=2\,800(\text{元})$$

(2) 向公司外面的家具商 A 订购。

$$\text{净购买成本}=\underbrace{4\,500}_{\text{价格}}-\underbrace{(800-800\times70\%)}_{\text{家具制造分公司的贡献收入}}=4\,260(\text{元})$$

(3) 向公司外面的家具商 B 订购。

净购买成本＝4 000(元)

比较三个方案的净购买成本，以第一方案为最低。所以总经理应裁决向总公司的家具制造分公司购买家具。

第 5 节　盈亏分界点分析法及其应用

一、盈亏分界点分析法

盈亏分界点分析法也称量—本—利分析法，是一种在企业得到广泛应用的决策分析方法。它主要有以下功能。

1. 研究产量变化、成本变化和利润变化之间的关系

这是盈亏分界点分析法的最基本功能，其他的功能是基于此产生的。由于企业的任何决策都有可能引起产量（销售量）[①]、成本、价格等诸因素的变化，因此，利用盈亏分界点分析法这一工具，就能方便地分析诸因素的变化对利润的影响，从而为决策提供依据。

2. 确定盈亏分界点产量

盈亏分界点产量是指企业不盈不亏时的产量（保本产量，这时企业的总收入等于总成本）。企业家从事企业经营的目的就是获得利润。影响利润的因素很多，但最不确定的因素是销售量。所以，管理者总是希望抛开销售量这一因素，先找出本企业的盈亏分界点产量是多少，然后看某个方案带来的销售量是多少。如果一个方案的销售量大于盈亏分界点产量，说明该方案有利可图，是可取的，否则就会亏本，是不可取的。所以，盈亏分界点产量也是决策的一个重要根据。盈亏分界点分析法研究产量、成本等因素对利润的影响，并将重点放在寻找盈亏分界点产量上。

3. 确定企业的安全边际

在确定盈亏分界点产量的基础上，就可以进一步确定企业的安全边际。企业的安全边际是指企业预期（或实际）销售量与盈亏分界点销售量之间的差额。这个差额越大，说明企业越能承受市场需求的波动，经营比较安全，风险较小。

二、盈亏分界点分析法的具体方法及其应用

1. 图解法

盈亏分界点分析法的图解法就是用图形来分析产量、成本等各种变量和利润之间的关系。这里，假定产品价格和单位变动成本都不随产量的变化而变化，所以，销售收入曲线、总变动成本曲线和总成本曲线都是直线。

假定某企业生产某种产品的总固定成本（*TFC*）为6万元，单位变动成本（*AVC*）为每件1.8元，产品价格为每件3元，假定产量为10万件，就可以在坐标图上画出总成本、总固定成本和销售收入三条直线，得出盈亏分界点分析图（见图5-14）。

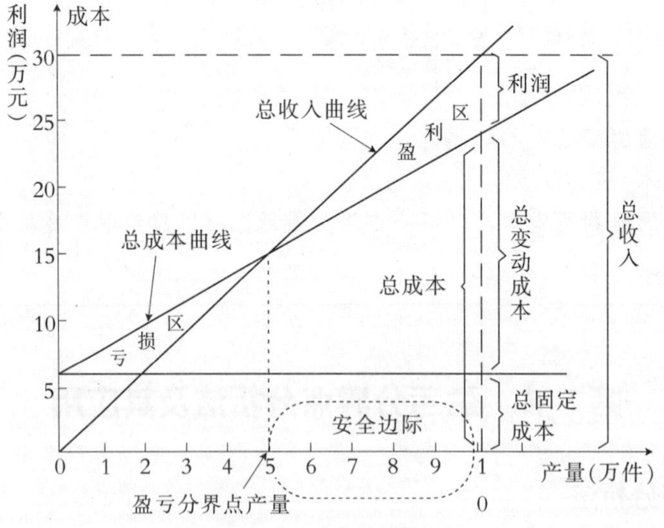

图5-14　盈亏分界点分析

① 在盈亏分界点分析中，假定生产出来的产品都能销售出去，即产量与销售量相等，企业期初和期末的成品库存量相同。

从图 5-14 中可以得出以下信息，供决策分析之用。

（1）盈亏分界点产量，即总收入曲线和总成本曲线相交之点（本例中，盈亏分界点产量为 5 万件）；

（2）各个产量上的总收入；

（3）各个产量上的总成本；

（4）各个产量上的总利润，即各个产量上的总收入与总成本的差额；

（5）各个产量上的总变动成本，即各个产量上的总成本与总固定成本的差额；

（6）安全边际，即预期的（或实际的）产量与盈亏分界点产量的差额（本例中为 5 万件（10－5））。

用图解法来进行盈亏分界点分析的优点是能够形象地看到产量、成本、收入和利润之间的相互关系。但在很多情况下，用代数法进行这种分析更方便。

2. 代数法

代数法就是用代数式来表示产量、成本和利润之间的关系，并通过代数计算，求出需要的数据。

假定 P 为单位产品价格，Q 为销售量（或产量），F 为总固定成本，V 为单位变动成本，π 为总利润，C 为单位产品贡献。

（1）求盈亏分界点产量的公式。当不盈不亏时：

$$P \cdot Q = F + VQ$$

因此
$$Q = \frac{F}{P-V} = \frac{F}{C} \tag{5-5}$$

式中，Q 为盈亏分界点产量。

（2）求保目标利润的产量的公式。由于

$$P \cdot Q = F + Q \cdot V + \pi$$

因此
$$Q = \frac{F+\pi}{P-V} = \frac{F+\pi}{C} \tag{5-6}$$

式中，Q 为保目标利润 π 的产量。

（3）求利润的公式。

$$\pi = P \cdot Q - (F + V \cdot Q) \tag{5-7}$$

（4）求因素变动后的盈亏分界点产量的公式。由于采用一个新方案往往会引起成本利润分析中诸变量的变化，假定固定成本、价格、单位变动成本的变化分别为 ΔF，ΔP，ΔV，则这些因素变化后的盈亏分界点产量应为：

$$Q = \frac{F \pm \Delta F}{(P \pm \Delta P) - (V \pm \Delta V)} \tag{5-8}$$

（5）求因素变动后的保目标利润的产量的公式。

$$Q = \frac{(F \pm \Delta F) + (\pi + \Delta\pi)}{(P \pm \Delta P) - (V \pm \Delta V)} \tag{5-9}$$

式中，$\Delta\pi$ 是目标利润的变化量。

（6）求保税后利润的产量的公式。如果企业要缴所得税，税率为 t，又假定税前利润为 π，税后利润为 π'，则

$$\pi' = \pi - \pi t = (1-t)\pi$$

$$\pi=\frac{\pi'}{1-t}$$

由于保税前利润的产量为：

$$Q=\frac{F+\pi}{P-V}$$

因此保税后利润的产量应为：

$$Q=\frac{F+\pi'/(1-t)}{P-V} \tag{5-10}$$

（7）求安全边际和安全边际率的公式。

$$安全边际=\frac{实际(或预期)}{销售量}-\frac{盈亏分界点}{销售量} \tag{5-11}$$

$$安全边际率=\frac{安全边际}{实际或预期销售量} \tag{5-12}$$

如果安全边际和安全边际率较大，说明即使市场需求大幅下降，企业仍有可能避免亏损，故它的经营较为安全。

3. 盈亏分界点分析法举例

（1）如何求保本和保利润销售量。

例 5-12

假定某汽车公司经营到风景点A地的旅游业务，往返历时10天，由汽车公司为游客提供交通、住宿和伙食。往返一次所需成本数据如表5-15所示。

表 5-15 单位：元

固定成本	
折旧	1 200
员工工资（包括司机）	2 400
其他	400
往返一次的全部固定成本	4 000
变动成本	
每个游客的食宿费	475
每个游客的其他变动费用	25
每个游客的全部变动成本	500

问：（1）如果定价为600元/人，至少要有多少游客才能保本？如果定价为700元/人，至少要有多少游客才能保本？

（2）如果定价为600元/人，预期游客数量为50人；如果定价为700元/人，预期游客数量为40人。定价为600元/人和700元/人时的安全边际和安全边际率各是多少？

（3）如果公司往返一次的目标利润为1 000元，定价为600元/人，至少要有多少游客才能实现这个利润？如定价为700元/人，至少要有多少游客？

（4）如果定价为600元/人，汽车往返一次的利润是多少？如果定价为700元/人，往返一次的利润是多少？

解：（1）如定价为600元/人，则

$$Q=\frac{F}{P-V}=\frac{4\ 000}{600-500}=40(人)$$

所以保本的游客数为 40 人。

如定价为 700 元/人，则

$$Q=\frac{4\ 000}{700-500}=20(\text{人})$$

所以保本的游客数为 20 人。

（2）如定价为 600 元/人，则

$$\text{安全边际}=\text{预期销售量}-\text{保本销售量}=50-40=10(\text{人})$$

$$\text{安全边际率}=\frac{\text{安全边际}}{\text{预期销售量}}=\frac{10}{50}=20\%$$

如定价为 700 元/人，则

$$\text{安全边际}=40-20=20(\text{人})$$

$$\text{安全边际率}=\frac{20}{40}=50\%$$

定价为 700 元/人时的安全边际率大于定价 600 元/人时的安全边际率，说明在企业经营中，定价为 700 元/人比定价 600 元/人更安全。

（3）如定价为 600 元/人，则

$$Q=\frac{F+\pi}{P-V}=\frac{4\ 000+1\ 000}{600-500}=50(\text{人})$$

即保目标利润的旅客人数应为 50 人。

如定价为 700 元/人，则

$$Q=\frac{4\ 000+1\ 000}{700-500}=25(\text{人})$$

即保目标利润的旅客人数应为 25 人。

（4）如定价为 600 元/人，则

$$\pi=600\times50-500\times50-4\ 000=1\ 000(\text{元})$$

如定价为 700 元/人，则

$$\pi=700\times40-500\times40-4\ 000=4\ 000(\text{元})$$

定价 700 元/人比定价 600 元/人的利润多，所以，价格应定为 700 元/人。

（2）**如何确定最佳的价格水平和质量水平。**

例 5-13

假定某企业生产某产品每年的总固定成本为 800 元。这种产品如果质量要求高，每件的变动成本为 2.5 元。如果质量要求低，每件的变动成本为 2 元。

两种产品质量的价格和销售量数据预期如表 5-16 所示。

表 5-16

高质量时		低质量时	
价格（元）	销售量（件）	价格（元）	销售量（件）
5	1 000	5	800
4	1 200	4	1 000

问：该企业的产品质量和价格应定在什么水平上？

解：(1) 高质量情况下（$V=2.5$ 元）。

价格为 5 元时，有

$$\begin{aligned}\pi &= P\cdot Q-(F+VQ)\\ &=5\times1\,000-(800+2.5\times1\,000)\\ &=1\,700(\text{元})\end{aligned}$$

价格为 4 元时，有

$$\begin{aligned}\pi &=4\times1\,200-(800+2.5\times1\,200)\\ &=1\,000(\text{元})\end{aligned}$$

(2) 低质量情况下（$V=2$ 元）。

价格为 5 元时，有

$$\begin{aligned}\pi &=5\times800-(800+2\times800)\\ &=1\,600(\text{元})\end{aligned}$$

价格为 4 元时，有

$$\begin{aligned}\pi &=4\times1\,000-(800+2\times1\,000)\\ &=1\,200(\text{元})\end{aligned}$$

所以最优的产品质量和价格水平的组合应为高质量与高价格，此时的利润最大，为1 700元。

---

(3) 选用什么样的技术来生产某种产品。

例 5-14

假定有一种产品，市场价格为 4 元，可以用三种不同的技术方案来生产。A 方案的技术水平最低，所以固定成本较低，为20 000元，但单位变动成本较高，为 2 元。B 方案的技术水平为中等，其固定成本为45 000元，单位变动成本为 1.0 元。C 方案的技术水平最高，固定成本为70 000元，单位变动成本为 0.5 元。问：

(1) 假如预计销售量为12 000件左右，应选择哪个方案？

(2) 假如预计销售量为 25 000 件以内，应选择哪个方案？预计销售量为25 000～50 000件，应选择哪个方案？预计销售量超过50 000件，应选择哪个方案？

解：(1) 分别求出三个方案的盈亏分界点。

$$\text{方案 A：}Q_A=\frac{F}{P-V}=\frac{20\,000}{4-2}=10\,000(\text{件})$$

$$\text{方案 B：}Q_B=\frac{45\,000}{4-1}=15\,000(\text{件})$$

$$\text{方案 C：}Q_C=\frac{70\,000}{4-0.5}=20\,000(\text{件})$$

由于预计销售量为12 000件左右，小于方案 B 和方案 C 的保本销售量，因此不宜选用方案 B 和方案 C。由于预计销售量大于方案 A 的保本销售量，故方案 A 有利可图，可以采用。

(2) 计算出这三种技术水平在不同产量上的利润，可得表 5-17。

表5-17

预计销售量（件）	利润（元）		
	方案A	方案B	方案C
10 000	盈亏分界点	−15 000	−35 000
15 000	10 000	盈亏分界点	−17 500
20 000	20 000	15 000	盈亏分界点
25 000	30 000	30 000	17 500
30 000	40 000	45 000	35 000
40 000	60 000	75 000	70 000
50 000	80 000	105 000	105 000
60 000	100 000	135 000	140 000

从表5-17中所示的利润可以看出：

当销售量为25 000件以内时，方案A最优；

当销售量为25 000～50 000件时，方案B最优；

当销售量超过50 000件时，方案C最优。

（4）分析各种因素变动对利润的影响。

例5-15

某餐厅目前每月平均就餐人数为5 000人，每人平均就餐消费为50元。该餐厅的各项成本数据如下（单位：元）：

变动成本：

平均每人每餐食品成本	15
餐具、器皿费每月平均5 000元，平均每人每餐	1.0

固定成本：

员工工资（8人×3 000元）	24 000
广告费（每月平均）	5 000
其他固定成本（每月平均）	8 000

问：（1）该餐厅目前利润是多少？

（2）假定该餐厅打算采取以下措施来提高自己的服务质量和声誉：1）重新装修餐厅（将使固定成本每月增加5 000元）；2）增加广告投入（每月增加1 000元）；3）增加2名服务员（每人每月工资3 000元），以提高服务质量；4）提高价格，使就餐消费平均增加到60元。采取这些措施后，该餐厅每天至少应多吸引多少顾客，才能使利润增加50%？

解：（1）假定目前每月利润额为π。

$$\begin{aligned}\pi &= 50\times 5\,000-[(24\,000+5\,000+8\,000)+(15+1.0)\times 5\,000]\\ &= 133\,000(\text{元})\end{aligned}$$

（2）假定采取措施后，为了使利润增加50%，就餐人数应增加到Q人。

$$\begin{aligned}Q &= \frac{(F\pm\Delta F)+(\pi+\Delta\pi)}{(P\pm\Delta P)-(V\pm\Delta V)}\\ &= \frac{(37\,000+5\,000+1\,000+2\times 3\,000)+133\,000\times(1+50\%)}{60-(15+1.0)}\end{aligned}$$

=5 647(人)

5 647−5 000=647(人)

即如每月能多吸引顾客 647 人（每天约 22 人），可使利润增加 50%。

三、经济学原理与盈亏分界点分析法的实践

为了使盈亏分界点分析法的实践符合经济学原理，在使用盈亏分界点分析法时，必须注意以下两点。

1. 盈亏分界点分析法只宜在相关的产量范围内使用

经济学认为，随着销售量的增加，产品的价格不是不变的，而是呈下降趋势，所以企业需求曲线一般是向右下方倾斜的，销售收入曲线则是一条抛物线。由于边际收益递减规律的作用，产品的平均变动成本也不是不变的，因此总变动成本和总成本曲线也都不是直线，而是曲线。所以，经济学认为盈亏分界点有两个（见图 5－15 中销售收入曲线与总成本曲线的交点 A 和 B），利润最大时的产量则是两条曲线垂直距离最大之处，即图 5－15 中的 Q_C。盈亏分界点分析法假设产品价格、单位变动成本均不随产量的变化而变化，销售收入曲线和总成本曲线均为直线，盈亏分界点只有一个（见图 5－16 中总收入曲线和总成本曲线的交点 A），而且产量越大，利润越大。显然，这种情况既不符合经济学原理，也不符合生产的实际（企业因受生产能力的限制，利润不可能无限增大）。因此，在实践中，为了使盈亏分界点分析法不与经济学原理和生产的实际相差太远，在进行决策分析时，必须注意它只能在相关的产量范围内使用，在这个范围内可以利用线性的收入和成本函数，超出这个范围有可能出现较大的误差。

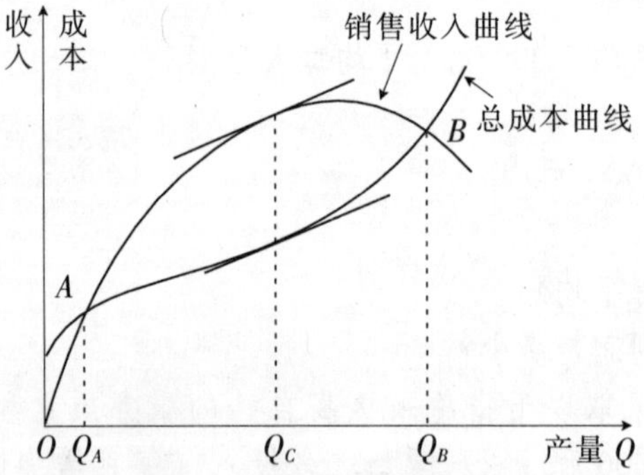

图 5－15　经济学理论中的盈亏分界点

2. 分析用的成本数据应当在会计成本的基础上根据机会成本原理加以调整

最可能的调整有如下两个方面：

（1）使用过去购进的设备、原材料，会计成本是按原价计算的，应按现行价格进行调整。

（2）将会计成本中未包括的其他内涵成本包括进去。例如，在私营企业里，业主自己担任经理不拿工资，但他如在别处工作，会有一笔工资收入，这是应包括进去的内涵成本。又如，国有企业的固定资金和流动资金可能是国家无偿拨给的，这种资金如用于他处，可以有利润收入，这种可能得到的利润收入属于内涵成本。

在使用根据机会成本原理调整后的成本数据进行盈亏分界点分析时，得出的盈亏分界点

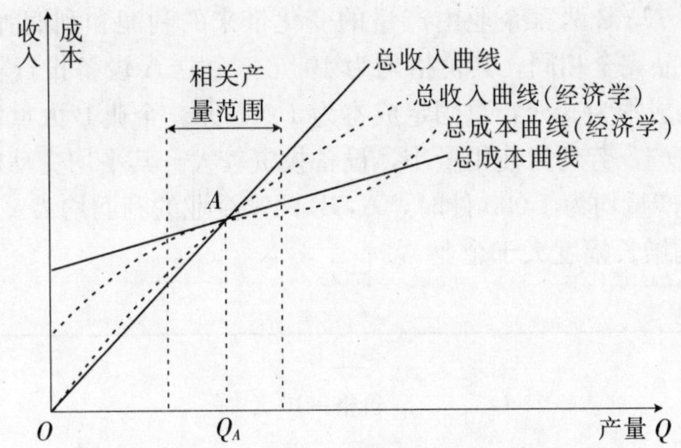

图 5-16　盈亏分界点分析法中的盈亏分界点

产量是指经济利润为零时的产量（此时企业仍有正常利润，且已包括在成本之中）。

第 6 节　经营杠杆

企业的成本中包括变动成本和固定成本，固定成本和变动成本的比率称为经营杠杆。如果一家企业的固定成本和变动成本的比值较大，则认为企业的杠杆作用大。采用机械化、自动化程度高的生产方式进行生产的企业，设备投资较大，杠杆作用往往比较大。

与杠杆作用小的企业相比，杠杆作用大的企业有一个特点，那就是当产量变化一定百分比后，杠杆作用大的企业的利润的变化幅度会大于杠杆作用小的企业。这是因为固定成本不随产量的变化而变化，即使企业的产量和销售额处于较低水平，企业也必须支付高额的固定成本。对于杠杆作用大的企业来说，产量变化后，总成本的变化幅度小于产量的变化幅度，因此利润的变化幅度会大于产量的变化幅度。而杠杆作用小的企业固定成本少，利润的变化幅度与产量的变化幅度较为接近。

经营杠杆是一个弹性的概念，可以用利润弹性（$E\pi$）进行分析，它是指由产量变化百分之一所带来的利润变动的百分比。

$$E\pi=\text{利润变化百分比}/\text{销售量变化百分比} \tag{5-13}$$

$$E\pi=\frac{\Delta\pi/\pi}{\Delta Q/Q}=\frac{\Delta\pi}{\Delta Q}\cdot\frac{Q}{\pi} \tag{5-14}$$

因为　$\pi=PQ-AVC\cdot Q-TFC$

$\Delta\pi=P\cdot\Delta Q-AVC\cdot\Delta Q$

所以计算利润弹性的公式可以变换为：

$$E\pi=\frac{(P\cdot\Delta Q-AVC\cdot\Delta Q)/(PQ-AVC\cdot Q-TFC)}{\Delta Q/Q} \tag{5-15}$$

经过简化，利润弹性的计算公式如下：

$$E\pi=\frac{Q(P-AVC)}{Q(P-AVC)-TFC} \tag{5-16}$$

观察式（5-16）可以发现，如果两家企业的价格、产量、平均变动成本相同，那么总固定成本（TFC）越大的企业，杠杆作用越大。也就是说，总固定成本越大的企业，当产量变化后，利润的变化幅度越大。

表5-18显示了A，B两家企业由产量的变化带来的利润和利润弹性变化的数据。A，B两家企业生产的产品完全相同，其价格均为10元。企业A设备投资较少，大量使用劳动力，所以其平均变动成本为5元，总固定成本为1 000元。企业B大量使用机械化、自动化程度高的设备进行生产，劳动力使用量小，设备投资较大，其平均变动成本为2元，总固定成本为4 000元。当产量均为1 000件时，A，B两家企业的利润均为1 000元。随着产量的提高，企业B的利润增长幅度大于企业A。

表5-18

企业A：
价格＝10元
AVC＝5元
TFC＝1 000元

企业B
价格＝10元
AVC＝2元
TFC＝4 000元

产量	利润		经营利润弹性	
	企业A	企业B	企业A	企业B
400	1 000	−800	2	−4
500	1 500	0	1.67	∞
1 000	4 000	4 000	1.25	2
1 500	6 500	8 000	1.15	1.5
2 000	9 000	12 000	1.11	1.33
2 500	11 500	16 000	1.09	1.25
3 000	14 000	20 000	1.07	1.2

请注意，利润弹性不是一个常量，随着产量的变化，利润弹性也在发生变化。当产量小时，杠杆作用变大，当达到盈亏平衡点时，弹性值变得无穷大。随着产量的提高，杠杆作用逐渐变小。

由于企业B的杠杆作用大，我们认为企业B的经营风险更高。因为随着产量的提高，企业B的利润增幅大于企业A。但当产量下降时，杠杆作用大的企业B的利润下降幅度也大于企业A。当产量下降到500件时，企业A还有1 500元的利润，企业B的利润为0。产量继续下降到400件时，企业A仍有1 000元的利润，企业B则会亏损800元。

在第4章生产决策分析中介绍了劳动力和资本的替代关系，说明了随着劳动力成本的上涨，企业用资本（机械设备）代替劳动力是一个必然的选择。但同时需要注意，以资本（机械设备）替代劳动力时，企业的固定成本增加，经营风险也随之加大。对于企业来说，并非技术越先进越好，在劳动力成本仍然处于较低水平的条件下，选择合适的技术水平十分重要。因为过早地利用最先进的技术和设备，不仅会抬高企业的成本，而且会增大企业的经营风险。

第7节　成本函数的估计

为了进行成本利润分析，需要对成本函数进行估计。成本函数分为短期成本函数和长期成本函数。下面分别介绍这两种成本函数的估计方法。

一、短期成本函数的估计

估计短期成本函数是为了找出企业短期成本曲线的形状和位置，获得短期成本的有关信息，以供企业短期决策时使用。

进行短期成本估计，一般只估计全部变动成本函数，而不是估计总成本函数。也就是说，在估计企业成本时，把固定成本排除在外。这是因为固定成本不随产量的变化而变化，所以，它的大小不会影响短期决策。如果把固定成本包括进去，反而会带来固定成本的分摊问题，使估计工作变得更复杂。

估计短期成本有以下两种方法。

1. 简单外推法

外推是指根据基本数据内部的内在联系推测基本数据外部其他数据的值。简单外推法是进行成本估计的最简便方法。在使用这种方法时，假设边际成本和平均变动成本在一定产量范围内是保持不变的，以这个假设为基础，根据目前的边际成本和平均变动成本来推测其他产量水平上边际成本和平均成本的值。需要指出的是，边际成本和平均变动成本在一定产量范围内保持不变这一假设并不是很精确。因为根据边际收益递减规律，变动生产要素的边际收益起初递增，之后递减，所以边际成本和平均变动成本是先递减，后递增。因此，用简单外推法来估计成本数据，其结果是近似值。

例5-16

一家百货商店拟向某公司订购500件雨衣。公司开价为每件7元。该公司经理只知道现在公司的产量为7 000件，总变动成本为42 000元，即每件的平均变动成本为6元，没有其他的数据。又假定公司接受这笔订货不需要增加新的生产能力。

(1) 请用简单外推法估计用于决策的成本数据。

(2) 根据估计出来的成本数据进行决策，该公司应否承接这笔订货?

解：(1) 根据边际成本和平均变动成本保持不变的假设，产量为7 500件时的平均变动成本与产量为7 000件时相等，因此，推测用来进行决策的平均变动成本也是6元。

(2) 如接受订货：

增量成本＝6×500＝3 000(元)

增量收入＝7×500＝3 500(元)

贡献＝3 500－3 000＝500(元)

有贡献，说明接受这笔订货是合算的。

2. 回归分析法

回归分析法是常用的估计短期成本函数的方法。因为它只是用来估计某个企业的成本函数，所以一般只能使用时间序列数据。用回归分析法估计成本函数与用回归分析法估计需求函数、生产函数在原理和步骤上相似，不再赘述。这里着重阐述两个问题：成本数据的收集和调整以及成本函数方程形式的选择。

(1) 成本数据的收集和调整。会计数据是成本估计的基础，但会计成本数据属于现行成本或历史成本，决策用的成本则是预期的、将来的成本。所以，利用会计账上记录的成本数据来估计成本函数，必须对数据进行调整。收集和调整成本数据的方法如下。

1）根据相关成本和机会成本的概念，对会计数据进行调整。由于会计成本不适宜用于决策，会计账上不记录机会成本，因此，为了估计决策用的成本函数，必须首先根据相关成本和机会成本的概念，选择会计数据并加以调整，以确定适宜的成本。

2）把成本区分为变动成本和固定成本。由于估计短期成本函数时只估计变动成本，不估计固定成本，因此，需要把成本区分为变动成本与固定成本。这种区分有时很困难，但为了准确地估计短期成本函数，这一步是必须做的。

3）调整计算成本的时间。为了准确估计成本与产量之间的关系，成本变动的时间必须与产量变动的时间保持一致。但是在实际生活中，会计数据有时不能满足这个要求。最典型的例子就是设备维修费用。产量最大的月份往往是维修费用最小的月份，维修（如大修）一般是在生产淡季进行的，可是，设备的磨损在高产量期间最大。这种会计成本数据不能正确反映产量与成本之间的关系，对于这种数据就要做时间上的调整。

4）调整投入要素的价格。会计数据使用的价格是过去的价格，如果今天投入要素的价格发生了变动，就要用今天的市价对过去的成本数据进行修正。

5）关于观察期的长短问题。根据定义，短期成本曲线是指在企业规模不变、技术水平不变的条件下，成本和产量之间的关系。但是在实际生活中，企业的规模和技术水平很难保持完全不变，而是不断变化的（如添置或更新一台新设备等）。这样，就会导致前后的观察数据不可比。解决这个问题的办法是：使观察期尽量缩短，观察期短，企业的规模和技术水平的变化就不会太大。但观察期太短也不好，它会限制样本的大小，使估计不精确。观察期究竟应该多长，要根据具体情况来确定。有的经济学家认为，总观察期定为2～3年，每月观察一次，共取24～36个观察值来估计成本函数是比较适宜的。

（2）成本函数方程形式的选择。数据经过收集、调整之后，就需要确定用什么函数形式去拟合它。通常可以有以下三种方程形式。

1）线性方程。

$$TVC=a+bQ$$ [①]

$$AVC=\frac{a}{Q}+b$$

$$MC=b \qquad (5-17)$$

式中，TVC为总变动成本；AVC为平均变动成本；MC为边际成本；Q为产量；a，b为参数。

当Q相当大时，$AVC\approx MC=b$，这种成本函数的特点是：MC是个常数（见图5-17）。

2）二次方程。

$$TVC=a+bQ+cQ^2$$

$$AVC=\frac{a}{Q}+b+cQ$$

$$MC=b+2cQ \qquad (5-18)$$

这种成本函数的特点是：MC曲线是一条倾斜的直线（见图5-18）。

3）三次方程。

---

① 在这一方程中，截距a不能解释为企业的固定成本，即使因变量为全部成本，截距仍可能不反映企业的固定成本。它仅仅是所估计的成本曲线与纵轴的交点，因它发生在产量为零之处，通常在观察数据范围之外甚远。

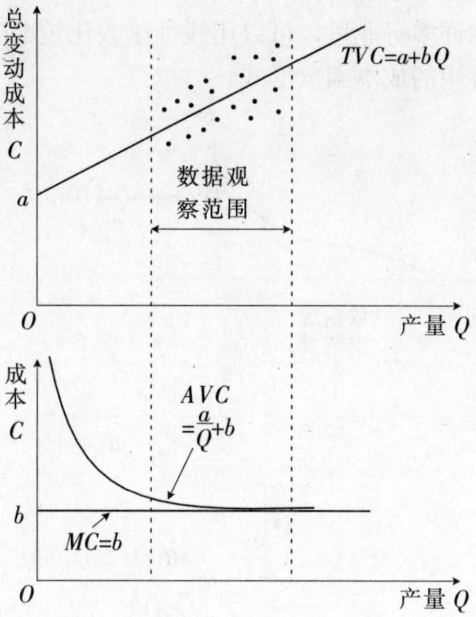

图 5-17　用线性方程拟合

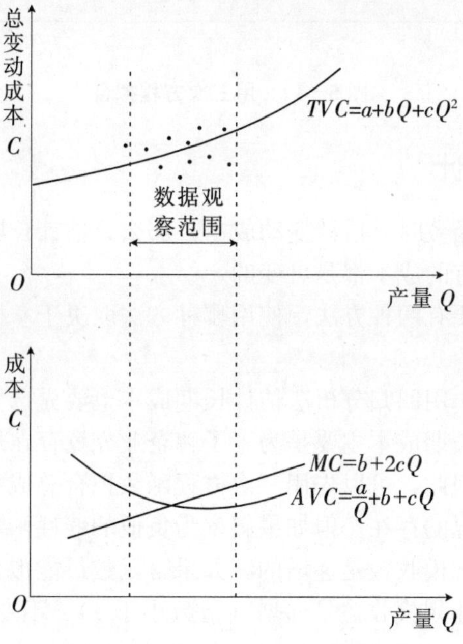

图 5-18　用二次方程拟合

$$TVC=a+bQ-cQ^2+dQ^3$$

$$AVC=\frac{a}{Q}+b-cQ+dQ^2$$

$$MC=b-2cQ+3dQ^2 \qquad (5-19)$$

这种成本函数的特点是：MC 曲线是一条 U 形曲线（见图 5-19）。

在实际中，一般是分别用这几种方程去拟合成本数据，然后用统计方法检验估计结果，从中选择最合适的模式。经济学家的研究成果表明：在一般观察的范围内，相当多企业的边际成本基本上是个常数，在许多行业里，可以用线性函数比较准确地估计短期成本函数。所以，线性方程可以作为最常用的成本函数形式。

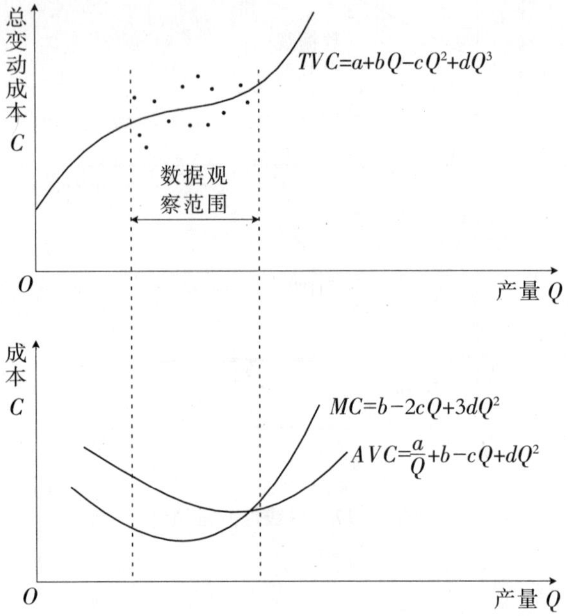

图 5-19　用三次方程拟合

二、长期成本函数的估计

如果说估计短期成本函数时只估计变动成本，那么，估计长期成本函数时就要估计全部成本。因为在长期中，所有的成本都是可变的。

估计长期成本函数主要有两种方法，使用哪种方法取决于掌握的资料。

1. 回归分析法

与估计短期成本一样，用回归分析法估计长期成本也要先选择最能拟合观察数据散布情况的函数形式。由于估计长期成本主要是为了了解企业究竟存在规模的经济性、规模收益不变还是规模的不经济性，因此，可以先用三次方程函数拟合总成本的观察数据，因为三次方程函数最能说明这三种情况的存在。但如果斜率为负值的线性函数最能拟合观察数据，可以认为在观察数据范围内，规模收益是递增的。如果幂函数最能拟合观察数据，那么产量变量的指数的大小就能说明企业规模收益是递增（指数小于1）、不变（指数等于1），还是递减（指数大于1）。

前面讲过，在估计短期成本函数时要使用时间序列数据。现在用统计方法来估计长期成本函数，则要使用剖面数据。这是因为估计长期成本需要找出在一个特定的时点上，不同规模工厂的成本函数。之所以不能使用时间序列数据，一是因为一家工厂规模的变化很少大到足以估计长期成本函数的程度；二是因为它要求有一个很长的时期，而在此期间，要求技术水平保持不变是不大可能的。所以估计长期成本函数通常使用剖面数据。

使用剖面数据也会涉及数据如何收集和调整的问题。

（1）对生产要素的价格进行调整。由于不同地区的地理、经济环境不同，生产要素的价格也可能不同，因此在使用数据前要先对价格进行调整。

（2）对不同企业的成本数据进行调整。不同企业的成本核算和分摊方法可能不同。例如，提取折旧的方法以及分摊新产品的研究、试制费用的方法都可能不同。这就需要对不同企业的数据进行调整。

（3）要选择经营效率高的工厂收集观察数据。只有每个工厂的观察点正好处在短期平均成本曲线与长期平均成本曲线的切点上，长期成本的估计才能准确。为此，要求收集观察数据的工厂都必须是相同规模条件下经营效率最高的工厂，以保证观察点尽量接近这一规模的工厂短期成本曲线和长期成本曲线的切点。如果观察到的成本—产量数据离开了切点（如在图 5 - 20 中每条短期平均成本曲线上带 * 的点），估计出来的长期成本就可能失真（见图 5 - 20）。

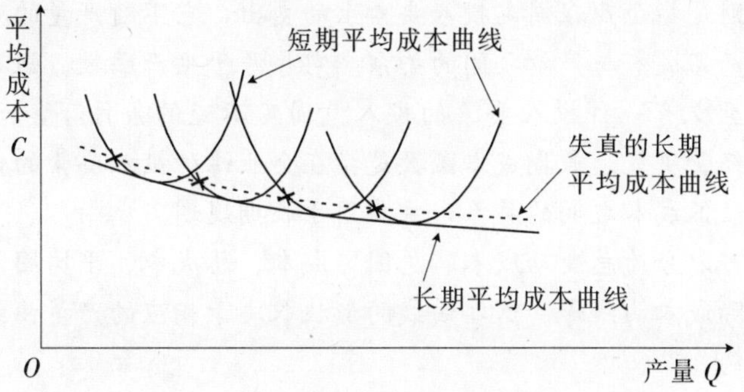

图 5 - 20　避免长期成本估计的失真

2. 技术法

技术法即直接通过生产函数估计长期成本函数的方法。前面讲过，长期成本曲线反映企业在能够自由选择最优规模的条件下，在各个产量上可能的最低成本。这个最低成本可以根据生产函数以及生产要素的价格计算出来。例如，如果企业的生产函数和生产要素的价格已知，就可以算出各个产量上各种投入要素的最优投入量。各种投入要素的投入量与价格的乘积之和，就是各个产量上的最低总成本。把各个产量上的最低总成本数据画在坐标图上，就可以得出长期总成本曲线。①

由于技术法是以生产函数所表现的物质关系为基础的，因此它反映的是理论上的成本函数。它的一个优点是能够避免在数据观察中经常遇到的随机和不确定的因素的影响，另一个优点是建立在当前同一生产技术的基础上，与统计法建立在新旧混合的技术的基础上不同。这种方法的缺点是只考虑生产成本，没有考虑销售、管理等其他费用。另外，它不是以实际的成本数据为依据，因而带有一定主观性，不同的估计者可能会得出不同的结果。尽管有这些缺点，这种方法对于估计新产品的成本、检验用统计方法估计出的成本函数，还是很有用的。

西方经济学家对于长期平均成本曲线的形状和特性做了大量研究。传统的微观经济理论一直认为它是 U 形的，但是现代许多经济学家认为，长期平均成本曲线在产量较低时一般是向下倾斜的，即其规模收益是递增的，但是规模经济的大小随产量的增加而递减。一般情况下，在产量很大时，长期成本曲线基本上是水平的，表现为规模收益不变。只有极少数情

① 根据企业的生产函数和生产要素的价格，就可推导出企业的长期成本函数，实例可参见本章例 5 - 3。

况下，当产量很大时，成本曲线才向上翘起，表现为规模收益递减。所以，西方许多经济学家认为，在一般情况下，长期平均成本曲线的形状与其说是U形的，不如说是L形的。

□ 小 结

相关成本是指与决策有关的成本，非相关成本是指与决策无关的成本。因为在管理决策中使用机会成本，而不使用会计成本，所以前者属于相关成本，后者属于非相关成本。增量成本是指因作出某一特定决策而引起的全部成本的变化，沉没成本则是指不因决策而变化的成本。前者属于相关成本，后者属于非相关成本。边际成本是指在一定产量水平上，增加单位产量给总成本带来的变化。变动成本是指企业在可变投入要素上的支出，它随产量的变化而变化。固定成本则是指企业在固定投入要素上的支出，它不随产量的变化而变化。

成本函数反映产品成本与产量之间的关系。它导源于生产函数。短期成本函数是指在企业诸种投入要素中至少有一种投入要素的投入量固定不变的条件下，产量与成本之间的关系，主要用于日常经营决策。长期成本函数是指在企业诸种投入要素的投入量都可变的条件下，产量与可能的最低成本之间的关系，主要用于长期规划。

短期成本曲线可以分为总变动成本、总固定成本、总成本、平均固定成本、平均变动成本、平均成本和边际成本曲线等。这些曲线的形状取决于相应的产量曲线，归根到底受边际收益递减规律的制约。

长期成本曲线可以分为总成本、平均成本和边际成本曲线，它没有固定成本曲线。长期平均成本曲线是各个生产规模的短期平均成本曲线的包络线，它呈U形，曲线最低点的产量是企业的最优规模。长期成本曲线的形状归根到底是由规模收益递增—不变—递减的规律决定的。

在成本曲线的规模收益递增阶段，平均成本随规模的增大而下降，这时生产是规模经济的。选择企业规模时，应充分利用其规模经济，但也要兼顾需求。只要一家企业生产多种产品的总成本低于每种产品各由一家企业生产所需成本的总和，就存在范围经济。

贡献就是增量利润，它等于增量收入减增量成本。有贡献的方案是可以接受的方案。贡献分析法主要用于短期决策。

盈亏分界点分析法主要用来研究产量、成本和利润之间的关系，并把重点放在寻找盈亏分界点产量上。

经营杠杆是指固定成本和变动成本的比率，可以用利润弹性进行分析。

估计短期成本函数一般只估计总变动成本函数，通常使用时间序列数据。它主要有两种方法：(1) 简单外推法；(2) 回归分析法。

估计长期成本函数一般是估计全部成本，通常使用剖面数据。它主要有两种方法：(1) 回归分析法；(2) 技术法。

□ 重要名词和术语

相关成本和非相关成本	机会成本和会计成本
增量成本和沉没成本	边际成本
变动成本和固定成本	成本函数
短期成本函数	长期成本函数

短期总变动成本曲线	短期总固定成本曲线
短期总成本曲线	短期平均固定成本曲线
短期平均变动成本曲线	短期平均成本曲线
短期边际成本曲线	长期总成本曲线
长期平均成本曲线	长期边际成本曲线
规模经济	范围经济
贡献分析法	盈亏分界点分析法
经营杠杆	利润弹性

□ 复习思考题

1. 假定两年前购买一辆捷达车，价格为 120 000 元，使用 5 年期的无息贷款。现在，尚未归还的贷款余额为 70 000 元。此车如果现在出售只值 60 000 元。问：此车现在的机会成本是多少？请讨论此车放贷人（出借方）面临的风险。

2. 光明饭店打算租用邻近的一幢楼房来扩大营业面积。如果这幢楼房是按月租用的，每个月都可以停租，使用该楼房的增量成本是多少？如果这幢楼房是在签订了长期（比如 20 年）租赁合同之后使用的，它的增量成本又是多少？

3. 假如某企业的短期平均变动成本是一个常数，请画出以下曲线：

（1）短期总变动成本曲线、短期总固定成本曲线和短期总成本曲线；

（2）短期平均固定成本曲线、短期平均变动成本曲线、短期边际成本曲线和短期平均成本曲线。

4. 假如某企业的生产函数属规模收益递增类型，请画出以下曲线：

（1）总产量曲线；

（2）总成本曲线；

（3）平均成本曲线；

（4）边际成本曲线。

以上曲线属短期成本曲线还是长期成本曲线？为什么？

5. 请解释下列成本曲线之间的相互关系：

（1）长期平均成本曲线与长期边际成本曲线；

（2）长期平均成本曲线与不同规模的短期平均成本曲线；

（3）长期边际成本曲线与短期边际成本曲线。

6. 请解释为什么短期平均成本曲线和短期边际成本曲线都呈 U 形。

7. 下图是某企业的长期成本曲线，请根据图形回答以下问题。

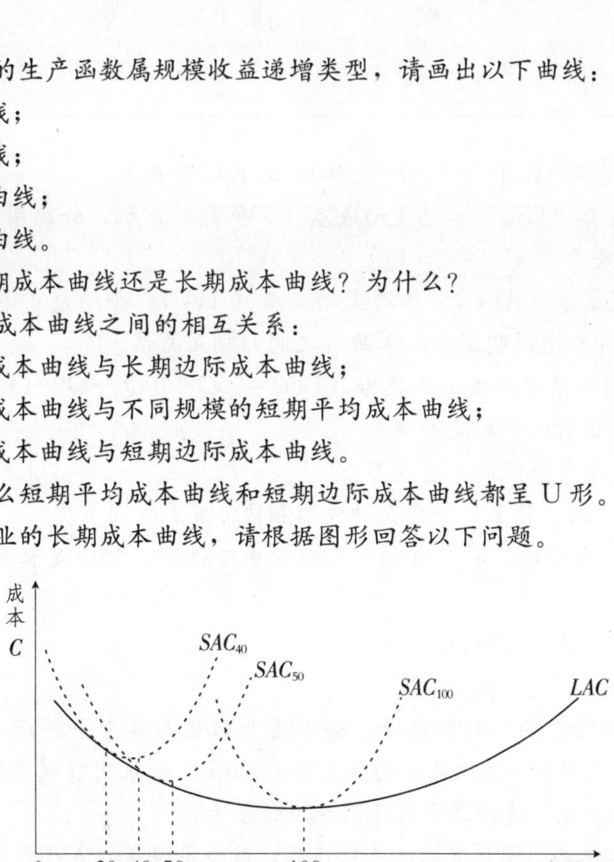

（1）它的最优规模产量是多少？

（2）如果产品的需求量为30，40和100，最适宜（能使成本最低）的企业规模应分别是多大？（可用$SAC_{生产能力}$来表示。）

8. 请区别下面几个概念，并分别用成本曲线图加以说明：

（1）一定规模的工厂的最优产量；

（2）一定产量条件下的最优工厂规模；

（3）最优工厂规模。

9. 利润与贡献这两个概念有什么区别？在管理决策中应如何正确使用？

10. 第2章的复习思考题第10题提到，2008年发生次贷危机后，美国的汽车产业遭受重创，而美国的农业遭受的损失却很小。除了汽车和农产品的收入弹性不同（汽车的收入弹性大，农产品的收入弹性小）以外，还有其他原因吗？

□ 作业题

1. 已知下列数据，请完成下面的表格：

Q	TC	TFC	TVC	ATC	AFC	AVC	MC
0	100						
1							20
2			35				
3	145						
4				40			
5						17	
6							45

2. 假定已知总成本函数$TC=10\,000+9Q$，这里Q为产量。

（1）求总固定成本（TFC）和总变动成本（TVC）的方程，并画图说明TFC，TVC和TC成本曲线之间的关系。

（2）求平均固定成本（AFC）、平均变动成本（AVC）、平均总成本（ATC）和边际成本（MC）的方程，并画图说明这些成本曲线之间的相互关系。

3. 大陆仪器公司的总变动成本函数为：$TVC=50Q-10Q^2+Q^3$（Q为产量）。问：

（1）边际成本最低时的产量是多少？

（2）平均变动成本最低时的产量是多少？

（3）在问题（2）的产量上，平均变动成本和边际成本各为多少？

4. 下面有两个成本函数，请指出哪个是短期成本函数，哪个是长期成本函数，并解释原因。

（1）$TC=120+0.5Q+0.002Q^2$

（2）$TC=120Q+0.5Q^2+0.002Q^3$

5. 某企业生产两种产品：鞋和袜子。如果企业只生产其中一种产品，生产10 000双鞋的成本为50 000元，生产10 000双袜子的成本为5 000元。如果同时生产两种产品，实现这些产量的总成本为52 000元。请计算它的范围经济是多大。

6. 一家剪草机制造公司出售剪草机系列产品，该公司现在的生产能力为年产400 000台剪草机。第二年的销售量估计为360 000台，但该公司刚接到国外一家公园设备推销商100 000台的订单。在国内市场上，每台剪草机售价为 50 元，而外商出价 40 元。剪草机的单位制造成本如下（单位：元）：

原材料	15
直接人工	12
变动间接费用	6
固定间接费用	2
全部单位成本	35

问：如公司接受这笔订货，利润会增加还是减少？要不要接受这笔订货？

7. 大昌工具厂生产一种精密量具。以前，它所生产的产品卖给其他厂商进一步加工，然后卖给各研究所实验室。大昌工具厂这种产品的销售量为每年5 000件，售价为 250 元/件。现大昌工具厂考虑：如果这种量具全部由工厂自己加工，然后直接卖给各研究所实验室，售价是 300 元/件。为此，虽不需要进一步投资，但需要增加成本支出如下：

直接人工	20 元/件
变动间接费用	5 元/件
变动销售费用	2 元/件
固定销售费用	20 000 元/年

问：大昌工具厂要不要自己来完成进一步加工？

8. 假定丽华公司使用一台机器既可生产甲产品，也可生产乙产品。如机器的最大生产能力为10 000定额工时，生产甲产品每件需 100 定额工时，生产乙产品需 40 定额工时，甲产品最大销售量为 80 件，乙产品最大销售量为 150 件。这两种产品的销售单价和成本数据如下：

	甲产品	乙产品
销售单价（元）	200	120
单位变动成本（元）	120	80
固定成本总额（元）	20 000	

问：根据以上资料，该企业应生产甲、乙两种产品各多少？

9. 分公司 R 需要某种零件1 200件，既可以从外部市场（公司 Y）购买，也可以从公司内部分公司 S 购买。如向公司 Y 购买，单价为 9 元/件。分公司 S 的生产能力为1 600件，其中1 000件可在外部市场上出售，单价为 10 元/件，变动成本为 4 元/件。现在，分公司 R 提出获得该批零件的三个方案：(1) 全部从公司 Y 处购买；(2) 全部从分公司 S 处购买；(3) 分别从公司 Y 处和分公司 S 处各购进 600 件。如果你是总公司的总经理，应选择哪个方案？为什么？

10. 有人愿意向大华公司订购一批产品，出价30 000元。大华公司估计，如承接这一生产任务，将发生以下成本：

人工费用：需 A 级工人 2 000 小时，每小时 4 元，但目前这种工人的任务已经饱满。另需 B 级工人1 000小时，每小时 3 元，这种工人目前空闲，但工资照付。

变动间接费用：按 A 级工工时每小时 2 元计算。

固定间接费用：按 A 级工工时每小时 3 元计算。另外，需增加一台专用设备，使固定成本增加3 000元。

材料：需用材料 C 1 000 单位，这批材料的价款根据协议将于下月支付，价格议定为 4 元/单位（假定这个协定价格与现在的市价相符）。另需用材料 D 1 000单位。这批材料是以前购进的，现在的账面价格为2元/单位，现在的变卖价值为1元/单位。但材料D也可用来替代材料E生产其他产品（1单位D可替代1单位E），材料E目前的市价为3元/单位。

由于A级工人的供应数量有限，如果公司接受这笔订货，必须从执行其他任务的A级工人中抽调。A级工人在其他任务中每小时能为公司带来5元的贡献。

问：大华公司应否承接这笔订货？

11. 某公司生产电动剃须刀，生产能力为10 000个/年，预计明年的销售量为8 000个。全部固定间接费用为48 000元。其单位成本、利润数据如下（单位：元）：

原材料	10
直接人工	10
变动间接费用	4
固定间接费用	6
单位全部成本	30
价格	32
单位利润	2

（1）该公司的盈亏分界点产量是多少？

（2）如果该公司的目标利润为72 000元，保目标利润的产量是多少？

（3）如果该公司增加了10 500元的广告投入，同时由于改进了劳动组织，使直接人工费用下降10%，此时盈亏分界点的产量是多少？

12. 大华出版社出版一本经济学教材，下面是有关的一些数据：

固定成本（元）	
编辑费用	15 750
促销费用	32 750
排版费用	51 500
总固定成本	100 000
变动成本（元/册）	
印刷、装订和纸张费用	22.50
给书店的折扣	25.00
作者稿酬	10.00
变动的管理费用	34.50
总变动成本	92.00

该书定价为每册100元。

（1）请计算出版社的盈亏分界点销售量。

（2）如果出版社希望获得20 000元利润，它的销售量至少应为多少册？

（3）如果有一家读书俱乐部要直接向出版社订购该书3 000册，但价格压低到每册77元。问：出版社应否接受这笔订货？

13. 长安饮料公司打算在华南地区建厂。有两个方案：

方案Ⅰ：建大厂，地址选在广西某地，计划生产能力为300 000箱/月，月固定成本为2 625 000元，变动成本为每箱32.5元。

方案Ⅱ：建3家小厂，地点分别选在广东、广西和海南。生产能力分别为每月120 000箱、100 000箱和80 000箱。月固定成本分别为1 200 000元、1 100 000元和950 000元。

因各厂主要满足本地需求，运输费用较低，故变动成本为每箱30元。

预计华南三地总销售量为200 000箱，三地之间的分配为：广东80 000箱、广西70 000箱和海南50 000箱。各地的批发价均为50元/箱。

(1) 请分别计算两个方案的盈亏分界点产量。

(2) 假定销售量在各地均能达到预期水平，哪个方案利润较大？

(3) 如果销售量能达到生产能力水平，哪个方案利润较大？

14. 长城公司生产和销售圆珠笔。现在的价格为每罗（1罗＝12打＝144支）200元，每罗的贡献是80元。由于目前圆珠笔的销售不太理想，该公司打算用提高产品质量的办法来扩大销路。提高产品质量的费用为每罗10元，为了宣传产品质量提高还要多支出广告费1 000 000元。现有的利润为1 000 000元，现在的销售量为200 000罗。问：

(1) 现在总的固定成本是多少？

(2) 产品质量提高后，销售量必须增加多少，才能使长城公司的利润翻番？

市场结构和企业行为　第6章

在前面几章中，讨论了企业在需求、生产和成本等情况已知的条件下进行决策的原理与方法，但没有把企业的外部市场环境考虑进去。本章将考察不同的市场结构对企业行为的影响。

第1节　市场结构的分类

市场结构要说明的是企业（和个人）所面对的市场竞争环境。经济学通常把市场结构按其竞争程度的不同分为四类：完全竞争、垄断竞争、寡头垄断和完全垄断（后三者又合称为不完全竞争）。这四种市场结构在企业控制价格的能力、卖者的数目、产品的差异程度和企业进出市场的难易程度等方面各不相同（见图6-1）。

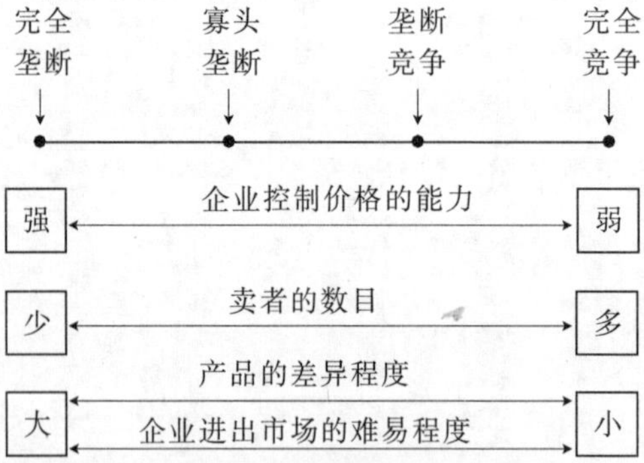

图6-1　四种市场结构

首先，企业控制价格的能力不同。完全竞争条件下的企业无力控制价格（无力自己制定价格，只能接受市场决定的价格），垄断企业则对价格有很大的控制力。垄断竞争和寡头垄断企业控制价格的能力小于垄断企业，大于完全竞争企业。

其次，卖者的数目不同。在完全竞争和垄断竞争市场里，卖者很多，它们都只生产全行业产品的很小部分。而在完全垄断市场里，整个行业只有一个卖者。寡头垄断则介于前两种情况之间，在一个行业里有几个卖者。

再次，一个行业中的企业的产品差异程度不同。在完全竞争市场条件下，在一个行业内，企业生产的产品都是同质的。例如，一家农户生产的小麦和另一家农户生产的小麦是基本相同的。在垄断竞争行业里，企业间的产品有差异，如不同的衬衫制造商所生产的衬衫在式样和质量上有差异。在寡头垄断市场里，有的行业生产同质（或标准化）的产品，有的则生产有差异的产品。在完全垄断市场里，由于一个行业只有一家企业，因此不存在产品差异问题。

最后，企业进出市场的难易程度也不相同。在完全竞争的市场里，不存在进出的障碍。在垄断竞争市场里，企业的进出也是很容易的。但在寡头垄断市场里，企业的进入障碍就会很大，比如，建一座新的汽车厂或炼油厂，往往要投入很多的资金、承担较大的风险，所以很不容易进入。在完全垄断市场里，新企业的进入更难。一旦有新企业进入，垄断就不复存在。

第 2 节　完全竞争条件下的企业行为模式

一、什么是完全竞争

完全竞争市场结构最基本的特征是：产品的价格完全由市场决定，企业只是价格的接受者，对定价无能为力。完全竞争市场结构必须具备以下几个条件。

1. 买者和卖者很多

买者和卖者的数量都很多，使每个买者的购买量和每个卖者的销售量在整个市场的交易量中所占的份额都很小，以致他们都无力影响市场的价格。

2. 产品同质

在完全竞争的行业里，各个企业生产的产品都是同质的。如果企业生产的产品有差别[①]，那么顾客会宁愿购买他所喜欢的某个企业或品牌的产品，而不购买另一个企业或品牌的产品。这样，企业就可以通过改变产量来影响价格。只有当各个企业生产的某种产品都是同质的（它们之间具有完全的替代性）[②]，买者对于谁生产这种产品毫不关心时，企业才无力控制市场价格，完全竞争的要求才能得到满足。

3. 企业进出行业自由

这是指企业进入或退出一个行业必须是很容易的。如果新企业进入一个行业存在障碍，就会削弱竞争，产品的价格就会被抬高。这时，完全竞争就不再存在。

4. 企业和顾客掌握的市场信息很充分

这是指企业和顾客完全了解市场上该种产品的价格和质量，如果不是这样，就会给一些人带来抬高价格的可乘之机，完全竞争的市场条件就会遭到破坏。

显然，在现实生活中，要完全具备上述条件是不现实的。例如，企业的数目不可能无穷多；不同企业的产品不可能绝对同质；企业进出行业不可能完全没有困难（如熟练劳动力之类的生产要素要从一个行业转移到另一个行业不是没有困难的）；消费者也不可能完全掌握市场信息；等等。所以，完全竞争的市场结构是一种纯理论的模式，在现实生活中是不存在

① 关于“产品有差别”的含义，参见本章第 4 节。

② 对于标准化的产品，消费者可按一定的标准购买，只要考虑价格是否便宜，不必考虑是谁生产的，这种标准化的产品属于同质的产品，如大米、棉花、天然气、煤、水泥等。

的。（在现实生活中，有一些行业接近这种市场结构，例如农产品市场和股票市场。）尽管如此，完全竞争市场机制的理论仍然十分重要，因为它是分析、研究市场运行机制和其他市场结构理论的基础。

二、完全竞争条件下企业的短期产量决策

首先需要说明的是，在完全竞争条件下，不存在企业如何确定最优价格的问题。因为在这种条件下，价格是由市场供求关系自发决定的，见图 6-2（a）。企业在决定价格方面是无能为力的。假如企业想把价格定得高于市场价格，买者就不会出高价买它的产品，而宁愿去买其他企业的产品（因为各家企业的产品是同质的）。同样，企业既然能按市场价格卖掉产品，就不会降价。所以，在完全竞争条件下，企业不存在价格决策问题。这时，它的需求曲线是一条水平线，即一条完全弹性的需求曲线，见图 6-2（b）。水平的需求曲线表明，按市场价格，企业想卖多少就能卖多少。但只要企业的产品价格稍高于市场价格，就一点也卖不出去。

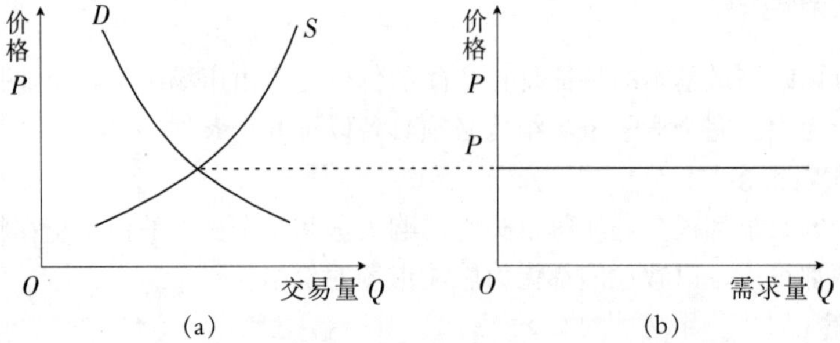

图 6-2　完全竞争条件下，产品价格由市场供求关系决定

既然在完全竞争条件下价格是由市场决定的，那么企业的产量是否越大越好？答案是否定的。因为如果企业的产量过大，超过了一定限度，就会引起生产成本迅速提高，以致总利润反而减少，甚至亏本。究竟生产多少才能使利润最大，这就是最优产量决策问题。

假定一家企业处于完全竞争的市场中。它的产品价格（P）、边际成本（MC）、平均成本（AC）均已知，如图 6-3 所示。由于在完全竞争条件下，产品的边际收入等于价格，因此，需求曲线与边际收入曲线是重合的，即$P=MR=AR$。

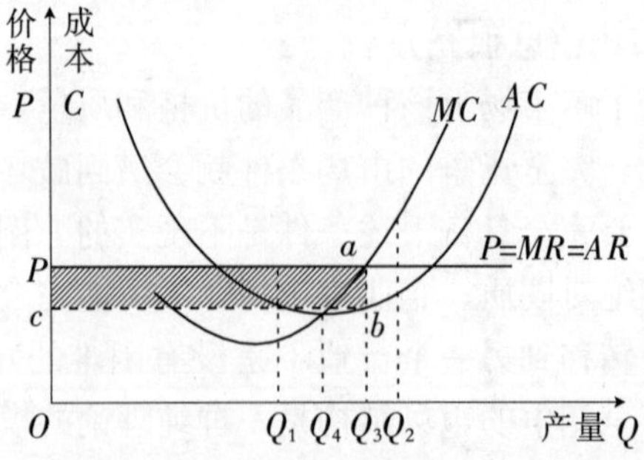

图 6-3　完全竞争条件下企业的短期均衡（盈利企业）

根据利润最大化原理，当$MR=MC$时，企业的总利润最大，又由于完全竞争条件下$P=MR$，因此，从短期看，完全竞争条件下企业达到最优产量的条件是$P=MC$。在图 6-3 中，

最优产量为 Q_3。

这里需要注意的是：企业平均成本曲线（AC）最低点的产量（Q_4）是企业生产效率最高点，也是单位产品利润最大点，但不是企业总利润最大点。企业总利润最大点在产量为 Q_3 处。当产量为 Q_3 时，企业的总利润为：

$$\begin{aligned}\text{总利润} &= \text{单位产品利润} \times \text{产量} \\ &= (OP - Oc) \times Q_3 \\ &= \text{四边形 } Pabc \text{ 的面积} \end{aligned} \tag{6-1}$$

即图6-3中的阴影部分。

三、完全竞争条件下企业和行业的短期供给曲线

由上可知，当企业有利润时，最优产量（利润最大时的产量）的条件是 $P=MC$。下面研究当企业亏损时最优产量（亏损最小时的产量）的条件。

当企业亏损时，平均成本（AC）曲线的最低点要高于价格，即高于需求曲线（见图6-4）。

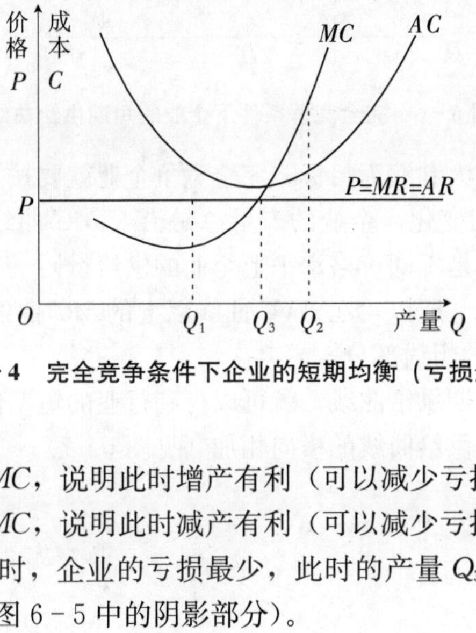

图6-4　完全竞争条件下企业的短期均衡（亏损企业）

从图6-4中可以看到：

当产量为 Q_1 时，$P>MC$，说明此时增产有利（可以减少亏损）。

当产量为 Q_2 时，$P<MC$，说明此时减产有利（可以减少亏损）。

因此，只有当 $P=MC$ 时，企业的亏损最少，此时的产量 Q_3 为最优产量，企业的亏损等于四边形 $Pabc$ 的面积（图6-5中的阴影部分）。

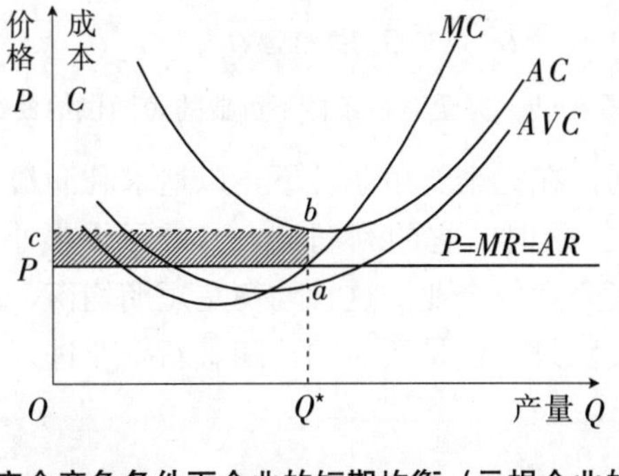

图6-5　完全竞争条件下企业的短期均衡（亏损企业的亏损额）

由此可见，不论是盈利企业还是亏损企业，最优产量的条件都是 $P=MC$。

但如果企业是亏损的，是否应当马上停产？不一定，要看平均变动成本曲线的最低点是

在价格之上还是在价格之下。如果平均变动成本曲线的最低点在价格之下（见图6-5），此时，在最优产量水平Q^*上，$P>AVC$，说明这时企业进行生产仍能带来贡献，这笔贡献可用来弥补固定成本的部分支出①，从而减少亏损。所以，从短期看，此时继续从事生产对企业仍是有利的。② 如果平均变动成本曲线的最低点在价格之上（见图6-6），此时，在最优产量水平Q^*上，$P<AVC$，说明销售收入不足以弥补变动成本，此时进行生产会增加企业的亏损，因此应当停产。

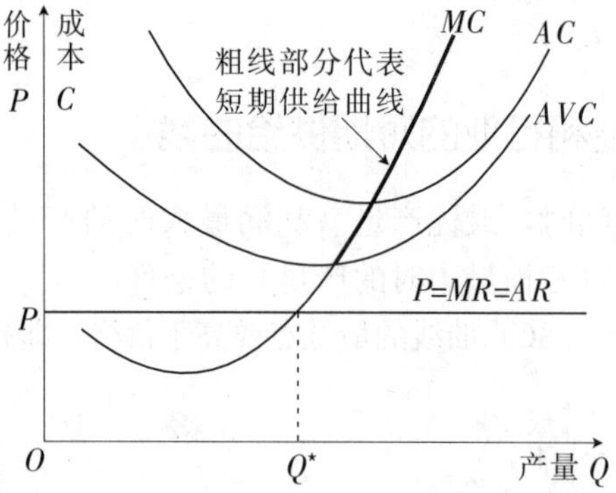

图6-6　完全竞争条件下企业的短期供给曲线

假设企业总是以追求最大利润为目标，完全竞争企业就要按$P=MC$的条件决定自己的产量。即随着市场价格P的变化，企业的产量总是沿着MC曲线而增减（也就是说，完全竞争企业的MC曲线反映的是不同价格水平上企业的供给量）。但当市场价格低于AVC曲线的最低点时，企业就会停产。所以，在AVC曲线以上的MC曲线部分就是企业的短期供给曲线（图6-6中MC曲线的粗线部分）。

如果已知各个企业的短期供给曲线，就可以得到行业的短期供给曲线。行业的短期供给曲线等于行业内各企业短期供给曲线的横向相加（见图6-7）。③

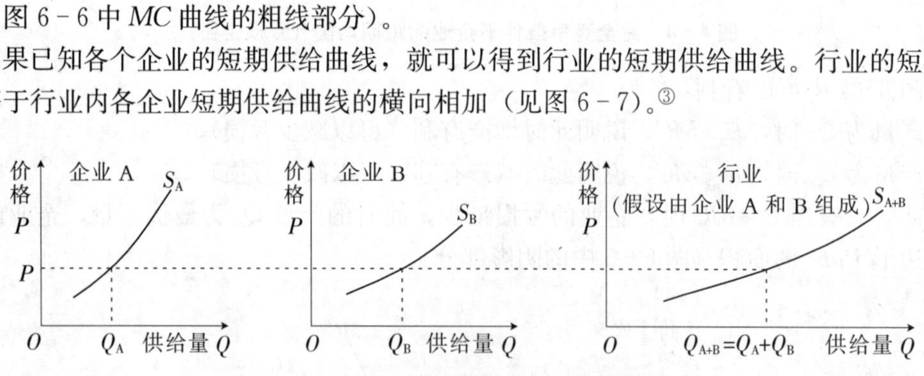

图6-7　完全竞争条件下行业的短期供给曲线

从以上分析中可以看到，在完全竞争条件下，以追求利润最大化为目标的企业总是要在$P=MC$的产量水平上生产。这时，它的利润最大（或亏损最小）。只有当$P<AVC$时，它才停产。应当指出的是，完全竞争企业的这种均衡是短期均衡，因为在完全竞争条件下，企业的经济利润（或经济亏损）只不过是暂时的。随着新企业进入这个行业（或老企业退出），

① 从短期看，企业没有退出行业，所以无论是停产还是继续生产，都要支出固定成本。

② 但从长期看，亏损企业如果不能扭亏，最终还是会破产，退出行业。

③ 这里假定随着行业供给量的增加，企业购买投入要素的价格不变。如果投入要素的价格上涨，则行业的短期供给曲线会变得更陡。

企业的经济利润（或经济亏损）会趋于消失。

四、完全竞争条件下企业的长期均衡

在完全竞争条件下，从长期看，企业除了经济利润（或经济亏损）会趋于消失外，还能选择最优规模，因此在作图时就要使用长期成本曲线。在图6－8中，D 为市场需求曲线，S_0 为起初的供给曲线，P_0 为起初形成的市场价格，LAC 为企业的长期平均成本曲线，LMC 为企业的长期边际成本曲线。由于$P_0>LAC$ 的最低点，企业有经济利润。有经济利润就会刺激、吸引新企业加入这个行业，使行业供给量增大。行业供给量增大，使供给曲线向右推移，现假定推移到 S_1，形成新的市场价格 P_1。此时 P_1 低于企业 LAC 的最低点，企业就会有经济亏损。由于有经济亏损，经营业绩较差的企业会离开这个行业，行业供给量就会减少。由于行业供给量减少，供给曲线又向左推移到 S_2。这样，又使价格上涨到 P_2。此时，因 P_2 与 LAC 的最低点重合，经济利润就变为零，新企业不再进入，原有企业也不再离开，即处于均衡状态。由此可见，在完全竞争条件下，只要企业有经济利润（或经济亏损），市场上就有一种力量，使市场价格接近企业的平均成本的最低点，使经济利润（或经济亏损）消失。这时，企业处于长期均衡状态。图 6－8 中 SAC 和 SMC 分别是产量为 Q 时最优规模企业的短期平均成本曲线和边际成本曲线。根据成本曲线之间的关系，SMC 和 LMC 都应通过 SAC 和 LAC 的最低点。因此，当企业处于长期均衡时，其产量水平 Q 必定同时满足两个条件：(1) 价格等于短期和长期平均成本的最低点，此时经济利润为零；(2) 价格等于短期和长期边际成本，此时企业的总利润为最优。所以，在完全竞争条件下，当企业处于长期均衡时，就会存在这样的关系：$P=AC$（短期和长期）$=MC$（短期和长期）（见图 6－8 (b)）。

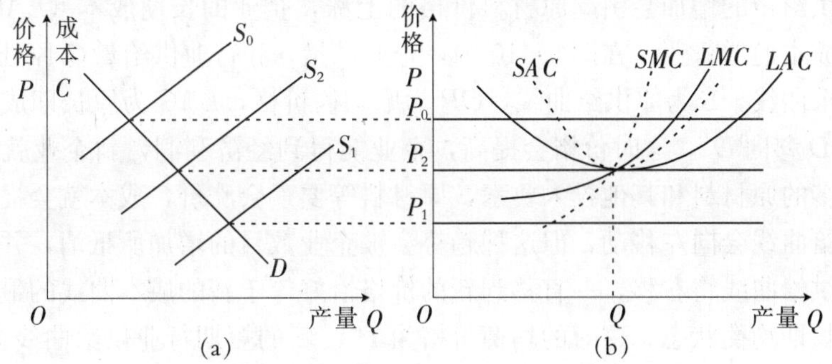

图 6－8　完全竞争企业的长期均衡

五、完全竞争条件下行业的长期供给曲线

在完全竞争条件下，行业的长期供给曲线又可分为成本不变行业的长期供给曲线和成本递增行业的长期供给曲线两种。[①]

成本不变行业是指行业内企业的平均成本不随行业供给量的变化而变化。即当行业供给量增加，从而对原材料的需求量也增加时，因该行业所用原材料（或其他投入要素）在这种原材料的总用量中所占比重很小，它对原材料需求量的增加不影响原材料的价格，从而不影响企业的长期平均成本。成本不变行业的长期供给曲线如图 6－9 所示。

① 还有一种成本递减行业的长期供给曲线，因在实际生活中比较少见，故此处不作介绍。

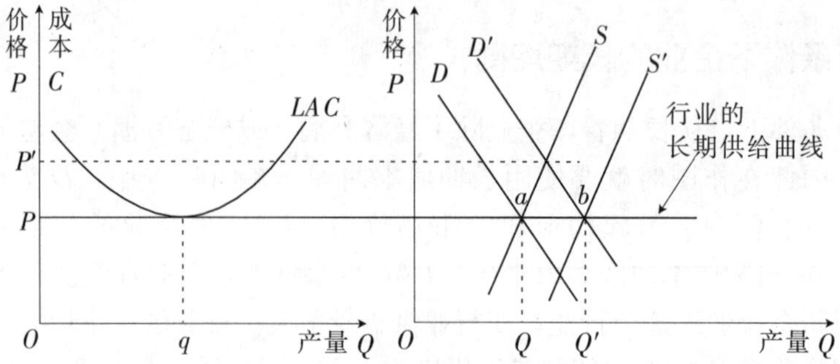

图 6-9　成本不变行业的长期供给曲线

图 6-9 中，q 和 Q 分别为原长期均衡时企业和行业的产量，D 为原需求曲线，S 为原供给曲线，OP 为均衡价格，LAC 为长期平均成本曲线。如果市场上需求增加，需求曲线从 D 移向 D'。此时，从短期看，价格会提高。但从长期看，只要价格高于平均成本，有经济利润，新企业就会进入该行业，使供给曲线 S 向右移动。由于该行业属成本不变行业，行业供给量增加，平均成本仍保持不变，因此 S 会移动到 S'，价格又回到 P，即平均成本的最低点，此时这个行业又处于新的长期均衡状态。这样，如果 D 与 S 的交点为 a，D'与 S' 的交点为 b，那么连接 a 和 b 的直线就是成本不变行业的长期供给曲线，它反映了价格与行业供给量之间的长期关系，是一条完全弹性的供给曲线。在图 6-9 中，$Q'-Q$（即超产部分）由新企业来承担，单个企业的供给量不变。从长期看，市场价格始终是 P，也不变。如果需求增加，供给量可无限增大。

如果行业供给量的增加会引起原材料价格的上涨，企业的长期成本（LAC）就会提高，这种行业称为成本递增行业。在图 6-10 中，企业产量 q 和行业供给量 Q 原处于长期均衡状态。D 为原需求曲线，S 为原供给曲线，OP 为原均衡价格，LAC 为原长期成本曲线。现假定需求曲线从 D 移向 D'，这时价格会提高，企业能得到经济利润，新企业就会进入。此时该行业需要更多的原材料和其他投入要素，原材料等要素会涨价，成本就会提高。由于产品成本提高，供给曲线会向左移动，但这种趋势会被企业数目的增加所抵消，并且由于企业数目增加很多，供给曲线将右移，一直移到新的价格恰好等于新的成本曲线的最低点为止，这时企业又处于长期均衡状态。这时的均衡价格为 P'，新的短期行业供给曲线为 S'，ab 线为成本递增行业的长期供给曲线。这是一条斜率为正值的曲线，意味着要增加行业产量，就要提高产品价格。

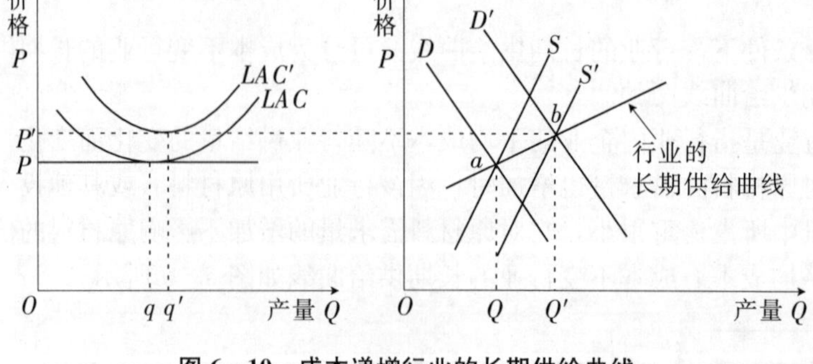

图 6-10　成本递增行业的长期供给曲线

成本不变行业的长期供给曲线与成本递增行业的长期供给曲线的区别是：在成本不变行业中，需求增加，新企业进入，直到价格恢复到原来水平；在成本递增行业中，新企业进入，直到价格等于新的长期平均成本的最低点。

例 6-1

棉花市场属于完全竞争市场，假设棉纺织业的技术有了新的突破，市场对棉花的需求增加了，又假定棉花行业属于成本不变行业，问：

(1) 从短期看，技术的突破对棉花的价格和产量有什么影响？

(2) 从长期看，技术的突破对棉花的价格和产量有什么影响？

解：作图 6-11，图中 D 为棉花原来的行业需求曲线，S 为原来的短期行业供给曲线。此时棉花的价格为 P_0，产量为 Q_0。现在棉纺织业的技术有了突破，对棉花的需求增加，从而使棉花的需求曲线从 D 移到 D'。因此，从短期看，棉花的价格将从 P_0 提高到 P_1，产量将从 Q_0 增加到 Q_1。但从长期看（即考虑随着棉花需求的增加，新的生产者会进入，生产者数目会增加），行业供给曲线是一条水平线 S'，表明从长期看，棉花的价格不会变，但产量将从 Q_0 增加到 Q_2。

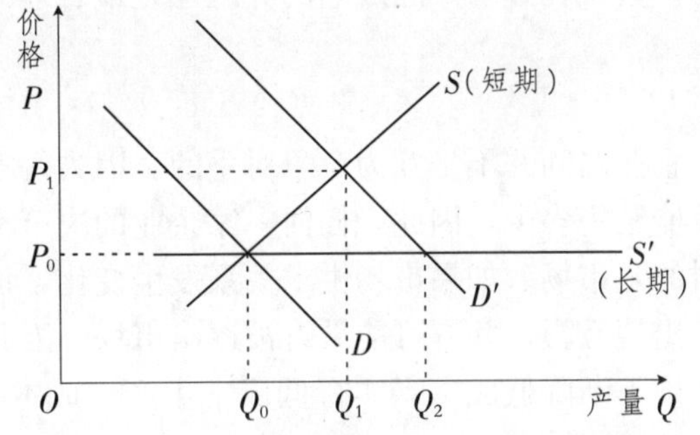

图 6-11　技术的突破对棉花价格和产量的影响

六、完全竞争市场条件下的企业行为分析

下面从几个方面来分析完全竞争条件下企业的行为。

1. 关于企业的利润

在完全竞争条件下，强大的市场力量倾向于把价格推向如下水平：在这一水平上企业刚好（不多也不少）获得正常利润（正常的投资回报）。

只要供求条件允许企业在行业内获得高出正常利润的利润，新企业就会进入，原有企业就可能扩大规模。结果，供给量增加，价格会下跌到短期和长期平均成本的最低点，利润高于正常利润的可能性就会丧失。反之，如果市场价格水平导致企业亏损，有些企业就会转而生产其他产品，留下的企业则会把规模调整到长期平均成本的最低点。结果，供给量减少，价格上涨，企业亏损减少，直到获得足够的正常利润，继续留在行业中。

2. 关于企业的产量决策

在完全竞争条件下，企业无力定价，但能根据市场价格的高低调整自己的产量。如果市场上需求增加或供给减少而导致价格上涨，企业就会作出增产的反应。反之，就会作出减产的反应。但从长期看，由于处于长期均衡状态，企业在产量的选择上没有余地。为了获得生存所必需的起码的正常利润，企业会发现，只有在长期平均成本曲线的最低点的产量上生产，才是最有利的。

3. 关于长期均衡的条件

在完全竞争条件下，企业长期均衡的条件为：$P=MR=MC$（长期和短期）$=AC$（短期和长期）。这是有重要经济意义的。首先，$P=AC$（$=MC$），即价格等于平均成本的最低点，说明消费者对这个价格水平很满意，因为他们可免受生产者超额利润的盘剥，也说明此时企业的生产效率达到了最高点。其次，$P=MC$，即价格等于边际成本，说明从社会的角度看，资源在各种产品之间的分配是最优的。价格 P 是社会对多生产一件某种产品的价值的评价。边际成本 MC 是多生产一件产品的机会成本，即多生产一件产品所需追加的资源如用于生产其他产品可能得到的价值。如果企业生产某种产品，其产量处于$P>MC$ 的水平，表明该种产品多生产一件的价值大于将资源用于生产其他产品的价值，这说明企业生产该种产品的产量相对不足，即它应当增加这种产品的生产，而减少其他产品的生产。如果企业生产某种产品，其产量处于 $P<MC$ 的水平，表明企业生产该种产品相对过多，即它应当减少这种产品的生产，增加其他产品的生产。可见，只有当 $P=MC$ 时，从社会的角度看，企业的产量水平才是最适当的，资源在各种产品之间的分配才是最合理的，这时，消费者的需要得到了最大限度的满足。

4. 关于竞争策略

在完全竞争条件下，企业之间并不是互为竞争对手的。因为每家企业都按市场价格出售产品，并且想销售多少就能销售多少，因此，任何一家企业的决策都不会影响其他企业经营的成败。企业真正要应对的是市场。如果市场供求关系发生变化，价格下降到企业长期平均成本曲线以下，企业就会出现亏损，并有可能最终被逐出市场。因此，企业为了在市场变幻中求生存、谋发展，就必须不断降低成本，实行低成本生产。成本越低，竞争优势就越大，市场地位也就越稳固。

由于企业之间的产品都是同质的，也就是说，在消费者眼里，不同企业的产品并没有区别，因此，在这种市场里，企业谋求产品差异化和做广告都是没有必要的。因此，在完全竞争条件下，低成本竞争策略是企业唯一的也是最佳的竞争策略。

生活中的经济学 6-1

股票市场和完全竞争

应该说，运作规范的股票市场是一个接近完全竞争的市场。在这里，每种特定股票的价格都是由供需双方的市场力量决定的。单个买者和卖者都无法对价格施加足够大的影响（也就是说，他们都是价格的接受者）。同一个公司所有的股票都是同质的。股票经常被买进和卖出，频率很高，说明在这个市场里，资源在行业和地区间的流动和转移是很容易的。特别是在当今信息技术发达的时代，有关股票价格和公司的信息是很容易获得和传递的。因而，在这样的市场里，股票价格就能比较充分地反映企业的价值，它能够对人们在国民经济中有效地分配投资起到一定的引导作用。不过也应该看到，在实际的股票市场里，大户的存在以及不同程度的欺诈和操纵股价的行为会损害股票市场的正当竞争，削弱市场在配置资本资源方面应起的作用。

第 3 节　完全垄断条件下的企业行为模式

一、什么是完全垄断

在四种市场结构中，完全竞争是一个极端，完全垄断则是另一个极端。如果一个行业只有一家企业，而且它所生产的产品没有其他产品可以替代，新企业的进入又有很大障碍，就会产生完全垄断。与完全竞争一样，完全垄断也仅仅是理论上的假设，现实生活中，一种产品只有一家企业生产而且没有其他产品可以替代的情况几乎不存在。例如，铁路运输一般属于垄断行业，但有公路、水路和空中运输与之竞争；电力供应一般也属于垄断行业，但有煤气、石油等其他能源的供应与之竞争；等等。

尽管完全垄断在现实生活中并不存在，但仍然值得探讨，这是因为它使我们能够了解垄断企业的行为规律，并为政府制定相应的政策提供依据。另外，它对于研究半竞争半垄断条件下的企业行为也是有用的。

二、完全垄断条件下企业的短期价格和产量决策

在完全垄断条件下，一个行业只有一家企业，因此，企业的需求曲线就是行业的需求曲线。它总是向右下方倾斜。

在图 6-12 中，假定企业的需求曲线（D）、平均成本曲线（AC）、边际成本曲线（MC）和边际收入曲线（MR）已知，且企业以追求最大利润为目标，那么，它的价格与产量决策应在 $MR=MC$ 处（这时企业所得利润最大）。从 MC 曲线与 MR 曲线的交点可求出它的最优产量应为 Q^*，最优价格应为 P^*。此时，它的总利润量应等于四边形 P^*abc 的面积（即图 6-12 中的阴影部分）。

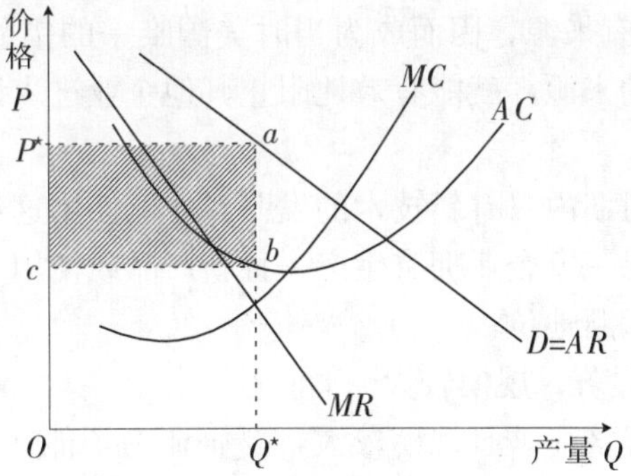

图 6-12　完全垄断企业的短期均衡

需要指出的是，垄断企业的价格、产量决策总是选择在需求曲线的弹性需求段，这是因为 MC 总是大于零，所以，MR 也必然要大于零。

三、完全垄断条件下企业的长期价格和产量决策

在长期的条件下，完全垄断企业可以通过选择最优企业规模来增加自己的利润（见图 6-13）。图中，D 为垄断企业的需求曲线，MR 为边际收入曲线，LAC 和 LMC 分别为长期

平均成本曲线和边际成本曲线。假定该企业现有规模的短期平均成本曲线和边际成本曲线分别为 SAC_0 和 SMC_0，从短期看，它将价格和产量分别定在 P_0 和 Q_0 上，由于短期平均成本为 SAC_0，因此企业的短期利润为 $OQ_0 \cdot (OP_0 - OC_0)$。

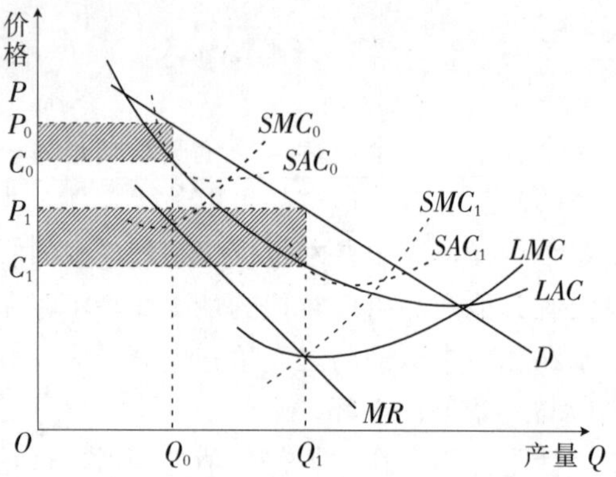

图 6-13　完全垄断企业的长期均衡

但从长期看，企业应把产量定在 LMC 和 MR 相交处，即 Q_1。这时价格将定在 P_1，平均成本为 OC_1，总利润就可以增加到 $OQ_1 \cdot (OP_1 - OC_1)$。它选择的企业规模的短期平均成本曲线和边际成本曲线分别为 SAC_1 和 SMC_1。

四、市场进入障碍

与完全竞争条件下的企业不同，垄断企业在短期内所获得的经济利润在长期条件下也能够保持下来，这就是垄断利润。之所以会产生垄断利润，是因为在完全垄断条件下，新企业要想进入该行业十分困难。在完全垄断市场里，存在许多进入障碍，主要有以下几种。

1. 企业控制了产品基本原料的来源

一个典型的例子是美国铝业公司。它在 19 世纪到 20 世纪 40 年代几乎控制了铝土矿（生产铝的基本原料）的所有来源，因而成为当时美国唯一的铝品生产者。如果一家企业拥有并控制着一种基本原料的来源，就能有效地阻止其他企业进入该行业。

2. 企业拥有专利权

专利权法规定在一定时期内只有新技术的发明者才能使用这项技术，目的是保护发明者发明新技术的积极性。如果一家企业拥有生产一种新产品或使用一项新工艺的专利权，就能在一定时期内保持自己的垄断地位。

3. 现有企业规模经济显著，规模较大

如果现有企业的规模经济显著且规模较大，新企业为了能在成本上与现有企业相匹敌，就必须投入巨资以建设大企业。但如果经营失败需要退出这一行业，这笔投资就会变为沉没成本，得不到补偿（因为有许多设备不能移作他用）。巨大的沉没成本大大增加了新企业进入的风险。

4. 政府特许

政府特许垄断的例子较多，最常见的是自然垄断企业。有的企业规模经济显著，在一个地区如果设立两家或更多这样的企业，就会使企业规模变小，导致成本和价格较高，损害消费者的利益。对这类企业，政府特许其在该地区实行垄断经营（只由一家企业经营），如电力、供水企业等。这种企业称为自然垄断企业。其他例子包括，政府特许邮政部门垄断全国信函的传递；地方政府为了限制市内的出租汽车总量，通过发放许可证只让一定数量的出租车司机有经营权；等等。

5. 产品差异化

产品差异是指消费者感知的某一企业的产品与其他企业同类产品的不同。产品差异化就是企业通过种种努力，使消费者认为本企业的产品远远优于其他企业的产品，使竞争企业的产品无法替代本企业的产品，达到阻止竞争企业进入的目的。可乐饮料就是一个典型的例子。全世界生产饮料的企业很多，但生产可乐产品的只有可口可乐和百事两家公司。其他饮料企业中，无论谁生产可乐，都会被消费者视作“山寨”产品。我国的许多企业曾经生产可乐产品，如少林可乐、燕京可乐、汾煌可乐、银鹭可乐、天府可乐等，都遭遇了失败。崂山可乐还在生产，但产品难以走出青岛。娃哈哈的非常可乐在农村占据了部分市场，但在城市却没有成功。需要说明的是，产品差异包括物理差异和心理差异，经济学所说的差异指的是心理差异，而非物理差异。

6. 网络外部性

网络外部性是一个较新的经济学概念，其基本含义是一种产品对用户的价值随着采用相同的产品或可兼容产品的用户增加而增大。通俗地说，就是每个用户从使用某产品中得到的效用与该产品用户的总量有关。用户人数越多，每个用户得到的效用就越高，即产品给每个用户带来的价值与使用该商品的消费者的数量成正比。微软公司的计算机操作系统的垄断地位就是依靠网络外部性获得的。之所以绝大多数计算机用户都使用微软的 Windows 操作系统，不是因为该操作系统技术最先进，更不是因为该系统价格最低，主要原因是其他人都在使用 Windows 操作系统，如果你不使用该系统，就无法与其他人兼容，成为一个与世隔绝的“信息孤岛”。在我国农村地区，还有一个有趣的现象与网络外部性相关。近年来，我国农村地区的摩托车需求量增长很快。但不同地区的摩托车需求差异很大，常见的现象是一个镇的多数人都会买一个品牌的摩托车（如 A 品牌）。该镇新的摩托车购买者即使发现有另一个品牌的摩托车（如 B 品牌），其质量更好，价格更低廉，也会和镇里的多数人一样选择 A 品牌产品，而不会购买 B 品牌产品。其原因是镇里多数人购买的是 A 品牌摩托车，其生产厂家会在镇里增设售后服务网点，提供售后服务和维修；如果购买的是 B 品牌摩托车，一旦需要修理，就要去很远的地方，十分不便。

需要说明的是，获取垄断地位也是一些企业经营的目标之一。上述市场进入障碍，既是一些行业成为垄断行业的原因，也是企业获得垄断地位的主要手段。在上述垄断障碍中，控制原料需要巨大的财力，一般企业很难做到。规模经济和网络外部性是由产业特点决定的，政府许可取决于政府的意图，企业自身无法控制。因此，对于企业来说，最容易做到的是拥有专利权和实现产品的差异化。这就是许多企业热衷于新技术、新产品开发和做广告的主要原因。

五、垄断企业的弊端和政府的干预①

与完全竞争条件下的企业相比，垄断企业主要有以下几个弊端。

1. 价格高

完全竞争企业的价格定在平均成本曲线的最低点，企业只能获得正常利润。而垄断企业

① 这部分内容在本书第 10 章进一步讨论。

为了获取垄断利润，将价格定在高于平均成本的位置（见图6-12），这就损害了消费者的利益。

2. 产量不足

在完全竞争条件下，$P=MC$，说明企业的产量从社会资源合理配置的角度来说是最优的。但在垄断条件下，由于需求曲线是倾斜的，故$P>MC$（见图6-12），意味着用较少的追加资源可以生产出较高价值的产品，这说明从社会资源合理配置的角度看，企业的产量未达到最优，即企业的产量不足，如果增加产量还可为社会提供更多的福利。

3. 生产效率低

垄断企业生产效率低的一个原因是：与完全竞争企业在长期平均成本的最低点生产、可以选择最优规模不同，垄断企业的利润最大化产量并不在长期平均成本曲线的最低点，说明企业未能选择最优规模，规模经济未得到充分利用。另一个原因是：由于垄断企业没有竞争对手，也就没有竞争压力，因而缺乏推进技术创新和加强企业管理的动力和积极性，结果往往是技术停滞、管理松懈，以致在资源使用上浪费很大。

不过，垄断企业也有积极的一面，即垄断企业一般规模较大，规模经济比较显著。大企业在产品生产、销售、原料采购、研发以及广告等方面都能节约成本。这种节约可在不同程度上抵消上述消极因素的影响。

由于垄断企业有以上弊端，因此需要政府的干预。这种干预主要有两个方面：一是反对垄断行为，防止垄断企业的产生。主要办法是制定和执行反垄断法。二是政府对自然垄断企业进行管制。有些自然垄断企业，如电力公司、铁路公司、自来水公司等公用事业企业，规模经济很显著。对于这类企业，政府准许其实行垄断，但由政府直接控制价格，目的是不让它们有超额利润，并促使它们增加产量。

案例6-1

打破垄断才能消灭殡葬服务暴利

——对我国殡葬服务产业发展问题的探讨

中国人将身后事看得很重，对于死后在何处安葬、骨灰如何安置，人们都很在意。但是，很多普通百姓反映，殡葬用品价格太高，特别是骨灰盒和墓地价格昂贵，有人甚至表示“死不起”。有媒体记者调查发现，这些情况确实存在，一些骨灰盒的售价高出进价30多倍（如在南京殡仪馆，一个骨灰盒最高卖到7.8万元），墓地的价格更是高得离谱。

应该说，在很多地方，“死不起”已经成为一个普遍现象。高额的殡葬费用让活着的亲属在悲痛之余承受着巨大的经济压力。

“死不起”缘于殡葬服务业的垄断暴利。目前，殡葬服务业呈现垄断格局。尽管从政策上看，我国已允许民营企业进入殡葬服务业，似乎出现了打破行业垄断的可能，但实际上，允许民营资本进入殡葬服务业还停留在口头的层面。进入殡葬服务业的行政审批手续繁杂，人为地阻断了其他社会资本的投入——殡葬服务业的垄断局面并没有改变，暴利依旧。现实情况也很能说明问题：目前几乎没有民办殡仪馆。

经济学常识告诉我们，自由竞争越充分的市场，商品的价格就越接近价值。殡葬服务业之所以出现暴利，就是因为目前的殡葬服务市场还不是处于自由竞争状态。消除殡葬服务暴利必须打破殡葬服务市场的垄断，否则，殡葬服务暴利将一直延续下去，“死不起”的状况也难以改变。

总之，打破殡葬服务业垄断现状，迫切需要改革现有的殡葬服务业行政审批体制，使殡葬服务这项公用事业服务化、公开化。只有这样，殡葬服务暴利才会最终消失。

资料来源：徐经胜．破除垄断才能消灭殡葬暴利．北京晨报，2007-04-10.

第 4 节　垄断竞争条件下的企业行为模式

一、什么是垄断竞争

完全竞争和完全垄断是市场结构中的两个极端，介于两个极端之间的是垄断竞争和寡头垄断。与完全竞争和完全垄断不同，垄断竞争和寡头垄断是在现实生活中大量存在的市场结构。

垄断竞争的主要特征有三个：(1) 行业中的企业数量多；(2) 企业进出行业是自由的；(3) 各企业生产的同种产品是有差别的。在这三个特征中，第一、第二个特征属于竞争性的，第三个特征则属于垄断性的，垄断竞争就是这些特征的结合。

第一个特征意味着这个行业由许多中小企业组成，每个企业的产量只占市场总供给量的很小部分。因此，一个企业的行为对市场不会有明显的影响，每个企业在决策时可忽略因自己的行为而引起的其他企业的反应。

第二个特征意味着生产者可以随时参加生产，也可以随时退出生产，不存在人为的障碍。正因为如此，从长期看，企业的经济利润会趋于消失。

第三个特征中的“差别”主要是指买者对不同企业生产的同种产品偏好不同。这种偏好的不同，可能是产品有实质上的差异引起的，例如服装质量不同、汽车性能不同等，也可能是一些主观上的因素或其他因素造成的，例如广告、商标、包装方式、服务态度，甚至商店的地理位置等不同，都能使某些顾客宁愿购买某企业的产品，而不购买另一企业的产品，从而造成产品之间的差别。

产品差别越大，不同的顾客对自己偏好的产品就越忠诚。因此，如果提高价格，企业不会失去全部顾客；如果降低价格，也不会把全部顾客都吸引过来。换句话说，产品差别越大，产品之间的替代性就越小，产品的需求价格弹性也就越小。所以，产品差别能改变产品需求曲线的弹性，表现在需求曲线的形状就是：需求曲线由一条与 x 轴平行的水平线（完全弹性的需求曲线）变为一条向右下方倾斜的曲线。产品差别越大，弹性就越小，需求曲线也就越陡。由于需求曲线是一条倾斜的曲线，企业可以在一定程度上通过改变产量来控制自己产品的价格。这是垄断竞争区别于完全竞争的主要方面。

垄断竞争市场结构在现实生活中很常见，例如，百货店、食品店、饭店、理发店、服装店和各种修理业等就属于这类。这类企业数量多，产量小，投资少，但其产品和服务是有差别的。例如，不同的百货店可能声誉不同、位置不同，不同的食品店可能面包和点心的口味不同，不同的饭店可能出售的饭菜口味特色不同、服务态度不同，等等。

二、垄断竞争条件下企业的短期价格和产量决策

假定某企业的需求曲线（D）、平均成本曲线（AC）、边际成本曲线（MC）、边际收入

曲线（MR）已知，且企业以追求最大利润为目标，那么，根据 MC 曲线与 MR 曲线的交点（$MR=MC$ 之处）就可以得出它的最优产量为 Q^*，最优价格为 P^*（见图 6-14）。此时企业的总经济利润等于四边形 P^*abc 的面积（即图中的阴影部分）。这里，P^* 和 Q^* 就是垄断竞争条件下企业的短期最优价格和产量。

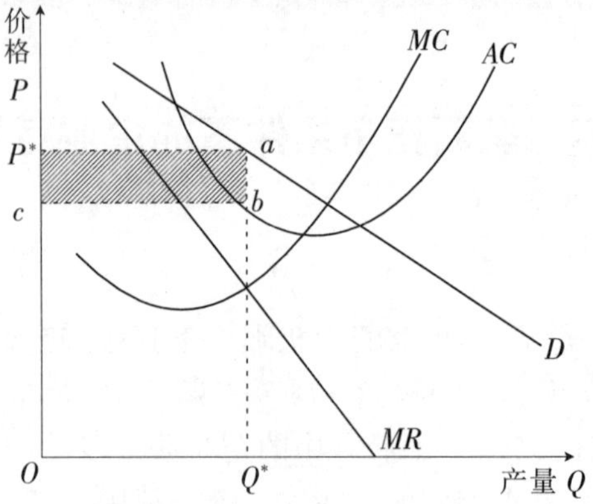

图 6-14　垄断竞争企业的短期均衡

三、垄断竞争条件下企业的长期均衡

从长期看，垄断竞争和完全竞争一样，一是企业可以自由进出行业，二是企业可以选择最优规模。起初，由于行业在短期内有经济利润，会吸引新企业进入该行业，结果使行业的供给量增加。供给量增加会使这种产品的价格下降，从而导致需求曲线向下移动。如果因需求曲线向下移动，以至于需求曲线低于长期平均成本曲线 LAC，企业就会亏损（见图 6-15）。如果行业出现经济亏损，一部分企业就会退出这个行业，导致行业供给量减少。行业供给量减少会导致产品价格上升，从而又使需求曲线向上移动。总之，在垄断竞争条件下，只要企业有经济利润或经济亏损，市场就有一种力量促使企业的需求曲线与它的成本曲线相切，使经济利润或经济亏损为零。这时，在这个行业里，企业不进也不出，处于长期均衡状态（见图 6-16）。图中，SAC 和 SMC 分别为企业长期均衡时所选规模的短期平均成本曲线和边际成本曲线。

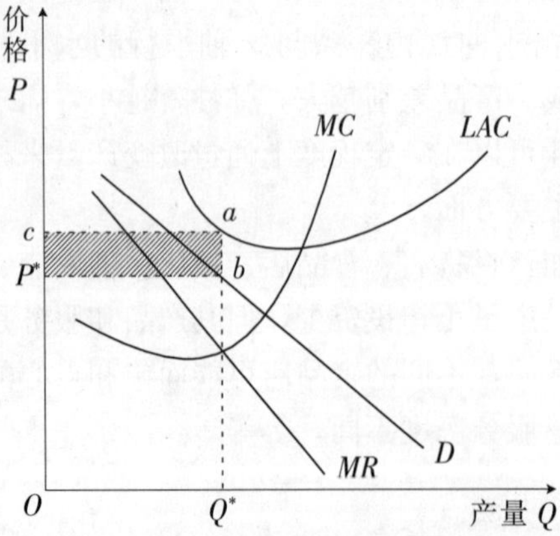

图 6-15　垄断竞争企业出现经济亏损的情况

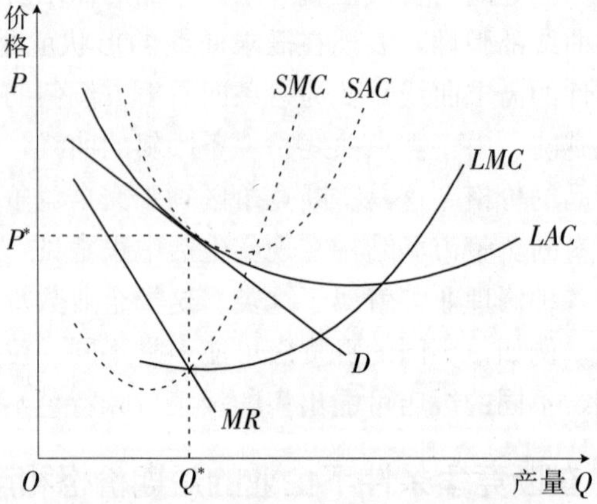

图 6-16　垄断竞争企业的长期均衡

从图 6-16 中可以看出，在垄断竞争条件下，当企业处于长期均衡时，它的产量水平 Q^* 应同时满足下列两个条件：

（1）$P=AC$（短期和长期），此时，企业利润为零。

（2）$MR=MC$（短期和长期），此时，企业利润最大。

四、产品差异化竞争

完全竞争和垄断竞争这两种市场结构的最大区别是，对前者来说，不同企业的产品都是同质的，对后者来说，则是有差异的。这就决定了两类企业在竞争方式上的差别：在垄断竞争的市场上，产品差异化成为一种很重要的竞争手段。[①] 产品差异化竞争就是为自己的产品增加新的、与竞争对手不同的、能更加迎合顾客需要的特征，以吸引更多的消费者。其内容包括：提高产品质量，改进产品性能和结构，增加产品用途，为顾客提供更加周到的服务等。实行产品差异化能够减小替代品（其他企业生产的类似产品）对自己的威胁，因为如果自己的产品有特色，顾客对它已有好感，甚至表现出忠诚，其他产品要替代它，就要改变顾客头脑中已经形成的看法，这是不太容易的。因此，实行产品差异化可以增强自己在市场上的竞争力，有利于对产品制定较高的价格，以获得较多的利润。

在产品差异化竞争中，较小的企业还可以对产品进行特别的设计，只为市场上某一特定顾客群的特定需要提供服务，而不是面向整个市场，以求至少在这一细分市场上取得自己的优势，从而在整个市场上找到并占据适当的位置。

五、广告竞争和广告决策

在完全竞争市场上，由于产品是同质的，企业按照市场价格想卖多少就可以卖多少，因此不需要做广告。在完全垄断市场上，由于没有竞争产品，也不需要做广告。而在不完全竞争市场上，广告竞争是产品差异化竞争的重要补充。因为一般购买者对由于产品设计、结构、性能等方面的特征所造成的产品差异的评价能力有限，如果没有广告等促销手段，产品的有些差异就很难为购买者所认识，产品差异化也就难以形成。因此，广告具有提供产品信息，显示乃至强化产品差异的作用。如果广告做得好，就能使企业的需求曲线变得更陡，或更向外推移，从而给企业带来好处。

但广告的投入并不是越多越好，因为边际收益递减规律对广告投入也是适用的。例如，用 1 万元在拥有 10 000 名读者的地方报纸上登广告，广告每影响一人的平均花费为 1 元，而用 50 万元可在拥有 500 万名读者的全国性报纸上登广告，广告每影响一人的平均花费就可以降到 0.1 元。所以，随着广告投入的增加，广告的边际收益会递增。但当广告投入继续增加超过一定点后，其边际收益又会递减（虽然需求量仍然在增加，但增速越来越慢），原因是市场越来越接近饱和，容易接受广告宣传的顾客早已购买了这种产品，剩下的是那些不太愿意购买这种产品的人，广告对这些人较难起作用。由于广告的边际收益会递减，因此做广告并不总是合算的。那么，多少广告投入才是最优的？或者说，能为企业提供最大利润的广告投入应是多少？下面就来讨论这个问题。

假定 P 为单位产品的价格，MC 为该产品的边际成本，$P-MC$ 就是企业多生产和销售一单位产品能给自己增加的毛利数。这里没有考虑多销售一单位产品所需的广告投入，如果

① 产品差异化竞争和广告竞争也普遍存在于寡头垄断企业之间。

把它考虑进去，那么多生产和销售一单位产品所增加的净利应从这个毛利数中减去所需的广告投入。为了使企业的总净利最大，广告投入应定在因增加1元广告投入所引起的毛利的增加数恰好等于1元广告投入之处。如果1元广告投入引起的毛利增加数大于1元，说明再增加广告投入对企业有利。如果1元广告投入导致的毛利增加数小于1元，说明此时做广告不合算，应当减少广告投入。所以，只有两者相等时，相应的广告投入才是最优的。假如 Q 代表产品产量，A 代表广告投入，$\Delta Q/\Delta A$ 就代表增加1元广告投入引起的销售量的增加数，那么企业广告投入最优的条件就应为：

$$\frac{\Delta Q}{\Delta A}(P-MC)=1 \tag{6-2}$$

在实际决策中，我们用平均变动成本近似地代替边际成本，这样，上式就变为：

$$\frac{\Delta Q}{\Delta A}(P-AVC)=1$$

$$\frac{\Delta Q}{\Delta A}\cdot CM=1$$

或
$$\frac{\mathrm{d}Q}{\mathrm{d}A}\cdot CM=1 \tag{6-3}$$

式中，CM 为企业单位产量的贡献。

例6-2

某企业的广告投入函数估计如下：$Q=10\ 000+2\ 520A-0.008A^2$，式中，$Q$ 为销售量；A 为广告投入。该企业的单位产量贡献是个常数，为6元。问：该企业的最优广告投入应为多少？

解：由该企业的广告函数可求得：

$$\frac{\mathrm{d}Q}{\mathrm{d}A}=2\ 520-0.016A$$

因此，最优广告投入的条件应为：

$$(2\ 520-0.016A)\times 6=1$$

$$A=157\ 490(\text{元})$$

故该企业的最优广告投入应为157 490元。

例6-3

一家企业生产和销售洗衣机，洗衣机的价格为每台3 000元，其中变动成本为1 500元。假定支出广告投入200 000元预计能使洗衣机销售量增加400台（因生产能力有富余，增产这400台洗衣机不需要新的投资）。问：

(1) 这笔广告投入是否合算？

(2) 为了使企业利润最大，是增加广告投入好，还是减少广告投入好？

解：(1) 1元广告投入引起的利润增加数为：

$$\frac{(3\ 000-1\ 500)\times 400}{200\ 000}=3$$

因为3>1，说明这笔广告投入是合算的。

(2) 因 3>1，说明为了使利润最大，企业还可继续增加广告投入，直到 1 元广告投入引起的企业利润增加数（贡献）等于 1 为止。

六、垄断竞争条件下的企业行为分析

1. 关于价格和产量决策

在垄断竞争条件下，从短期看，由于企业之间的产品有差别，企业能像垄断者那样，按 $MR=MC$ 的规则定价，是价格的决定者。但从长期看，由于企业进出市场容易，它的经济利润会趋于消失，从而又与完全竞争相似，倾向于只能获得正常利润，是价格的接受者。但无论是短期还是长期，垄断竞争企业的价格都要比完全竞争企业定得高，产量则比完全竞争企业少。这是因为在完全竞争条件下，价格等于边际成本（$P=MC$），而在垄断竞争条件下，由于需求曲线是向右下方倾斜的，价格总是大于边际成本（$P>MC$）（见图 6-14 和图 6-16）。

另外，正如前文所述，价格反映消费者对增产单位产品的价值的评价，边际成本则反映社会为增产单位产品所需付出的代价。价格大于边际成本，说明如能继续增加产量对社会更有利。因而，从社会资源合理配置的角度看，垄断竞争企业的利润最大化产量是不足的。①

2. 关于生产效率

从长期看，完全竞争企业因在长期平均成本曲线的最低点生产，企业的规模会调整到最优。而垄断竞争企业的需求曲线总是与长期平均成本曲线相切于它的左侧，因此，它的利润最大化产量总是低于长期平均成本曲线最低点的产量，说明它的规模总是小于最优规模。因此，在垄断竞争条件下，规模经济也得不到充分利用。但也有人认为，从消费者福利的角度看，垄断竞争企业规模小、数量多不一定是缺点，因为这有利于企业生产多种多样、有差别的产品，更好地满足消费者的需要。

3. 关于竞争策略

前面讲过，在完全竞争市场里，唯一的也是最佳的竞争策略就是低成本策略，而在垄断竞争市场里，制定竞争策略要比在完全竞争市场里复杂得多。在垄断竞争市场里，由于不同企业生产的同种产品之间存在差异，企业为取得竞争优势，除了努力降低成本外，还有以下三种基本的竞争策略可采用：(1) 价格竞争策略；(2) 产品差异化策略；(3) 促销（包括广告）策略。

生活中的经济学 6-2

缤纷的美食世界

餐饮业有着典型的垄断竞争市场结构的特征。从以下北京三家餐馆的菜品介绍中，可以看出它们是怎样致力于打造自己产品的特色的。

四川名菜"周鲶鱼"

在四川人人爱吃的"周鲶鱼"现已进京。正宗"周鲶鱼"的秘方只有总店的老板一人知

---

① 对于垄断企业，也存在 $P>MC$ 的情况，但由于垄断竞争企业的需求曲线弹性相对较大、斜率相对较小，故 $P>MC$ 的程度也相对较小，因而，与垄断企业相比，垄断竞争企业价格高和产量不足的程度也相对较小。

道。北京的这家“周鲶鱼”以长江上游所产鲶鱼为主打特色，每月从四川空运烹饪原料，还特意邀请四川“周鲶鱼”的厨师长亲自打理。

鲶鱼有20多种做法。其中，水煮鲶鱼适合怕辣的顾客，麻辣鲶鱼、大蒜烧鲶鱼是爱吃辣的朋友的选择，滋补鲶鱼最受想要滋补的人们的欢迎。烹调“周鲶鱼”的配料用花旗参、沙参、党参、淮山、薏仁、大枣、枸杞等精心调制而成，有上乘的滋补功效。取自贵州的小灯笼辣椒加冰糖泡制后，味道鲜美。

居德林素菜叫座

人均收入水平的提高使人们的膳食结构发生了变化，吃清淡爽口又富有营养的素菜逐渐成为时尚。居德林顺应了这一趋势，新增了近百种素菜。

居德林素菜厅于20世纪80年代引入上海功德林的素菜，结合北京人的口味进行了创新，开发了红白两大类上百种素菜系列。其用料讲究，制作精细。主料为一豆、三菇、六耳，配料白莲、银杏等都来自国内著名产地。经营的传统品种有香菇鳝丝、红烧海参、翡翠牛肝、三鲜鱼肚等30多个；新添的品种有菊花鱼、兰花排骨、蟹黄面筋等40余个。

龙溪镇辣螃蟹火锅

龙溪镇辣螃蟹火锅日渐红火。除了麻辣系列的螃蟹和小龙虾，乌江鱼和烧鸡公火锅也成了抢手的美味。这里的肉蟹和红花蟹由从重庆请来的师傅用独家秘方烹制，保证了正宗的重庆麻辣味道。用纯正的川料炒的螃蟹，再放入麻辣汤底中焖，突出了螃蟹的鲜嫩。这里的重庆老火锅也是一大特色。

第5节 寡头垄断条件下的企业行为模式

一、什么是寡头垄断

寡头垄断是指几家大企业生产和销售了整个行业的绝大多数产品，因此行业的竞争只在几家大企业之间展开。在现代社会里，寡头垄断是非常重要的一种市场模式。例如在美国，铝、汽车、计算机、电气设备、玻璃、钢铁以及石油等产品都是在寡头垄断的市场条件下生产和销售的。美国的三大汽车公司（通用、福特、克莱斯勒）几乎占据了美国汽车行业的半壁江山，美国三家铝制品公司（美国铝业、雷诺、凯塞）的产量也几乎等于美国铝制品的全部产量。形成寡头垄断市场结构的主要原因是企业的规模经济。在有些行业里，规模经济显著，只有当企业的产量达到市场的一定份额时，成本才能最低。在这些行业里，企业的数目就会很少。由于现有企业规模很大，新企业进入要冒较大风险，因此在这样的行业里，市场进入的障碍也就较大。

寡头垄断又可分为如下两种：

1. 纯寡头垄断（或称无差别的寡头垄断）

这是指在行业中几家企业生产和销售的产品都是同质的。通常，原料行业（如铝、水泥、钢铁、糖、铜等行业）就属于这种寡头垄断。这类产品一般都有国家标准，顾客只要按型号、规格订货即可，不必考虑是谁家的产品，只需关心产品的价格。

2. 有差别的寡头垄断

这是指在行业中，几家企业生产和销售的产品在顾客看来是有差别的。造成这种差别的因素很多，如不同的设计、商标、包装、信贷条件、服务态度等。在有差别的寡头垄断里，顾客不仅关心产品的价格，而且十分关心产品的商标或生产的厂家。这种寡头垄断行业的产品有汽车、酒、香烟、计算机、农业机械、筑路机械、洗衣机、电视机等。

与其他市场结构相比，寡头垄断市场结构的一个显著特点是：企业之间的行为互相依存、互相影响。在完全竞争和垄断竞争条件下，由于企业数量很多，一家企业的产量在整个市场中只占很小的份额，它的行动对于市场上的其他企业不会产生明显的影响。在完全垄断条件下，一个行业只有一家企业，也就不存在企业之间互相影响的问题。只有在寡头垄断条件下，由于一个行业只有几家企业，一家企业的行为对整个市场的影响才是举足轻重的。假如一个行业有两家企业甲和乙，属于无差别的寡头垄断，那么，如果甲降价，乙的产品就会销不出去。因此，一旦乙发现甲降价，就一定也要降价。这样，甲企业的行为就引起了乙企业的反应。而乙企业的反应反过来又会引起甲企业采取进一步的行动。如果这个行业有不止两家企业，这种相互影响关系就会更加复杂，可能涉及竞争的所有方面，包括价格、销售量、产品特征、广告和促销、售后服务、企业兼并和创新等。每一家寡头垄断企业在作出重大决策之前都必须了解和估计竞争对手的行为和可能作出的反应。它们制定的竞争策略能否收到良好的效果，很大程度上取决于竞争对手采取的行动。下面着重介绍寡头垄断条件下企业行为的四种模式：（1）弯折的需求曲线模式；（2）价格领导模式；（3）卡特尔模式；（4）博弈模式。其中，第一和第四种属于不合作性行为模式，第二和第三种属于合作性行为模式。这四种模式分别以企业之间不同的相互关系的假设为基础。

二、弯折的需求曲线模式

这种模式基于如下假设：如果一家企业提价，其他企业一般不会跟着提价；但如果一家企业降价，其他企业一般会跟着降价。其目的主要是在竞争中保持进而扩大自己的销售量。

根据这样的假设，寡头垄断企业的需求曲线会发生如下变化。在图 6 - 17 中，E 点是现在的价格点。如果这家企业打算降价以扩大销路，则其他企业也会跟着降价。结果，这家企业销售量的增加比预期的要少得多。因此，降价后的需求曲线是一条弹性较小的需求曲线（D_i）。如果这家企业打算提高价格，但其他企业并不跟着提价，那么，这家企业稍一提价，就会失去大量顾客。所以，提价后的需求曲线将是一条弹性较大的曲线（D_e）。这样一来，寡头垄断条件下企业的需求曲线由两部分（D_e 和 D_i）组成，它们共同构成一条弯折的需求曲线。

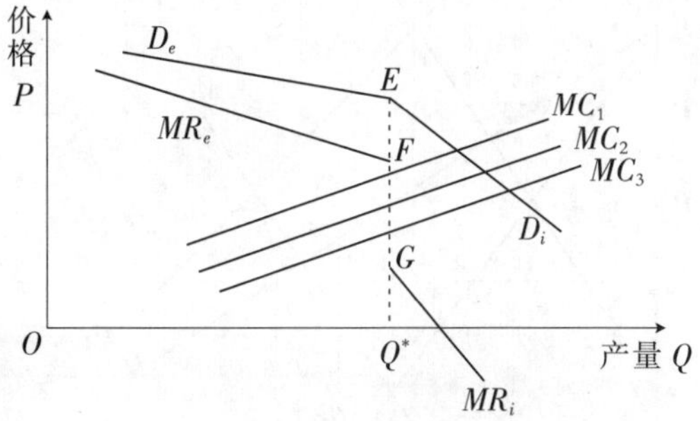

图 6 - 17　弯折的需求曲线模式

已知需求曲线 D_e 和 D_i，可以求得边际收入曲线 MR_e 和 MR_i，由这两部分构成的边际收入曲线是一条中断的折线。

这种边际收入曲线表明，如果边际成本曲线 MC 在缺口 FG 的范围内摆动，企业的最优价格和最优产量决策不变。只有当技术上有很大突破，企业的成本变化很大，边际成本曲线的变动超出 FG 的范围时，才需要对价格重新作出调整。

这种弯折的需求曲线的价格决策模式，从理论上说明了为什么在寡头垄断条件下，产品的价格通常具有刚性，企业一旦确定了产品的价格就不轻易变动。因此，在寡头垄断条件下，企业之间的竞争主要不是在价格方面，而是在非价格方面，包括产品差异化和广告竞争等。

三、价格领导模式

在寡头垄断条件下，为避免价格竞争，寡头垄断企业之间有时会形成一种暗中的默契，出现价格领导，即由行业中的一家企业决定产品价格，其他企业则相应跟随定价或变价。确定价格的企业叫领袖企业，它是自然产生的，一般要么是行业中最大的、实力最强的企业（其生产效率最高、成本最低），要么是定价能力在同行中得到公认的企业（其市场信息灵通、预测准确）。其他企业跟随定价或变价的原因主要是企业规模小，如果不跟随定价，就可能引发价格战，对自己很不利。另外，跟随定价还可以避免因独自定价失误而可能带来的风险。图6－18是一种典型的价格领导模式。它假设由一家领袖企业首先定价，然后其他企业跟上，但只要其他企业按大企业定的价格定价，就允许其他企业想卖多少就卖多少。在这一定价模式下，领袖企业要作出价格和产量决策，关键是要先求出本企业的需求曲线，这一需求曲线可以通过将不同价格下的市场总需求量减去全部小企业的供给量得到。在图6－18中，假定产品的市场总需求曲线 D_T、领袖企业的边际成本曲线 MC_L、其他企业的边际成本曲线 ΣMC_f 已知（这里，其他企业的边际成本曲线 ΣMC_f 为其他企业边际成本曲线的水平相加）。由于其他企业是根据领袖企业的价格定价，是价格的接受者，而不是价格的制定者，因此它的产量决策类似完全竞争市场结构，即最优产量水平在 $P=MC$ 处。当价格为 P_1 时，其他企业的供给量为 Q_1，市场总需求量也为 Q_1，此时领袖企业的需求量为零。当价格为 P_2 时，其他企业的供给量为 Q_3，市场总需求量为 Q_2，领袖企业的需求量为 Q_2-Q_3。当价格定为 P_3 时，其他企业的供给量为 Q_5，市场总需求量为 Q_4，领袖企业的需求量为 Q_4-Q_5。依

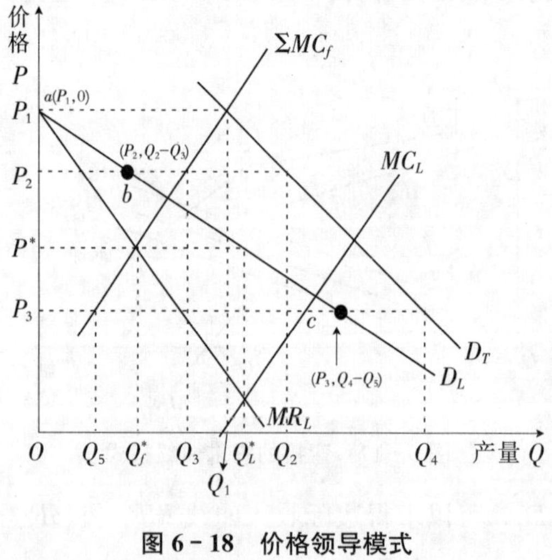

图6－18　价格领导模式

此类推，就可得到领袖企业在各种价格下的销售额（需求量）。连接点 $a(P_1,0)$，$b(P_2,Q_2-Q_3)$，$c(P_3,Q_4-Q_5)$，…，即可得到领袖企业的需求曲线 D_L，并可得到领袖企业的边际收入曲线 MR_L。领袖企业依据 $MR_L=MC_L$ 决定其最优产量 Q_L^* 和价格 P^*，其他企业的产品价格也是 P^*，它们的产量为 Q_f^*。

四、卡特尔模式

显然，如果几家寡头垄断企业联合起来，共同确定一个价格，它们就有可能像垄断企业一样定高价，使整个行业的总利润最大。这种联合有公开和暗中之分。签订公开的正式协议的，叫卡特尔；达成非正式的秘密协议的，叫串谋。

图 6-19 说明了卡特尔是如何确定几家企业的共同价格和总产量的。

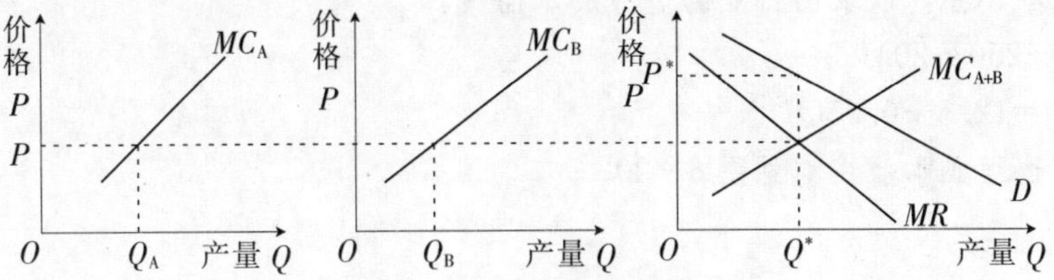

图 6-19　卡特尔模式

在图 6-19 中，假定一个卡特尔中有两家寡头垄断企业 A 和 B，它们的边际成本曲线 MC_A 和 MC_B 已知，卡特尔的需求曲线 D 已知，就可以求出卡特尔的边际成本曲线 MC_{A+B}（等于各企业的边际成本曲线横向相加）和卡特尔的边际收入曲线 MR。在 MR 和 MC_{A+B} 相交之处，即可得到卡特尔的最优总产量 Q^* 和最优价格 P^*。整个卡特尔的价格和产量确定之后，下一步是对所属企业分配产量配额。办法是按照边际成本相等的原则进行分配，因为这样可使整个卡特尔的总生产成本最低，或利润最大。① 在图 6-19 中，从 MC_{A+B} 曲线和 MR 曲线的交点引一条水平线，分别与 MC_A 和 MC_B 相交，就可使各企业的边际成本相等，得到企业 A 和企业 B 的最优产量配额 Q_A 和 Q_B。

例 6-4

假定一个寡头垄断行业由四家企业 A，B，C 和 D 组成。该行业的需求曲线和四家企业的总成本函数分别为：

行业需求方程：$P=100-0.1Q$

企业 A 的总成本函数：$TC_A=10Q_A+0.1Q_A^2$

企业 B 的总成本函数：$TC_B=0.2Q_B^2$

企业 C 的总成本函数：$TC_C=0.2Q_C^2$

企业 D 的总成本函数：$TC_D=20Q_D+0.05Q_D^2$

假如这四家企业联合起来形成卡特尔，问：应统一定什么价格才能使全行业总利润最大？此时总产量是多少？这一产量在各企业中应如何分配？每家企业将各得到多少利润？整个行业的总利润是多少？（注：本例中，价格、成本和利润的单位均为万元。）

① 在现实生活中，有些卡特尔在确定产量配额时，还考虑各企业成员的生产能力、原来的市场份额和地理因素等。另外，谈判实力的大小也会影响产量配额的确定。

解：首先求每家企业的边际成本曲线：

企业A：$MC_A=10+0.2Q_A$

企业B：$MC_B=0.4Q_B$

企业C：$MC_C=0.4Q_C$

企业D：$MC_D=20+0.1Q_D$

为使这些边际成本曲线能横向相加，需要通过移项得到：

$Q_A=-50+5MC_A$

$Q_B=2.5MC_B$

$Q_C=2.5MC_C$

$Q_D=-200+10MC_D$

使 $Q_A+Q_B+Q_C+Q_D$，以求出行业的边际成本曲线：

$Q=-250+20MC_T$

或 $MC_T=12.5+0.05Q$

以上所有边际成本曲线均见图6-20。

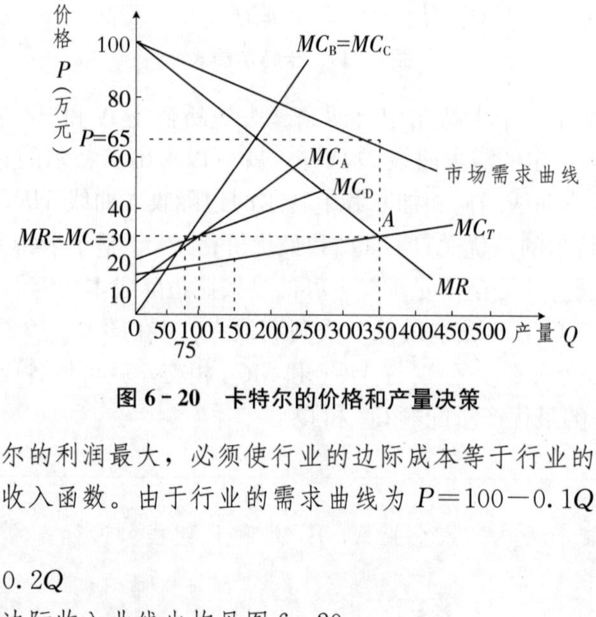

图6-20 卡特尔的价格和产量决策

为了使整个卡特尔的利润最大，必须使行业的边际成本等于行业的边际收入。因此，还必须找出行业的边际收入函数。由于行业的需求曲线为 $P=100-0.1Q$，故行业的边际收入函数应为：

$MR=100-0.2Q$

行业需求曲线和边际收入曲线也均见图6-20。

使 $MR=MC$，解 Q，得

$100-0.2Q=12.5+0.05Q$

$Q=350$

即整个卡特尔的利润最大化产量为350单位。现在需要在各企业中分配这一产量。为此，要先求出产量为350单位时卡特尔的边际收入。

$$\begin{aligned} MR &= 100-0.2Q \\ &= 100-0.2\times 350 \\ &= 30 \end{aligned}$$

在分配时，当四家企业的边际成本都等于30万元（即 $MR=MC_A=MC_B=MC_C=MC_D$）时，产量的分配为最优，这时各企业的产量可计算如下：

$Q_A = -50 + 5MC_A = -50 + 5 \times 30 = 100$

$Q_B = 2.5MC_B = 2.5 \times 30 = 75$

$Q_C = 2.5MC_C = 2.5 \times 30 = 75$

$Q_D = -200 + 10MC_D = -200 + 10 \times 30 = 100$

这些产量的总和为 350，即卡特尔利润最大时的总产量。

卡特尔应定什么价格？可根据需求曲线来求。

$$
\begin{aligned}
P &= 100 - 0.1Q \\
&= 100 - 0.1 \times 350 \\
&= 65(\text{万元})
\end{aligned}
$$

所以，为了谋求整个卡特尔的利润最大，每家企业都应把价格定为 65 万元。

现在来求每家企业的利润和卡特尔的总利润。

$$
\begin{aligned}
\pi_A &= TR_A - TC_A \\
&= P \cdot Q_A - (10Q_A + 0.1{Q_A}^2) \\
&= 65 \times 100 - (10 \times 100 + 0.1 \times 100^2) \\
&= 6\,500 - 2\,000 \\
&= 4\,500(\text{万元})
\end{aligned}
$$

$$
\begin{aligned}
\pi_B &= TR_B - TC_B \\
&= P \cdot Q_B - 0.2{Q_B}^2 \\
&= 65 \times 75 - 0.2 \times 75^2 \\
&= 4\,875 - 1\,125 \\
&= 3\,750(\text{万元})
\end{aligned}
$$

$$
\begin{aligned}
\pi_C &= TR_C - TC_C \\
&= P \cdot Q_C - 0.2{Q_C}^2 \\
&= 65 \times 75 - 0.2 \times 75^2 \\
&= 4\,875 - 1\,125 \\
&= 3\,750(\text{万元})
\end{aligned}
$$

$$
\begin{aligned}
\pi_D &= TR_D - TC_D \\
&= P \cdot Q_D - (20Q_D + 0.05{Q_D}^2) \\
&= 65 \times 100 - (20 \times 100 + 0.05 \times 100^2) \\
&= 6\,500 - 2\,500 \\
&= 4\,000(\text{万元})
\end{aligned}
$$

整个卡特尔的总利润等于各企业的利润之和：

$$
\begin{aligned}
\pi_T &= 4\,500 + 3\,750 + 3\,750 + 4\,000 \\
&= 16\,000(\text{万元})
\end{aligned}
$$

因此，四家企业的利润分别为4 500万元、3 750万元、3 750万元和4 000万元。卡特尔的总利润为16 000万元。任何分配产量的其他方案都不能使总利润超过此数。

需要指出的是，西方的卡特尔一般是不稳定的。这是因为：首先，一般来说，卡特尔是违法的，会受到司法部门的干预；其次，从长期看，会不断出现新的产品，会有新的生产者

进入市场，而且卡特尔内部成员之间总是钩心斗角，明争暗夺。联合起来谋求最大利润固然谁都不反对，但是对于如何分配利润，矛盾很大，往往表面遵守协议，暗中互相欺骗，从而导致卡特尔迅速瓦解。

五、博弈模式

寡头垄断市场的一个重要特点是企业之间的行为互相联系、互相依赖。因此，一家企业在作决策时，必须考虑竞争对手对自己的决策可能作出的反应。寡头垄断企业在决策时面临的这种情况与人们在下棋或玩扑克时的情况很相似。因此，近些年来，经济学家越来越多地用博弈论（对策论）来分析和说明寡头垄断企业的行为。在这方面，博弈论的应用已经十分广泛。本书不打算对它作全面的探讨，仅举例从一个方面来介绍博弈模式。

例6-5

假设有两家大企业基本上瓜分了某种产品的整个市场；这两家企业的广告投入每年均为400万元；两家企业的利润均为1 000万元。在图6-21广告战略的收益矩阵中，列在前面的收益是企业A的利润，列在后面的是企业B的利润。如果企业A打算把广告预算增加到600万元，而企业B仍保持400万元，那么，企业A的利润就会增加到1 200万元，而企业B的利润就会减少到600万元。这说明企业A增加200万元的广告投入能大大提高自己的相对市场份额和盈利。

		企业B的广告投入			
		400		600	
企业A的广告投入	400	1 000	1 000	600	1 200
	600	1 200	600	870	870

图6-21　广告战略的收益矩阵（单位：万元）

如果情况相反，企业B把广告投入增加到600万元，而企业A仍保持在400万元的水平，那么，企业B就能大大提高自己的相对市场份额和盈利。如果两家企业都把广告投入增加到600万元，其结果将如图6-21中的矩阵右下方所示，两家企业的利润均变为870万元，即反而都比增加广告投入前减少了。原因是两家企业的产品市场已经饱和，同时增加广告投入会导致广告效果互相抵消，以致利润比增加广告投入前反而减少。

企业一般都不愿冒风险，特别是在广告竞争与价格竞争有所不同的情况下。在价格竞争中，如果竞争对手降价，企业可以立即作出反应，而在广告竞争中，如果对方乘自己不备发动广告攻势，自己要作出反应需要一段准备时间，在这段时间内，企业就会蒙受一定的损失。所以，企业总是力求避免出现可能的最坏结果。从图6-21中可以看到，当企业的广告投入为400万元时，可能的最坏结果为利润600万元；当企业的广告投入为600万元时，可能的最坏结果为利润870万元。企业总希望争取好的结果（即利润870万元），因此，必然愿意把自己的广告投入提到较高的水平，即600万元。但当两家企业竞相增加广告投入时，它们获得的利润反而少于双方广告投入较少时的利润(1 000万元)。

这种情况之所以会发生，是因为两家企业间互不沟通信息。每家企业都只从自己的利益出发来作出决策，担心对方增加广告投入会使自己处于不利地位，所以竞相增加广告投入。

可见，寡头垄断企业之间因互不通气而使经营努力常被互相抵消，结果导致企业行为的非优化和社会资源的浪费。这不仅表现在做广告方面，在其他方面（如产品的研发方面）也经常发生。企业之间的串谋能使双方都得到好处（如在上例中，双方协商都少做广告）。但实践表明，要让双方始终遵守诺言，是很不容易做到的。

案例 6-2

政府的广告禁令反使烟草业得利

20 世纪 60 年代，美国的烟草行业在做广告方面曾经有过一次由不合作到合作的有趣经历。最初，几家大烟草商为了促销都在电视上大做广告，但收效甚微，因为大部分广告被互相抵消，正如博弈理论中所说，它们处于“囚徒困境”中。如果它们能够达成协议，共同削减广告投入，就能共同获益。但谁也不敢带头这样做，因为害怕其他企业以后会背信弃义，最终自己吃亏。

1968 年，美国联邦政府发布禁令，禁止烟草行业在电视上做广告。起初，烟草公司都反对，但不久就发现，烟草的销量并没有因停做广告而减少，企业的利润反而因节省了大量广告支出而有所增加。结果，政府在 1968 年发布的广告禁令为烟草企业做了一件它们自己本来做不到的大好事——通过共同削减广告投入，来提高整个行业的盈利水平。

资料来源：[美] H. 克雷格·彼得森，等. 管理经济学：第 3 版. 北京：中国人民大学出版社，1998.

六、非价格竞争

前面讲过，在寡头垄断企业的行为之间存在相互制约的关系。比如说，如果一家企业提价，别的企业为了增加自己产品的销路一般不跟随提价。但如果一家企业降价，别的企业为了保持自己产品的销路一般也跟随降价。这样，首先提价或降价的企业不但不能从提价或降价中得到好处，反而会吃亏。因为价格战持续下去的结果可能是价格降到双方的成本以下，造成两败俱伤。所以，寡头垄断市场结构的一个重要特点是价格不轻易变动。企业相互之间的竞争主要不是通过价格进行，而是通过非价格因素进行，这称为非价格竞争。

寡头垄断企业在竞争中采取的非价格手段主要有两个：

(1) 改进产品式样与结构，增加产品的用途，提高产品质量。

(2) 做广告。

此外，改善信贷条件，增加销售网点和改善售后服务等，也是竞争中可以采取的非价格手段。

通过非价格手段进行竞争，也会引起对方的反应，但这种反应与价格竞争引起的反应相比要慢得多。这是因为非价格因素的变化一般不易被对方察觉，即使对方察觉，到有所反应也有一个过程（如设计新产品、培训推销人员等都要有一个过程）。采取非价格手段进行竞争，一方面对方反应较慢，另一方面效果比较持久。总之，非价格竞争的目的是改善消费者对本企业产品的看法，使本企业的产品在消费者头脑中与其他企业的产品区别开来。显然，一旦企业在竞争中取得了这种效果，对方要把顾客重新夺回去是很不容易的，因为这需要把顾客对产品的看法再变过来。

案例6-3

国产彩电价格战

我国彩电行业2000年出现全行业亏损，7月27日康佳发布预亏的消息，接着长虹发布预亏的消息，创维也声称第一季度亏损1.2亿元。

究其原因，康佳、创维、长虹等异口同声地说，这是行业内恶性价格战的结果。康佳每次价格战出手都特别狠，2000年5月一下子就将其34英寸彩电的价格降到3 000元以下，令业界大跌眼镜。但是，康佳总经理王璐说：康佳不愿意打价格战，但又不得不打，一切都是为了既得的市场份额，为了流动资金的周转和将价值跌得越来越多的存货出手。

长虹深受价格战之苦，但又是价格战的发动者和加油者。不久前，长虹、TCL等八大品牌企业达成共识——理性地对待价格战，建立对话机制，摆脱价格战的纠缠。国内彩电业只有在竞争中合作，在合作中竞争，才能推动行业发展，把蛋糕做大，抵御洋品牌的进攻。但是仅仅过去了几天，长虹就把它的背投彩电的价格降到了万元之下。公司新闻发言人刘海中说，打价格战是很无奈很艰难的事，但是在彩电业缺乏退出机制的情况下，企业只能靠价格战苦撑。乐华老总吴少章说，企业是在流着血打价格战。

资料来源：北京晚报，2002-02-04.

七、吓阻竞争对手的进入

迄今为止，我们讨论过的寡头垄断企业的竞争行为都是短期的。下面要讨论的吓阻竞争对手进入市场则是寡头垄断企业的一种长期竞争行为。具体做法是：现有企业采取策略，人为地为市场设置进入障碍，以阻止新企业的进入，从而防止竞争对手挤占现有的市场，造成现有企业利润的减少。

吓阻新企业进入的策略很多，下面介绍几种。

1. 采用限制进入定价法

新企业往往由于规模较小或其他原因而生产成本较高。现有企业为了阻止它们的进入，不把价格定在利润最大化的水平上，而是把价格定得低于新企业的成本，使它们无利可图。在这种情况下，从短期看，因价格定得低，现有企业的利润会减少，但从长期看，由于阻止了新企业的进入，利润会提高。只要长期利润提高带来的好处大于短期利润的损失，这种定价方法就是可取的。

2. 进行价格报复

采用限制进入定价法是长期持续地实行低价，以阻止新企业的进入。进行价格报复则是当新企业已经进入或即将进入时，通过急剧降价来进行对抗，待新企业进入的威胁消失，再恢复到原来合意的价格水平。一家企业如果对竞争者的进入总是采取急剧降价的反应模式，潜在的对手就会明白，一旦自己进入，一定也会有同样的遭遇，从而不敢进入。

3. 预留生产能力

在迅速成长的市场里，新企业可以通过为新的顾客服务而生存下来。但如果现有企业通过投资预留了富余的生产能力，一旦新企业进入，就有能力立即按低成本、低价扩大生产（因为过去的投资此时已成为沉没成本，故增产所需的投入很少），以满足市场的需要，使新企业无法立足。因此，现有企业预留富余的生产能力，能构成对潜在进入者的一种吓阻。

4. 捷足先登，使市场饱和

"使市场饱和"有两层含义。一是使市场在空间上饱和。假定某个小城镇有 5 个居民消费点，如果在这 5 个点上都已设有超市，可以满足附近居民的需要，我们就说这个小城镇的市场在空间上饱和了。二是使市场在产品品种上饱和。例如，汽车制造商生产了许多不同类型和型号的汽车，足以分别满足不同层次和不同偏好的顾客的需要，我们就说汽车市场在产品品种上饱和了。现有企业在新企业进入之前如能捷足先登在空间上和品种上占领市场，使市场饱和，让潜在的进入者无插足之地，就能起到限制新企业进入的作用。

案例 6－4

沃尔玛是怎样起家的

沃尔玛超市连锁店是世界 500 强企业之一。它是怎样起家的呢？

沃尔顿是这家连锁店的创始人。他在美国西南部许多小镇上采取捷足先登的策略，抢先开办了几百家平价超市。由于每个小镇的需求有限，无法支持开设更多的超市，沃尔玛的捷足先登取得了很大的成功。

为了说明沃尔玛为什么会成功，我们来举个例子。假如沃尔玛和琼斯兄弟两家公司都打算在俄克拉何马州的一个小镇开设平价商店。图 6－22 是它们的收益矩阵。假如沃尔玛进入小镇，而琼斯兄弟没有，沃尔玛就能赚取利润 500 万美元，琼斯兄弟的利润则为零。如果琼斯兄弟先进入小镇而沃尔玛没有，则琼斯兄弟能赚 500 万美元，沃尔玛的利润为零。如沃尔玛和琼斯兄弟都进入小镇，则两者都将亏损 200 万美元。可见，沃尔玛先进入了，琼斯兄弟就不会再进入，因为它将亏损 200 万美元。正因为这样，沃尔玛因捷足先登就可独家每年获利 500 万美元。

		琼斯兄弟可能的策略	
		进入小镇	不进入小镇
沃尔玛可能的策略	进入小镇	沃尔玛利润：－200 万美元 琼斯兄弟利润：－200 万美元	500 万美元 0
	不进入小镇	沃尔玛利润：0 琼斯兄弟利润：500 万美元	0 0

图 6－22　沃尔玛和琼斯兄弟的收益矩阵

资料来源：Edwin Mansfield, *Managerial Economics*, W. W. Norton & Company, Inc., 1990.

八、可竞争市场

寡头垄断企业通常是大企业，规模经济显著，形成的市场进入障碍一般较大，由此产生的市场控制力使它有能力把价格定得远高于成本。但近年来有一种理论认为，有些企业尽管规模较大，但只要新企业进入的沉没成本很低，它的进入和退出就会变得容易。这样，这个行业就依然能保持其竞争性，价格仍有可能保持在长期平均成本最低点附近的水平。新理论把这样的市场称为可竞争市场。

这一理论的核心是把沉没成本而不是规模经济作为企业市场控制力的来源。也就是说，如果一家新企业进入一个市场需要投入巨额资金，而这笔资金又不能在退出市场时收回（即这笔巨资已沦为很高的沉没成本），那么，与沉没成本较低的进入者相比，这家企业就要冒更大的风险。例如，在现代化的大型化工企业里安装有大量先进、复杂的设备和管道，它们都很昂贵。由于这些设备和管道的专用性很强，很难移作他用，企业一旦经营失败而不得不退出该行业，这些设备和管道占用的资金就沦为沉没成本，从而造成投资的巨大损失。所以，企业一般不敢贸然进入这样的行业，竞争不会太激烈。相比之下，在民航业中，虽然一架民航飞机的价值可能高达数亿元，但进入者可以通过租赁或购买二手飞机的方式参与经营。一旦经营失败，企业主能够很容易地把它们脱手。此外，沉没成本可能的最重要来源——飞机跑道和其他地面设施是由政府筹资建设租给航空公司使用的，对航空公司来说沉没成本较低。又如，由数十辆或数百辆卡车组成的货运公司，一旦经营失败，业主可以很容易地把这些资产售出（因为卡车是通用设备，专业性弱，又是可以移动的），所以，货运公司的沉没成本也很低，进入这样的行业风险小，自然就比较容易。这些进出比较容易的行业竞争性强，企业控制价格的能力就被大大削弱了。

可见，在像寡头垄断那样集中化程度较高的行业里，也有两个极端：一个极端是卡特尔，几家企业联合起来追求最大利润，像一个垄断者；另一个极端是可竞争市场，企业之间的竞争依然很激烈。在这两个极端之间，则存在因企业之间依存关系不同而出现的多种企业行为模式。

案例 6-5

国际航空快递业的市场结构特征

国际航空快递业务是一种特殊的物流服务，对运输服务的高速性和便捷性要求很高。国际航空快递业务的历史并不太长，起源于1969年发生在美国旧金山的一个偶然事件。

某日一个年轻人到一家船运公司去探望朋友，正巧碰上该公司出了业务事故，一艘货船已经到达目的地夏威夷的港口，可是海运提单还没有从加利福尼亚寄出。如果利用邮寄方式递送提单，大约需要一周时间，会产生一大笔滞港费损失，必须由企业负担，同时也会因推迟交货而招致客户的不满。看到朋友很着急，这个年轻人灵机一动，乘飞机将提单送到了目的地夏威夷，以较小的成本避免了较大的损失，帮了朋友一个大忙。

受到这件事情的启发，三个美国人达尔塞、希尔伯姆及林恩尝试着提供一种航空快递服务，以满足一些客户对时效性很强的物品的运输和递送需求，并于1969年9月建立了DHL快递公司，DHL就是他们三人名字第一个字母的组合。该公司在百慕大注册，总部设在比利时的布鲁塞尔。

航空快递公司提供商务文件、样品及小件货物的运输和递送服务。公司实行“上门取件，送件到门”的门到门服务。同时，公司还提供查询服务，顾客可以通过快递公司的客户服务部门查询自己的快件实时的递送状况。此外，航空快递服务的起止时间有严格的限制，快递公司必须在约定的时间之内将快件递送到指定的客户手中。航空快递业的门到门服务、查询服务和速度优势是传统邮政服务所不具备的，正是基于这种差异化的特点，航空快递服务形成了与传统邮政不同的产品，迅速吸引了大量客户。

航空快递服务是规模经济显著的行业。航空快递公司必须建立一个覆盖全球的服务网络，以便将货物安全、准确、及时地投递到收件人手中。建设这样一个庞大的国际运输网络，需要大规模的固定投资。以 DHL 公司为例，它的递送网络已经遍布世界 220 多个国家和地区，拥有 260 架飞机、17 000 辆运输车、36 个大型物流中心和 275 个航空口岸。巨额的投资形成了巨大的进入障碍，小企业要想进入航空快递服务市场十分困难。经过 40 年的发展，目前世界上形成了四大快递公司，即 DHL、TNT、FEDEX（联邦快递）和 UPS（联合包裹），呈现出典型的寡头垄断的市场结构。全球航空快递市场形成寡头垄断的市场结构的主要原因就是规模经济导致的进入障碍。

资料来源：市场结构理论案例，资料搜索网，http：//www. 3722. cn/listknowhow. asp?articleid= 56215.

第 6 节　销售收入最大化的企业行为模式

上面的讨论都假定企业的目标是追求利润最大化，但在现实生活中，有的企业（特别是一些大企业）往往谋求在获得一定利润的条件下实现销售收入的最大化。目标的不同会对企业行为产生不同的影响。

一、在保证一定利润的条件下追求销售收入最大化的企业行为模式

在保证获得一定利润的条件下追求销售收入的最大化，是企业行为的多目标模式中最常见的模式。它最早是由美国经济学家鲍莫尔提出的。这一模式假设：一旦企业的利润达到可以接受的水平，企业的利润目标与增加销售收入的目标相比就会处于次要地位。企业的经理人员宁可放弃较高的利润，也要追求更大的销售收入。鲍莫尔认为，企业之所以要追求最大的销售收入，是因为销售收入是衡量企业绩效的重要尺度。销售收入的大小反映消费者对企业产品的认可程度、企业在市场上的竞争地位和企业的经营规模，而这些对增强企业的活力都是十分重要的。另外，扩大销售收入也是经理人员谋求个人目标的基础，例如经理人员的工资和声誉很大程度上是与企业的经营规模相关的。但谋求销售收入最大化必须以保证企业有足够的利润为前提。这个利润水平一方面应能使股东满意，另一方面应能有利于企业吸引外部资金。

在图 6 - 23 中，TC，TR 和 π 分别是总成本、总收入和利润曲线。总利润最大（$MR=MC$）时的产量为 Q_1，销售收入最大（$MR=0$）时的产量为 Q_3。假定某企业必须在完成利润目标 π_1 之后才允许追求销售收入最大，那么企业的最大产量不会超过 Q_1（产量 Q_1 能使企业最接近利润目标 π_1）。假定企业的利润目标是 π_2，它就要通过降价使销售量增加到 Q_2，使销售收入增加到 TR_{Q_2}，这时的利润就等于 π_2。π_2 虽低于最大利润，但企业既实现了利润目标，又使销售收入有所增加。这就是在保证一定利润的前提下使销售收入最大。最后，假定最低限度的利润要求是 π_3，企业就要继续降价，使销售量增加到 Q_3，使销售收入增加到最大量 TR_{Q_3}，但企业不会使销售量超过 Q_3，因为如果超过 Q_3，销售收入就会下降。由此可见，当销售量低于 Q_1 时，降价既能增加利润又能增加销售收入。当销

售量在 Q_1 和 Q_2 之间时，降价会使利润减少，但会使销售收入增加。当销售量超过 Q_3 时，降价会使利润和销售收入同时减少。由此可以得出下面的结论：如果企业的目标是在保证一定利润的前提下追求销售收入最大，且这个利润低于可能得到的最大利润，那么企业的价格就应当定得比与利润最大化目标对应的价格低，产量则应定得比与利润最大化目标对应的产量高。

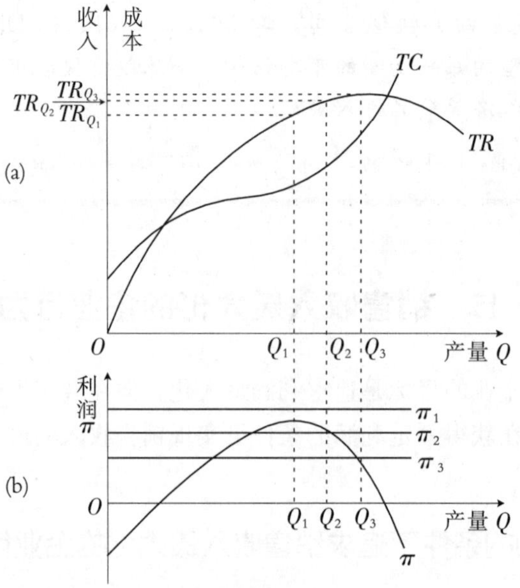

图 6-23　销售收入最大化的企业行为模式

二、利润最大化和销售收入最大化两种企业行为模式的比较

不同的目标会导致不同的企业行为，下面从三个方面来讨论。

1. 企业的目标和广告投入

对企业目标的选择会影响有关广告投入的决策。与追求利润最大者相比，追求销售收入最大者倾向于加大广告投入。这一点可用图 6-24 来说明。图 6-24（a)、图 6-24（b）中的横轴代表广告投入。纵轴为成本、销售收入和利润。为简化起见，假定随广告投入的变化而变化的总成本（*TC*）曲线为一条直线，当广告投入为零时，总成本为 TC_0。*TC* 曲线包括全部生产成本和销售成本，也包括广告投入。总收入（*TR*）曲线的形状基于这样的假设：销售量和销售收入随广告投入的增加而增加，但由于广告的边际收益递减，因而销售收入的增加也是递减的。图 6-24（b）中的总利润（π）曲线是根据不同广告投入水平上总收入与总成本的差额画出的，它说明不同广告投入水平上利润的大小。图 6-24 说明，利润最大时的广告投入为 A_1。但如果企业在保证一定利润（π_1）的前提下追求销售收入最大，那么其最优广告投入为 A_2。额外增加的广告投入把销售收入从 TR_{A_1} 推向 TR_{A_2}，仍能使总利润不低于目标利润 π_1。因此，只要追求销售收入最大者的目标利润低于最大可能利润，它比追求利润最大者增加更多的广告投入对企业就是有利的。

2. 固定成本变化对企业行为的影响

固定成本的变化对有不同目标的企业的价格和产量决策具有不同的影响。在图 6-25

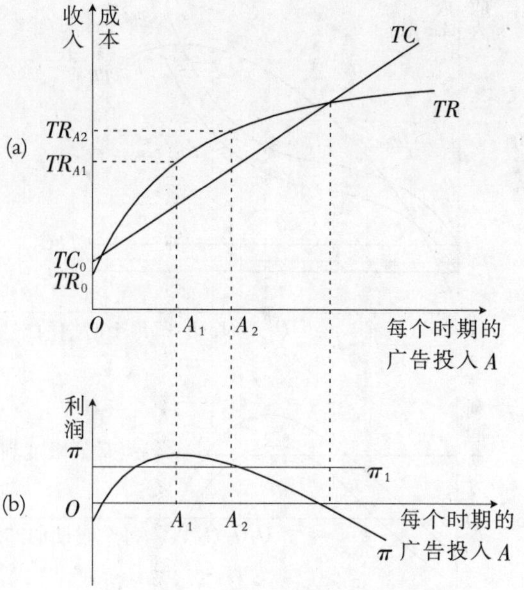

图 6-24　企业的广告投入决策

中，起初的总固定成本、总成本、销售收入和利润函数分别为 TFC_1，TC_1，TR_1 和 π_1。如果企业的目标为利润最大化，最优产量应为 Q_1。但如果企业的目标是在获得一定利润（π）的条件下追求销售收入最大，则最优产量为 Q_2。现假定企业固定投入要素的价格上涨，导致企业固定成本提高到 TFC_2。这又导致总成本函数上移到 TC_2，同时利润函数从 π_1 移到 π_2。如果企业的目标是追求利润最大，则成本的增加对企业的最优价格和产量决策没有影响，因为固定成本的增加只是使利润曲线的峰尖下降，这一峰尖并没有向左或向右移动。从图 6-25 中可以看到，固定成本的变化对追求销售收入最大的企业的影响是，总利润曲线向下移动，会使产量为 Q_2 时的利润低于可接受水平。为了使利润提高到可接受的水平，追求销售收入最大的企业必须把产量缩减到 Q_3，为此必须提高价格。因而，在分析固定成本的变化对企业的价格和产量决策的影响时，企业的目标成为关键因素。当固定成本增加时，追求利润最大的企业的价格和产量可以不变，但追求销售收入最大的企业就需要减少产量，提高价格。

3. 税负变化对企业行为的影响

在图 6-26 中，TR 为总收入曲线，TC 为总成本曲线，π_1 为原税后利润曲线。OA 为目标利润，利润最大时产量为 Q_1。在获得目标利润的前提下，销售收入最大时的产量为 Q_2。假定政府为了调整宏观调控政策，打算把企业的所得税率提高 10 个百分点。这就会使利润曲线从 π_1 移到 π_2。π_1 的顶峰和 π_2 的顶峰的产量未变，均为 Q_1，说明对谋求利润最大的企业来说，增税后最优产量和价格并无变化。但对追求销售收入最大的企业来说，为了保证目标利润 π，增税后产量必须从之前的 Q_2 移到 Q_3，并相应提高价格。由此可见，对追求销售收入最大的企业来说，为了实现目标利润，增税后必须提高价格，减少产量。

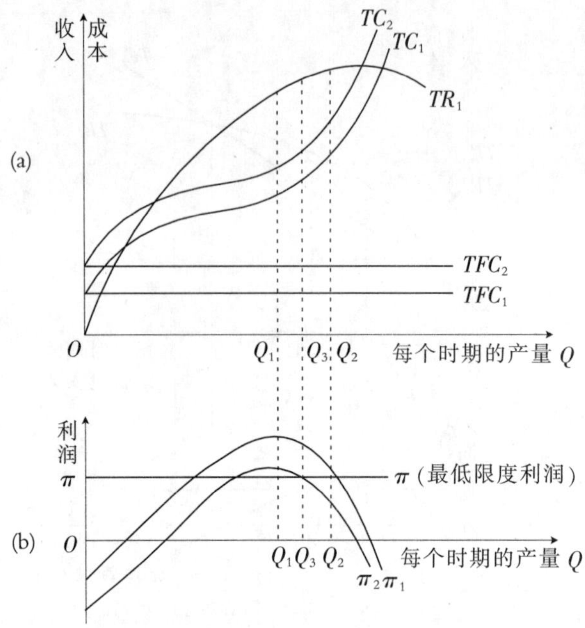

图6-25　固定成本变化对企业行为的影响

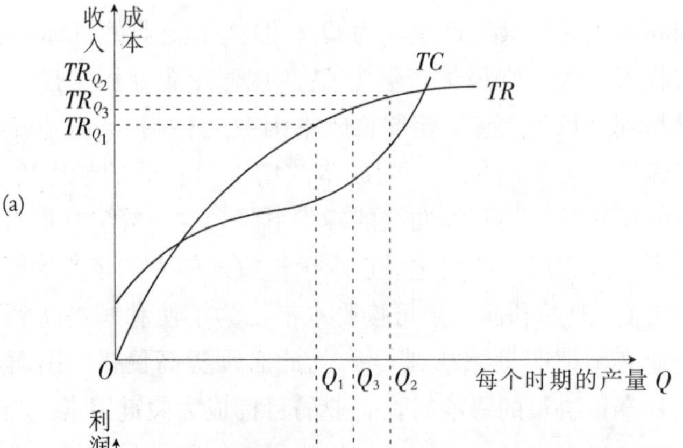

图6-26　税负变化对企业行为的影响

生活中的经济学6-3

作者与出版社在图书定价问题上的矛盾

作者和出版社之间在图书定价问题上存在矛盾。作者的报酬实行版税制，即按销售收入的一定百分比计酬，销售收入越多，报酬就越多。作者为使自己的报酬最大，就会把销售收入最大化作为自己的定价目标。他的定价原则是使边际收入为零。但出版社追求的是利润的最大化。为了使利润最大，它的定价规则是使边际收入等于边际成本。在图 6－27 中，出版社按利润最大化规则（$MR=MC$）定价，最优价格应为 P_1，此时的销售量为 Q_1，作者则希望把价格降低到 P_2（此时 $MR=0$，销售量为 Q_2，销售收入最大），因为通过降价能增加销售量，只要边际收入为正值，销售量的增加就会使销售收入增加，从而使报酬增加。当然，作者也不愿把价格定得低于 P_2，因为那时边际收入将变为负值，增加销售量反而会使销售收入减少。

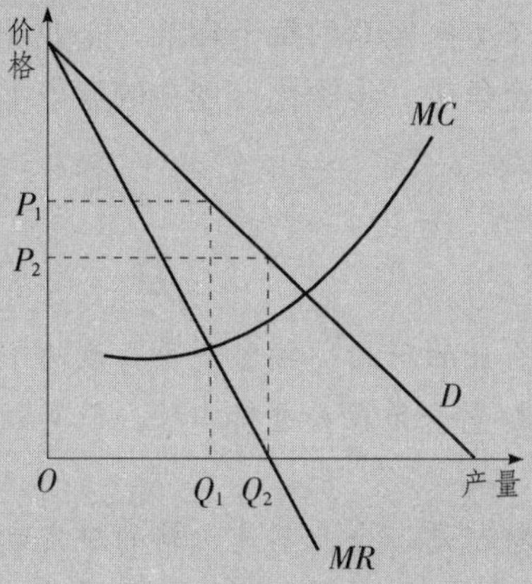

图 6－27　作者与出版社在图书定价问题上的矛盾

作者与出版社之间在图书定价问题上的这种矛盾，同样也会在诸如以佣金为计酬基础的其他行业中存在。

第 7 节　经济全球化与竞争

许多经济学家认为，今天的市场竞争与 10 年或 20 年前已大不相同，导致这种不同的一个重要原因就是经济全球化。

近 20 年来，市场变得越来越面向全球。在全球范围内，通过世界贸易组织，关税和其他贸易壁垒被大大削弱。产品和服务以及各种生产要素（包括资本和劳动力）在国与国之间的流动都变得十分容易。许多公司更有信心作出投入要素来源多样化的决策，并把生产经营活动的各个部分分散到全球成本最低的地方。互联网的出现，信息沟通费用的下降，使公司为寻找成本最低的地点所花的费用降到最低。所有这些都推动了经济全球化。

经济全球化使竞争加剧，导致竞争者的数目增加。一家公司原来只需面对国内的竞争者，现在还必须面对国外的竞争者。拿美国的汽车业来说，原来占支配地位的企业只有国内的 3 家，竞争主要在这 3 家企业之间进行，可是现在全球参与竞争的企业已经超过 20 家。竞争者数目的增加加大了企业生存的难度。一家原本在国内属于低成本生产者的企业，在与国外成本更低的生产者较量时，就可能被淘汰出局。

经济全球化的过程也是在全球范围内发展专业化和进一步分工的过程。企业为了求生存，必须不断寻找组织生产的新途径，以提高效率，降低成本。企业把自己的生产经营活动（包括制造、分配、销售、研发、管理、广告等）分解成若干部分，把它们转移到从事这些活动成本最低的地方就是其中的一条重要途径。企业在本国保留一部分生产经营活动，而把其他生产经营活动转移到全球范围内成本最低的地方，或从世界上生产要素最便宜的地方采购，就能从国与国之间的成本差异中获益。我国的劳动力不仅成本低，而且素质高，这正是许多跨国公司愿意在中国投资的一个重要原因。目前，全球最大的500家跨国公司几乎全部在华投资。美国通用汽车公司生产的一辆汽车所需的零部件可能来自50多个国家。也就是说，在现代经济中，企业不仅要考虑利用最终产品的比较优势，而且要考虑利用生产经营活动的每个部分的比较优势。对于生产经营的每个环节，企业都要自问安排在世界的哪个地方最合算。因此，经济全球化使竞争进一步深化，现在的竞争不再局限于产品的竞争，已经渗透到生产经营活动的各个层面。

□小　结

本章结合市场结构考察了企业的行为。按照竞争程度的不同，经济学家通常把市场结构分为完全竞争、完全垄断、垄断竞争和寡头垄断四种。前两种是极端的模式，后两种在现实生活中大量存在。

完全竞争市场结构的基本特征是，企业不是价格的决定者，只是接受者。这种市场结构必须具备以下条件：买者和卖者很多，产品同质，生产者进出行业自由，以及市场信息充分。

在完全竞争条件下，从短期看，当 $P=MC$ 时，企业的价格和产量为最优。从长期看，它能实现长期均衡，此时：$P=AC$（短期和长期）$=MC$（短期和长期），经济利润为零。

在完全竞争条件下，从短期看，只有当价格低于 AVC 曲线的最低点时，企业才应停产。在 AVC 曲线最低点以上的 MC 曲线部分是企业的短期供给曲线。行业的短期供给曲线是行业内各企业短期供给曲线的横向相加。成本不变行业和成本递增行业的长期供给曲线分别是一条水平线和一条向右上方倾斜的曲线。

在理论上，完全竞争不仅能使企业的生产效率最高，而且能使社会资源的配置最优。

完全垄断是指一个行业只有一家企业。垄断企业短期和长期的价格和产量决策，均遵循 $MR=MC$ 的原则。在长期中，由于存在进入障碍，企业的经济利润不会消失，这种利润叫做垄断利润。完全垄断有三大弊端：价格高，产量不足，生产效率低。为了克服这种弊端，需要有政府的干预。

垄断竞争的主要特征是：企业数量多，产品有差别，企业进出行业自由。在垄断竞争条件下，从短期看，价格和产量最优化的条件是 $MR=MC$。从长期看，实现长期均衡需同时满足下列条件：(1) $P=AC$（短期和长期），即经济利润为零；(2) $MR=MC$（短期和长期），即利润最大。

垄断竞争企业的竞争方式不仅有价格竞争，还有产品差异化和广告竞争。当增加1元广告投入引起的企业毛利的增加量等于1元时，企业的广告投入为最优。与完全竞争相比，垄断竞争企业也有产量不足、生产效率不高的弊端，但因企业间的产品有差别，故能较好地满足众多消费者多样化的需要。

寡头垄断市场结构是指几家大企业的产量占整个行业的绝大部分。这种市场的最大特点是企业之间的行为互相依存、互相影响。寡头垄断企业的行为模式主要有：弯折的需求曲线模式、价格领导模式、卡特尔模式和博弈模式等。寡头垄断企业为避免价格战往往更多地采用非价格竞争方式。有的企业还采取各种策略来吓阻竞争者的进入。可竞争市场理论认为，尽管有些寡头垄断企业规模较大，但只要新企业进入的沉没成本较低，市场进入障碍较小，行业仍然可以保持较强的竞争性，使价格维持在长期平均成本最低点附近的水平。

有些企业在保证获得一定利润的条件下，把追求销售收入最大化作为自己的目标。假如这种企业的目标利润低于最大化利润，那么，它的价格就要比追求利润最大化目标的企业定得低，产量则要比追求利润最大化目标的企业定得高。

近20年来，经济全球化迅猛发展，它使市场竞争变得更加剧烈、更加深入。

□ 重要名词和术语

完全竞争　　企业短期供给曲线
行业短期供给曲线　　完全竞争条件下企业的长期均衡
成本不变行业的长期供给曲线　　成本递增行业的长期供给曲线
完全垄断　　垄断利润
垄断竞争　　垄断竞争条件下企业的长期均衡
产品差异化竞争　　广告竞争
寡头垄断　　无差别的寡头垄断
有差别的寡头垄断　　弯折的需求曲线模式
价格领导模式　　卡特尔模式
博弈模式　　非价格竞争
吓阻进入策略　　可竞争市场
销售收入最大化的企业行为模式

□ 复习思考题

1. 垄断竞争和完全竞争最主要的区别是什么？寡头垄断和这两种市场结构最主要的区别是什么？什么是完全垄断？请从现实生活中找出一些企业，说明它们分别属于（或接近）哪种市场结构。

2. 请解释在完全竞争行业和垄断竞争行业中，从长期看经济利润的消失过程。

3. 下图中的曲线是完全竞争企业的短期成本曲线。

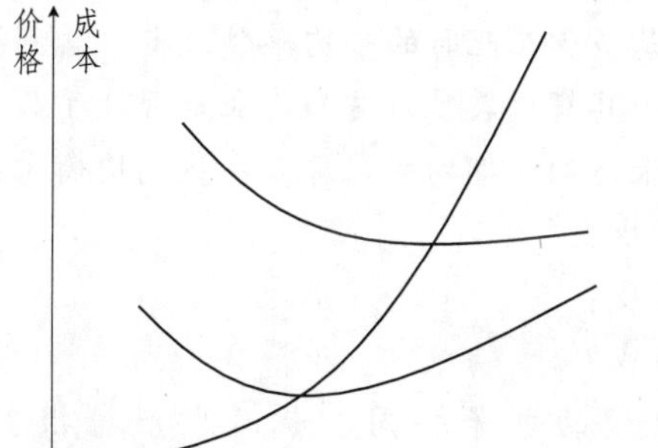

(1) 请标出每条曲线的成本种类。

(2) 价格是多少时企业能有经济利润？此时它的产量是多少？能获得多少利润？请在图中标出。

(3) 价格为多少时企业从短期看仍应继续生产但有亏损？此时产量是多少？亏损是多少？请在图中标出。

(4) 价格低于多少时企业必须停产？请在图中标出。

4. 完全竞争企业的短期供给曲线是怎样的？长期供给曲线呢？

5. 假定某一完全竞争行业（属于成本不变行业）原来处于长期均衡，现在有一种替代品降价。问：从短期看和从长期看，下列项目将分别发生什么变化？

(1) 行业需求曲线；

(2) 行业供给曲线；

(3) 市场价格；

(4) 整个行业的产量；

(5) 单个企业的产量；

(6) 企业的利润。

6. 简述可竞争市场理论。

7. 经济学家认为，如果政府需要把垄断企业的超额利润全部抽走，而不影响社会资源的分配效率（指不影响该产品的产量决策），可以实行一次性总付的税收来替代销售税。请用本章学到的理论来支持这一说法。

8. 经济全球化对市场竞争有什么影响？

□ 作业题

1. 假如一家完全竞争企业的平均变动成本和边际成本的方程如下：

$$AVC=10-2Q+0.5Q^2$$

$$MC=10-4Q+1.5Q^2$$

问：(1) AVC 最低时的产量是多少？

(2) AVC 的最低值是多少？

(3) 假如该企业的产品市场价格为每件7元，该企业应当生产还是停产？

2. 大明公司是生产胡桃的一家小公司（这个行业属完全竞争市场结构）。胡桃的市场价格是每单位640元。公司的长期总成本函数为：$LTC=240Q-20Q^2+Q^3$。正常利润已包括在成本函数中。问：

(1) 利润最大时的产量是多少？此时的平均单位成本、总利润各为多少？

(2) 假定该企业在行业中具有代表性，这一行业是否处于长期均衡状态？为什么？

(3) 如果该行业目前尚未达到长期均衡，那么在达到均衡时：

1) 这家企业的产量是多少？

2) 单位产量的成本是多少？

3) 单位产品的价格是多少？

3. 戴明公司是中等规模的电子公司，专门生产警报器。它的需求曲线估计为 $Q=4\,500-P$。会计部门在与生产经理和销售经理商议之后，提出近期的短期总成本函数为：$STC=150\,000+400Q$（包括正常利润在内）。问：

(1) 利润最大时的产量是多少？

(2) 此时的利润是多少？

(3) 此时的价格是多少？

(4) 如果企业不再对最大利润感兴趣，而是追求最大销售收入，应如何定价？此时的利润是多少？

(5) 假定戴明公司处于垄断竞争行业，它在行业中具有代表性，那么这一行业是否处于长期均衡状态？如果不是，那么长期均衡时的产量、价格和利润是多少？

(提示：长期均衡时，短期成本曲线和长期成本曲线与需求曲线相切于同一点。另外，假定需求曲线有平行移动，可画图说明。)

4. 永安公司的销售经理估计公司产品的广告投入和销售量之间的关系如下表所示。

广告投入（元）	销售量（件）
200 000	600
300 000	900
400 000	1 100
500 000	1 200
600 000	1 200

该产品价格为每件2 000元，平均变动成本为每件1 000元。问：

(1) 如果该公司目前的广告投入为300 000元，此时多增加1元广告投入引起企业的毛利增加多少？

(2) 300 000元是否为该公司的最优广告投入？

(3) 如果300 000元不是最优的广告投入，那么，该公司应当增加还是减少广告投入？

(4) 假定永安公司的生产能力有富余，增产有潜力，最优的广告投入应是多少？

5. 大陆仪器公司存在以下两段需求曲线：

$P=25-0.25Q$（当产量为0～20时）

$P=35-0.75Q$（当产量超过20时）

公司的总成本函数为：$TC=200+5Q+0.125Q^2$

(1) 请画出需求曲线、边际收入曲线和边际成本曲线。

(2) 公司所属行业的市场结构是什么类型的？为什么它的需求曲线的形状是这样的？

(3) 公司的最优价格和产量是多少？这时利润（亏损）多大？

(4) 如果成本曲线方程改为$TC_2=200+8Q+0.125Q^2$，最优的价格和产量是多少？

(5) 如果成本曲线方程改为$TC_3=200+8Q+0.25Q^2$，最优的价格和产量是多少？

6. 一家垄断企业的需求方程为$P=200-4Q$，固定成本为100元，总变动成本为$TVC=2Q^2$。问：

(1) 利润最大化的价格和产量是多少？

(2) 企业此时的经济利润是多少？

7. 一家垄断竞争企业的需求方程为$P=4.75-0.2Q$。该企业产品的平均成本为$AC=5-0.3Q+0.01Q^2$。该企业正处于长期均衡状态。问：

(1) 利润最大化的价格和产量是多少？

(2) 企业此时的经济利润是多少？

8. 某垄断企业下有两家工厂A和B，其边际成本函数分别为：$MC_A=20+2Q_A$；$MC_B=10+5Q_B$。该产品的需求曲线为：$P=30-Q$（这里，$Q=Q_A+Q_B$）。问：该企业的最优产量是多少？两家各应生产多少？最优价格是多少？（提示：先找出整个企业的边际成本曲线，方法可参见例6-3。）

9. 假定一行业由五家企业组成。每家企业的边际成本曲线都是水平的，也就是说，它们的边际成本是个常数，均为2元。问：

（1）如果该行业建立卡特尔，该卡特尔的边际成本曲线是什么样的？

（2）如果卡特尔的边际收入在产量为每月100单位时是3元，在产量为每月200单位时是2元，在产量为每月300单位时是1元，该卡特尔的最优产量应是多少？

10. 某卡特尔由三家企业组成，它们的总成本函数如下表所示。

产量（件）	总成本（元）		
	企业A	企业B	企业C
0	20	25	15
1	25	35	22
2	35	50	32
3	50	80	47
4	80	120	77
5	120	170	117

如果卡特尔打算总共生产11件产品，它应如何在企业之间分配产量，才能使整个卡特尔的总成本最低？

11. 企业A和企业B是某种电力设备仅有的两家制造商。每一家都可采取两种不同的产品开发策略，其收益矩阵如下（每个矩形格内，左上侧为企业A的利润数，右下侧为企业B的利润数，单位：百万元）。

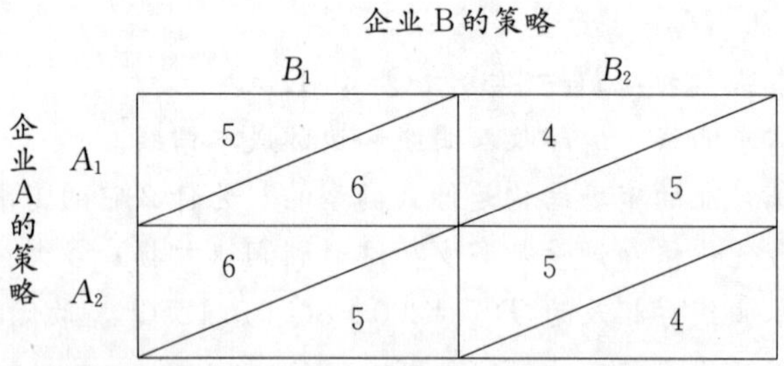

问：（1）企业A的最优策略应是哪一个？

（2）企业B的最优策略应是哪一个？

（3）如果两家企业都选择自己的最优方案，将各自得到多少利润？

12. 在可竞争市场里，即使只有几家企业，也存在激烈的竞争，在这里，利润最大化的条件仍然是$P=MC$。现假定在这个行业里有三家企业，它们的边际成本曲线方程如下：

企业1：$MC_1=5+0.000\,4Q_1$

企业2：$MC_2=15+0.002Q_2$

企业3：$MC_3=1+0.000\,2Q_3$

求：(1) 每家企业的短期供给曲线方程。

(2) 该行业的短期市场供给曲线方程。

13. 假定有一家企业，它的需求曲线为 $P=20-Q$，总成本函数为 $TC=0.5Q^2$。

(1) 求利润最大化时的价格（P_1）和产量（Q_1）。此时它的总利润（π_1）是多少？销售收入（TR_1）是多少？

(2) 求销售收入最大化时的价格（P_2）和产量（Q_2）。此时它的总利润（π_2）是多少？销售收入（TR_2）是多少？

(3) 假定该企业希望在获得总成本的 140% 的利润额的前提下追求销售收入最大，问：

1) 它的价格（P_3）和产量（Q_3）应各定多少？

2) 此时它的总利润（π_3）是多少？销售收入（TR_3）是多少？

第7章 定价实践

在市场经济中，价格竞争是一种重要的竞争。企业为了求生存、图发展、战胜竞争对手，必须正确地制定价格。关于这个问题，我们在第6章讨论市场结构和企业行为时已经涉及。需要指出的是，第6章的讨论主要是理论上的。它假定企业只面对一种市场，只生产一种产品，企业的目标只是追求利润最大，使用的是利润最大化（$MR=MC$）的方法。然而，现实中情况往往很复杂。例如，企业的产品面对的不是一个市场，而是多个市场（如国内市场和国外市场），这些市场具有不同的竞争程度。企业往往不是仅生产一种产品，而是生产多种产品，并且各种产品的需求或生产之间可能存在密切的联系。企业的近期目标也不一定是追求最大的利润，而可能是最大的市场份额、最好的信誉或满意的利润等。另外，在实际生活中要掌握准确的需求和成本信息（从而准确地计算 MR 和 MC 的值）往往是很难的，因而未必能用利润最大化方法。这就决定了现实生活中定价方法的多样化。下面介绍实践中常用的几种主要的定价方法。

第1节　成本加成定价法

一、什么是成本加成定价法

成本加成定价法是最常见的一种定价方法。它以全部成本（变动成本加固定成本）作为定价的基础，因此也称全部成本定价法。按照这种定价方法，产品的价格分三步来确定。

第一步：估计单位产品的变动成本（如直接材料费、直接人工费等）。

第二步：估计固定费用，然后按照标准产量（一般为生产能力的2/3至4/5）把固定费用分摊到单位产品上去，求出全部成本。

第三步：在全部成本上加上按目标利润率计算的利润额，得出价格。

例7-1

假定某企业生产某产品的变动成本为每件10元，标准产量为500 000件，总固定成本为2 500 000元。如果企业的目标成本利润率定为33.3%，问：价格应定为多少？

解：变动成本=10元/件

$$固定成本=\frac{2\,500\,000}{500\,000}=5(元/件)$$

$$全部成本=10+5=15(元)$$

$$价格=15+15\times 33.3\%=20(元)$$

企业按照上述方法确定的价格还应当经过调整以适应市场的情况。例如，如果其他企业与其竞争的产品价格低于 20 元，或者如果按 20 元定价，企业估计销售量达不到标准产量 500 000 件，就要适当降低利润率，以调低价格。

成本加成定价法要求正确计算成本。只根据历史的会计成本来计算是不正确的，应当根据决策期价格和工资的预期变动情况对会计成本进行必要的修正。

还有一种定价方法叫目标投资收益率定价法，它是成本加成定价法的变形。它与成本加成定价法的共同点是都是在全部成本的基础上加上一笔利润，不同的是成本加成定价法中的利润是按成本利润率计算的，目标投资收益率定价法中的利润则是按目标投资收益率计算的。例如，在例 7-1 中，假定某企业的总投资为5 000万元，其目标投资收益率为 10%，那么，在定价时，单位成本上增加的利润额应为 10 元（50 000 000×10%÷500 000），价格为 25 元（15+10）。

二、成本加成定价法和利润最大化

初看起来，成本加成定价法不会导致企业利润的最大化，但如果运用得当，它是有可能使企业接近利润最大化目标的。这里重要的是确定成本加成的百分比（即目标成本利润率）。

由第 2 章可知：

$$MR=P\left(1-\frac{1}{|\varepsilon_P|}\right)$$

企业利润最大化时，$MR=MC$，代入上式，得

$$MC=P\left(1-\frac{1}{|\varepsilon_P|}\right)$$

或

$$P=MC\left(1+\frac{1}{|\varepsilon_P|-1}\right) \tag{7-1}$$

这就是在理论上定价时确定最优加成比率的公式。从式（7-1）可以得出结论：假如用的成本是边际成本（而不是平均成本），那么

$$最优加成比率=\frac{1}{|\varepsilon_P|-1}$$

根据这个最优加成比率来定价，就能实现利润的最大化。

根据式（7-1），如产品的价格弹性为 1.2[①]，最优加成比率为 500%；价格弹性为 1.8，最优加成比率为 125%；价格弹性为 5，最优加成比率为 25%；等等。由此可见，最优加成比率与产品的价格弹性成反比。这一点对于正确制定定价政策是有指导意义的。例如，在为豪华手表定价时，利润率就可定得比普通手表高。

---

① 只要企业追求利润最大，它就不会在需求曲线的非弹性段（$|\varepsilon_P|<1$）决策。因为如果处于这一段，企业就可通过提价，一方面使销售收入增加，另一方面减少产量而使总成本下降，从而使利润增加。

用式（7－1）对照实际生活中的成本加成定价法可以看到，如果平均成本与边际成本相差不大，且能在定价时较好地考虑价格弹性因素，使用成本加成定价法就有可能使企业接近获得最大的利润。

案例7－1

美国企业是如何用成本加成定价法定价的

企业到底采取了哪些定价方法？在过去的几十年间，许多机构和学者对企业的定价方法进行了调查。尽管做调查的机构和学者不同，但都得出了几乎相同的结果：成本加成定价法是企业运用最多的定价方法。不论是制造企业还是服务企业，大都采用这种定价方法。

在制造业，成本加成定价法长期被世界最大的汽车生产企业——美国通用汽车公司所采用。通用汽车公司首先确定公司的利润目标：使总投入资本获得大约15％的税后利润。通用汽车公司的汽车价格是由该公司的标准价格政策委员会制定的。标准价格政策委员会假定企业当年可以销售相当于企业生产能力80％的数量的汽车，并在此假定基础上估算出每辆汽车的成本，然后在成本上加上加成比率以实现企业的目标利润，这样计算得到的价格就是“标准价格”。通用汽车公司的标准价格政策委员会把这个标准价格作为第一个参考值，根据外部竞争环境、公司的长期目标和其他因素进行微调。因为多数情况下这些调整都很小，所以汽车的实际销售价格与标准价格相差不大。作为行业追随者的福特和克莱斯勒汽车公司，每年在为各种型号汽车制定价格时也基本采用了相同的程序。

如何确定成本加成的比率，是企业在采用成本加成定价法时需要解决的关键问题。如果企业想通过成本加成法实现利润最大化，那么加成率就不能根据企业自己人为确定的目标利润率来制定，而要依据产品的需求价格弹性来确定。一般而言，产品的需求价格弹性越大，实现最大利润的加成率越小。例如，有人估计可口可乐的需求价格弹性约为5.0，则可口可乐实现利润最大化的成本加成率应为25％；又如某著名品牌的服装，其价格弹性为1.1，则实现利润最大的加成应为成本的9倍。

值得注意的是，许多拥有著名品牌高档消费品的厂家就使用这种方法为产品定价。美国一家专门从事高档办公家具生产和销售的企业——克劳森公司，就是这样为其产品定价的。克劳森的主要产品是一种金属材质的桌子，每张成本为76美元。据测定，这种桌子的需求价格弹性约为2.5，经计算，实现利润最大的成本加成率为67％。由此，克劳森将这种产品的标准价确定为127美元。

在成本基础上进行定价的企业通常会在对市场承受能力作出估计后对价格进行适当调整。美国的温迪快餐店就是一个很好的例子。为了确定菜单中各种菜肴的价格，温迪先计算成本，特别是食品成本。温迪将目标食品成本控制在菜肴零售价格的30％～31％，这一目标成本会随着时间的推移有所变化。温迪在制定价格时十分注意使食品成本在价格中所占的百分比不超过这一目标。有些食品（如饮料）的成本在价格中的比重只有20％，有些食品（如汉堡包）的成本约为销售价格的一半，但只要总的平均成本保持在目标范围内即可。如果温迪发现食品成本在销售额中所占的比例超过31％，就会考察麦当劳的价格。如果麦当劳汉堡包的价格比温迪高出10美分，温迪就试着将其价格提高5美分。如果涨价后的销售收入未能使食品成本保持在目标范围内，温迪就会再适当提高其他食品的价格。由于担心涨价后失去顾客，温迪只对价格做小幅调整，如一个汉堡包只涨5美分。温迪还发现其沙拉食品的需求对价格并不敏感，所以通常将沙拉的价格定得偏高，因为即便如此，沙拉的销售量也不会明显减少。

资料来源：顾乃康．以成本为基础的定价法．南方日报，2007-06-23.

第2节　增量分析定价法

一、什么是增量分析定价法

必须指出，前面介绍的成本加成定价法在有些情况下并不适用。例如，在例7-1中，如果该企业有富余的生产能力，是否按12.5元/件的价格再接受50 000件新的订货？如果按成本加成定价法定价，每件成本是15元，它就不该接受这批新订货。但这是错误的决策，因为产品的变动成本是每件10元，增产50 000件只需增加支出500 000元，而收入可增加625 000元（12.5×50 000）。可见，接受新订货，可以再增加利润125 000元（625 000—500 000）。所以，正确的决策是接受这笔新订货。这说明，在有些情况下，不宜使用成本加成定价法，而应使用增量分析定价法。

增量分析定价法主要分析企业接受新任务后是否有正的增量利润（贡献）。如果增量利润为正值，说明新任务的价格是可以接受的；如果增量利润为负值，说明新任务的价格是不可接受的。增量利润等于接受新任务引起的增量收入减增量成本。增量分析定价法与成本加成定价法的共同点是都以成本为基础，不同点是成本加成定价法以全部成本为基础，增量分析定价法则以增量成本（或变动成本）为基础。只要增量收入大于增量成本（或价格高于变动成本），这个价格就是可以接受的。

二、增量分析定价法的应用

增量分析定价法适用于新任务和原来的任务具有共同成本的情形。例如，在例7-1中，总固定成本2 500 000元就是待决策的50 000件新任务和原来的生产任务的共同成本，这笔共同成本在决策中属于沉没成本，因此，确定新任务的价格就以增量成本（而不是全部成本）为基础。在企业经营中，增量分析定价法通常适用于以下三种情况。

1. 企业是否按较低的价格接受新任务

企业原来有正常的生产任务，也有利润，但因为生产能力还有富余，为了进一步挖掘富余的生产能力，需要决定是否按较低的价格接受新任务。由于生产能力有富余，接受新任务不用追加固定成本，只要增加变动成本即可，因此新任务的定价就以变动成本为基础。作出这种决策的一个前提是，接受新任务不会影响原来任务的正常销售。

例7-2

假定某航空公司在A，B两地之间飞行一次的全部成本为45 000元。在A，B之间增加一次飞行需要增加的成本为20 000元（固定成本为25 000元，包括机组人员工资、飞机折旧、机场设施及地勤费用等），增加一次飞行的票价收入为30 000元。问：在A，B两地之间是否应增开航班？

解：

增量收入＝30 000 元　　增量成本＝20 000 元

30 000＞20 000，所以，尽管票价收入 30 000 元小于全部成本45 000元，在 A、B 两地之间增开航班仍是合算的。

---

2. 为减少亏损，企业可否降价争取更多任务

市场不景气，企业任务很少，生产能力利用不足，同行竞争激烈，这时企业的主要矛盾是求生存，即力求少亏一点。它要么维持原价，这样就有可能揽不到任务；要么削价争取多揽一些任务，这样可以少亏一些。在后一种情况下进行定价决策就要使用增量分析定价法。

例 7-3

某饭店有 100 间客房，目前正处于旅游淡季，客房出租率只有 30%。今有一个单位要租用该饭店的 50 个房间举办为期 30 天的学习班，但对每个房间每天只肯出 150 元。该饭店每个客房的平均变动成本为每天 50 元，全年总固定成本为2 400 000元，正常价格为每天每房 200 元。如该饭店不承接这项业务，就会有 70%的客房闲置不用。问：该饭店是否承接这项业务？

解：如承接这项业务：

增量收入＝50×150×30＝225 000

增量成本＝50×50×30＝75 000

贡献（增量利润）　150 000(元)

有贡献，就应承接这项业务，承接这项业务比不承接可使饭店在淡季少亏损150 000元。

---

3. 企业生产互相替代或互补的几种产品

企业生产几种产品，其需求之间存在互相替代或互补的关系，其中一种产品的价格变动会影响到其他有关产品的需求量，因而其中一种产品的价格决策不能孤立地考虑一种产品的效益，而应考虑几种产品的综合效益，这时也宜采用增量分析定价法。

例 7-4

大昌航空公司打算开辟一条从 A 地到 B 地的支线。支线的单程票价为 400 元/人，估计每天的乘客有 100 人次。增辟支线每天增加的全部成本为48 000元。由于开辟支线可使 BC 干线上的客运量增加，预计 BC 干线上的总收入将增加80 000元，成本将增加40 000元。问：是否应开辟这条支线？

解：开辟支线后总的增量收入：

支线上的增量收入＝400×100＝40 000

干线上的增量收入　80 000

120 000（元）

开辟支线后总的增量成本：

支线上的增量成本　48 000

干线上的增量成本　40 000

88 000（元）

开辟支线后总的增量利润＝120 000－88 000＝32 000(元)

有增量利润，说明开辟支线的方案是可以接受的。而如果孤立地从支线看，开辟支线是要亏损的。

案例7－2

日本航空公司的学生机票与“青春18”火车票

每到假期，日本的航空公司都会对学生出售学生机票，具体做法如下：学生机票不允许提前预订，所有想要购买学生机票的学生自己到机场候机楼，凭有效证件在航空公司的柜台前登记想要到达的目的地城市，然后等候航空公司的通知。如果起飞前40分钟飞机仍有空座位，则航空公司按照学生登记的顺序销售学生机票，价格为正常机票价格的5折。如果飞机没有空座位，学生可以等下一班飞机，也可以改乘其他交通工具，航空公司不负责任。假设每一个座位的平均成本为10 000日元，机票的正常票价为18 000日元，则学生机票的价格为9 000日元，低于成本。为什么航空公司要卖学生机票呢?

每到假期，日本的铁路公司也会对学生出售学生火车票。但与我国学生的半价火车票不同，日本的学生火车票名为“青春18”，主要供学生假期旅游使用。“青春18”一次必须购买5张，总价为10 800日元，而不单张销售。在日本，慢车的空座率很高。铁路公司规定，持“青春18”车票者只能乘坐慢车，不允许乘坐高速列车。“青春18”火车票不限乘车地点和目的地，每张火车票从进站开始24小时内均有效，其间学生既可以任意倒乘其他火车，也可以出站。花2 160日元（10 800日元除以5）可以乘坐24小时的火车，是一个十分便宜的价格，因此受到学生的普遍欢迎。据测算，在日本，即使是普通慢车，乘坐24小时的成本也高达6 000日元。日本的铁路公司为什么要做这看似赔本的买卖呢?

日本航空公司的学生机票和铁路公司的“青春18”车票均低于全部成本，但销售低于全部成本的学生票却增加了企业的收入。要理解日本航空公司和铁路公司的学生票决策，就必须首先理解增量分析法。以航空公司的学生票为例，将空座位以半价卖给学生，几乎不会使航空公司的成本增加，却可以带来9 000日元的增量收入。对于企业来说，只要增量收入大于增量成本，就可以增加企业的收入。因此，日本的航空公司和铁路公司出售学生票，不是在做赔本买卖，而是以此作为增加收入的重要手段。

第3节 最优报价的确定

有时买者想购买一批产品（如企业想购买一批钢材，新建的宾馆想购买一批客房用家具），或想把一个工程项目发包出去（如政府把建设一座桥梁或水坝的工程发包出去，企业把建厂房的工程发包出去），为了使购买产品或发包的价格合理，常常采取招标的办法。具体做法是：买者（招标人）首先公布要买的产品或劳务的数量、质量和要求，然后，卖者（投标人）根据这些要求进行投标，并开出出售这些产品或劳务的价格，即报价。卖者至少要有两个以上，它们之间是互不通气的。如卖者供应的产品或劳务质量相同，买者就选择其中价格最低的卖者。如果卖者供应的产品或劳务的质量不同，买者就要在质量和价格之间进行权衡，选出自己认为合适的卖者。在这里，价格是通过卖者之间的竞争来确定的。

这里要探讨的问题是，卖者在投标时怎样报价才对自己最有利。价格不能报得太高，否则生意会被竞争者抢走，中标的机会就会减少，但又不能报得太低，否则会使利润减少，甚至亏本。因此对卖者来说，有一个如何确定最优报价的问题。

下面从两个方面来探讨这个问题。

1. 从原理上讲，确定最优报价就是找出能提供最大贡献期望值的报价方案

什么是贡献？贡献就是企业中标后，因执行合同而引起的增量收入减去因执行合同而引起的增量成本，即因执行合同给企业带来的利润增加量。在短期经营决策中，贡献大的方案是较优方案。

为什么要计算贡献的期望值？因为如果企业报价高，贡献就大，但中标的概率会小。反之，如果报价低，贡献就小，但中标概率会大。这里有一个期望值的问题。如贡献为10 000元，中标概率为50%，那么，贡献的期望值为5 000元（10 000×50%）。要选择的报价方案应该是贡献期望值最大的方案。

下面举例说明怎样找出最大的贡献期望值。

例7-5

大昌公司各种报价的贡献和中标概率已知，各种报价的贡献期望值的计算如表7-1所示。

表7-1

报价（元） (1)	贡献（元） (2)	中标概率（P） (3)	贡献的期望值（元） (4)=(2)×(3)
50 000	0	0.90	0
60 000	10 000	0.70	7 000
70 000	20 000	0.50	10 000
80 000	30 000	0.30	9 000

在表7-1中，算得报价50 000元、60 000元、70 000元和80 000元时的贡献期望值分别为0、7 000元、10 000元和9 000元。以10 000元为最大，故最优报价应为70 000元。[①]

在上述计算中，最难确定的是中标概率。可以根据本企业过去中标概率的历史数据，结合对竞争对手报价意图的了解和猜测进行估计。

2. 实践中的做法

上面探讨的确定最优报价的原理，也称最大贡献期望值法。这种方法尽管在理论上是正确的，但在实践中却不常用（可能是因为中标概率不易估计）。在实践中常用的是更简便但较粗略的成本加成法。这种方法先确定成本基数（包括固定成本和变动成本），在此基数上进行加成（按一定利润率加上一笔利润），就得出报价数字。用成本加成法确定报价，有时

① 需要说明的是，正常的企业，即有一定生产任务、经常参加投标的企业，应把贡献期望值最大的方案作为报价方案。但遇特殊情况，如企业生产能力利用程度很低，企业为了生存，宁可选择中标概率大的方案，而不选贡献期望值最大的方案。如在表7-1中，宁可选择报价60 000元的方案，而不是70 000元的方案。

会恰好等于通过计算最大贡献期望值确定的报价。但这只是巧合。在多数情况下，用成本加成法确定的价格会高于或低于最大贡献期望值法。企业怎样判断自己的报价是否太低或太高呢？简单的办法是看任务是否饱满。如果企业承接的任务不多，生产能力的利用程度较低，说明自己的报价偏高，应当降价。降低报价，有望接受更多的任务，以提高贡献的期望值。反之，如果企业承接的合同任务太多，生产能力利用过度，就应当提价（从长期看，也可考虑扩建），以提高企业贡献的期望值。

第4节 差别定价法

一、什么是差别定价法

差别定价法就是对同一种产品，根据不同的顾客、不同的市场采用不同的价格。[①] 例如，工业用电和生活用电的价格不同；打长途电话，白天和夜间的价格不同；在贸易方面，出口的价格和内销的价格不同；等等。

1. 差别价格的存在需要具备的三个条件

（1）企业对价格有一定的控制能力（它的需求曲线是向右下方倾斜的）。显然，在完全竞争条件下，企业只是价格的接受者，对制定差别价格是无能为力的。

（2）产品有两个或两个以上被分割的市场。也就是说，在这两个或两个以上的市场之间，顾客不能倒卖产品。如果不是这样，不同市场的价格就会趋于相等。一般来说，“服务”是不能转卖的，所以服务行业特别适合实行差别定价。

（3）不同市场的价格弹性不同。实行差别价格，就是为了利用不同市场的价格弹性的不同，制定不同的价格，以获取最大的利润。也就是说，对价格弹性大的市场，价格定得低一点，对价格弹性小的市场，价格定得高一点，可以增加销售收入。这样，对不同的市场实行不同的价格，就可以使总收入最大。如果不同市场的价格弹性相同，分割市场就没有意义。

2. 差别定价的类型

（1）以顾客为基础的差别定价。如电影院对成人和儿童定不同的价格；在旅游业中，对国内游客和国外游客定不同的价格。

（2）以产品为基础的差别定价。即对不同型号、不同档次的产品定不同的价格。这里，不同型号和档次的产品固然成本不同，但定不同的价格不仅仅是因为成本不同，更重要的是因为价格弹性不同。如宾馆的客房分为豪华间、中等间和标准间几个等级，不同等级的客房价格弹性不同，利润率也不相同。

（3）以空间为基础的差别定价。对处于不同空间位置的同一种产品定不同的价格。例如，对国内和国外市场上的同一产品定不同的价格；电影院、剧场根据座位位置的不同制定不同的价格。

（4）以时间为基础的差别定价。如打长途电话，白天和夜间的收费不同；旅游旺季和淡季的收费不同；新影片和旧影片的票价不同。

（5）以购买数量为基础的差别定价。购买的产品数量不同，价格不同，对于购买数量少

---

① 需要注意的是，并不是所有的价格差别都是差别定价。例如，由于运输费用的不同引起的价格差异就不算差别定价。当一种产品在不同市场上的定价与它的成本不成比例时，就存在差别定价。

的顾客定高价，对于购买数量多的顾客定低价。例如，一些商店销售鞋时，购买1双鞋打9折，购买2双鞋打7折，购买3双鞋打5折。

二、怎样确定最优的差别价格

假定某企业在两个相互分离的市场1与市场2上出售同一种产品。已知市场1的需求曲线为D_1，市场2的需求曲线为D_2，产品的边际成本曲线为MC。求产品在市场1和市场2出售的最优价格和销售量（见图7-1）。

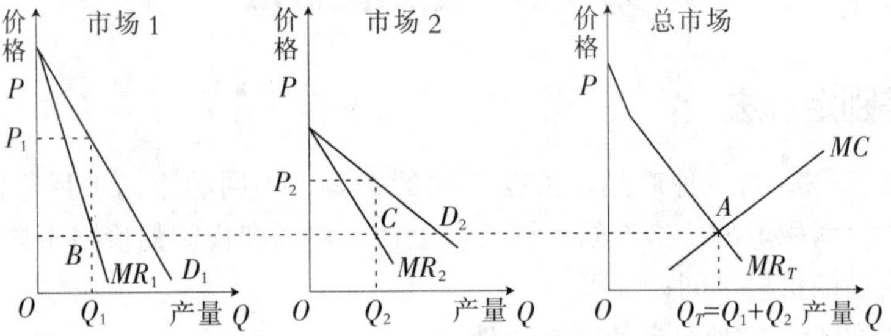

图7-1 最优差别价格的确定

第一步：求企业利润最大时该产品的总销售量（总市场上的销售量）。

根据D_1和D_2，可以得到市场1和市场2的边际收入曲线MR_1和MR_2。MR_1和MR_2水平相加可得到总市场上的边际收入曲线MR_T。MR_T与边际成本曲线MC相交于A点。A点的销售量Q_T即该产品在利润最大时的总销售量。

第二步：求该产品在不同市场上的最优销售量和价格。

在各个市场上分配总销售量的原则是各个市场上的边际收入应当相等。因为如果不同市场上的边际收入不等，那么在总销售量不变的条件下，减少边际收入小的市场上的销售量，增加边际收入大的市场上的销售量，就可以使销售收入增加。所以，只有当各市场上的边际收入相等时，企业销售收入才最大，从而利润也最大。方法是从A点画水平线向左与MR_1和MR_2分别相交于B点和C点，使$MR_1=MR_2=MC$。B点就是在市场1中$MR_1=MC$之点，此时，最优销售量为Q_1，最优价格为P_1。C点就是在市场2中$MR_2=MC$之点，此时，最优销售量为Q_2，最优价格为P_2。市场1和市场2销售量的总和等于Q_T。

只要企业能把市场分割成两个或两个以上不同的市场，采用差别定价就能比采用统一的价格取得更多的利润。

例7-6

一家企业在两个分割的市场上销售产品，生产产品的边际成本是个常数，为2。这两个市场的需求函数分别为：

市场1：$P_1=14-2Q_1$

市场2：$P_2=10-Q_2$

问：(1) 为使利润最大，该企业在两个市场上应如何分别确定销售量和价格？

(2) 请通过计算说明差别定价所得的利润比统一价格时的利润多。

解：(1) 根据两个市场的需求函数，可求得两个市场的边际收入：

市场1：$MR_1=14-4Q_1$

市场 2：$MR_2=10-2Q_2$

差别定价最优化的条件是：$MR_1=MR_2=MC$

所以　$14-4Q_1=2$，$Q_1=3$

$10-2Q_2=2$，$Q_2=4$

把 Q_1 和 Q_2 分别代入需求方程，得出：$P_1=8$，$P_2=6$。

每个市场上的利润数＝总收入$(P\cdot Q)$－总成本$(MC\cdot Q)$

因此　利润$_1=24-6=18$

利润$_2=24-8=16$

所以　总利润$=18+16=34$

(2) 如果不实行差别定价，就要先求总市场的需求曲线方程和边际收入方程。第一步是将两个市场需求方程的表达式调整为：

市场 1：$Q_1=7-\frac{P}{2}$

市场 2：$Q_2=10-P$

注意，由于统一定价，上式中价格 P 的下标已去掉。然后，将这两条曲线相加，得出总市场的需求曲线方程为：

$$Q_T=17-\frac{3}{2}P$$

或　$$P=11\frac{1}{3}-\frac{2}{3}Q_T$$

其相应的边际收入曲线方程为：

$$MR_T=11\frac{1}{3}-\frac{4}{3}Q_T$$

使 $MR_T=MC=2$，则

$$11\frac{1}{3}-\frac{4}{3}Q_T=2$$

$$Q_T=7$$

代入总需求曲线方程得

$$P=11\frac{1}{3}-\frac{2}{3}\times 7=6\frac{2}{3}$$

因此，如果不实行差别定价，其利润为：

$$P\cdot Q-MC\cdot Q=46\frac{2}{3}-14=32\frac{2}{3}$$

$32\frac{2}{3}<34$，说明企业实行差别定价得到的利润比统一定价时的利润多。

差别定价不仅能为企业提供更多的利润，而且有助于实现企业的其他目标。例如，在市场需求有波动的情况下，在不同的时间采用差别价格，有助于减少需求波动，从而降低生产成本。旅游业在旺季采取高价，在淡季采取低价就属于这种情况。差别定价也是企业对竞争程度不同的市场作出不同反应的一种方法。如在竞争激烈的市场上，企业制定较低价格以应对对手。

第5节　高峰负荷定价法

高峰负荷定价法是差别定价法的一种，由于它在日常生活中很常见，因此我们专门安排一节加以讨论。

高峰负荷定价法是指当用同一设施为不同时段的市场（顾客）提供同一产品或服务时，对这种产品或服务按不同的时段定不同的价格，具体来说，就是对高峰时段的顾客定高价，对非高峰时段的顾客定低价。长途电话的定价就是一个例子。长途电话多用于公务，故白天（办公时间）的负荷很高，相比之下，夜间的负荷要低得多。长途电话公司就对白天（高峰时段）定高价，对夜间（非高峰时段）定低价。

实行高峰负荷定价法有三个条件：(1) 产品不能储存。例如，由于信息的传递具有时效性，因此电话是不能储存的。(2) 在不同时段提供产品或服务所用的是同一设施。例如，在一天的不同时段提供电话服务所用的是同一电话交换设施和线路系统。(3) 不同时段的需求特征不同。例如，白天对电话的需求远远大于夜间，且前者的需求弹性小于后者。[①] 从上述三个条件可以看出，高峰负荷定价法主要适用于无形的服务产品。

高峰负荷定价法遵循的定价原则是使价格等于边际成本。仍以长途电话为例，假定提供电话服务的成本仅由人工费用和设备（生产能力）费用组成。在高峰时段，由于生产能力已被充分利用，这时再增加一单位的服务，不仅要增加人工，还要增加设备，故这时的边际成本应等于单位服务的人工费用（假定为 b）加上单位服务的设备费用（假定其租金成本为 B），即 $b+B$。但在非高峰时段，由于设备尚有富余，增加服务量并不需要添置设备，故此时的边际成本就只包括单位服务的人工费用 (b)。根据价格等于边际成本的原则，在高峰时段就应把价格定在 $b+B$ 上，而在非高峰时段，则应把价格定在 b 上。在图 7-2 中，D_1 为高峰时段的需求曲线；D_2 为非高峰时段的需求曲线；$b+B$ 为高峰时段的边际成本曲线，即它的供给曲线；b 为非高峰时段的边际成本曲线，即这一时段的供给曲线。高峰时段的价格为 P_1，产量为 Q_1。非高峰时段的价格为 P_2，产量为 Q_2。由此可见，根据高峰负荷定价法，产品或服务的固定成本将主要由高峰时段的顾客来承担（另外还要负担变动成本），非高峰时段的顾客则只承担变动成本。

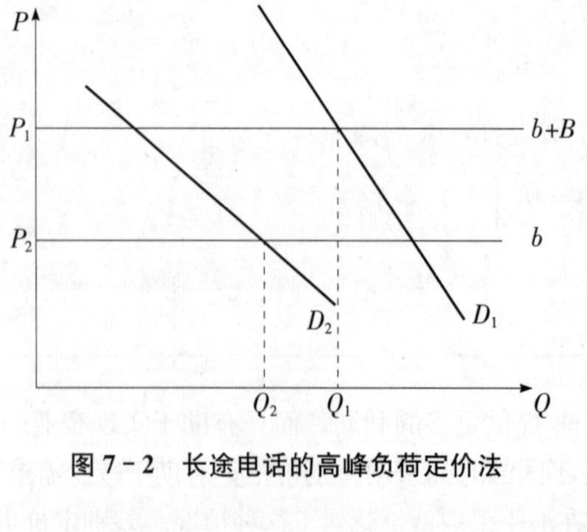

图 7-2　长途电话的高峰负荷定价法

① 除了长途电话外，诸如电力供应、旅游、宾馆、客运等行业也都具有或可能具有这些条件。

高峰负荷定价法能引导消费者把高峰时段的部分需求转到非高峰时段，从而提高企业生产能力的利用程度，节省企业的投资，这对企业和顾客都有好处。企业能降低成本，增加利润；非高峰时段的顾客可以付低价，高峰时段的顾客尽管付的是高价，但从长远看，由于企业提高了设备的使用效率，他们最终也能从中受益。

案例7-3

上海实行电价新模式，平安渡过电力短缺难关

2005年盛夏上海持续高温，时间之长创纪录，用电量创新高，但全市未断过一次居民用电。未实行限电的重要原因之一是实行了电价新模式。

2005年6月，电力部门作出的预报让人震惊：2005年夏季上海用电需求量将达1 900万千瓦，上海发电机组满负荷运行时的最高发电能力为1 140万千瓦，华东和葛洲坝等区外的供电量约400万千瓦，电力缺口接近400万千瓦。这是一个看似无法平衡的不等式。如何解好这个不等式，把电力缺口压缩到最小，不影响居民生活和重点企业的用电？上海电力部门面临严峻考验。

据权威人士分析，上海缺电的特点是缺电力不缺电量，用电量峰谷相差很大，是显著的季节性缺电、时段性缺电，所以对症的良方是针对不同对象和不同时段制定不同的价格，运用价格杠杆引导用电，削峰填谷，平衡电力。下面是上海市制定的2005年夏天的每千瓦时电价表：居民电价：峰时0.61元，谷时0.30元；工业电价：峰时0.915元，谷时0.433元；农业生产电价：峰时0.61元，谷时0.33元——由此构建了上海市2005年夏季电价新模式。

上海实行夏季电价新模式，大大调动了全市谷时用电的积极性。上海建材（集团）总公司负责人向记者说："我们根据生产特点，参考电价，用足低谷电，少用高峰电，非连续性设备和大用电量设备尽量在夜间使用，既保证了正常的生产，又节省了不少电费。"

2005年夏季，上海用电部门还对一万多家参与避峰让电的企业实行可中断负荷电价。具体办法是：凡提前一日通知避峰让电的用户，每千瓦时补贴0.30元；当天通知避峰让电的，每千瓦时补贴0.80元。对装有负控装置的企业实行每千瓦时2元的标准"买断负荷"。峰谷电价之比为4.5∶1，这个比价提高了企业避峰让电的积极性。

实行电价新模式的效果很明显。据统计，2005年7月居民谷时段用电量比6月增长近100%。企业谷时段用电量比6月增长4.8%，谷时段总计转移负荷约30万千瓦。企业参与避峰让电共计转移负荷200万千瓦。这样，上海基本实现了电力的供需平衡。另外，据初步统计，全市采用中断负荷电价的企业，预计可得到的补贴累计近1 000万元。居民因谷时低价用电节约电费约6 000万元。

有专家指出，针对我国目前电力市场供不应求的状况，价格杠杆应当是解决电力供需矛盾最有效的措施之一。

资料来源：文汇报，2005-09-22.

第6节 多产品定价法

在现代社会中，多数企业生产不止一种产品。如果企业生产多种产品，应当怎样根据利润最大化原则确定各种产品的最优价格和产量？如果各种产品之间无论在需求还是生产方面都没有联系，事情就比较简单，只要找出每种产品 $MR=MC$ 之点，就可以分别确定每种产品的最优价格和产量。这样，通过每种产品的利润最大化，就可实现整个企业的总利润最大。但如果企业生产的各种产品在需求之间或生产之间存在相互联系、相互制约的关系，情况就会复杂得多。下面讨论在这两种情况下，分别应怎样进行多产品的最优价格和产量决策。

一、产品之间在需求上互相联系

产品之间在需求上互相联系，是指一种产品的需求会受另一种产品的需求的影响。可以互相替代的产品和互相补充的产品就属于这种情况。例如，一家汽车制造商生产和销售微型车、中型车、豪华车和赛车等多种汽车，这些汽车在一定程度上可以互相替代。如果微型车降价，销售量增加了，就有可能使中型车的销售量减少。因此在为某一种产品定价时，要考虑对其他产品可能产生的影响。下面就来探讨这个问题。[①]

假定企业生产两种产品A和B。那么，它的利润应为：

$$\pi=R_A(Q_A,Q_B)+R_B(Q_A,Q_B)-C_A(Q_A)-C_B(Q_B)$$

式中，R_A，R_B 分别代表产品A，B的销售收入；Q_A，Q_B 分别代表产品A，B的销售量；C_A，C_B 分别代表产品A，B的总成本。

上式说明，一种产品的销售收入不仅取决于本产品的销售量，而且取决于其他产品的销售量。假定A，B两种产品在一定程度上可互相替代，那么，产品A的销售量增加（通过降价），就会使产品B的销售量减少（这又导致销售收入的减少）；反之亦然。在这种情况下，如何确定最优销售量？根据利润最大化原理，当增加一单位产品A的销售量而增加的总销售收入等于增加一单位产品A的销售量而增加的成本时，产品A的销售量就是最优的。这一最优化条件可用代数式表示如下：

$$MTR_A=\frac{dR_A}{dQ_A}+\frac{dR_B}{dQ_A}=MC_A$$

同理，产品B达到最优销售量的条件为：

$$MTR_B=\frac{dR_B}{dQ_B}+\frac{dR_A}{dQ_B}=MC_B$$

式中，MTR_A 和 MTR_B 分别代表产品A和产品B的边际总销售收入。

如果产品是互相替代的，一种产品销售量的增加会使另一种产品的销售量减少，这时，交叉边际收入 $\left(\frac{dR_A}{dQ_B}和\frac{dR_B}{dQ_A}\right)$ 为负值。（如果需求之间没有联系，这个值为零，每种产品就可按利润最大化原则单独决策。）交叉边际收入为负值将导致方程中的 MTR 减少，与需求间无联系的情况相比，企业在最优决策时将会选择较小的销售量和较高的价格。

---

① 需求上有联系的多产品也可以用增量分析定价法来定价，参见本章第2节。

如果产品之间是互补的（一种产品的销售量的增加会导致另一种产品的销售量增加），则情况恰好相反。此时，交叉边际收入为正值，与需求间无联系的情况相比，企业在决策时将倾向于选择较大的销售量和较低的价格。

例7-7

假定一家企业生产两种产品A和B。其边际成本分别为80元和40元；需求函数分别为：$P_A=280-2Q_A$ 和 $P_B=180-Q_B-2Q_A$。（这里，产品A的销售量的变化会导致产品B的销售量朝相反方向变化，但产品B的销售量的变化不会影响产品A的销售量。）

企业的总销售收入为：

$$TR=R_A+R_B$$
$$=(280Q_A-2Q_A^2)+(180Q_B-Q_B^2-2Q_AQ_B)$$

故

$$MTR_A=280-4Q_A-2Q_B$$
$$MTR_B=180-2Q_B-2Q_A$$

当 $MR=MC$ 时，有

$$280-4Q_A-2Q_B=80$$
$$180-2Q_B-2Q_A=40$$

解上述方程，得

$$Q_A^*=30，Q_B^*=40$$

代入需求方程，得

$$P_A^*=220，P_B^*=80$$

即为了使企业利润最大，应把产品A和产品B的销售量分别定在30单位和40单位，价格分别定在220元和80元。

如果企业经理不考虑产品A和B之间的需求联系，单独根据产品A的利润最大（不是企业总利润最大）来决策，产品A的销售收入为 $280Q_A-2Q_A^2$，因而其边际收入为 $280-4Q_A$，使之等于 MC（80），可求得 $Q_A^*=50$，$P_A^*=180$。可见，单独追求产品A的利润最大，就会把产量定得过高，但如果追求整个企业的总利润最大，就应当把产品A的产量降低（从50单位减少到30单位）。因此，对于生产在需求上互相联系的产品的企业来说，正确的定价方法不应谋求单一产品利润最大化，而应谋求企业利润最大化。

案例7-4

感恩节的火鸡价格

对多数美国家庭来说，烤火鸡是其感恩节活动的一项重要内容。虽然南瓜饼、土豆与肉汁和果酱等也是传统食品，但决定节日就餐水平的是火鸡的大小和味道。

以前，多数家庭只在感恩节和圣诞节才吃火鸡。近年来，由于火鸡富有营养且价格相对便宜，许多人整年都吃它。火鸡的年人均消费量已从20世纪50年代的5.5磅，提高到90

年代的20磅左右。尽管如此，在许多家庭准备过节的11—12月，火鸡的需求仍急剧增加。

按照经济学原理，如果某种产品的需求增加了，它的价格就应当上涨。在火鸡的批发业务中的确如此。11月初，火鸡生产者估计杂货铺和饭馆会增加购买量，于是提高价格。例如，2007年，火鸡的批发价格平均为每磅72美分，但在该年的第四季度，批发价格平均为75美分。

火鸡较高的批发价格理应导致零售价格也高，但实际情况并非如此。顾客在感恩节和圣诞节购买火鸡实际支付的价格往往低于一年中的其他时间。原因是，商店经理常常故意在节日期间压低火鸡价格以招揽顾客进入商店。零售商认为，因火鸡降价所造成的亏损，完全可由顾客购买节日所需的其他物品得到补偿而且有余。商店的经理们认识到，在火鸡与他们所售的其他物品的需求之间存在相互联系。由于存在这种互补关系，因此，火鸡的价格应该定得低一点。

资料来源：[美] H. 克雷格·彼得森，等. 管理经济学：第4版. 北京：中国人民大学出版社，2009.

二、产品之间在生产上互相联系

有的企业生产的多种产品在生产上互相联系，联产品就属于这种情况。用同样的原材料，经过同一生产过程，生产出两种以上的主要产品，这些产品就称为联产品。联产品又可分为按固定比例生产的联产品和按变动比例生产的联产品。前者如屠宰场生产的牛皮、牛肉、牛排、牛内脏等，牛皮、牛肉、牛排、牛内脏之间的比例一般是不能变动的。后者如炼油厂用原油炼出汽油、柴油和沥青等，汽油、柴油和沥青之间的比例是可以变动的。下面分别介绍这两种联产品的价格和产量决策。

1. 按固定比例生产的联产品的价格和产量决策

由于产品之间的产量比例不能调整，因此这种联产品应被视为一组产品，而不是多种产品。

在图7-3中，假定A，B为固定比例的两种联产品，A，B的需求曲线D_A，D_B和产品组的边际成本曲线MC已知，求该产品组的最优产量Q^*以及产品A和产品B的最优价格P_A^*和P_B^*。

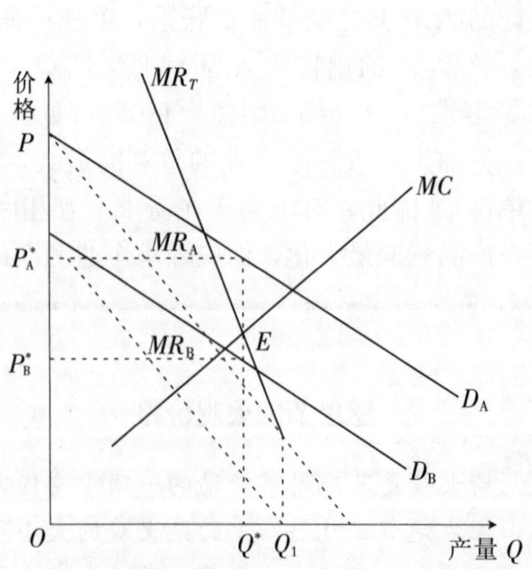

图7-3　按固定比例生产的联产品的价格和产量决策（$Q_1>Q^*$时）

第一步：求产品组的最优产量。

（1）画出给定的产品 A 和产品 B 的需求曲线 D_A 和 D_B。

（2）根据 D_A 和 D_B 求出产品 A 和产品 B 的边际收入曲线 MR_A 和 MR_B。将 MR_A 和 MR_B 垂直相加可得到产品组的边际收入曲线 MR_T。①

（3）画出给定的 MC 曲线，与 MR_T 交于 E 点，即 $MR_T = MC$ 处，可得最优产量 Q^*。

第二步：求产品 A 和产品 B 的最优价格。

从 Q^* 画一条垂直线，与 D_A，D_B 相交就可得出最优价格 P_A^*，P_B^*。

这里需要注意的是，如果 MC 和 MR_T 交于 Q_1 的右边，则如图 7-4 所示，产品组的最优产量仍为 Q^*，A 产品的销售量仍为 Q^*，但 B 产品的销售量为 Q_1。由于 MR_B 为负值，因此企业不会出售 $Q^* - Q_1$ 部分。

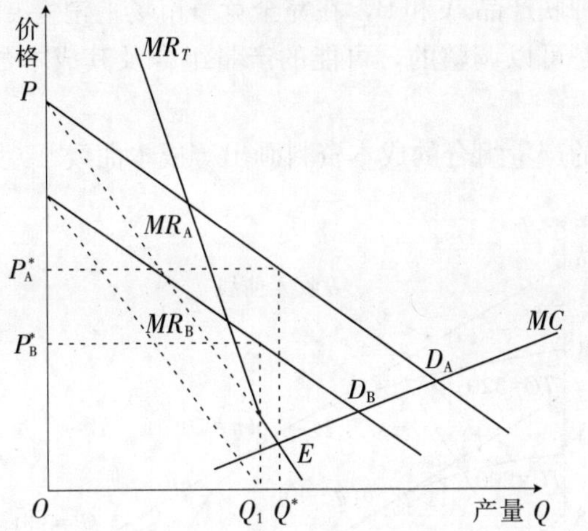

图 7-4　按固定比例生产的联产品的价格和产量决策（$Q_1 < Q^*$ 时）

例 7-8

某屠宰场出售牛皮和牛肉。假定这两种产品是以固定比例生产的联产品。牛皮—牛肉产品组的边际成本方程为：$MC = 30 + 5Q$。

这两种产品的需求函数为：

$$P_{牛皮} = 80 - 2Q$$

$$P_{牛肉} = 60 - Q$$

问：牛皮和牛肉的价格各应定多少？这一产品组的产量应为多少？

解：根据两种产品的需求函数，可得它们的边际收入曲线：

$$MR_{牛皮} = 80 - 4Q$$

$$MR_{牛肉} = 60 - 2Q$$

将以上方程垂直相加，可得总边际收入函数：

$$MR_T = 140 - 6Q$$

① 假定 Q_1 是 MR_B 为零时的产量，那么 MR_T 曲线在产量大于 Q_1 时与 MR_A 曲线重合。这是因为产品 B 的产量如大于 Q_1，MR 就变为负值。所以，当产品组产量大于 Q_1 时，产品 B 的产量超过 Q_1 的部分，企业是不会出售的。此时，MR_B 实际上等于零。

使 $MR_T=MC$，得

$$140-6Q=30+5Q$$

$$Q=10$$

把 $Q=10$ 代入需求方程，得：$P_{牛皮}=60$，$P_{牛肉}=50$。

最后，还需检查这一产量水平上的边际收入是否为负值。把 $Q=10$ 代入上面两个 MR 方程，得出 $MR_{牛肉}$ 和 $MR_{牛皮}$ 均为 40。由于边际收入均为正值，说明上面的定价能使企业利润最大。如果检查出有一种产品的边际收入为负值，那么，这种产品的产量和价格应定在 $MR=0$ 处。

2. 按变动比例生产的联产品的价格和产量决策

假定某企业生产两种联产品 A 和 B，在完全竞争市场上销售，价格是给定的。假定这两种产品之间的生产比例是可以调整的，可能的产量组合及其成本数据已知，求产品 A 和产品 B 的最优产量组合。

第一步：根据可能的产量组合的成本资料画出等成本曲线[①]（见图 7-5）。

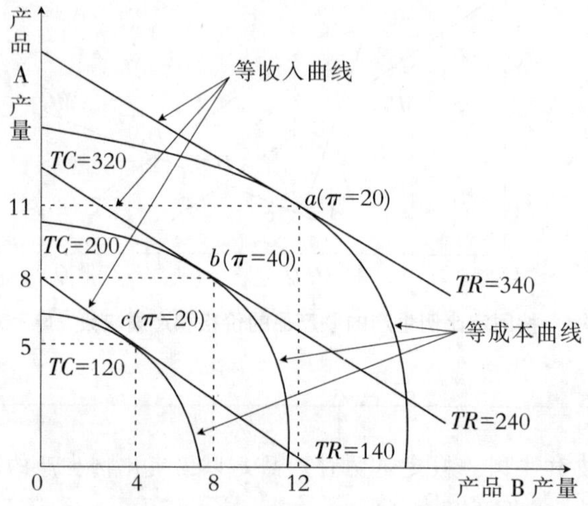

图 7-5 按变动比例生产的联产品的价格和产量决策

第二步：根据可能的产量组合和联产品的价格资料画出等收入曲线。[②]

第三步：找出等收入曲线与等成本曲线的切点。这些切点分别代表不同成本水平上的最优产量组合，因为在每一条等成本曲线上的其他产量组合均与较低的收入曲线相交，代表较低的收入水平。

第四步：从这些切点中找出利润最大的切点，即为企业联产品最优的产量组合。

例如，在图 7-5 中，假定联产品 A 和 B 的价格分别为 $P_A=20$，$P_B=10$。根据可能的产量组合及其成本数据画出等成本曲线，分别为 $TC=320$，$TC=200$，$TC=120$。根据可能的产量组合和价格画出等收入曲线，分别为 $TR=340$，$TR=240$，$TR=140$。它们的切点分

① 这种等成本曲线呈向外凸出的形状，是因为企业的资源已定，多生产 B 就要牺牲产品 A 的生产。一般规律是 B 生产得越多，多生产一件产品 B 所要牺牲的产品 A 的量就越大。

② 在完全竞争条件下，等收入曲线是一条直线。

别为 a，b，c。在这三个切点中，b 点利润最大（$\pi=240-200=40$ 元）。所以，b 点的产量组合（$Q_A=8$，$Q_B=8$）为最优的联产品的产量组合。

第 7 节　中间产品转移价格的确定

现代化的大公司通常有许多分公司。这些分公司一般都自负盈亏，自主经营。转移价格是指当分公司与分公司之间进行中间产品转让时的中间产品的价格。例如，一家大的钢铁公司拥有煤矿、铁矿、炼铁和炼钢分公司。煤矿、铁矿分公司除了向公司外部销售煤、铁外，还要向公司内部（如炼钢分公司）销售。这里，煤矿、铁矿分公司向内部销售煤、铁的价格就是转移价格。怎样确定转移价格？转移价格对出售中间产品的部门来说是收入，对于买入中间产品的部门来说构成成本。转移价格定得高，前方分公司（出售方）的利润就会增加，后方分公司（购买方）的利润就会减少。如果定得低，情况则相反。因此，转移价格的高低直接影响利润在各分公司之间的分配，如果定价不当就会使利润分配不公。尤其重要的是，如果转移价格定得不当，由于每个分公司都按利润最大化原则进行决策，分公司的产量决策就会与总公司的最优决策发生矛盾，导致总公司总利润最大化的目标无法实现。所以，中间产品的转移价格应当由总公司来定。定价是否恰当，对于正确处理各分公司和总公司之间经济利益和决策上的矛盾，调动各分公司的生产积极性，共同为实现总公司利润最大化的目标而努力，具有重要意义。

下面分两种情况来探讨转移价格的确定。一种是有外部市场的条件下转移价格的确定；另一种是无外部市场的条件下转移价格的确定。为了使分析简化，假定总公司只有两家分公司：前方分公司和后方分公司；生产一件最终产品，正好需要一件中间产品。

一、有外部市场的条件下转移价格的确定

有外部市场的情况是指：假定前方分公司 A 生产中间产品 T，该中间产品既可以在外部市场（这里假定是完全竞争市场）上出售，也可以卖给后方分公司 B，用来生产最终产品 F。分公司 B 为了生产最终产品 F，既可以从市场上购买中间产品 T，也可以从分公司 A 处购买。在这种情况下，转移价格的确定比较简单，按市场价格定就可以了。因为如果定得高于市场价格，分公司 B 就宁可从市场上购买；如果定得低于市场价格，分公司 A 就宁可向市场出售，也不会卖给分公司 B。所以，在有外部市场的情况下，中间产品的价格等于市场价格。

那么，中间产品按市场价格定价之后，分公司 A 和 B 将如何进行产量决策呢？在图 7-6中，分公司 A 面对的是完全竞争的市场，其需求曲线 D_T 为一条水平直线，与分公司 A 生产中间产品的边际成本曲线 MC_T 相交（即 $P_T=MC_T$），就得出分公司 A 中间产品的最优产量 Q_T。图 7-6 中假定最终产品 F 的外部市场是不完全竞争的市场，它有一条向右下方倾斜的需求曲线 D_F，相应地有一条边际收入曲线 MR_F。再假定分公司 B 生产最终产品的边际成本为 MC。（$MC=MC_F+P_T$，这里 MC_F 为分公司 B 自己的边际成本，即不包括中间产品成本在内的生产最终产品的边际成本。）使 $MC=MR_F$，就可得出分公司 B 生产最终产品的最优产量 Q_F。

需要注意的是，最优产量 Q_T 和 Q_F 不一定相等。图 7-6 属于 $Q_F>Q_T$ 的情况，说明本公司生产出来的中间产品不能满足本公司最终产品的需要，因而分公司 B 还需要从市场上

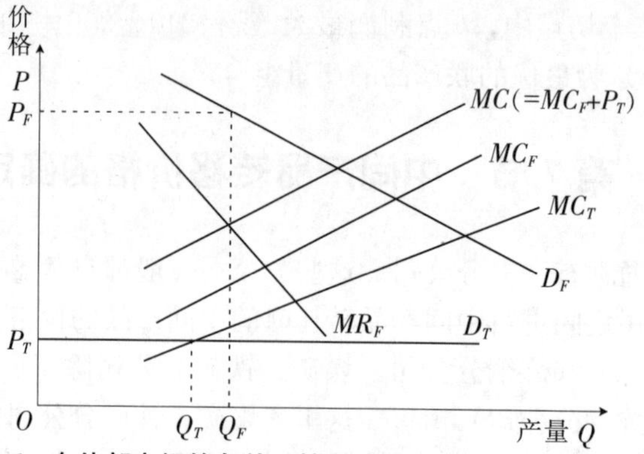

图 7-6　有外部市场的条件下转移价格的确定（$Q_F>Q_T$ 时）

外购一部分中间产品，其数量为 Q_F-Q_T。图 7-7 属于另一种情况，即 $Q_F<Q_T$。它说明分公司 A 生产的中间产品除供应分公司 B 外还有富余，需要出售，其数量为 Q_T-Q_F。

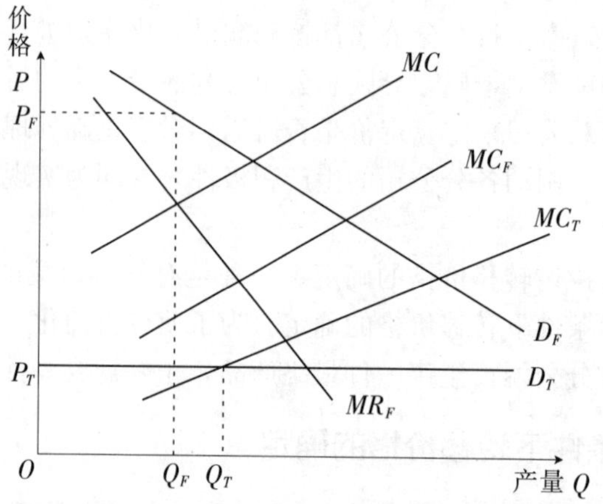

图 7-7　有外部市场的条件下转移价格的确定（$Q_F<Q_T$ 时）

上面讨论的是当中间产品具有外部市场（完全竞争）的条件下，怎样确定转移价格。结论是：在这种情况下，转移价格等于市场价格。

二、无外部市场的条件下转移价格的确定

在中间产品没有外部市场的情况下，即前方分公司 A 生产的中间产品全部供应给后方分公司 B，后方分公司所需的中间产品必须全部购自前方分公司。例如，有些中间产品是前方分公司专为后方分公司定做的（尺寸、性能有特殊要求），后方分公司无法从外部购得，前方分公司也无法向外部出售，就属于这种情况。

在这种情况下，既然没有外部市场，也就不可能按市场价格来定价。那么，该如何定价呢？

在这种情况下，首先确定能使总公司利润最大的产量和价格是多少。在图 7-8 中，D_F 和 MR_F 分别是最终产品的需求曲线和边际收入曲线，MC 是总公司生产最终产品的边际成本（$MC=MC_T+MC_F$）。使 $MR_F=MC$，就可得出总公司生产最终产品的最优价格 P_F、最优产量 Q_F。Q_F 当然也是分公司 B 生产最终产品的数量，由于前面假定一件中间产品生产一件最终产品，因此它也是分公司 A 生产中间产品的数量。根据利润最大化原则，为了使分

公司 A 愿意生产中间产品 Q_F，中间产品的价格就必须定在 Q_F 垂直线与 MC_T（中间产品的边际成本）曲线的交点上，即定在 P_T，此时 $P_T = MC_T$。由此可见，在无外部市场的条件下，中间产品的最优产量应该按总公司的最优产量来定，它的价格应该定在这个最优产量的边际成本上。

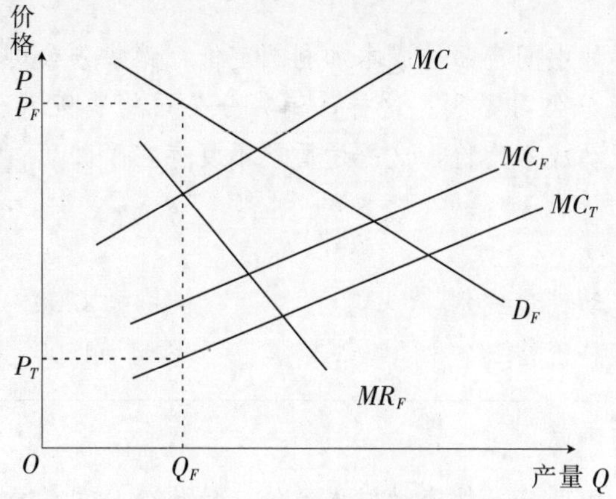

图 7-8　无外部市场的条件下转移价格的确定

在实际生活中，由于计算边际成本有一定困难，中间产品的价格也可以按单位变动成本近似求出。需要指出的是，按成本加利润的方法来定价是不正确的（见例 7-9）。

例 7-9

假如某公司拥有两个自负盈亏的分公司：制造分公司和销售分公司。制造分公司生产中间产品 T，卖给销售分公司供出售用。这种中间产品无外部市场。制造分公司生产产品 T 的标准成本[①]数据为：单位变动成本 4 元，单位固定成本 3.5 元，全部成本 7.5 元（4＋3.5）。销售分公司的标准成本数据为：变动销售成本 2 元（不包括产品 T 的转移价格），固定销售成本 0.5 元。销售分公司出售的最终产品 F 的销售价格为 11 元。问：总公司应如何确定中间产品 T 的价格？

解：首先通过计算确定这一经营活动对总公司是否有利。

销售价格		11.00
变动成本		6.00
其中：制造分公司	4.00	
销售分公司	2.00	
总公司贡献		5.00(元)

上面的计算表明，如果整个公司生产和销售产品 F，每件产品可贡献 5 元，说明这一经营活动对整个公司是有利的。

若中间产品按成本加利润定价，即把转移价格定为 9.75 元(7.50＋7.50×30%)，销售分公司在这一经营活动中可得的贡献计算如下：

销售价格	11.00

① 在为中间产品定价时，应使用标准成本，而不是实际成本，因为这样有利于提高生产者降低成本的积极性。

变动成本		11.75
其中：变动销售成本	2.00	
转移价格	9.75	
销售分公司贡献		—0.75(元)

上面的计算表明，如中间产品按成本加利润定价，销售分公司的贡献将为负值，说明经营和销售产品 F 对销售分公司不利。这样，销售分公司的决策就会与总公司的决策发生矛盾。但中间产品如按变动成本定价，这一矛盾就不复存在了。

销售价格		11.00
变动成本		6.00
其中：变动销售成本	2.00	
转移价格	4.00	
销售分公司的贡献		5.00(元)

上面的计算表明，中间产品按变动成本定价，销售分公司的贡献（5 元）就会和总公司的贡献（5 元）相等，这说明两者会作出一致的决策，即对总公司有利的活动，对分公司也一定有利。这是因为，按变动成本定价，会使销售分公司的全部变动成本恰好与整个公司的全部变动成本相等。

但在实际生活中，按变动成本定价也有一个问题，即它会使前方分公司的收入不能弥补其全部成本支出，这样，前方分公司不仅由于固定成本得不到补偿，其生产不可能持久，而且由于业绩不能得到公平评价，会挫伤其生产积极性。

解决的办法是对中间产品实行双重定价，即除了用变动成本定价（目的是使后方分公司的决策能与总公司的决策保持一致），还要以各分公司之间合理分配利润为基础来定价（目的是调动所有分公司的生产积极性）。

假定在本例中，制造分公司每年向销售分公司提供中间产品 1 万件，销售分公司每年销售的最终产品也是 1 万件。如按变动成本来确定中间产品价格，分公司和总公司的成本、利润数据如表 7 - 2 所示。

表 7 - 2 单位：元

制造分公司		销售分公司		总公司	
转移价格收入	40 000	销售收入	110 000	销售收入	110 000
自身的成本	75 000	成本		成本	
		自身	25 000	制造分公司	75 000
		转移价格支出	40 000	销售分公司	25 000
亏损	35 000	利润	45 000	利润	10 000

为了使制造分公司有生产积极性，应当把总公司的利润在两个分公司之间进行合理分配。假如双方协议按成本大小分配（如双方同意，也可以按其他标准来分配），即按 3∶1 来分配，制造分公司应得利润7 500元，销售分公司应得利润2 500元。问：中间产品 T 应如何定价？

制造分公司为了得到利润7 500元，总收入应为82 500元（75 000+7 500），因此每件中间产品的价格应定为8.25元（82 500÷10 000）。

把转移价格定为8.25元，分公司和总公司的成本利润数据的变化如表7-3所示。

表7-3　　单位：元

制造分公司		销售分公司		总公司	
转移价格收入	82 500	销售收入	110 000	销售收入	110 000
自身的成本	75 000	成本		成本	
		自身	25 000	制造分公司	75 000
		转移价格支出	82 500	销售分公司	25 000
利润	7 500	利润	2 500	利润	10 000

由此可见，转移价格的变化（从每件4元变为每件8.25元），并不影响总公司的总利润（仍为10 000元），只是利润在分公司之间的分配发生了变化。[①]

这里，对中间产品T制定了双重价格。以变动成本（4元）定价，是为了使销售分公司能正确地进行决策。以8.25元定价，是为了合理地分配利润，正确评价各分公司的绩效。双重定价能较好地处理各分公司之间以及分公司与总公司之间的经济关系，建立利益共同体，调动总公司内部所有成员的积极性，以实现公司的总目标。

□小　结

成本加成定价法就是使价格等于全部成本加目标利润，然后根据市场情况作适当调整。成本加成定价法与利润最大化原则有一定的联系，只要平均成本与边际成本相差不大，并较好地考虑价格弹性的因素，使用成本加成定价法也能使企业接近获得最大的利润。

增量分析定价法以增量成本作为定价的基础，只要增量收入大于增量成本，新任务的价格就是可以接受的。它主要适用于新任务与原来的任务具有共同成本的情形。

当买者采取招标方式购买产品或劳务时，卖者在投标时需要报价。卖者怎样报价才对自己最有利，这就是最优报价的确定问题。从理论上讲，能获得最大贡献期望值的报价是最优的，但在实践中，人们多使用成本加成定价法。

差别定价就是对同一种产品，根据不同的顾客、不同的市场采用不同的价格。实行差别定价有三个必要的条件：(1) 企业对价格有一定的控制能力；(2) 产品有两个以上被分割的市场；(3) 不同的市场具有不同的价格弹性。实行差别定价可以使企业获得比统一定价更高的利润。在不同市场上，当$MR_1=MR_2=MC$时，其差别价格和产量为最优。

高峰负荷定价法是指当用同一设施为不同时段的顾客提供产品或服务时，对高峰时段的顾客定高价，对非高峰时段的顾客定低价。

企业生产的多产品可以分为产品之间在需求上互相联系和在生产上互相联系的两种产品。对前者来说，当

① 转移价格在各分公司间能起到分配利润的作用，这一点对跨国公司有特殊意义。例如，如果分公司设在别的国家，而该国又限制把利润汇出，为了避免利润在该国的积聚，总公司可以对运往分公司的零部件和物品定高价，从而把利润从分公司转到总公司。又如，为了使公司缴纳的所得税最少，转移价格的确定应能使税率较高的国家或地区的利润尽量向税率较低的国家或地区转移。

$$MR_A=\frac{dR_A}{dQ_A}+\frac{dR_B}{dQ_A}=MC_A$$

$$MR_B=\frac{dR_B}{dQ_B}+\frac{dR_A}{dQ_B}=MC_B$$

时，各种产品的价格和产量为最优。

后者可分为按固定比例生产的联产品和按变动比例生产的联产品。对按固定比例生产的联产品来说，当 $MR_T=MC$ 时（MR_T 为产品组的边际收入曲线，等于产品A和产品B边际收入曲线的垂直相加），产品组的产量为最优。对按变动比例生产的联产品来说，需要找出等成本曲线和等收入曲线的切点，再从这些切点中找出利润最大的切点，该切点对应的产量即为A，B两种产品的最优产量组合。

转移价格是指在总公司内部的分公司之间进行中间产品转让时中间产品的价格。恰当制定这种价格，对于正确处理各分公司之间的经济利益关系，保证各分公司与总公司决策的一致，调动各分公司的积极性，共同实现总公司利润最大化的目标有重要意义。在有外部市场的条件下，转移价格等于市场价格；在无外部市场的条件下，转移价格等于边际成本。在实践中，无外部市场的条件下的转移价格采取双重定价方法，即除了用变动成本定价外，还要以在各分公司之间合理分配利润为基础来定价。

□ 重要名词和术语

成本加成定价法	增量分析定价法
最优报价	最大贡献期望值法
差别定价法	高峰负荷定价法
多产品定价法	转移价格

□ 复习思考题

1. 增量分析定价法和成本加成定价法的主要区别是什么？什么情况下宜使用增量分析定价法？

2.《金融时报》分别在相关从业人员和学生中销售。下图中，MR_1 是它在相关从业人员中销售的边际收入曲线，MR_2 是在学生中销售的边际收入曲线。MC 是这份报纸的边际成本曲线。

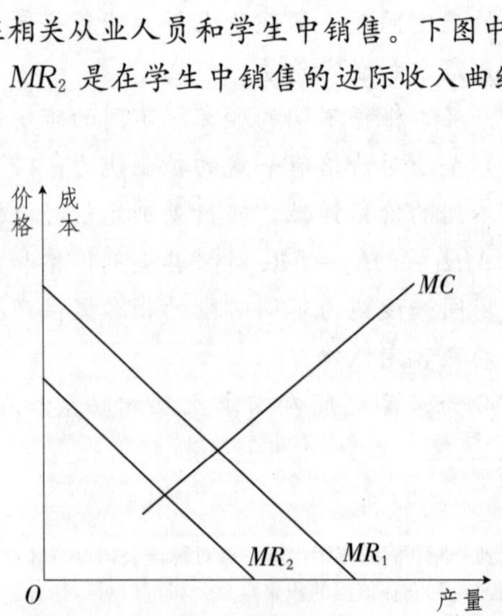

(1) 请在图上标出这份报纸的最优销售量。

（2）请在图上表示，总销售量应如何在相关从业人员和学生中分配。

（3）请画出相关从业人员和学生对这份报纸的需求曲线，并说明应如何对他们分别定价。

3. 什么是高峰负荷定价法？如何实施？有人说实施高峰负荷定价法能提高社会资源配置的效率，这一说法是否正确？

4. 请阐述正确制定企业内部转移价格的意义。在理论上和实践上应如何确定转移价格？有人按中间产品的全部成本来定价，你认为这种做法是否正确？为什么？

□ 作业题

1. 永昌公司每年所有产品的固定成本总额预计为300万元，每年所有产品的变动成本总额预计为150万元。总固定成本按每种产品平均变动成本的大小摊入每种产品。问：

（1）假如该公司的产品中，产品X的平均变动成本为1.4元，每件产品应摊入多少固定成本？

（2）产品X的单位全部成本应为多少？

（3）假如目标利润率为50%，产品X的价格应定为多少？

2. 美蒂服装店销售一种流行款式的女裤。这种裤子的成本为每条24元，其中，原料成本12元，变动间接费用6元，分摊的固定间接费用6元。店主按50%的成本利润率定价，把价格定为36元。后把价格从36元提高到39元，结果销售量从54件/周下降到46件/周。

（1）计算这种女裤的弧需求价格弹性。

（2）按照这种女裤的价格弹性，计算它的最优成本加成比率和最优价格。店主原定的36元的价格是否适当？请给出解释。

3. 2016年11月1日，胜利公司请南方安装公司就建造一条新的生产线报价。南方公司经过研究和设计（研究和设计费用为20万元），于2017年1月1日向胜利公司提出，建造这样一条生产线的造价为267.3万元。其预算如下（单位：元）：

研究和设计费用	200 000
材料费	1 110 000
直接人工费用	700 000
间接费用（为直接人工费用的60%）	420 000
总成本	2 430 000
应得利润（为总成本的10%）	243 000
报价	2 673 000

胜利公司通知南方公司，其对南方公司的设计表示赞许，但是价格不能高于200万元。假定南方公司的安装建造能力有富余，承接这项业务无须增加固定费用支出。问：南方公司是否应该承接这一业务？为什么？

4. 胜利公司生产电动剃须刀。这种产品在过去的5年中销售量持续增长。由于公司扩建，它的生产能力已达到每年500 000把。下一年预测的生产和销售量是400 000把。成本估计如下（单位：元）：

材料费	3.00
直接人工费用	2.00
变动的间接人工费用	1.00
间接费用	1.50
每把标准成本	7.50

除了生产成本外，胜利公司的固定销售费用和变动的保修费用分别为每把0.75元和0.60元。这种剃须刀现在的售价是每把10元，胜利公司估计这个价格在下年度不会改变。

但后来，有一家拍卖商店想向公司购买一批电动剃须刀，这家商店提出了两个购买方案：

方案Ⅰ：它愿意按每把7.30元的价格购买80 000把，使用胜利公司的商标，并由胜利公司保修。

方案Ⅱ：它愿意按每把7元的价格购买120 000把，不使用胜利公司的商标，也不由胜利公司保修。

问：胜利公司应采纳哪个方案？为什么？

5. 一家企业在两个市场上销售产品，生产产品的边际成本为常数，等于2。两个市场上的需求曲线方程如下：

市场1：$P_1=14-2Q_1$

市场2：$P_2=10-Q_2$

问：两个市场上的最优价格和销售量各应是多少？此时总利润是多少？

6. 大华剧场正在考虑日场和夜场戏票的差别定价问题。该剧场每周演出的固定成本为15 000元，边际成本等于变动成本（维修费、电费等），为每名观众2元。另外，对夜场和日场的每周需求的研究结果表明，它们的需求曲线方程如下：

$P_A=102-5Q_A$

$P_B=52-2.5Q_B$

式中，P_A，P_B 为票价（单位：元）；Q_A，Q_B 为观众人数（单位：百人）。

(1) 上面两条需求曲线中，哪一条是日场的需求曲线？为什么？

(2) 找出该剧场日场和夜场戏票的最优的差别价格、出售量和利润。

(3) 如果该剧场不采用差别价格，请算出其票价、出售量和利润。

7. 一家私营停车场面对两类顾客，一类是短暂停车者，另一类是整日停车者。需求曲线方程分别为：$P_{短}=3-\frac{Q_{短}}{200}$和$P_{整}=2-\frac{Q_{整}}{200}$。式中，$P$ 为每小时停车费；Q 为停车数。这个停车场的总容量为600个车位。在此限度内，每增停一辆车增加的成本可以忽略不计。今车场主打算对两类顾客定不同的价格。问：

(1) 对每一类顾客各应定什么价格？每一类顾客将各有多少车辆使用这个停车场？停车场的车位能否得到充分利用？

(2) 假如这个停车场的容量只有400个车位，对每一类顾客应如何定价？每一类顾客将各有多少车辆使用这个车场？

8. 一家企业按固定比例生产牛排和牛肉，这两种产品的需求曲线方程分别如下：

$P_{牛排}=18-0.1Q_{牛排}$

$P_{牛肉}=10-0.1Q_{牛肉}$

牛排和牛肉组合的边际成本函数为：

$MC=8+0.1Q$

问：该企业每种产品的利润最大化产量和价格各应是多少？

9. 有一家屠宰场，其经营业务是屠宰养殖的家兔，然后出售其毛皮和后腿。假定它们的需求曲线方程分别为：

毛皮：$P_{毛}=10-0.001Q_{毛}$

后腿：$P_{腿}=8-0.001Q_{腿}$

式中，$P_{毛}$ 为每件毛皮的价格（单位：元）；$P_{腿}$ 为每对后腿的价格（单位：元）；$Q_{毛}$ 为毛皮销售量（单位：件）；$Q_{腿}$ 为后腿销售量（单位：双）。

假定屠宰家兔的边际成本为 4 元，问：为使利润最大，毛皮和后腿的价格、产量应各定多少？

10. 大华公司是一家织染联合企业，下设织布分公司 A 和印染分公司 B，它们均自负盈亏。假定 A 生产的白坯布是专供 B 用的，B 也只能从 A 处获得白坯布，没有外部市场。已知 B 生产的印花布向外销售的需求曲线方程为：

$P_B=10-0.001Q$

式中，Q 为印花布销售量（单位：米）。

白坯布的边际成本函数为：

$MC_A=2+0.001Q$

把白坯布染成印花布的边际成本（MC_B）为 2 元（不包括白坯布转移价格）。

问：大华公司总经理应如何确定白坯布的内部转移价格？

11. 一家垂直联合企业生产橡胶和汽车轮胎。轮胎的需求方程为：$P_T=1\,000-0.01Q$，生产每个轮胎所需橡胶的边际成本为：$MC_R=200+0.01Q$。把橡胶加工成轮胎的成本为每个 100 元。

（1）该企业利润最大化的轮胎产量应为多少？

（2）假如橡胶没有外部市场，应如何为橡胶确定转移价格？

12. 光明阀门厂生产和销售热电厂用阀门。目前该厂的全部产品只在国内销售。其需求曲线和边际收入曲线方程分别为：

$P=1\,000-0.015Q$

$MR=1\,000-0.03Q$

其总成本、边际成本和利润函数分别为：

$TC=1\,500\,000+600Q+0.005Q^2$

$MC=600+0.01Q$

$\pi=TR-TC=-0.02Q^2+400Q-1\,500\,000$

（1）请确定光明阀门厂的最优价格、产量和利润（光明阀门厂作为一个实体企业）。

（2）假定光明阀门厂经过改组，分成两个独立的利润中心：生产分部和销售分部。它们的总成本函数和边际成本函数分别为：

$TC_{生产}=1\,250\,000+500Q+0.005Q^2$

$MC_{生产}=500+0.01Q$

$TC_{销售}=250\,000+100Q$

$MC_{销售}=100$

假定生产分部生产的中间产品无外部市场，全部交由销售分部销售。为使企业利润最大，应如何确定中间产品的转移价格？

(3) 假定国外有一家公司愿意按每件645元的价格订购光明阀门厂的产品，且光明阀门厂愿意供应多少它就订购多少。这笔订货不影响光明阀门厂在国内的销售，光明阀门厂也有足够的能力同时满足国内外两种需求。问：在这种情况下，应如何确定中间产品的最优价格和产量？企业的总利润将是多少？

第 8 章 长期投资决策

为了实现企业价值的最大化，必须处理好两类相互关联的问题：一是如何最优地使用现有资源；二是如何最优地使用新增资源。前面几章着重讨论的是第一类问题，本章将讨论第二类问题，即投资决策问题。

第 1 节　投资的概念及投资决策过程

研究投资决策问题，主要探讨怎样对不同的投资方案进行评价，并从中选择最优方案。与此有关的理论与方法，是进行可行性研究的基础。

一、什么是投资

企业的投资是指当前的一种支出，这种支出能够在以后较长的时期内（通常指一年以上）给投资者带来效益。例如，购置设备、建工厂可以给企业增加利润收入，购买房屋用于出租可以带来租金收入，所以购置设备、房屋以及更新设备等都属于投资。有些支出可能不是用来购买固定资产的，但只要符合这个定义，也属于投资，例如购买股票和债券、培训员工、做广告以及进行研发等。不管是哪一种投资，都可以用本章所探讨的原理和方法来对不同的方案进行评价，但本章的重点仍放在增加固定资产的投资上。

投资与经营费用虽然都是支出，但有很大的不同。经营费用的支出只能在短期内取得盈利。例如，人工费和材料费等的支出，在产品出售之后可以一次性收回并取得盈利，而且这个过程一般较短（如几个月）。而投资带来的效益往往可以延续几年甚至几十年之久。

由于投资带来的效益延续的时间很长，因此，投资决策有两个重要特点：(1) 需要将近期的现金收支与远期的现金收支进行比较，必须考虑货币的时间价值；(2) 需要估计未来的收支，而未来具有很大的不确定性，因此，在投资决策中考虑风险问题就显得特别重要。

如果说经营决策的正确与否会影响企业当前利润的大小，那么，投资决策的优劣将关系到企业未来很长一个时期的效益，关系到企业未来的发展方向和速度。一旦决策失误，后果将无可挽回。正因为如此，正确、科学地作出投资决策十分重要。

二、投资决策过程

投资决策过程一般包括以下几个阶段。

1. 提出可供选择的投资方案

投资方案是根据投资的需要提出的。例如，大华电视机厂生产的电视机占全国电视机市场份额的5%，现全国电视机销售量正以每年15%的速度增长，该厂为了维持它在全国市场中所占的份额，必须扩大生产能力，这就需要投资。为此，该厂提出了四个投资方案：一是对现有的设备进行技术改造；二是在原厂区修建新厂房，增加新设备；三是在外地建分厂；四是兼并当地的一家电子器材厂。需要指出的是，提出投资方案这个阶段很重要，因为最后选定的方案是从这些方案中选出的，如果一开始就提不出好的方案，也就不可能作出好的决策。为了保证优秀的方案不被漏掉，管理人员应当解放思想，依靠专家和员工，集思广益；还应当有一定的奖励制度，鼓励大家提出好的方案。

2. 收集和估计有关的数据

投资方案提出之后，就要对它们进行评价，但在评价之前必须先收集和估计评价方案所需的数据。只有基于准确可靠的数据，所作出的决策才可能是正确的。为保证数据准确可靠，企业的各个部门必须参与数据的收集和估计。例如，为了估计未来的销售量和销售收入，就必须依靠销售部门进行需求预测；为了估计将来的经营费用，就必须依靠生产、技术和采购部门提供有关的成本资料。在投资决策中，所需的数据很多，但与决策直接有关的数据有两类：一类是与决策相关的现金流量，即因实施投资方案而引起的货币收入和支出；一类是资金成本，即企业为获得资金而必须向投资者支付的以百分率表示的成本。

3. 对投资方案进行评价，从中选择最优方案

估计出与投资方案有关的数据之后，就可以根据这些数据对不同的方案进行评价，以便选出最有利于实现企业目标（企业价值最大化）的方案。由于投资引起的费用和效益的变化往往是在不同的时间点发生的，因此，评价投资方案对企业价值的影响，必须在计算货币的时间价值的基础上进行。评价方法主要有净现值法和内部回报率法。另外还有一种返本期法，这种方法虽然未考虑货币的时间价值，但因使用方便而得到普遍应用。这几种方法各有其特点，在评价投资方案时，可以只选用其中的一种，也可以几种方法并用，然后作出判断。

4. 对方案的实施情况进行监控

选出最优投资方案之后，就要付诸实施。在实施过程中，要对实施情况进行监控。监控工作包括三项内容：（1）将实际完成情况与预期的数据进行比较，看是否存在偏差；（2）分析和解释出现这些偏差的原因；（3）根据找出的原因对正在实施的投资方案采取必要的措施，或对以后的投资决策提出改进意见，以保证企业目标的实现。

本章重点探讨投资决策过程的第二、第三阶段。

第2节　货币的时间价值

投资决策的一个重要特点是，由投资决策引起的货币收入和支出往往不是在同一个时点上发生的，而不同时点上的收支是不能直接比较的。如今天的100元与一年后的100元是不等值的。为了进行比较和分析，需要把不同时点上的收支值折算成同一时点上的值，这种折算就称为货币时间价值的计算。通常的做法是，要么把所有时点上发生的收支值都折算为期初值（现值），要么把所有时点上发生的收支值都折算为期末值（终值）。在这两种计算中，尤以现值用得多。在本节里，主要讨论现值的计算。

一、单笔款项的现值

我们知道，今年手中的 1 元钱比明年的 1 元钱价值更高，因为人们可以把这 1 元钱存入银行，收取利息。如果利息率是 12%，那么今年的 1 元到了明年就变成：

$$S_1=1\times(1+12\%)=1.12(\text{元})$$

同理，今年的 1 元到了后年就变成：

$$S_2=1\times(1+12\%)^2=1.25(\text{元})$$

可见　$S_n=PV(1+i)^n$

这个公式可写成：

$$PV=\frac{S_n}{(1+i)^n} \tag{8-1}$$

式中，PV 为现值；i 为贴现率（资金成本）；n 为期数（通常以一年为一期）；S_n 为现在的 PV 到第 n 年末时的价值（本利和）。

例 8-1

李四在 8 年后能收到 1 700 元钱，假定资金市场上贴现率为 8%，问：这笔钱的现值是多少？

解：已知 $S_n=1\,700$ 元，$i=8\%$，$n=8$，代入式（8-1），得

$$PV=\frac{1\,700}{(1+8\%)^8}=\frac{1\,700}{1.851}=918.42(\text{元})$$

即 8 年后的 1 700 元相当于现在的 918.42 元（现值）。

这个计算过程可见图 8-1。

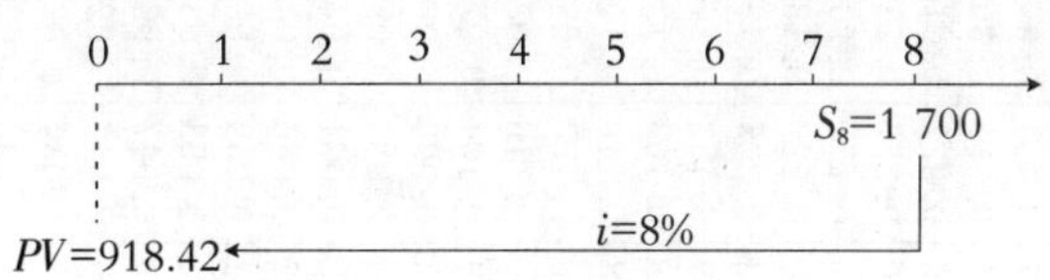

图 8-1　单笔款项的现值计算

上面的计算如果靠手工进行是很费时的。为了使计算简化，人们编制了现值系数表（见表 8-1）。从这张表中，根据贴现率（i）和期数（n）的大小就可以查出未来 1 元钱的现值是多少，现值系数为 $\frac{1}{(1+i)^n}$。

因此，式（8-1）可变为：

$$PV=S_n\times\text{现值系数}_{(i,n)} \tag{8-2}$$

表 8-1 **现值系数表***

第 n 年 \ 贴现率 (i)	1%	2%	4%	6%	8%	10%	12%	14%	15%	16%	18%	20%	22%	24%	25%	26%	28%	30%	35%	40%	45%	50%
1	0.990	0.980	0.962	0.943	0.926	0.909	0.893	0.877	0.870	0.862	0.847	0.833	0.820	0.806	0.800	0.794	0.781	0.769	0.741	0.714	0.690	0.667
2	0.980	0.961	0.925	0.890	0.857	0.826	0.797	0.769	0.756	0.743	0.718	0.694	0.672	0.650	0.640	0.630	0.610	0.592	0.549	0.510	0.476	0.444
3	0.971	0.942	0.889	0.840	0.794	0.751	0.712	0.675	0.658	0.641	0.609	0.579	0.551	0.524	0.512	0.500	0.477	0.455	0.406	0.364	0.328	0.296
4	0.961	0.924	0.855	0.792	0.735	0.683	0.636	0.592	0.572	0.552	0.516	0.482	0.451	0.423	0.410	0.397	0.373	0.350	0.301	0.260	0.226	0.198
5	0.951	0.906	0.822	0.747	0.681	0.621	0.567	0.519	0.497	0.476	0.437	0.402	0.370	0.341	0.328	0.315	0.291	0.269	0.223	0.186	0.156	0.132
6	0.942	0.888	0.790	0.705	0.630	0.564	0.507	0.456	0.432	0.410	0.370	0.335	0.303	0.275	0.262	0.250	0.227	0.207	0.165	0.133	0.108	0.088
7	0.933	0.871	0.760	0.665	0.583	0.513	0.452	0.400	0.376	0.354	0.314	0.279	0.249	0.222	0.210	0.198	0.178	0.159	0.122	0.095	0.074	0.059
8	0.923	0.853	0.731	0.627	0.540	0.467	0.404	0.351	0.327	0.305	0.266	0.233	0.204	0.179	0.168	0.157	0.139	0.123	0.091	0.068	0.051	0.039
9	0.914	0.837	0.703	0.592	0.500	0.424	0.361	0.308	0.284	0.263	0.225	0.194	0.167	0.144	0.134	0.125	0.108	0.094	0.067	0.048	0.035	0.026
10	0.905	0.820	0.676	0.558	0.463	0.386	0.322	0.270	0.247	0.227	0.191	0.162	0.137	0.116	0.107	0.099	0.085	0.073	0.050	0.035	0.024	0.017
11	0.896	0.804	0.650	0.527	0.429	0.350	0.287	0.237	0.215	0.195	0.162	0.135	0.112	0.094	0.086	0.079	0.066	0.056	0.037	0.025	0.017	0.012
12	0.887	0.788	0.625	0.497	0.397	0.319	0.257	0.208	0.187	0.168	0.137	0.112	0.092	0.076	0.069	0.062	0.052	0.043	0.027	0.018	0.012	0.008
13	0.879	0.773	0.601	0.469	0.368	0.290	0.229	0.182	0.163	0.145	0.116	0.093	0.075	0.061	0.055	0.050	0.040	0.033	0.020	0.013	0.008	0.005
14	0.870	0.758	0.577	0.442	0.340	0.263	0.205	0.160	0.141	0.125	0.099	0.078	0.062	0.049	0.044	0.039	0.032	0.025	0.015	0.009	0.006	0.003
15	0.861	0.743	0.555	0.417	0.315	0.239	0.183	0.140	0.123	0.108	0.084	0.065	0.051	0.040	0.035	0.031	0.025	0.020	0.011	0.006	0.004	0.002
16	0.853	0.728	0.534	0.394	0.292	0.218	0.163	0.123	0.107	0.093	0.071	0.054	0.042	0.032	0.028	0.025	0.019	0.015	0.008	0.005	0.003	0.002
17	0.844	0.714	0.513	0.371	0.270	0.198	0.146	0.108	0.093	0.080	0.060	0.045	0.034	0.026	0.023	0.020	0.015	0.012	0.006	0.003	0.002	0.001
18	0.836	0.700	0.494	0.350	0.250	0.180	0.130	0.095	0.081	0.069	0.051	0.038	0.028	0.021	0.018	0.016	0.012	0.009	0.005	0.002	0.001	0.001
19	0.828	0.686	0.475	0.331	0.232	0.164	0.116	0.083	0.070	0.060	0.043	0.031	0.023	0.017	0.014	0.012	0.009	0.007	0.003	0.002	0.001	
20	0.820	0.673	0.456	0.312	0.215	0.149	0.104	0.073	0.061	0.051	0.037	0.026	0.019	0.014	0.012	0.010	0.007	0.005	0.002	0.001	0.001	
21	0.811	0.660	0.439	0.294	0.199	0.135	0.093	0.064	0.053	0.044	0.031	0.022	0.015	0.011	0.009	0.008	0.006	0.004	0.002	0.001		
22	0.803	0.647	0.422	0.278	0.184	0.123	0.083	0.056	0.046	0.038	0.026	0.018	0.013	0.009	0.007	0.006	0.004	0.003	0.001	0.001		
23	0.795	0.634	0.406	0.262	0.170	0.112	0.074	0.049	0.040	0.033	0.022	0.015	0.010	0.007	0.006	0.005	0.003	0.002	0.001			
24	0.788	0.622	0.390	0.247	0.158	0.102	0.066	0.043	0.035	0.028	0.019	0.013	0.008	0.006	0.005	0.004	0.003	0.002	0.001			
25	0.780	0.610	0.375	0.233	0.146	0.092	0.059	0.038	0.030	0.024	0.016	0.010	0.007	0.005	0.004	0.003	0.002	0.001	0.001			
26	0.772	0.598	0.361	0.220	0.135	0.084	0.053	0.033	0.026	0.021	0.014	0.009	0.006	0.004	0.003	0.002	0.002	0.001				
27	0.764	0.586	0.347	0.207	0.125	0.076	0.047	0.029	0.023	0.018	0.011	0.007	0.005	0.003	0.002	0.002	0.001	0.001				
28	0.757	0.574	0.333	0.196	0.116	0.069	0.042	0.026	0.020	0.016	0.010	0.006	0.004	0.002	0.002	0.002	0.001	0.001				
29	0.749	0.563	0.321	0.185	0.107	0.063	0.037	0.022	0.017	0.014	0.008	0.005	0.003	0.002	0.002	0.001	0.001	0.001				
30	0.742	0.552	0.308	0.174	0.099	0.057	0.033	0.020	0.015	0.012	0.007	0.004	0.003	0.002	0.001	0.001	0.001					
40	0.672	0.453	0.208	0.097	0.046	0.022	0.011	0.005	0.004	0.003	0.001	0.001										
50	0.608	0.372	0.141	0.054	0.021	0.009	0.003	0.001	0.001	0.001												

* 期末收入 1 元的现值 $=\frac{1}{(1+i)^n}$

在例 8-1 中，李四在 8 年后能收到 1 700 元钱，贴现率为 8%，从表 8-1 中可以查到，当 $i=8\%$，$n=8$ 时，现值系数为 0.540。因此

$$PV=1\,700\times0.540=918(\text{元})$$

即贴现率为 8%，8 年后的 1 700 元的现值为 918 元。

从现值系数表中可以看到：贴现率越高，现值系数越小；时间越长，现值系数也越小；当贴现率为零时，现值系数等于 1，这时，未来的款项与其现值相等。

二、不均匀现金流系列的总现值

有时，在一个现金流系列中，每年的现金流量并不相同，而且是不规则的，这种现金流系列称为不均匀现金流系列。不均匀现金流系列的总现值等于每一笔现金流量的现值之和。假如第 1 年末到第 n 年末每年的现金流量分别为 R_1，R_2，…，R_n，这一现金流系列的总现值为 TPV，那么

$$TPV=\frac{R_1}{1+i}+\frac{R_2}{(1+i)^2}+\cdots+\frac{R_n}{(1+i)^n}=\sum_{t=1}^{n}\frac{R_t}{(1+i)^t} \tag{8-3}$$

例 8-2

有人向大昌公司提供了一个在今后 5 年内，该公司每年能得到以下收益的机会（见表 8-2）。

表 8-2

年次	现金流量（元）
1	400
2	800
3	500
4	400
5	300

如果贴现率为 9%，问：公司为了获得这个机会，现在最多愿意支付多少钱？

解：这是一个不均匀的现金流系列，它的总现值就是该公司现在最多愿意付出的价值，它等于每年现金流量的现值之和。其计算过程见表 8-3。

表 8-3

年次	现金流量（元） (1)	现值系数（9%,n） (2)	现值（元） (3)=(1)×(2)
1	400	0.917	366.80
2	800	0.842	673.60
3	500	0.772	386.00
4	400	0.708	283.20
5	300	0.650	195.00
			总现值=1 904.60

这一计算过程亦可见图 8-2。

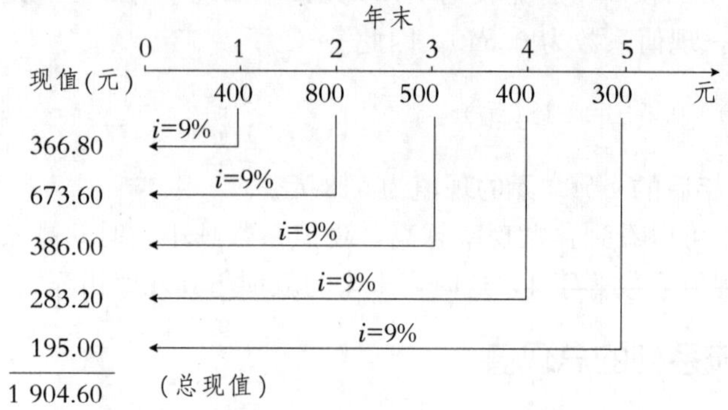

图 8-2　不均匀现金流系列的总现值计算

三、年金系列的总现值

一个现金流系列如果每年的现金流量相等，就称为年金系列。假如在 n 年中，每年末的现金流量为 R，它的总现值为 TPV，那么

$$TPV=\sum_{t=1}^{n}\frac{R}{(1+i)^t}$$

或

$$=R\sum_{t=1}^{n}\frac{1}{(1+i)^t} \tag{8-4}$$

为了简化运算，编制了总现值系数表（见表 8-4）。利用这张表，可以根据贴现率（i）和年数（n）的大小查出 n 年内每年末收入 1 元的总现值系数，即

$$总现值系数=\sum_{t=1}^{n}\frac{1}{(1+i)^t}$$

故年金系列的总现值公式也可写为：

$$TPV=R\times 总现值系数_{(i,n)} \tag{8-5}$$

例 8-3

假如希望在 3 年内每年末能从银行取出1 000元，年利率为 4%。问：现在存入的款额应为多少？

解：从表 8-4 中可以查到，贴现率为 4%，年数为 3 的总现值系数为 2.775，因此，这个年金系列的总现值应为：

$$TPV=1\,000\times 2.775$$
$$=2\,775(元)$$

即现在存入银行 2 775 元，就可在以后 3 年中每年从银行取出1 000元。

上述计算还可以倒过来，根据总现值计算年金，其公式为：

$$R=\frac{TPV}{总现值系数_{(i,n)}} \tag{8-6}$$

表 8-4　　　　**总现值系数表***

第 n 年 \ 贴现率(i)	1%	2%	4%	6%	8%	10%	12%	14%	15%	16%	18%	20%	22%	24%	25%	26%	28%	30%	35%	40%	45%	50%
1	0.990	0.980	0.962	0.943	0.926	0.909	0.893	0.877	0.870	0.862	0.847	0.833	0.850	0.806	0.800	0.794	0.781	0.769	0.741	0.714	0.690	0.667
2	1.970	1.942	1.886	1.833	1.783	1.736	1.690	1.647	1.626	1.605	1.566	1.528	1.492	1.457	1.440	1.424	1.392	1.361	1.289	1.224	1.165	1.111
3	2.941	2.884	2.775	2.673	2.577	2.487	2.402	2.322	2.283	2.246	2.174	2.106	2.042	1.981	1.952	1.923	1.868	1.816	1.696	1.589	1.493	1.407
4	3.902	3.808	3.630	3.465	3.312	3.170	3.037	2.914	2.855	2.798	2.690	2.589	2.494	2.404	2.362	2.320	2.241	2.166	1.997	1.849	1.720	1.605
5	4.853	4.713	4.452	4.212	3.993	3.791	3.605	3.433	3.352	3.274	3.127	2.991	2.864	2.745	2.689	2.635	2.532	2.436	2.220	2.035	1.876	1.737
6	5.795	5.601	5.242	4.917	4.263	4.355	4.111	3.889	3.784	3.685	3.498	3.326	3.167	3.020	2.951	2.885	2.759	2.643	2.385	2.168	1.983	1.824
7	6.728	6.472	6.002	5.582	5.206	4.868	4.564	4.288	4.100	4.039	3.812	3.605	3.416	3.242	3.161	3.083	2.937	2.802	2.508	2.263	2.057	1.883
8	7.652	7.325	6.733	6.210	5.747	5.335	4.968	4.639	4.487	4.344	4.078	3.837	3.619	3.421	3.329	3.241	3.076	2.925	2.598	2.331	2.108	1.922
9	8.566	8.162	7.435	6.802	6.247	5.759	5.328	4.946	4.772	4.607	4.303	4.031	3.786	3.566	3.463	3.366	3.184	3.019	2.665	2.379	2.144	1.948
10	9.471	8.983	8.111	7.360	6.710	6.145	5.650	5.216	5.019	4.833	4.494	4.192	3.923	3.682	3.571	3.465	3.269	3.092	2.715	2.414	2.168	1.965
11	10.368	9.787	8.760	7.887	7.139	6.495	5.988	5.453	5.234	5.029	4.656	4.327	4.035	3.776	3.656	3.544	3.335	3.147	2.752	2.438	2.185	1.977
12	11.255	10.575	9.385	8.384	7.536	6.814	6.194	5.660	5.421	5.197	4.793	4.439	4.127	3.851	3.725	3.606	3.387	3.190	2.779	2.456	2.196	1.985
13	12.134	11.343	9.986	8.853	7.904	7.103	6.424	5.842	5.583	5.342	4.910	4.533	4.203	3.912	3.780	3.656	3.427	3.223	2.799	2.468	2.204	1.990
14	13.004	12.106	10.563	9.295	8.244	7.367	6.628	6.002	5.724	5.468	5.008	4.611	4.265	3.962	3.824	3.695	3.459	3.249	2.814	2.477	2.210	1.993
15	13.865	12.849	11.118	9.712	8.559	7.606	6.811	6.142	5.847	5.575	5.092	4.675	4.315	4.001	3.859	3.726	3.486	3.268	2.825	2.484	2.214	1.995
16	14.718	13.578	11.652	10.106	8.851	7.824	6.974	6.265	5.954	5.669	5.162	4.730	4.357	4.003	3.887	3.751	3.503	3.283	2.834	2.489	2.216	1.997
17	15.562	14.292	12.166	10.477	9.122	8.022	7.120	6.373	6.047	5.749	5.222	4.775	4.391	4.059	3.910	3.771	3.518	3.295	2.840	2.492	2.218	1.998
18	16.398	14.992	12.659	10.828	9.372	8.201	7.250	6.467	6.128	5.818	5.273	4.812	4.419	4.080	3.928	3.786	3.529	3.304	2.844	2.494	2.219	1.999
19	17.226	15.678	13.134	11.158	9.604	8.365	7.366	6.550	6.198	5.877	5.316	4.844	4.442	4.097	3.942	3.799	3.539	3.311	2.848	2.496	2.220	1.999
20	18.046	16.351	13.590	11.470	9.818	8.514	7.469	6.623	6.259	5.929	5.353	4.870	4.460	4.110	3.954	3.808	3.546	3.316	2.850	2.497	2.221	1.999
21	18.857	17.011	14.029	11.764	10.017	8.649	7.562	6.687	6.312	5.973	5.384	4.891	4.476	4.121	3.963	3.816	3.551	3.320	2.852	2.498	2.221	2.000
22	19.660	17.658	14.451	12.042	10.201	8.772	7.645	6.743	6.359	6.011	5.410	4.909	4.488	4.130	3.970	3.822	3.556	3.223	2.853	2.498	2.222	2.000
23	20.456	18.292	14.857	12.303	10.371	8.883	7.718	6.792	6.399	6.044	5.432	4.925	4.499	4.137	3.976	3.827	3.559	3.325	2.854	2.499	2.222	2.000
24	21.243	18.914	15.247	12.550	10.529	8.985	7.784	6.835	6.434	6.073	5.451	4.937	4.507	4.143	3.981	3.831	3.562	3.327	2.855	2.499	2.222	2.000
25	22.023	19.523	15.622	12.783	10.675	9.077	7.843	6.873	6.464	6.097	5.467	4.948	4.514	4.147	3.985	3.834	3.564	3.329	2.856	2.499	2.222	2.000
26	22.795	20.121	15.983	13.003	10.810	9.161	7.896	6.906	6.491	6.118	5.480	4.956	4.520	4.151	3.988	3.837	3.566	3.330	2.856	2.500	2.222	2.000
27	23.560	20.707	16.330	13.211	10.935	9.237	7.943	6.935	6.514	6.136	5.492	4.964	4.524	4.154	3.990	3.839	3.567	3.331	2.856	2.500	2.222	2.000
28	24.316	21.281	16.663	13.406	11.051	9.307	7.984	6.961	6.534	6.152	5.502	4.970	4.528	4.157	3.992	3.840	3.568	3.331	2.857	2.500	2.222	2.000
29	25.066	21.844	16.984	13.591	11.158	9.370	8.022	6.983	6.551	6.166	5.510	4.975	4.531	4.159	3.994	3.841	3.569	3.332	2.857	2.500	2.222	2.000
30	25.808	22.396	17.292	13.765	11.258	9.427	8.055	7.003	6.566	6.177	5.517	4.979	4.534	4.160	3.995	3.842	3.569	3.332	2.857	2.500	2.222	2.000
40	32.835	27.355	19.793	15.046	11.925	9.779	8.244	7.105	6.642	6.234	5.548	4.997	4.544	4.166	3.999	3.846	3.571	3.333	2.857	2.500	2.222	2.000
50	39.196	31.424	21.482	15.762	12.234	9.915	8.304	7.133	6.661	6.246	5.554	4.999	4.545	4.167	4.000	3.846	3.571	3.333	2.857	2.500	2.222	2.000

* n 年内每年收入 1 元的总现值 $= \sum_{t=1}^{n} \frac{1}{(1+i)^t}$

例 8-4

甲向乙借款 2 000 元，议定利息率为 10%，本金和利息分 3 年还清，每年归还相等的数目。问：甲每年应归还多少？

解：从表 8-4 中查得，$i=10\%$，$n=3$ 的总现值系数为 2.487。根据式（8-6）得

$$R=\frac{2\ 000}{2.487}=804.18(\text{元})$$

即甲每年应向乙支付 804.18 元，3 年后就可把2 000元的本利全部还清。

从表 8-4 中可以看到，在每一个贴现率水平上，n 年的总现值系数等于表 8-1中该贴现率水平上第 1 年到第 n 年的现值系数的总和。另外，总现值系数的值总小于年金的期数。

第 3 节　现金流量的估计

为了评价投资方案，首先需要估计和确定投资方案在各个时点（通常为每年末）的现金流量。只有正确地估计现金流量，才能在计算其货币时间价值的基础上比较投资方案的成本和收益，从而正确地评价投资方案的优劣。

一、估计现金流量的原则

估计现金流量应遵循以下原则。

1. 现金流量原则

现金流量原则是指在评价投资方案时，必须用现金流量来计算其成本和收益，而不能用不属于现金流量的收支。

现金流量是指货币的实际收入或支出，它与会计上的成本收支不完全相同。这种区别最典型地表现在折旧费用上。折旧费用是一种成本支出，但不属于现金流量，因为每年的折旧支出只是在账上摊入成本，并没有实际货币的支出，实际货币支出在购买固定资产时早已发生。如果在投资决策时把折旧费也当作现金支出，就会产生两个后果：（1）固定资产支出被重复计算，一次是在期初购买固定资产时，一次是在每年计算成本时；（2）无法计算货币的时间价值，因为购买固定资产的费用实际上是在期初发生的，而折旧费用每年都要摊入成本。

除了折旧费用外，其他需要分年度摊入成本的费用（如新产品试制费等）也属于这种情况。

2. 增量原则

这一原则要求投资决策中使用的现金流量应是未来采用某投资方案带来的现金流量的增加量。为了贯彻这一原则，在估计现金流量时应注意以下几点。

（1）不考虑沉没成本。例如，某钢铁厂过去已投资 1 000 万元，尚未形成新的生产能力，却由于某种原因下马了，如果再上马需要再投资1 200万元，才能形成 20 万吨铁的生产能力。在就是否再上马作出决策时，之前已投入的1 000万元属于沉没成本，不应考虑。需要考虑的是再投资1 200万元对于形成 20 万吨铁的生产能力是否合算。又如，某旧设备的原价为 200 万元，现在的账面价值（净值）为 100 万元，如果加以更新，购置新设备的费用为 250 万元。又假定旧设备的拆除费用与残值相等。在这种情况下，由设备更新引起的现金流出量应为 250 万元，而不是 450 万元（200+250）或 350 万元（100+250），因为旧设备的原价和账面价值都是过去的支出，属于沉没成本。

（2）要考虑机会成本。前面讲过的机会成本原理对投资决策同样适用。例如，投资方案中所使用的土地的原购进价格为 100 万元，现在土地涨价了，变为 200 万元，那么土地的投资费用应按 200 万元计算。又如，某投资方案要求利用旧设备，而旧设备原来对外出租，租金收入为每年 10 万元，那么，在评价这个方案时，应把放弃的租金收入 10 万元作为机会成本考虑到现金流量中去。

（3）要考虑投资带来的间接收益。例如，某航空公司打算投资开辟 A，B 两城市之间的航线，假如 A，B 之间的航线开通之后，能使该公司在 B，C 两城市之间的航线的运输量增加，从而使 BC 航线收益增加，这种增加的收益对 AB 线的投资来说是一种间接收益，在评价 AB 线投资收益（计算 AB 线的现金流入量）时应考虑进去。

3. 税后原则

如果企业需要向政府纳税，在评价投资方案时所使用的现金流量应当是税后现金流量，因为只有税后的现金流量才与投资者的利益相关。

二、现金流量的构成

通常，一个投资方案的现金流量是由以下三个部分构成的：（1）净现金投资量；（2）净现金效益量；（3）方案的残余价值。所有投资方案都有前两种现金流量，不管是新建、扩建还是更新。但有的投资方案没有（或者忽略不计）第三种现金流量。

1. 净现金投资量

为了评价投资方案，首先要估计投资费用的大小。净现金投资量是指因决策引起的投资费用的增加量。它一般包括以下内容。

（1）工厂设施和设备的购买和安装费用。这笔费用是净现金投资量的主要组成部分。与投资方案直接相关的一些非购买性支出（如培训费用、研发费用等）也包括在这笔费用里。

（2）利用现有设备的机会成本（假如投资方案需要利用现有设备）。例如，现有设备的账面价值为 20 万元，但如果不利用它，将其出售可得 30 万元，那么该设备用于该方案的机会成本为 30 万元。

（3）净流动资产的变化。净流动资产是指流动资产超过流动负债的部分。流动资产包括现金、存货和应收账款等，流动负债包括应付账款、应计款项等。新的投资方案往往会引起企业产量和销售收入的增加，从而引起流动资产和流动负债的增加。如果流动资产的增加超过流动负债的增加，企业就要增加筹资量，所以，在评价投资方案时，应把净流动资产的增加量计入净现金投资量。

（4）变卖被替换下来的设备的收入。如果投资方案属于设备更新性质，应从净现金投资量中扣除变卖被替换下来的设备的收入，但应加上旧设备的拆除费用。

（5）税金。例如，有些国家的政府为了鼓励投资、鼓励培训工人，对这两种支出有纳税优惠。有的政府对出售资产时的资本利得（卖价高于原价或账面价值的部分）征税，对资本损失（卖价低于账面价值的部分）减税。诸如此类由投资引起的税金的变化应该在计算净现金投资量时加以考虑。

例 8-5

假定新机器的买价为 17 500 元，运费为 800 元，安装费为 1 700 元。如采用新机器，估计需要追加流动资金 2 500 元（包括库存和应收账款的增加），操作人员的培训费用为 700 元。假定根据税法，培训费用可按税率减征企业所得税（税率为 40%）。求净现金投资量。

解：买　价		17 500
运　费		800
安装费		1 700
折旧的基数		20 000
用于增加流动资金的投资		2 500
培训费用		700
减去：税金（40%）		280
税后培训费用	（700－280）	420
净现金投资量		22 920（元）

即新机器的净现金投资量应估计为 22 920 元。

例 8－6

如果例 8－5 中的新机器用来更新旧机器，而把旧机器出售。旧机器的账面价值为7 000元，但只能以5 000元卖给旧设备商。假定根据税法，企业因变卖设备引起亏损，可以减免亏损额 30%的所得税。求净现金投资量。

解：上例中的净现金投资量			22 920
出售旧机器收入		5 000	
变卖设备的亏损使税金减少			
	（（7 000－5 000）×30%）	600	
税后变卖旧机器收入			5 600
净现金投资量			17 320（元）

所以，在这种情况下，新机器的净现金投资量应估计为17 320元。

2. 净现金效益量

净现金效益量是一种经营性的现金收入，说明投资方案在经营期内每年用现金流量衡量的效益是多少。它等于因投资决策引起的销售收入的增加量，减去因投资决策引起的经营费用（不包括折旧）的增加量。注意，这里的经营费用不包括折旧，因为折旧不属于现金流量。因此，净现金效益量与企业的利润增加量不是一个概念，因为计算利润时所用的经营费用要包括折旧。利润的增加量加上折旧的增加量才等于净现金效益量。

净现金效益量的计算公式为：

$$NCB=\Delta S-\Delta C \tag{8-7}$$

∵ $\Delta S=\Delta C+\Delta D+\Delta P$

∴ $NCB=(\Delta C+\Delta D+\Delta P)-\Delta C$

或 $$=\Delta P+\Delta D \tag{8-8}$$

式中，NCB 为净现金效益量；ΔS 为销售收入的增加量；ΔC 为经营费用的增加量（不包括折旧）①；ΔP 为利润的增加量；ΔD 为折旧的增加量。

① 在投资决策中，ΔC 既不包括折旧，也不包括利息支出。这是因为在计算货币的时间价值时，现金流量的贴现过程也就是支付利息的过程，如果 ΔC 包括利息支出，就会导致利息支出的重复计算。

如果企业还要缴纳所得税，那么评价方案时所用的净现金效益量应当是税后效益量。即

$$NCB' = \Delta P' + \Delta D = \Delta P(1-t) + \Delta D$$

或
$$= (\Delta S - \Delta C - \Delta D)\ (1-t) + \Delta D \qquad (8-9)$$

式中，NCB'为税后净现金效益量；$\Delta P'$为税后利润增加量；t为税率。

例8-7

某公司计划购置一台新机器替换旧机器。新机器买价13 000元，运费500元，安装费1 500元，经济寿命预计为3年，每年折旧费=(13 000+500+1 500)÷3=5 000元。旧机器账面价值为6 000元，以后3年中，每年的折旧费为2 000元。新机器替换旧机器后，预计第一、第二、第三年的销售收入和经营费用（不包括折旧）会发生下列变化（见表8-5）。

表8-5 单位：元

	第一年	第二年	第三年
销售收入的变动（ΔS）	+10 000	+7 000	+4 000
经营费用的变动（ΔC）	-5 000	-4 000	-3 000

求：新机器替换旧机器后3年的税后净现金效益量（假定税率为50%）。

解：见表8-6。

表8-6 单位：元

	第一年	第二年	第三年
销售收入的变动（ΔS）	+10 000	+7 000	+4 000
经营费用的变动（ΔC）	-5 000	-4 000	-3 000
税前净现金效益量（$\Delta S-\Delta C$）	15 000	11 000	7 000
折旧			
新机器 5 000			
旧机器 2 000			
折旧的增加（ΔD）	3 000	3 000	3 000
税前利润的增加（$\Delta S-\Delta C-\Delta D$）	12 000	8 000	4 000
税额（按50%的税率计）	6 000	4 000	2 000
税后利润的增加 $(\Delta S-\Delta C-\Delta D)(1-t)$	6 000	4 000	2 000
税后净现金效益量 $(\Delta S-\Delta C-\Delta D)(1-t)+\Delta D$	9 000	7 000	5 000

可见，新机器替换旧机器的税后净现金效益量分别为：第一年9 000元，第二年7 000元，第三年5 000元。

3. 方案的残余价值

方案的残余价值是指投资方案寿命结束之后剩余资产的清算价值，主要包括设备的残值和流动资产增加量的变卖收入等。有些投资方案（特别是经营期较长的投资方案）的残余价值一般较小，往往可忽略不计，但对经营期限较短的方案来说，这部分价值通常有重要的决策意义。

在例8-7中，如果新机器3年后有残值，假定为2 000元，那么，计算新机器的折旧时，基数就不是15 000元，而是13 000元。又假如这个投资方案的净流动资产增加量为1 000元，那么，这1 000元应加到净现金投资量里去。假定净流动资产增加量在方案终了时的清算价值仍为1 000元，那么该方案的残余价值总额应为3 000元（2 000+1 000）。

第4节　资金成本的估计

实施投资方案需要有资金。为了获得资金就需要付出一定的代价，这个代价就是资金成本（即使是自有资金，也应计算资金的机会成本），正如为了获得劳动力需要支付工资，为了获得原材料需要支付相关费用一样。资金成本一般按每年一定的百分率来表示，例如，资金成本为10%，意为每获得100元资金的使用权，每年需向投资者支付投资回报10元。资金成本是从资金获得者的角度来看的，从投资者的角度来看则是投资的必要回报率，如果低于这个回报率，投资者就会把资金转投别处。

正确估计资金成本对于正确进行投资决策很重要，这是因为资金成本就是评价投资方案、计算货币时间价值时所用的贴现率，如果对它估计过高，就会低估投资方案的价值，对它估计过低，则会过高估计投资方案的价值，无论哪一种情况都会导致决策失误。另外，对资金成本进行估计也是为了正确地作出资金来源的决策。最佳的资金来源组成应当使企业的资金成本最低。

企业的资金来源基本上有三个：一是借债，包括从金融机构贷款和发行债券等；二是权益资本，即发行股票；三是留存盈余。考虑到把留存盈余用于资本支出的成本与普通股基本相同，下面我们着重探讨如何估计债务成本和权益资本成本，最后探讨企业的综合资金成本，即加权平均资金成本。

一、债务成本

借款是企业筹集资金的一个重要来源。举债筹资（包括从银行借款、发行企业债券）的成本就是付给借款人（债权人）的利息，但这是以企业不缴纳所得税为假设的。如果企业要缴纳所得税，利息支出就可以从应纳税收入中扣除，从而可以减免一部分税金，所以，税后的债务成本会低于利息率。其计算公式如下：

税后债务成本＝利息率×(1－税率)　　(8-10)

例8-8

假定企业发行债券100 000元，利息率为12%，该企业所得税税率为40%，那么税后债务成本应为：

税后债务成本＝12%×(1－40%)＝7.2%

应注意的是，进行投资决策时使用的债务成本应是边际债务成本，即新债务的成本，这是因为投资决策是将新方案的回报率（即边际回报）与新筹资金的成本（即边际资金成本）进行比较。为以前的投资方案所筹资金的利息率的高低，与现在的决策不相关。

二、权益资本成本

确定靠发行普通股筹集资金的成本，要比确定债务成本复杂得多。要说明的是，由于普通股的成本是以股利形式从税后利润中开支的，不影响应纳税收入，从而不影响税金的大小，因此，估计普通股的资金成本时不必计算税后资金成本。

下面我们介绍这类资金成本的两种估计方法。

1. 现金流量贴现模型

普通股股东在企业中拥有的财富（或价值），等于他未来预期从企业获得的回报按股东的必要回报率进行贴现而得到的总现值。（这里，股东的必要回报率是指投资者（即股东）愿意投资所必须获得的最低回报率，低于这个回报率，投资者就宁可把资金投于别处。这个回报率对企业来说就是资金成本。）

假定股东的必要回报率为 k_e，在 t 期内，未来预期每期的股利收入分别为 D_1，D_2，…，D_t，股东在企业中的财富为 W，则

$$W=\sum_{t=1}^{\infty}\frac{D_t}{(1+k_e)^t} \tag{8-11}$$

假定公司每年的股利增长率 g 保持不变，那么，由式（8－11）推导可得（推导过程略）：

$$W=\frac{D_1}{k_e-g} \tag{8-12}$$

式中，D_1 为下一年发放的股利。

如果 D_1 表示的是每股股利，那么，W 就是每股普通股的价格，式（8－12）可改写为：

$$k_e=\frac{D_1}{W}+g \tag{8-13}$$

从这个公式中可以看到，股东的预期回报由两部分组成：一部分是股利，它的收益率称为股利收益率，等于$\frac{D_1}{W}$；另一部分是资本利得，即预期以后股票价格上涨会给股东带来的收益，它的收益率称为资本利得收益率，在股利增长率 g 保持不变的情况下，它等于 g。

由于投资者的必要回报率对企业来说也是资金成本，因此，式（8－13）也就是估计普通股资金成本的公式。

例 8－9

假定某企业普通股的现行市场价格为每股 20 元，下一期的股利预期为每股 1.6 元，每年股利增长率预期为 6%，那么，该普通股的资金成本应为：

$$k_e=\frac{1.6}{20}+6\%=14\%$$

2. 资本资产定价模型

资本资产定价模型是以近代财务理论为基础的，其核心是评估股票的风险。[①] 该模型不

① 关于风险的概念和有关的基本知识，请参阅本书第 9 章。

仅强调普通股与政府债券之间的风险差别，而且强调不同股票之间的风险差别。假定 k_m 是普通股股票的平均回报率，k_f 是无风险的政府债券的利率，那么，股票和政府债券之间的风险差别就可由 k_m-k_f 来表示。

股票之间的相对风险则由一种风险指数——β 系数来度量。某种股票的 β 系数是指该股票回报的变动性与所有股票回报（平均股票回报）的变动性的比率。具有平均风险的股票的 β 值为 1.0，表示这种股票的回报与所有股票的平均回报同步变化。高风险股票的 β 值如为 2，表示该股票回报的变动幅度是平均股票回报的变动幅度的两倍。例如，如果 $\beta=2$，当平均的股票回报增加 10%时，这一高风险股票的回报就增加 20%；反之，如果 $\beta=0.5$，说明该股票是低风险的，其回报的变动幅度只有平均的股票变动幅度的一半。

根据资本资产定价模型，权益资本的成本（k_e）等于无风险利率（k_f）加一个经过加权的风险成分，即

$$k_e=k_f+(k_m-k_f)\beta \tag{8-14}$$

在这一模型里，平均的股票风险补偿率为 k_m-k_f，用 β 值作为权数对其进行调整，就可得出某特定企业股票的风险补偿率。

例 8-10

假如无风险利率（k_f）为 8%，普通股的平均回报率为 11%，某企业的 β 值为 1.0（即企业的风险与市场平均风险相同），它的权益资本成本就等于：

$$k_e=0.08+1.0\times(0.11-0.08)=11\%$$

如果该企业的 β 值为 2.0，它的资本成本就会高得多，即

$$k_e=0.08+2.0\times(0.11-0.08)=14\%$$

有关的金融服务机构通常会根据经验数据定期对公开上市的公司的 β 值作出估计并予公布。

三、加权平均资金成本

假定某公司的税后债务成本为 6%，权益资本成本为 14%，又假定来年该公司完全靠借债筹集的资金来实施它的投资方案，该投资方案的资金成本并不等于税后债务成本 6%。

一般来说，借债是成本最低的一种资金来源。[①] 但企业不可能无限度地借债，因为如果借债过多，就会使权益资本所占比重下降，债务的偿还就会缺乏保障，从而加大企业的风险，使资金成本升高。因此，企业的借债能力总是有限的。这一次靠借债来筹资，就意味着以后的某一时间必须靠增发股票来筹资。也就是说，今天以较低的债务成本筹资，必须以牺牲未来借债的机会为代价。所以，虽然这一次实施投资方案是完全靠举债筹资，但它的机会成本大于债务成本本身。

假定企业第一年大量举债筹资，债务成本为 6%，那么回报率为 7%的方案是可以接受的。到第二年，因企业借债能力有限，必须使用权益资本，其成本为 14%，因此，只有回报率超过 14%的方案才是可以接受的。这样，如果将第一年的债务成本 6%作

① 债务成本比权益成本低，主要原因是：(1) 债权人的风险比所有者（股东）的风险小，因为法律规定公司必须先偿还债务的本息，然后才能给股东发放股利。(2) 借债的利息是在税前利润中支出的，因而可以减免一部分税金。

为资金成本，第一年回报率为7%的方案就会把第二年回报率更高（如13%）的方案排挤掉。这显然是不合理的。为了避免这类问题的发生，在投资决策中，既不能单纯使用债务成本，也不能单纯使用权益资本，而应当使用加权平均资金成本（或称综合资金成本）。其计算公式为：

$$k_a = p_d k_d + p_e k_e \tag{8-15}$$

式中，k_a 为加权平均资金成本；k_d 为税后债务成本；k_e 为权益资本成本；p_d，p_e 为根据公司的最优资本结构，债务和权益资本分别在全部资本中所占的比重。

资本结构是指债务和权益资本在全部资本中所占的比重。最优资本结构是指能使企业的综合资金成本最低的资本结构。每个企业都会有自己的最优资本结构。

在例8-8和例8-9中，假定该企业的最优资本结构是债务40%，权益资本60%，那么，该企业的综合资金成本 k_a 为：

$$\begin{aligned} k_a &= 7\% \times 40\% + 14\% \times 60\% \\ &= 11.2\% \end{aligned}$$

因此，该企业在评价投资方案时，应以贴现率11.2%作为资金成本。[①]

第5节　投资方案的评价方法

在对不同投资方案的基本数据作出估计之后，就可以对不同的方案进行评价。评价投资方案的方法很多，下面介绍三种。

一、返本期法

这种方法主要用来计算投资所需的返本期的长短。如果每年的净现金效益量相等，可用下列公式计算返本期。

$$\text{返本期} = \frac{\text{净现金投资量}}{\text{每年的净现金效益量}} \tag{8-16}$$

如果每年的净现金效益量不等，就需要用推算的方法求出返本期。

例8-11

假如某投资方案的净现金投资量为15 000元。第一年的净现金效益量为9 000元，第二年为7 000元，第三年为5 000元。问：它的返本期是多长？

解：9 000+7 000=16 000(元)

16 000>15 000，所以不到两年就可以收回全部投资。

使用返本期法评价投资方案，需要先确定一个标准返本期（可行的返本期），提出的投资方案的返本期如果小于标准返本期，就是可以接受的。返本期较短的方案是较好的方案。如果标准返本期是3年，那么例8-11中的投资方案（返本期为2年）是可以接受的。

---

① 这里假定投资方案的风险与企业的风险一致。如果二者不一致，还要在企业的综合资金成本的基础上再作适当调整（参见本书第9章）。

返本期法的优点是简便，但它有明显的缺点，主要是：

1. 不考虑货币的时间价值

例如，有两个投资方案，其净现金投资量均为30 000元，各年的净现金效益量如表8－7所示。

表8－7　　单位：元

方案	第一年	第二年	第三年
Ⅰ	15 000	10 000	5 000
Ⅱ	5 000	10 000	15 000

如果用返本期法评价，这两个方案的返本期均为3年，故没有优劣之分。但从货币的时间价值来考虑，方案Ⅰ较好，因为方案Ⅰ的大部分投资在近期就能收回，而方案Ⅱ的大部分投资要到后半期才能收回。

2. 不考虑返本期之后的净现金效益

例如，有两个投资方案，其净现金投资量均为15 000元，各年的净现金效益量如表8－8所示。

表8－8　　单位：元

方案	第一年	第二年	第三年
Ⅰ	7 500	7 500	0
Ⅱ	7 500	7 500	7 500

如果用返本期法评价，这两个方案的返本期均为两年，所以优劣程度是相同的。但事实上，方案Ⅱ比方案Ⅰ更好，因为方案Ⅱ在第三年还能有净现金效益量。

二、净现值法

净现值的计算公式为：

净现值＝净现金效益量的总现值－净现金投资量

或 $$NPV=\sum_{t=1}^{n}\frac{R_t}{(1+i)^t}-C_0 \qquad (8-17)$$

式中，NPV为净现值；R_t为第t年年末的净现金效益量；n为投资方案的寿命；C_0为净现金投资量；i为资金成本（贴现率）。

净现金效益量的总现值是投资方案带来的按现值计算的收入，净现金投资量则是投资方案带来的期初的支出，两者的差额（即净现值）表明方案能给企业净增加多少价值。所以，如果净现值为正值，说明方案能够为企业增加价值，因而是可以接受的；如果净现值为负值，说明方案会使企业价值减少，因而是不可以接受的。净现值越大越好。

例8－12

假定某投资方案的净现金投资量为15 000元，第一年末的净现金效益量为9 000元，第二年末的净现金效益量为7 000元，第三年末的净现金效益量为5 000元。贴现率为10%。问：

（1）它的净现值是多少？

(2) 该方案可否接受？

解：净现值$=\frac{9\ 000}{1+10\%}+\frac{7\ 000}{(1+10\%)^2}+\frac{5\ 000}{(1+10\%)^3}-15\ 000$

$=9\ 000\times0.909+7\ 000\times0.826+5\ 000\times0.751-15\ 000$

$=2\ 718$(元)

净现值为正值，说明这个方案是可以接受的。①

如果有两个方案，其净现值均为正值，则需看这两个方案是否独立。若二者各自独立，就均可采纳；若二者互相排斥，只能取其一，则应该选择净现值较大者。②

三、内部回报率法

内部回报率法是另一种对未来的现金流量计算现值的方法。它与净现值法的不同之处在于：净现值法是先根据预期的在金融市场上筹措资金的资金成本确定贴现率，然后根据这个贴现率计算方案的净现值。如果方案的净现值是正值，说明方案是可以接受的。内部回报率法则是计算能使净现值为零的贴现率的值。也就是说，当投资方案的净现金效益量的总现值与净现金投资量相等时，贴现率应当是多少。这个贴现率称为内部回报率。如果内部回报率大于金融市场上预期的资金成本，方案是可取的，否则就是不可取的。

计算内部回报率的公式为：

$$\sum_{t=1}^{n}\frac{R_t}{(1+r)^t}-C_0=0 \tag{8-18}$$

根据公式，如已知各年的净现金效益流量 R_t 和期初的净现金投资量 C_0，就可以求出内部回报率 r 的值。

不过，这个公式是一个 t 次方程，要解这个方程求内部回报率 r 的值，靠手工计算是很困难的。如果有计算机，可以用计算机来算。如果没有计算机，一般采用试算法。下面以例 8－12 中的条件来说明如何用试算法求内部回报率 r 的值。

例 8－13

根据例 8－12 有：$15\ 000=\frac{9\ 000}{1+r}+\frac{7\ 000}{(1+r)^2}+\frac{5\ 000}{(1+r)^3}$，求 r。

解：先按 $r=20\%$进行试算。查表 8－1 可知，贴现率为 20%时，第一年、第二年、第三年的现值系数分别为 0.833，0.694 和 0.579。根据这些系数可算得按 20%贴现率计算的净效益量的总现值。该值大于期初的净投资量，说明内部回报率比 20%要大。再按 $r=22\%$进行试算，用同样的方法算得净效益量的总现值小于期初的净投资量，说明内部回报率比 22%要小。因此，内部回报率在 20%～22%之间。具体的试算过程如表 8－9 所示。

---

① 方案的净现值就是该方案带来的经济利润。在这个方案中，经济利润为 2 718 元。如果资金是自有的，在评价方案时不考虑所投资金的机会成本，那么，计算出来的方案能给企业增加的价值就是该方案的会计利润。在这个方案中，会计利润为 6 000 元（(9 000＋7 000＋5 000)－15 000)。

② 投资方案可以分为互斥的和相互独立的两种。假如有甲、乙两个方案，如果采用甲方案就不能采用乙方案，我们就说这两个方案是互斥的。如果采用甲方案并不妨碍乙方案的采用，我们就说这两个方案是互相独立的。

表 8-9

年次	净现金效益量（元）(1)	20%贴现率的现值系数 (2)	22%贴现率的现值系数 (3)	按20%贴现率计算现值（元）(1)×(2)	按22%贴现率计算现值（元）(1)×(3)
1	9 000	0.833	0.820	7 497	7 380
2	7 000	0.694	0.672	4 858	4 704
3	5 000	0.579	0.551	2 895	2 755
净效益量的总现值				15 250	14 839

内部回报率 r 在 20%～22%之间的具体值可以用插入法得到。

贴现率＝20%时，现值＝15 250 元
内部回报率＝(20＋x)%时，
现值＝15 000 元
} 差额＝250 元

贴现率＝22%时，现值＝14 839 元
} 差额＝411 元（贴现率＝20%与22%之间）

$$x=\frac{250}{411}\times(22\%-20\%)=1.2\%$$

故　　内部回报率 $r=20\%+1.2\%=21.2\%$

用这种插入法算得的内部回报率是近似值，但一般已经够用。

一个投资方案的内部回报率可以理解为，用该方案的现金效益收入偿还投资的利息和本金的能力。在例 8-13 中，假定 15 000 元资金是借来的，第 1 至第 3 年末的现金效益量分别为 9 000 元、7 000 元和 5 000 元，就能在第 3 年末把15 000 元资金本金和按照内部回报率 21.2%计算得出的利息全部还清。具体计算见表 8-10。

表 8-10　　单位：元

年次	期初投资 (1)	现金效益 (2)	贷款利息 (3)＝(1)×21.2%	归还投资 (4)＝(2)－(3)	期末差额 (5)＝(1)－(4)
1	15 000	9 000	3 180	5 820	9 180
2	9 180	7 000	1 946.16	5 053.84	4 126.16
3	4 126.16	5 000	874.75	4 125.25	0.91

在表 8-10 中，到第 3 年末，15 000 元的本利恰好还清（期末差额 0.91 元是计算中尾数四舍五入引起的误差）。

内部回报率较高的投资方案，有能力按较高的利息率在期末还清资金的本利。如果实际的资金成本低于方案的内部回报率，方案就可以提前还清本息，并在期末时增加企业的价值，故方案是可取的。如果实际的资金成本高于方案的内部回报率，说明方案无力在寿命结束时还清全部本息，因而是不可取的。①

---

① 我们再次看到，净现值法和内部回报率法都是边际分析法在投资决策中的应用。在投资决策中，资金的边际收入（MR）就是资金的内部回报率（增加 1 元投资所能增加的回报）。资金的边际成本（MC）就是贴现率（增投 1 元资金所要增付的利息）。如果内部回报率大于贴现率，就说明 $MR>MC$，则该方案是可取的，此时，投入资金的边际利润（$M\pi$）>0，方案的 NPV 就为正值。如果内部回报率小于贴现率，就说明 $MR<MC$，则该方案不可取，此时，投入资金的边际利润（$M\pi$）<0，方案的 NPV 就为负值。

下面我们来比较一下净现值法和内部回报率法。

当评价单个投资方案或互相独立的投资方案时，用这两种方法评价投资方案的结果总是一致的。即一个方案如用净现值法评价是可取的，那么用内部回报率法来评价也一定可取，反之亦然。这是因为如果一个方案的内部回报率大于贴现率，它的净现值就一定是正值，如果内部回报率小于贴现率，则一定是负值。

但在评价互相排斥的投资方案时，用这两种方法评定投资效果，有时会出现矛盾的结果。下面举例说明。

假定有两个互斥的投资方案，其期初净现金投资量均为15 000元。预期的资金成本均为10%。两个方案各年的净现金效益量及求得的内部回报率和净现值分别如表 8－11 所示。

表 8－11

		净现金效益量（元）	
		方案 A	方案 B
年次	1	9 000	0
	2	7 000	6 000
	3	5 000	18 000
内部回报率		21%	19%
净现值		2 723	3 482

对这两个方案，如果用内部回报率法评价，A 方案的内部回报率高，所以 A 方案是较优方案。如果用净现值法来评价，B 方案的净现值大，所以 B 方案是较优方案。可见，两种评价方法得出了两种结论。

为什么会出现两种不同的结论？这是因为两个方案的特点不同。方案 A 的特点是近期效益大，远期效益小。方案 B 的特点是近期效益小，远期效益大。采用内部回报率法假设每年产出的净现金效益量能够按它的内部回报率进行再投资，在内部回报率高于资金成本的情况下，采用内部回报率法当然更有利于近期效益大、远期效益小的方案；采用净现值法假设每年产生的净现金效益量能够按照预期的资金成本进行再投资，在资金成本低于内部回报率的情况下，采用净现值法当然更有利于近期效益小、远期效益大的方案。

那么，在上述情况下，应当选用哪一种方法呢？一般认为使用净现值法比使用内部回报率法更好，原因主要有三点：

（1）内部回报率法假设每年的净现金效益量是按内部回报率来贴现的，净现值法则假设按资金成本来贴现。资金成本是资金的市场价格，代表现实的贴现率，而按内部回报率来贴现往往是不现实的。所以，采用净现值法比内部回报率法更合理。

（2）净现值法比内部回报率法计算简便。

（3）净现值法更便于考虑风险。这是因为它可以根据风险的大小来调整贴现率，如果风险大，贴现率就可以定得高一点，以弥补风险带来的损失。

由于以上原因，净现值法比内部回报率法使用得更为普遍。

生活中的经济学 8－1

在人力资本上的投资

在教育、工作培训、向有较好工作机会的地区移民和健康方面的支出，常被人们称为

“人力资本投资”，因为它和其他投资一样，也有期初的投入和未来一个较长时期里的经常性的回报。例如，对大学生来说，期初的投入除了学杂费、书本费和生活费等外显成本外，还有因上学不工作而放弃的收入等内涵成本。另一方面，作为投资的回报，大学毕业生一般会比没有上过大学的人有较高的收入。所以，正文中探讨过的投资决策原理和方法同样适用于评估在人力资本上的投资。

当然，对人力资本投资的评估会遇到许多统计上的困难。例如，大学生上学的有些支出很难说是投资还是消费（如一名学工程的学生选修文学课）。另外，毕业后人们之所以有较高的收入，不应完全归功于大学教育，个人的天资较高可能也是一个原因。对大学教育带来的有些好处进行度量也不容易。例如，与没有受过大学教育的人相比，受过大学教育的人生活质量较高，对推动社会的进步能起到更大的作用，在具体度量时存在困难。尽管如此，人力资本的概念以及对其回报的评估，对我们来说仍然十分重要。当前在我国，人们认识到教育上的支出作为人力资本的一种重要投资，会带来巨大和长远的回报，因此，个人、家庭、企业和政府都越来越重视在这个领域加大投入。如何用最少的投入谋求最大的回报，已成为当前教育经济学需要研究的重大课题。

第6节　投资决策原理和方法的应用

前面探讨了投资决策的基本原理与方法，本节将探讨在多种情况下，怎样具体运用这些原理与方法。

一、怎样确定最优投资规模

确定最优投资规模就是确定能使企业利润最大的企业总投资量。确定最优投资规模所依据的也是边际分析法的原理，即当边际收入等于边际成本时，企业的产量和价格能使企业利润最大。但把边际分析法的原理用于投资决策时，边际收入是指最后投入的1元资金所能取得的利润，通常称为投资方案的边际内部回报率；边际成本是指最后投入的1元资金需要支付的成本，即边际资金成本。当投资的边际内部回报率大于边际资金成本时，扩大投资规模能增加企业的利润，从而增加企业的价值；当投资的边际内部回报率小于边际资金成本时，缩小投资规模能增加企业的利润，从而增加企业的价值。因此，只有当投资的边际内部回报率等于边际资金成本时，投资量（Q^*）才能使企业的利润最大，从而使企业的价值最大。这时的r是企业可以接受的投资方案的最低内部回报率（见图8-3）。

图8-4是说明确定最优投资规模方法的一个简化的实例。假如企业有可供选择的相互独立的7个投资方案。方案A的投资额为300万元，内部回报率为17%；方案B的投资额为100万元，内部回报率为15%；方案C的投资额为400万元，内部回报率为14%；方案D的投资额为300万元，内部回报率为11%；方案E的投资额为200万元，内部回报率为9%；方案F的投资额为200万元，内部回报率为8%；方案G是购买政府债券，年利为6%，购买量不限。现在将这些方案按照内部回报率大小的顺序排列在坐标图上（见图8-4）。纵坐标是内部回报

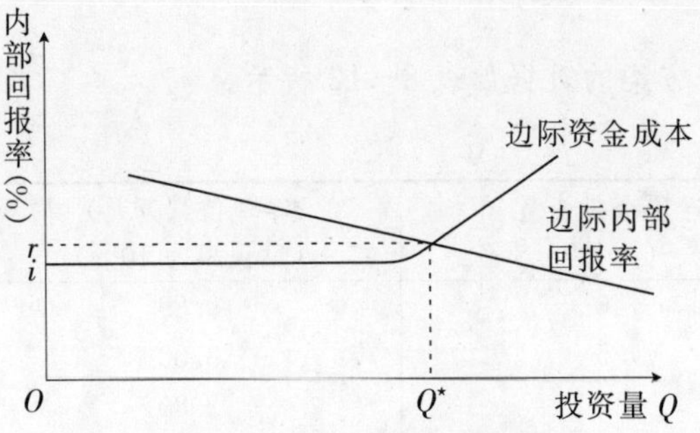

图 8-3　最优投资规模的确定

率和资金成本，横坐标是投资量，然后把每个方案的顶部连接起来，就形成一条阶梯状的曲线（图 8-4 中的阶梯状粗线），这条曲线就是企业投资的边际内部回报率曲线。假定该企业资金成本起初稳定在 10%，但筹资数量超过一定点资金成本就会上升（这是由于企业借债较多，导致风险加大）。假定该企业的综合资金成本与筹资数量之间的关系如图 8-4 中的另一条粗线所示，这条粗线就是该企业的边际资金成本曲线。边际内部回报率曲线与边际资金成本曲线在投资量为1 100万元处相交。因此得出该企业的最优投资规模为1 100万元，即应选择方案 A，B，C 和 D，舍弃方案 E，F 和 G。同时，企业可以接受的投资方案的最低内部回报率为 10%。

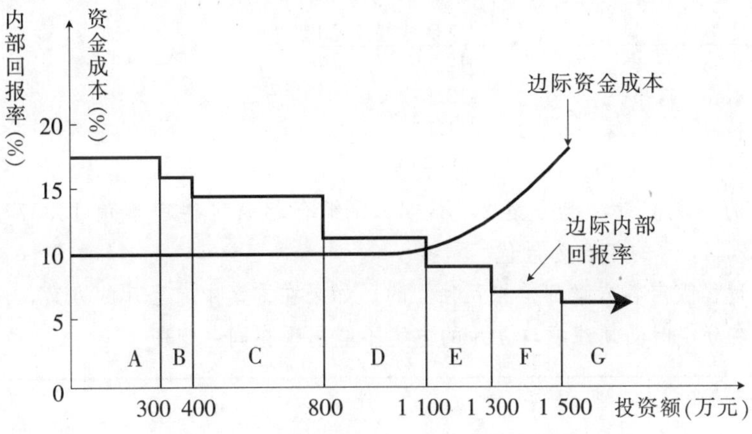

图 8-4　确定最优投资规模的一个实例

二、在资金有限的情况下怎样选择投资方案

如果企业投资用的资金来源可以不受限制，那么，只要投资方案的内部回报率大于资金成本，或它的净现值大于零，不管有多少投资方案都是可以采用的。但一般情况是，企业的资金来源总是有限的。因为无论是外界的投资还是企业的内部资金，通常总有一定的限度。在这种情况下，企业应当怎样选择投资方案才能获利最大?

从逻辑上讲，只要把企业备选的投资方案按照它们的内部回报率或净现值的大小进行排队，然后按顺序选用，一直到资金用完为止就可以了，但在实践中并不完全这样做。

例 8-14

已知A公司各投资方案的数据如表 8-12 所示。

表 8-12

方案	净现金投资量（万元）	净现值（万元）（贴现率为10%）	内部回报率（%）
1	40	9.89	13.5
2	25	8.80	17.7
3	10	2.80	17.3
4	7.5	1.63	13.7
5	7.5	0.34	11.5
6	5	0.31	12.4

假定A公司可用的资金只有50万元，问：选用哪几个投资方案才能使A公司获利最大？

解：从上面的数据中可以看到，如果按内部回报率大小排队，只能采用第2，3，4方案；如果按净现值大小排队，只能采用第1方案。但这两种选择方法并不是最优的。

最优的选择方法应是：先按50万元的投资限额把不同的投资方案组合成若干组，然后以组为单位来比较净现值的大小。净现值最大的组就是最优的投资方案组合。

本例中，50万元以下的投资组合及其净现值如下：

方案	净现值（万元）
1，3	12.69
2，3，4，5	13.57
1，4	11.52
1，5	10.23

从这些组的净现值看，把方案2，3，4，5组合起来可得净现值13.57万元，为最大。所以方案2，3，4，5的组合为最优。

以上选择过程假定各方案都是相互独立的。如果在方案中有互斥的方案，应该把所有方案都列出来，但在分组时必须注意，互斥的方案不能出现在同一组中。

三、寿命不同的投资方案怎样比较

人们通常用净现值法来比较投资方案的优劣，即净现值越大的方案就越好。但这里有一个前提：各方案的寿命是相同的。如果寿命不同，就不能简单地比较净现值的大小。

例 8-15

有两个方案。方案A：投资100 000元购买设备，寿命2年，净现值为10 000元；方案B：也投资100 000元购买设备，寿命6年，净现值也是10 000元。这两个方案尽管净现值相等，但方案A明显优于方案B，因为方案A每2年重购一次设备，就可以每2年有10 000元的净收入，而方案B每6年重购一次设备，要每6年才有10 000元的净收入（见图8-5）。

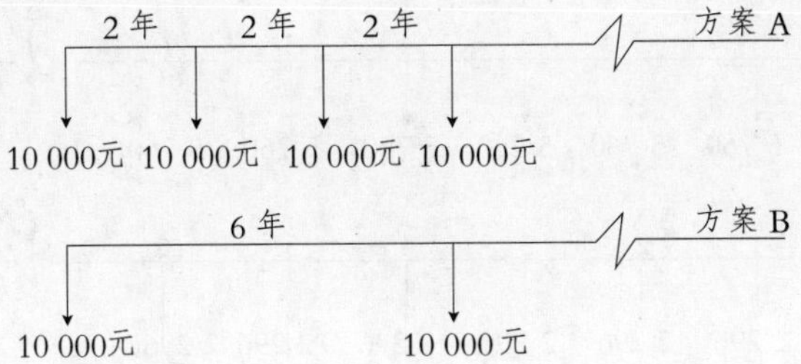

图 8-5　寿命不同的投资方案的比较

比较寿命不同的方案，通常采用以下两种方法：(1) 最小共同寿命法；(2) 净现值年金化法。

1. 最小共同寿命法

最小共同寿命是指如每个方案在寿命终了时重复进行投资，使各个方案都能在同一年内结束其寿命的最短时间。在例 8-15 中，假如方案 A、方案 B 在寿命终了时又重复投资，6 年或 12 年后，两个方案同时结束寿命。但 6 年是最短的，所以，A 和 B 两个方案的最小共同寿命为 6 年。最小共同寿命确定之后，就可以分别计算最小共同寿命期内两个方案的总净现值（假定资金成本均为 10%）。

$$\begin{aligned}\text{方案 A 的总净现值} &= 10\,000+\frac{10\,000}{(1+10\%)^2}+\frac{10\,000}{(1+10\%)^4}\\ &= 10\,000+10\,000\times 0.826+10\,000\times 0.683\\ &= 25\,090(\text{元})\end{aligned}$$

$$\text{方案 B 的总净现值}=10\,000\ \text{元}$$

20 590＞10 000，所以应选方案 A。

用最小共同寿命法来比较寿命不同的方案，其原理比较明了，但如果两个方案的最小共同寿命很长（如方案 A 的寿命是 17 年，方案 B 的寿命是 21 年，那么最小共同寿命将为 17×21=357 年），计算起来就很不方便，这时就适合采用净现值年金化法。

2. 净现值年金化法

净现值年金化法也假设每个方案在寿命终了时可以重复进行投资，直到最小共同寿命到期时为止。但净现值年金化法是把每个方案的净现值按照方案寿命的长短折算成年金，然后进行比较，年金大者为较优方案。计算年金可使用式（8-6），即

$$\text{年金}=\frac{\text{总现值}}{\text{总现值系数}_{(i,n)}}$$

在例 8-15 中，方案 A 的净现值为 10 000 元，寿命为 2 年，资金成本为 10%，那么

$$\text{净现值的年金}=\frac{10\,000}{1.736}=5\,760(\text{元})$$

方案 B 的净现值为 10 000 元，寿命为 6 年，资金成本也为 10%，那么

$$\text{净现值的年金}=\frac{10\,000}{4.355}=2\,296(\text{元})$$

折算成年金系列后的两个方案的现金流量如图 8-6 所示。由于 5 760＞2 296，因此方案 A 优于方案 B。

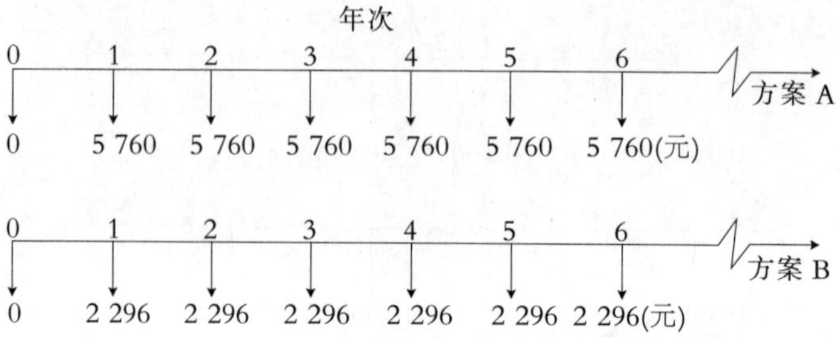

图 8-6　净现值年金化法示例

四、是否更新设备

随着科学技术的进步和旧设备在使用过程中的磨损，旧设备的性能会落后于新设备。这时是否用新设备更换旧设备，要根据因设备更新引起的现金流量的变化，计算设备更新能使企业增加多少净现值来决定。净现值如为正值，设备更新就是合算的。

例 8-16

假设新设备的买价为 84 000 元，运费为2 000元，安装费为5 000元，经济寿命为 10 年；10 年后的残值为1 500元，清理费用为 500 元；使用时每年可比旧设备节约原料2 000元、人工2 500元，每年因质优价高可增加销售收入3 500元。旧设备的账面价值为32 000元，剩余寿命为 4 年，4 年后的残值与清理费用相等；目前出售可得40 000元。使用新设备后的 6 年每年的税后净现金效益量为18 000元。资金成本为 10%，所得税税率为 40%。问：是否应该用新设备来替换旧设备？

解：假如用新设备更换旧设备：

$$\text{净现金投资量}=(84\ 000+2\ 000+5\ 000)-40\ 000=51\ 000(\text{元})$$

（旧设备的账面价值 32 000 元是沉没成本。）

前 4 年每年折旧的增加量

$$=\frac{(84\ 000+2\ 000+5\ 000)-(1\ 500-500)}{10}-\frac{32\ 000}{4}=1\ 000(\text{元})$$

前 4 年因设备更新引起的税后净现金效益量（NCB'）为：

$$NCB'=(\Delta S-\Delta C-\Delta D)(1-t)+\Delta D=(3\ 500+4\ 500-1\ 000)\times(1-0.4)+1\ 000=5\ 200(\text{元})$$

第 10 年末残值的增加量＝1 500－500＝1 000(元)

根据以上计算，可列出因设备更新引起的各年增加的现金流量，如表 8-13 所示。

表 8-13　　单位：元

项目	年次			
	0	1～4	5～9	10
净现金投资量	－51 000			
税后净现金效益量		＋5 200	＋18 000	＋18 000
残值增加量				＋ 1 000

根据以上现金流量，可计算因设备更新引起的净现值如下：

$$NPV=-51\,000+5\,200\times 总现值系数_{(10\%,4)}+18\,000\times 总现值系数_{(10\%,6)}\times 现值系数_{(10\%,4)}+1\,000\times 现值系数_{(10\%,10)}$$
$$=-51\,000+5\,200\times 3.170+18\,000\times 4.355\times 0.683+1\,000\times 0.386$$
$$=19\,410(元)$$

19 410＞0，所以更新设备的方案是可行的。

五、怎样确定企业兼并的价格

企业兼并（收购）的价格决策是长期投资决策原理在特殊情况下的应用。

1. 兼并动机

企业兼并就是把企业作为商品来交易，也就是说，由一家企业收购另一家企业，其结果是一家企业规模扩大了，另一家企业则消失了。为什么要进行企业兼并？从宏观来看，主要是为了使存量固定资产能够流动起来，使社会资源趋于优化配置。从微观来看，则是因为它能产生协同作用，即能收到1＋1＞2的效果，从而提高企业的经济效益。具体表现在以下几个方面：

（1）用兼并的方法扩大生产规模，比用扩建的方法有更多的优点。扩大生产规模可以采用两种方法，一是从企业内部进行投资（即购买各种生产要素，然后加以组建）；二是从企业外部进行投资（即购买现成的企业）。相比之下，后者比前者有更多优点。一是时间短。用企业内部投资的办法来扩大生产，从投资到投产以及培训新员工等都需要较长的时间。二是风险小。一方面，如果从内部投资，自己经营新业务没有经验，风险要比购买现成的企业大；另一方面，从外部投资可以在不增加行业产量的条件下扩大企业生产规模，可以利用被兼并企业原来的市场。三是筹集资金方便。可以用股权置换的办法来收购企业，比借钱购买设备和其他生产要素不仅方便，而且成本低。

（2）改善企业的组织结构。无论是横向兼并（兼并生产同种产品的企业）还是纵向兼并（兼并不同生产阶段的企业），都能提高企业的经济效益。横向兼并能实现企业的规模经济。企业合并后可以进行大量生产，实现专业化和改进技术，提高劳动生产率；可以减少管理人员（例如减少上层管理者、会计和人事部门的工作人员等）；可以节省研发费用，防止重复研发，一个企业可利用另一个企业的研发成果；可以节省采购费用和营销费用；等等。纵向兼并也能提高企业的经济效益。生产的不同阶段集中在一家企业里，可以保证各阶段之间更好地衔接，保证半成品的及时供应，还可以降低运输费用，节省燃料，从而降低产品成本。

（3）减少风险。兼并能扩大企业的生产规模，增加企业的产品种类，实行多元化经营，从而减少企业的风险。

（4）改变企业管理落后的状况。一家企业之所以要出售，往往是因为它管理不善。由于管理不善，企业资产得不到充分利用，利润率很低，甚至亏损。管理有方的企业收购这类企业后，就可以更换管理班子，采用先进的管理方法，使之扭亏为盈。

（5）使企业之间的生产要素得到共享和互补。不同的企业在生产要素的占有上往往有自己的优势和劣势。例如，有的企业资金有富余，有的则不足；有的企业土地和厂房有富余，有的则不足；有的企业有许多高级专业人才和技术优势，有的则没有；有的企业在某些地区有畅通的销售渠道，有的则没有；等等。通过兼并，就可以做到共享和互补，使生产要素得到更充分的利用。

需要指出的是，兼并和收购作为一种从企业外部进行投资来扩大生产规模的方法，近些年来发展迅猛。特别是随着经济的全球化，跨国兼并价值在企业兼并总价值中已经占有相当大的比重。

案例 8-1

海尔早期的兼并策略

海尔集团从1988年兼并青岛电镀厂开始，到1997年7月兼并莱阳电熨斗厂，共兼并企业14家，投入资金7 000万元，扭亏5.5亿元，盘活资产14亿元，1996年底净利润达8 000多万元。集团资产从10年前的几千万元扩张到39亿元，成为中国第一家家电特大型企业。

一、吃“休克鱼”

“休克鱼”是海尔对被兼并企业的一个形象比喻。现在愿意被别人兼并的都是生产难以为继的企业，其中，有一些企业的设备性能较好，债务也能剥离，仅仅是因为产权模糊、无人负责或经营管理不善导致效益低下，海尔集团认为它们是“休克鱼”，可以兼并。另一部分即将倒闭的企业，海尔集团认为是“死鱼”，是绝对不能兼并的，否则会连累母体企业。海尔集团在高速扩张过程中之所以没有受到被兼并企业的拖累，并且被兼并的各个子公司都充满了活力，主要原因之一就是很好地把握了吃“休克鱼”这一原则。

二、低成本扩张

海尔集团从冰箱起家，现在的洗衣机、空调、冷柜、小家电等都是通过兼并发展起来的。海尔在外地的控股式兼并多是低成本扩张。如1995年12月海尔公司用2 200万元的投资拨转了蓝波希岛公司的3亿元资产。在1997年3月兼并爱德电器集团的洗衣机厂的合同中，将其原来的债务剥离，由爱德集团承担。海尔集团只是将控股的2 928万元作为向顺德海尔集团电器有限公司的借款，在产品生产出来以后，分三年三次等额用海尔股份所分得的利润加以偿还，就实现了对顺德海尔电器有限公司60%的控股。这样，海尔一分钱也没花，就扩大了洗衣机的生产规模，使其达到规模效应。

三、用海尔文化同化被兼并企业

自1995年以来，海尔集团已经形成了具有自身特色的海尔文化，在兼并企业时都是先注入海尔文化。海尔集团派往每一个被兼并企业的管理人员往往只有几人，但他们身上带有深厚的海尔文化“基因”，把海尔的文化、海尔的管理体系带到被兼并企业，使后者的员工从思想上、观念上实现脱胎换骨的转换。没有统一的海尔文化，没有统一的海尔管理理念和创新精神，就不可能有海尔的效益。

四、不变模块与可变模块相结合

海尔集团在对被兼并企业的管理中，灵活地将海尔管理理念中的不变模块与当地的具体情况相结合。不变模块是海尔人对海尔精神和海尔管理体系的比喻，可变模块是指海尔对不同的被兼并企业具体管理手段的变通。无论在哪一个被兼并的企业，海尔“敬业报国、追求卓越”的精神和包括自检、互检、评价在内的一整套质量管理体系都不会变。但是每一个地区、每一个企业都有自己的具体情况，管理方法有各自的特点。“休克鱼”企业并不是一无是处，也有自己的优点。海尔的管理人员到任何一个被兼并的企业，总是先寻找它的长处，然后根据典型事例，让员工自己剖析，查找自身的不足，同时通过竞争上岗选拔干部，依靠当地优秀的管理人员管好企业。

资料来源：证券时报，2004-08-06.

2. 兼并价格的确定

在市场经济条件下，兼并是双方企业自愿、互利的行为。即收购企业（兼并方）和被收购企业（被兼并方）都希望通过兼并增加自己的财富。如果有一方认为不能增加财富，就不可能达成兼并协议。对收购企业来说，只有兼并后企业增加的价值（兼并引起的净现金效益的总现值）大于支出的收购价格，它才愿意收购。对被收购企业来说，只有得到的收购价格大于企业现在的价值，它才愿意出售。所以，确定企业兼并的价格主要是探讨以下两方面的问题：其一，对收购企业来说，主要是探讨如何确定收购企业可以接受的最高价格；其二，对被收购企业来说，主要是探讨如何确定被收购企业可以接受的最低价格。最高价格和最低价格之间的差额就是兼并带来的经济效益。实际的收购价格则通过谈判由双方在两种价格之间确定。最高价与最低价相差越大，谈判就越容易成功。

（1）如何确定收购企业可以接受的最高价格。为确定收购企业可以接受的最高价格，首先要估计收购企业因收购了被收购企业引起的税后现金流量的增加量，这个增加量又由两部分现金流量增加量组成：一部分是兼并后产生了经济效益，从而产生的每年税后净现金效益量；另一部分是兼并后为了进行生产改组和技术改造而需要的投资增加量。前者是现金流入量，后者是现金流出量。两者合在一起就构成因兼并引起的税后现金流量的增加量。然后用现金流量贴现方法算出其总现值，这个总现值说明了兼并能给收购企业增加的价值，也就是收购企业可以接受的最高价格。

例 8-17

假定企业 A 打算收购企业 B，预期收购后，企业 A 各年的现金流量将出现以下变化（见表 8-14）。

表 8-14　　单位：万元

项目	年次				
	1～5	6～10	11～15	16～20	21～25
因收购引起的税后年净现金效益量	200	210	140	80	20
净现金投资量	－60	－60	—	—	—
税后现金流量增加量	140	150	140	80	20

假定收购企业 B 既不增加也不减少企业 A 原来的风险，企业 A 的平均加权资金成本为 15%，在兼并后仍然适用。问：企业 A 可以接受的最高价格应是多少？

解：确定企业 A 可以接受的最高价格就是计算这一收购预期会给企业 A 增加的价值。这个价值应等于因兼并引起的税后现金流量增加量的总现值。具体计算如下：

$$
\begin{aligned}
\text{总现值} &= \sum_{t=1}^{5}\frac{140}{(1+15\%)^t}+\sum_{t=1}^{5}\frac{150}{(1+15\%)^t}\times\frac{1}{(1+15\%)^5}\\
&\quad+\sum_{t=1}^{5}\frac{140}{(1+15\%)^t}\times\frac{1}{(1+15\%)^{10}}+\sum_{t=1}^{5}\frac{80}{(1+15\%)^t}
\end{aligned}
$$

$$\times\frac{1}{(1+15\%)^{15}}+\sum_{t=1}^{5}\frac{20}{(1+15\%)^{t}}\times\frac{1}{(1+15\%)^{20}}$$

通过查表8-1和表8-4可得

$$\begin{aligned}\text{总现值}&=140\times3.352+150\times3.352\times0.497+140\times3.352\times0.247+80\times3.352\\&\quad\times0.123+20\times3.352\times0.061\\&=469.28+249.89+115.91+32.98+4.09\\&=872.15(\text{万元})\end{aligned}$$

所以，872.15万元是企业A可以接受的最高收购价格。假如企业B原来负债500万元，被收购后，这笔负债将转移给企业A，在这种情况下，企业A愿意出的最高价格将为372.15万元（872.15－500）。

（2）如何确定被收购企业可以接受的最低价格。被收购企业可以接受的最低价格应该是被收购企业现在（收购前）的价值。估计被收购企业现在的价值有两种方法。一种是假定被收购企业不被收购，继续经营下去，根据预期的每年的现金效益量算出的总现值，就是被收购企业的价值。另一种是假定被收购企业停业进行清算，清算所得的收入就是被收购企业的价值。

例8-18

沿用例8-17，假如被收购企业B不被收购，继续经营下去，预期每年的税后现金效益量如表8-15所示。

表8-15　　单位：万元

项目	年次				
	1～5	6～10	11～15	16～20	21～25
税后年现金效益量	5	3	2	1	0

企业B在兼并前的价值为：

$$\begin{aligned}\begin{matrix}\text{总现值}\\(\text{企业B的价值})\end{matrix}&=\sum_{t=1}^{5}\frac{5}{(1+15\%)^{t}}+\sum_{t=1}^{5}\frac{3}{(1+15\%)^{t}}\times\frac{1}{(1+15\%)^{5}}\\&\quad+\sum_{t=1}^{5}\frac{2}{(1+15\%)^{t}}\times\frac{1}{(1+15\%)^{10}}+\sum_{t=1}^{5}\frac{1}{(1+15\%)^{t}}\times\frac{1}{(1+15\%)^{15}}\end{aligned}$$

通过查表8-1和表8-4可得

$$\begin{aligned}\text{总现值}&=5\times3.352+3\times3.352\times0.497+2\times3.352\times0.247\\&\quad+1\times3.352\times0.123\\&=16.76+5.00+1.66+0.41=23.83(\text{万元})\end{aligned}$$

即企业B如不被收购，现在的价值为23.83万元。

另一种方法是估计如企业B停业进行清算，变卖所有的资产可能得到的收入。在本例中，假定这个数字为120万元。

进行兼并决策时，被收购方可以接受的价格应当是这两种估计方法估计出来的数字中较大的数字。在本例中，120万元>23.83万元，所以，应选120万元作为企业B的最低价格。

企业 B 实际的收购价格将在120 万～872.15 万元之间。该区间内的任何价格对双方都有利，都有可能被双方接受。但具体的价格取决于双方讨价还价和谈判的能力。

企业兼并除了用现金交易外，还可以选择股权置换的方式。如果购买企业 B 的最高价格是872.15 万元，企业 B 已发行在外的股票为1 000 000股，那么，企业 A 购买企业 B 股票的价格最高不能超过每股 8.721 元。假如兼并前企业 A 的股票的市场价格为每股 10 元，那么为了兼并企业 B，企业 A 最多发行新股票 872 100 股去换取企业 B 的1 000 000股，换句话说，交换比率不得大于0.872 1∶1，否则，企业 A 兼并企业 B 不仅无利可图，反而会导致企业 A 股东财富的减少。

案例 8－2

美的：收购库卡进入全球工业机器人四强

中国家电制造商美的集团一直很看重工业机器人业务。早在 2015 年 8 月，美的就与日本安川电机合资成立了机器人公司。美的集团还通过其海外关联公司 MECCA International Ltd. 持有德国工业机器人制造商库卡集团 13.5%的股份。

2016 年 6 月，美的集团正式提出以 45 亿欧元收购库卡集团，并重申收购不少于 30%股份的目标。这桩交易也成为中国公司规模最大的海外主动收购交易之一。库卡集团与日本发那科、瑞士 ABB 和日本安川电机并称全球工业机器人四强，汽车工业是其最重要的市场。库卡集团希望美的在收购后能保留德国的工作岗位。

这本不是一起特别大型的收购，但是引起了欧美各重要政府部门和监管机构的注意。不过，美的最终还是获得了各方的支持，到 2016 年 8 月共持有库卡集团 94.55%的股权。

2016 年 12 月底，库卡集团宣布美国外资投资委员会（CFIUS）和国防贸易管制理事会（DDTC）已批准中国美的集团收购库卡。至此，这笔交易得到所有相关监管部门的批准，而且满足了完成该交易所需的全部条件。2017 年 1 月 6 日，此次收购正式完成，美的一跃进入全球工业机器人四强行列。

□ 小　结

投资是指当前的、能够在以后较长的时间里给投资者带来效益的支出。投资决策就是对不同的投资方案进行评价，并从中择优。投资决策的一个重要特点是需要计算货币的时间价值。现值就是把所有时点上发生的收支值都折算为期初时的值。根据现金流系列的特征不同，可以把现值的计算方法分为：单笔款项的现值、不均匀现金流系列的总现值和年金系列的总现值。

为了评价投资方案，首先需要估计投资方案在各个时点上的现金流量。估计现金流量应遵循以下原则：（1）现金流量原则；（2）增量原则；（3）税后原则。

一个投资方案的现金流量主要由以下三部分构成：（1）净现金投资量；（2）净现金效益量；（3）方案的残余价值。

为了对投资方案进行评价，还必须估计资金成本。资金成本因资金来源的不同而不同。

税后债务成本＝利息率×(1－税率)。普通股的资金成本有两种估计方法：一是现金流量贴现模型，公式为$k_e=\frac{D_1}{W}+g$；二是资本资产定价模型，公式为$k_e=k_f+(k_m-k_f)\beta$。企业的综合资金成本等于企业各种资金来源的资金成本的加权平均数，这里，权数是指根据公司的最优资本结构，各种资金来源的资金分别在全部资金中应占的比重。

对投资方案进行评价可以采用返本期法、净现值法和内部回报率法。后两种方法都考虑了货币的时间价值，因而是比较科学的方法，其中尤以净现值法最常用。返本期法虽然不考虑货币的时间价值，但使用方便，也比较常用。

投资决策的原理与方法应用甚广，本章主要介绍了五种情况：(1) 最优投资规模的确定；(2) 在资金有限的情况下投资方案的选择；(3) 寿命不同的投资方案的比较；(4) 设备更新决策；(5) 企业兼并定价决策。

□ 重要名词和术语

投资	货币的时间价值
现值	年金
现金流量	净现金投资量
净现金效益量	方案的残余价值
资金成本	税后债务成本
权益资本成本	现金流量贴现模型
资本资产定价模型	加权平均资金成本
返本期法	净现值法
内部回报率法	企业兼并

□ 复习思考题

1. 与经营决策相比，投资决策有哪些重要特点？
2. 投资决策过程包括哪几个阶段？各阶段应注意什么问题？
3. 为什么在投资决策中必须使用现金流量？它由哪些部分构成？估计现金流量应当遵循哪些原则？
4. 怎样估计债务成本和权益资本成本？为什么要在投资决策中使用加权平均资金成本？如何使用？
5. 为什么说内部回报率法和净现值法都是边际分析法在投资决策中的应用？

□ 作业题

1. 光明公司的最优资本结构为：债务占30%，权益资本占70%。今年，公司预期的销售额为15 000 000元，其中税后利润为2 000 000元（企业的边际税率为40%）。公司的股利政策是从税后利润中拿出50%作为股利分配给1 000 000股普通股的股东。管理层预测，公司的销售额、利润和股利每年的增长率均为8%。企业普通股的市场价格为每股20元。

市场上所有股票的平均股利收益率为14%，政府国债的利息率为12%。如果企业发行债券，管理层估计把利息率定为14%是适当的。公司的β系数估计为1.5。

(1) 光明公司的税后债务成本是多少？

(2) 分别用现金流量贴现模型和资本资产定价模型估计其权益资本成本。

(3) 根据用资本资产定价模型算出的权益资本成本，计算该公司的平均加权资金成本。

2. 某企业共有五个投资方案，它们的期初成本和净现值估计如下：

单位：万元

项目	方案A	方案B	方案C	方案D	方案E
期初成本	100	200	100	300	100
净现值	30	−10	35	45	20

问：(1) 如果企业使用资金可以不受限制，它应采用哪些方案？为什么？

(2) 如果企业使用资金最多不能超过300万元，它应采用哪些方案？为什么？

3. 某外国公司打算在中国投资建一家电视机组装工厂，估计需投资312 700元，每年可得税后净现金效益量100 000元，但到第5年末，根据协议，该工厂的资产将无偿地全部移交中国政府。

(1) 计算这个投资方案的内部回报率。

(2) 如果该公司的资金机会成本为12%，这项投资是否合算？

4. 张先生开一家杂货铺，出售烟、酒和各种食品。他最近的年收支和盈亏情况如下(单位：元)：

销售收入			1 800 000
进货成本（变动成本）		1 260 000	
工资和薪酬	固定成本	200 000	
租金	固定成本	120 000	
折旧	固定成本	60 000	
水、电、煤气	固定成本	40 000	
杂费	固定成本	30 000	
成本合计			1 710 000
税前净利润			90 000

这个收支情况预计明后年也不会大变。现在为了扩大销售量，张先生想在商店的一角再开辟一个冷饮部，先经营3年。预计在这3年，为租用相关的柜台设施需追加投资20 000元（这是3年内的唯一投资，3年后如需继续经营，还要追加投资；3年后如柜台被撤，这笔投资将得不到补偿)。冷饮部的营业额预计每年100 000元，进货成本预计每年20 000元，开办冷饮部预计会使工资和薪酬的支出增加8%，水、电、煤气等支出增加5%。由于开设冷饮部会使杂货铺其他食品（非冷饮食品）的展示面积缩小，预计会使它们的营业额减少10%。

(1) 计算开设冷饮部的净现金效益量。

(2) 假定张先生的冷饮部投资的资金机会成本为12%。他是否应当开设冷饮部？为什么？

5. 某车间打算用数控车床更新旧的六角车床（假定旧车床残值为零)。新车床的价格为80 000元，设备更新后的折旧费每年增加8 000元，预计更新后税后利润每年能增加12 000元。问：

(1) 每年的税后净现金效益量是多少？

（2）假定每年的净现金效益量在5年内不变，还假定第5年末新机器的残值为40 000元，企业的资金成本为15%。更新车床是否合算？

6. 光明油漆厂打算建设一条生产油漆刷的生产线，提出了三个设计方案。各个方案的固定成本、变动成本、售价以及每年的销售量各不相同，其资料如下：

单位：元

项目	方案A	方案B	方案C
价格	5	6	7
单位变动成本	2	2.30	2.50
全部固定成本（不包括折旧）	30 000	30 000	30 000
每年销售量	800 000	650 000	450 000
每年销售费用	60 000	45 000	25 000
投资费用	2 000 000	1 500 000	1 000 000

假定：企业的所得税税率为50%；每个方案的使用寿命均为6年；在寿命期内，每年平均分摊折旧；平均资金成本均为10%；企业为了设计这条生产线，已花去研发费60 000元，计划在6年内摊销。

问：（1）各方案每年的税后净现金效益量是多少？（提示：税后净现金效益量等于税后利润加上折旧和其他分摊费用。）

（2）每个方案的净现值是多少？应选哪个方案？

7. 方案甲的投资额为20 000元，预期寿命为5年，在5年内每年的净现金效益量为6 687.62元。

问：（1）这一方案的返本期是多长？

（2）假定资金成本为12%，该方案的净现值是多少？

（3）这一方案的内部回报率是多少？

8. 大陆仪器公司正在考虑两个互斥的投资方案。方案A的投资量为20 000元，每年的净效益为3 900元，寿命10年。方案B的投资量也是20 000元，每年的净效益为6 000元，寿命5年。假定资金成本为12%，两个方案的风险基本相同，问：大陆仪器公司应选择哪个方案？

9. 最近有人拟向大昌房地产公司购买一幢办公楼，他愿意先付200 000元现金，然后在以后5年中每年末再付50 000元（总共付450 000元）。大昌公司是在15年前购买这块地皮和建造这幢楼的。当时地皮的价格是40 000元，建造费用为600 000元。楼房每年的折旧费用为20 000元。现在地皮值100 000元，办公楼还能用10年，10年后估计能按150 000元的价格出售。大昌公司估计，在今后10年内，如果把办公楼出租，每年可得利润收入30 000元。其计算过程如下：

每年租金收入	79 000
每年开支	49 000
其中：税金	4 000
修理	12 000
折旧	20 000
供暖	13 000
利润收入	30 000（元）

假定大昌公司的资金成本为 10%。问：该公司的办公楼应出售还是出租？

10. 已知 A 公司各投资方案的数据如下表所示。

方案	净现金投资量（万元）	净现值（万元）	内部回报率（%）
1	10	2.35	30
2	10	2.16	28
3	40	5.98	21
4	30	4.20	20
5	20	2.42	18
6	20	1.85	15

假定 A 公司只有可用的资金 40 万元。它应选用哪几个方案，才能使自己获利最大？

11. 假定甲企业收购乙企业后，在前 10 年每年需投资2 万元对生产线进行改造。乙企业在被兼并后成为甲企业的一个分厂，预计寿命为 30 年，30 年内甲企业由于收购了乙企业而引起的每年现金流入的增加量估计如下表所示。

单位：万元

项目	每年平均数					
	第 1～第 5 年	第 6～第 10 年	第 11～第 15 年	第 16～第 20 年	第 21～第 25 年	第 26～第 30 年
因收购和改组引起的税后净现金效益量	3.2	5.2	5.5	5.0	3.2	1.2
减：收购后因生产改组引起的投资支出	2.0	2.0				
税后现金流入增加量	1.2	3.2	5.5	5.0	3.2	1.2

假定甲企业的平均加权资金成本为 15%。问：

(1) 对甲企业来说，收购乙企业的最高价格应是多少？

(2) 如果甲企业扩大生产规模的目的也可以通过完全新建一个工厂来达到，新建方案的净现值估计为3.5 万元。在这种情况下，收购乙企业的最高价格应是多少？

企业决策中的风险分析 第9章

决策总是面向未来的，但未来的情况往往是不确定的，因为利用今天得到的信息难以准确地预测未来可能出现的结果。根据未来执行决策所出现的结果的确定程度，可以把决策分为确定条件下的决策、有风险条件下的决策和不确定条件下的决策三种。

（1）确定条件下的决策。如果管理者有足够的信息，就能够准确地预测未来的结果。例如，在本书第5章中，我们用贡献分析法来确定企业是否应当接受新订货。由于企业的生产能力及其利用情况，以及产品的成本和售价都是已知的、确定的，据此预测将来接受新任务后的贡献一定也是确定的，因而对于是否接受新任务只有唯一答案。也就是说，决策的结果只有一个。这类决策就属于确定条件下的决策。

（2）有风险条件下的决策。在复杂多变的企业环境中，确定条件下的决策很少。如果管理者能够预测出执行决策将来可能会得出几种结果以及每种结果的概率是多少，在这种条件下做的决策就是有风险条件下的决策。例如，向一家企业投资估计会遇到三种不同的市场条件：高需求、正常需求和低需求，从而可能有三种不同的结果。如果出现这三种市场条件的概率已知，欲决定是否对这家企业进行投资，这种决策就属于有风险条件下的决策。

（3）不确定条件下的决策。如果决策会有多个结果，但这些结果的概率都无法知道，这种情况下的决策就属于不确定条件下的决策。这种情况之所以存在，主要是因为未来的环境因素太复杂，以致对未来结果出现的概率无法估计。

迄今为止，我们探讨的管理决策都是确定条件下的决策。本章将在对企业风险进行分析的基础上，探讨有风险条件下和不确定条件下的决策。

第1节 风险的概念和风险的衡量

一、有关风险的概念

为了进行风险分析，首先需要对诸如策略、自然状态、结果、收益矩阵和概率分布等术语进行定义。

策略是指若干可供选择的行动方案中的一个，它能够被实施以实现管理目标。所以，不同的策略也就是指不同的方案。例如，一名经理可以考虑用三种策略来增加利润：（1）建设一座新的、技术更先进的工厂，以进一步降低成本；（2）实施一项新的市场营销方案，以增加销售量；(3) 对产品重新进行设计，以降低成本，或因改进后的产品被顾客更认可而增加销售量。

自然状态是指将来可能存在的某种条件，它对策略成功与否会产生重大影响。在就建新厂作出决策时，一个重要的自然状态就是今后几年国民经济的预期状况。在这方面，可能的自然状态是：(1) 衰退；(2) 正常；(3) 繁荣。

结果是说明特定的策略与自然状态的结合会产生多大的得或失（通常用货币来度量）。例如，建新厂这一决策的结果是未来全部净利润的现值。

收益矩阵列出策略和自然状态的每一结合所带来的结果。表 9-1 是收益矩阵的一个例子。例中，建新厂与经济处于衰退状况的结合估计亏损为4 000万元。反之，一个新的市场营销方案与正常的经济状况的结合估计能获得利润3 500万元。如果每种自然状态的概率已知，那么，把策略的每种结果与其发生的概率列出来就构成了一个概率分布（如表 9-2 所示）。

表 9-1　收益矩阵：每个策略和自然状态组合的利润　单位：万元

策略	自然状态（经济条件）		
	衰退	正常	繁荣
新厂	−4 000	2 500	4 000
新的市场营销方案	−2 000	3 500	7 000
新的产品设计	−1 500	3 000	6 000

表 9-2　新的产品设计策略结果的概率分布

策略	自然状态（经济条件）	概率	结果（利润，万元）
新的产品设计	衰退	0.2	−1 500
	正常	0.6	3 000
	繁荣	0.2	6 000

风险是指特定策略带来的结果的变动性。如果一个决策只有一个可能的结果，就认为它的结果已知，没有风险；如果有许多可能的结果，且这些结果回报的金额差别很大，就认为它风险较大。例如，一名经理准备投资 100 万元，有两个方案。第一个方案是购买国库券，年利为 6%。到年末，100 万元投资可收回 106 万元。这一投资的唯一风险是政府可能无力偿还，但这是不大可能的。因此，这一投资基本上没有风险（即只有一个结果）。事实上，人们常把国库券称为无风险证券。第二个方案是在未探明储量的地区打油井。如果出油，这口井马上就值5 000万元（即出售油得到的净利润的现值）。如果没有油，这口井就一文不值。这是一个风险投资，因为可能的结果变动的范围很大。一般来说，结果的变动性越大，风险也就越大。风险就是指决策结果的变动性。

二、对风险的衡量

从定量上对风险进行衡量，需要借助三个统计量：(1) 期望值；(2) 标准差；(3) 变差系数。下面结合具体例子来讨论。

例 9-1

假定有甲、乙两个投资方案都可用来生产某种出口产品。方案甲在经济繁荣时期（概率为 0.2）的年效益为 600 元，在正常时期（概率为 0.6）的年效益为 500 元，在衰退时期（概率为 0.2）的年效益为 400 元。方案乙在各种时期的效益则分别为1 000元、500 元和 0

元。试比较这两个方案风险的大小。

解：先计算两个方案的期望值（期望效益），其公式为：

$$\overline{R}=\sum_{i=1}^{n}P_iR_i \tag{9-1}$$

式中，$\overline{R}$ 为现金流量期望值；R_i 为第 i 个结果的现金流量；P_i 为发生第 i 个结果现金流量的概率。

这两个方案的计算结果（见表 9-3）显示，期望效益都是 500 元。但期望效益相等并不意味着两个方案的风险也相同。这是因为这两个方案现金效益的变动幅度是不同的。方案甲的变动幅度在 400～600 元之间，方案乙的变动幅度则在 0～1 000元之间。显然，方案乙的变动幅度要大得多。再把概率考虑进去，得到这两个方案年效益的概率分布图（见图 9-1）。

表 9-3 单位：元

方案	经济条件 (1)	各种条件发生的概率 (2)	年效益 (3)	期望效益 (4)=(2)×(3)
甲	衰退	0.2	400	80
	正常	0.6	500	300
	繁荣	0.2	600	120
		1.0		500
乙	衰退	0.2	0	0
	正常	0.6	500	300
	繁荣	0.2	1 000	200
		1.0		500

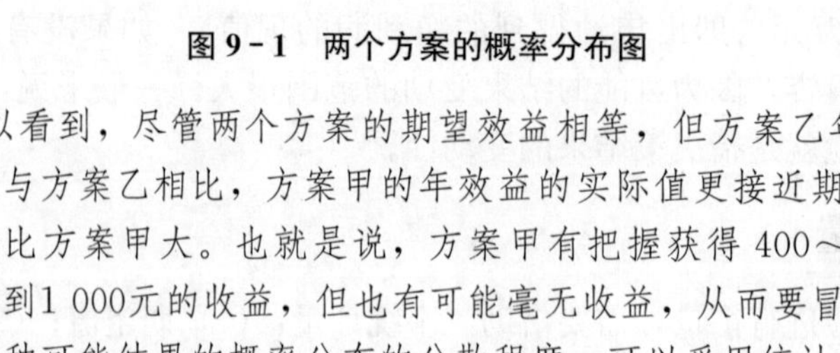

图 9-1 两个方案的概率分布图

从图 9-1 中可以看到，尽管两个方案的期望效益相等，但方案乙年效益的概率分布比方案甲要分散得多（与方案乙相比，方案甲的年效益的实际值更接近期望效益 500 元），我们认为方案乙的风险比方案甲大。也就是说，方案甲有把握获得 400～600 元之间的效益，而方案乙虽有可能得到1 000元的收益，但也有可能毫无收益，从而要冒较大的风险。

测定投资方案各种可能结果的概率分布的分散程度，可以采用统计方法，即通过求标准差 σ 的方法。其公式如下：

$$\sigma=\sqrt{\sum_{i=1}^{n}(R_i-\overline{R})^2P_i} \tag{9-2}$$

式中，σ 为标准差；R_i 为第 i 个结果的现金流量；$\overline{R}$ 为现金流量期望值；P_i 为发生第 i 个结果的现金流量的概率。

本例中，

方案甲：$\overline{R}=500$

$R_1=400$，$P_1=0.2$

$R_2=500$，$P_2=0.6$

$R_3=600$，$P_3=0.2$

$$\sigma_{甲}=\sqrt{(400-500)^2\times 0.2+(500-500)^2\times 0.6+(600-500)^2\times 0.2}$$
$$=63.25(元)$$

方案乙：$\overline{R}=500$

$R_1=0$，$P_1=0.2$

$R_2=500$，$P_2=0.6$

$R_3=1\,000$，$P_3=0.2$

$$\sigma_{乙}=\sqrt{(0-500)^2\times 0.2+(500-500)^2\times 0.6+(1\,000-500)^2\times 0.2}$$
$$=316.2(元)$$

$\sigma_{乙}>\sigma_{甲}$，说明乙方案的风险比甲方案大。

上面的例子说明，当两个方案的期望效益相等时，可以直接用标准差 σ 来比较风险的大小。但如果两个方案的期望效益不等，不宜直接用标准差比较，此时就要用变差系数来测定它们的相对风险。

其公式为：

$$v=\frac{\sigma}{\overline{R}} \tag{9-3}$$

式中，v 为变差系数；σ 为标准差；$\overline{R}$ 为现金流量的期望值。

例 9-2

A 方案的期望现金流量效益为 100 万元，标准差为1 000元；B 方案的期望现金流量效益为 20 万元，标准差为 500 元。问：哪个方案风险大?

解：A 方案的变差系数：$v_A=\frac{1\,000}{1\,000\,000}=0.001$

B 方案的变差系数：$v_B=\frac{500}{200\,000}=0.002\,5$

$v_B>v_A$，B 方案的风险比 A 方案大。

第 2 节　经济学关于风险的理论

一、对待风险的三种态度

不同的人对待风险的态度可能是不同的。从理论上讲，可能有三种不同的态度。第一种人喜欢风险，是风险偏好者；第二种人厌恶风险，是风险厌恶者；第三种人对风险无所谓，是风险中立者。

风险偏好者喜欢风险。如果有两个期望回报完全相同的投资方案，但一个方案风险大，一个方案风险小，他就会选择风险较大的方案。风险厌恶者选择风险较小的方案。风险中立者则在决策时不考虑风险，只考虑期望回报的大小。

案例 9-1

为什么彩票广受欢迎

近年来我国的彩票行业发展十分迅速。2011 年全年销售额为 2 214 亿元，其中福利彩票全年销售额为 1 277 亿元，占总量的 57.7%，体育彩票销售额为 937 亿元，占总量的 42.3%。据统计，目前中国彩票销量在世界排名第四，并保持着稳步上升的良好势头。中国目前约有 3 亿彩民，《中国青年报》开展的一项调查显示，在平均每周花 10 元以上买彩票的人群中，工薪阶层占 92%以上。

按照有关规定，彩票收入的 35%用于社会公益，15%作为发行费用，用于返奖的只有 50%。所以，彩票购买者购买 1 元彩票，其期望收益只有 5 角。那么，为什么人们还会如此踊跃地购买呢?

在彩票的购买者中，大多数人的收入不高，文化程度也较低，还有一些老年人。他们感到，在自己的一生中，要实现快速致富，唯一的希望就是购买彩票。尽管获得百万大奖的机会甚微，但他们十分看重这一机会。购买彩票所付的赌注很小，即使没有中奖，也不会影响他们的生计，何况买彩票还能为社会筹集福利基金，为社会公益事业做一份贡献。

我国彩票行业发展如此迅速的事实说明，在我们的社会里，确有一部分人在一定条件下愿意冒风险。他们是我们中间的风险偏好者。

二、边际效用理论与风险厌恶型行为

实际生活中，人们一般都厌恶风险。一个典型的例子是保险业务。人们之所以愿意购买各种保险，就是因为这可以使投保人减少风险。例如，一家工厂的资产价值为 100 万元，如果它在一年中发生火灾的概率为 0.001，那么这家工厂每年的期望损失就是 1 000 元（1 000 000×0.001）。但这家工厂宁愿每年向保险公司交纳保险费 1 100 元，因为投了火灾保险，工厂每年只固定支出 1 100 元，不再有风险。而如果不投火灾保险，每年的损失可能是 0，但也可能是 100 万元。显然，不投保的风险很大，所以工厂宁可比期望损失多支出 100 元，以减少风险。由于在实际生活中人们一般都反对风险，因此，在投资决策中，通常假定人们是厌恶风险的。在例 9-1 中，方案甲和方案乙的期望收益都是 500 元，但因为方案乙的风险较大，所以人们宁愿选择方案甲。

经济学家有许多理论来解释人们为什么厌恶风险，其中最常用的是边际效用理论。根据边际效用理论，钱与其他物品一样，其边际效用也是递减的。

当一个人身无分文时，他收到 100 元钱，这 100 元能满足他最迫切的需要，无疑对他来说效用很大。当他收到第二个 100 元时，就不如第一个 100 元那样迫切需要了，效用也就不如第一个 100 元那样大了。如果他已经有百万家产，再得到 100 元，这 100 元在他眼里就是微不足道的。这说明，人们得到的钱越多，它的边际效用就越小。这种理论可以用图来表示。

图 9-2 表明了收入与效用之间的关系。当收入为2 500元时，效用为 6 单位。收入增加2 500元，效用增加到 10 单位，即只增加 4 单位。如收入再增加2 500元，效用增加到 12 单位，即只增加 2 单位。图 9-2 表明，随着收入的增加，效用的增加越来越少，钱的边际效用是递减的。

从图 9-2 中可以看到，如果无风险，5 000元收入的期望效用为 10 单位；如果有风险，如可能收入7 500元，也可能收入2 500元，这两种可能的概率均为 0.5，那么期望收入仍为5 000元，但期望效用为 9 单位（$0.5\times12+0.5\times6$）。$10>9$，说明有风险的期望效用比无风险的小。这就是用来解释人们为什么厌恶风险的经济学理论。

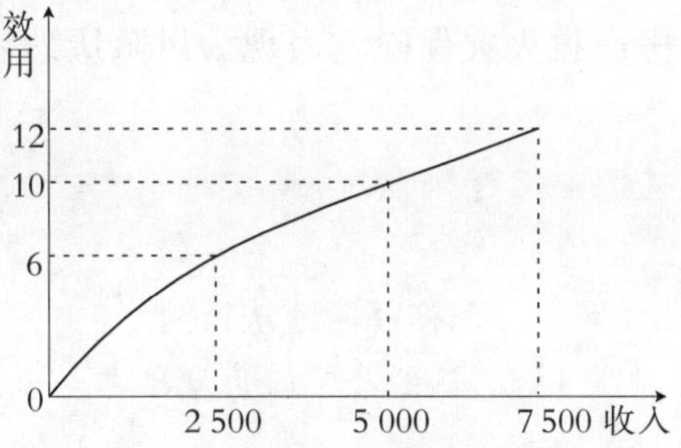

图 9-2　收入的边际效用是递减的

三、影响人们对待风险的态度的因素

人们对待风险的态度往往因人因事而异。例如，一名经理可能会选择冒很大的风险（如损失上百万元的公司资金）去实现成功机会为 75%的某个方案；但这名经理如果掌握的上百万元是他个人的财产，就可能不愿去冒这个风险。领取退休金的老人对风险的偏好程度远远不如年轻的企业家。影响人们风险偏好程度的因素很多，但一般来说，人们对待风险的态度都会受以下两个因素的影响。

1. 回报的大小

总的说来，人们都是厌恶风险的，所以，方案的风险越大，人们就希望得到越多的回报。反过来，回报越多，人们愿意承担的风险就越大。例如，人们都知道，投资企业债（由企业发行）的风险比投资国债（由政府发行）大，那么为什么人们仍愿意投资企业债？因为企业债的利率高于国债的利率。

2. 投资量的大小

一般来说，方案中投入的钱越多，人们希望它成功的机会越大，也就是愿冒的风险越小。例如，甲和乙打赌，如果甲赢了，他可以从乙处得到 1 元，如果输了，他要给乙 1 元，赢和输的机会各为 1/2。在这种情况下，由于甲最多只可能输 1 元，他会毫无顾虑地参加打赌。但如果这两个人的赌注不是 1 元而是 100 万元，尽管甲赢的机会仍是 1/2，但他会拒绝参加打赌，因为万一输了就会倾家荡产。

投资量大小与愿意接受的风险大小之间的关系可以用图9-3来说明。这是一个典型的风险偏好曲线图。三条曲线表示三种人对风险的选择方式。一条是低风险承担者的偏好曲线。对这种人来说，即使投资量较小，也要求有较高的成功概率才愿意投资。一条是高风险承担者的偏好曲线。对这种人来说，在投资量较小时，即使成功的概率不高，也愿意投资。一条是个人风险偏好曲线。个人风险偏好曲线代表的是一般人对待风险问题的态度。曲线呈S形表明，当涉及的钱较少时，人们可以接受较大的风险，而当涉及的钱很多（如接近100万元）时，人们就会变得非常保守，希望成功的概率接近1。S形曲线还可以用来说明，为什么同一个人一方面为自己的房产投火灾保险，表现为风险厌恶者，另一方面又经常去赌场赌博，表现为风险偏好者。

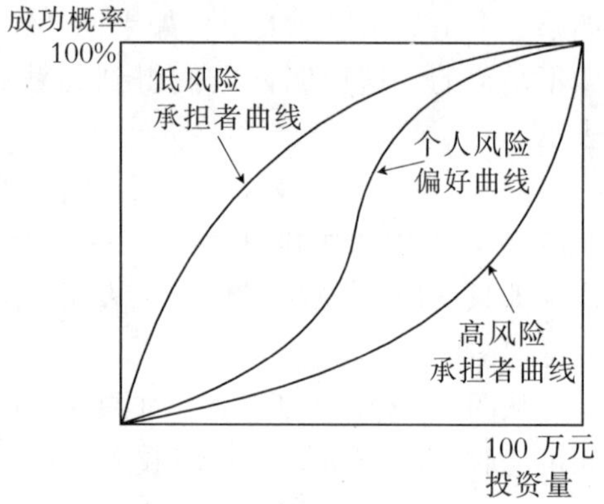

图9-3　三种人的风险偏好曲线

生活中的经济学9-1

怎样吓阻违法行为
——从经济学的角度思考

要吓阻某些违法行为（如超速驾驶、违章停车、肇事逃逸和超标排污等），罚款通常比拘禁更合适。

那么，罚款金额应该定多高？我们知道，罚金定得越高，吓阻违法的作用就会越大。假定查处违法者的成本为零，所有违法者都能得到查处。一名违法者从违法中得到的好处为1 000元，那么，课以1 000元以上的罚款就能吓阻这种行为。然而，在现实中，要100%查处违法者需要耗费大量的人力和物力，这既不现实也无必要。采用在降低查处率的同时提高罚款金额的办法，同样可以达到吓阻违法行为的目的。例如，假定司机违章停车一次能给他带来的好处（如节省了寻找正规车位所需的时间以及停车费）折合成货币为10元。又假定该司机对风险持中立态度，查处率为100%，那么，只要罚款超过10元，就可以起到吓阻的作用。如果把查处率降低到10%，罚款提高到100元，或查处率降到1%，罚款提高到1 000元，同样能起到吓阻作用，因为在上述情况下，期望的罚款金额均为10元（100×0.1或1 000×0.01）。可见，降低查处率，同时提高罚款金额，就能使查处成本大大降低。

罚款金额的高低还取决于违法者对风险的厌恶程度。以上假定司机是风险中立型的，如果司机是风险厌恶型的，罚款金额就可以再降低。现实生活中，司机一般都十分厌恶风险，在前面提到的例子中，如果查处率为10%，那么，课以50元的罚款就足以吓阻大多数人的违法行为，违法者对风险的厌恶程度越高，罚金就可以定得越低。

第 3 节 降低风险的途径

由于人们通常都是厌恶风险的，因此，作为管理者要尽可能降低本企业和投资对象的风险。下面是降低风险的主要途径。

一、回避风险

有些风险是可以回避的。例如，如果对某种新产品将来的市场毫无把握，就可以不开发这种新产品；保险公司可以不经营风险很大的业务（如重病人的人寿保险业务）；等等。回避风险的方法有两种：一种是替代，如一家公司原来设计的工艺要用一种有剧毒的、不稳定的化学品作为原料，现在改用一种无毒的、稳定的化学品。另一种是取消，如取消某风险很大的投资项目。

二、减少风险

在许多情况下，企业和投资项目的风险是不可避免的，这时就应当尽量减少其风险。例如在开发新产品时，尽量对产品的市场做周密的调查，使估计出来的数据尽可能符合将来的实际。为了减少设备事故，可定期开展检查，建立预防检修制度。为了减少火灾事故，可在厂房内安装自动灭火和报警系统，完善各种消防设施等。

三、承担风险

这里的承担风险主要是指，有时企业可以用自我保险的方法把风险承担下来。自我保险是指公司每月存一笔钱作为专门的基金，供未来下属的某个工厂或车间失火、失窃或发生其他事故时抵偿损失之用。对有多个工厂的大公司来说，自我保险比向保险公司购买保险要省钱得多。但对小公司来说，自我保险未必合适，因为对它来说，存一笔足以抵偿一幢建筑失火损失的钱可能是一个过重的负担。

四、分散风险

假如投资者把自己的资金全部用于购买一种证券或资产，他的风险就会很大，因为一旦这种证券或资产亏本，他就会蒙受全部损失。但如果这个投资者把资金分散投于多种证券或资产，他的风险就会大大降低，因为尽管其中一些证券或资产可能没有盈利，但总有一些证券和资产是能盈利的，两者互相抵消，就能减少投资的风险。所以，投资者一般都通过拥有多种证券和实行多元化经营的方法来分散和降低自己的风险。

五、转移风险

有时处理风险的最好方法是把风险转移给其他人。转移风险的方法很多，主要有套头交易、分包和购买保险等。

1. 套头交易

套头交易是指通过期货的买卖，把未来因原材料价格的波动可能引起的损失（或利益）转移给其他人。

例如，一面粉生产商希望尽量稳定面粉的价格。他担心小麦价格的经常变动会影响到面粉的成本和价格。为此，他利用套头交易使小麦的成本不受小麦市场价格波动的影响。做法如下：

4月1日，该面粉生产商购进10万千克小麦，价格为每百千克200元。同时，它从经纪人处购进10万千克小麦的期货，价格为每百千克220元，合约规定这批小麦在12月底交货。

到10月1日，小麦市价上涨，面粉商又购买10万千克小麦，价格为每百千克300元。同时，它通过经纪人卖出10万千克期货，价格为每百千克320元，交货日期也是12月底。

这样一来，虽然10月1日小麦价格上涨了，面粉商在现货交易中每百千克成本增加了100元，但从期货交易中每百千克却赚了100元。两者相抵，小麦成本并不会因小麦涨价而提高。这样，面粉生产商就把原料价格波动的风险转移给了其他人。

2. 分包

即把一项风险较大的业务活动分包给其他人，从而把风险转移给其他人。例如，一家建筑公司承包一项建设工程，它把其中一些设备安装工程分包给另一家公司。分包的原因是设备安装的人工费用波动很大，或者这家建筑公司在这方面没有经验，如果自己承接这部分工程有可能亏本。按议定的价格分包，就把亏损的风险转移给了其他人。

3. 购买保险

购买保险是最常用的一种转移风险的方法。企业向保险公司定期支付一定的保险费，万一发生事故，由保险公司赔偿一部分或全部损失。这样，企业就把风险转移给了保险公司。

需要指出的是，大多数降低风险的措施都是要付出代价的。例如，进行市场调查、安装火灾报警器需要支出费用；分包要让出一部分利润；购买保险要支付保险费。因此，在进行风险管理决策时，通常要在降低风险和节省成本之间进行权衡。

第4节　在决策中如何考虑风险

一、使用经过风险调整后的贴现率

在决策中考虑风险的方法很多，这里我们先举两个例子。

例9-3

某企业要评价一个工程项目的投资方案。这个工程项目的寿命估计为5年，但它的实际净现金投资量和年净现金效益量都是不确定的。其每年不确定的净现金效益量数据如表9-4所示，其不确定的净现金投资量数据如表9-5所示。

表9-4

年净现金效益量（万元）	概率	加权净现金效益量（万元）
50	0.3	15
60	0.4	24
70	0.3	21
期望值	1.0	60

表9-5

净现金投资量（万元）	概率	加权净现金投资量（万元）
150	0.6	90
200	0.4	80
期望值	1.0	170

假如可接受的投资方案的回报率不低于12%，问：根据列出的数据和概率，这个投资方案可接受的可能性有多大？

解：根据上表列出的数据和概率，可以计算每一种现金效益与现金投资的结合的内部回报率。譬如，200万元现金投资与60万元现金效益的结合，其内部回报率为15%，这种结合的概率为0.4×0.4=0.16。同理，可算出各种结合的内部回报率和概率，结果如表9-6所示。

表9-6

净现金投资量 / 净现金效益量	150万元（概率为0.6）	200万元（概率为0.4）
50万元（0.3）	（0.18）20%	（0.12）　8%
60万元（0.4）	（0.24）29%	（0.16）15%
70万元（0.3）	（0.18）37%	（0.12）22%

从表9-6中可以看到，只有在50万元现金效益与200万元现金投资的结合中，内部回报率（8%）才低于可接受的12%，其他结合的内部回报率均在12%以上。这种结合的概率为0.12，因此，这个投资方案可接受的可能性是88%。

上面的例子是对一个方案本身进行评价，如果要对两个或两个以上的方案进行比较，就不仅要算出每个方案的期望值，而且要算出它的标准差。标准差越大，说明对投资者来说风险越大。

例9-4

假如方案A和方案B的净现值及其概率如表9-7所示，请比较这两个方案。

表9-7　　单位：万元

方案A			方案B		
净现值 (1)	概率 (2)	期望值 (1)×(2)	净现值 (1)	概率 (2)	期望值 (1)×(2)
20	0.25	5	17	0.3	5
22	0.50	11	40	0.4	16
24	0.25	6	10	0.3	3
合计	1.0	22		1.0	24

解：先算出方案A的标准差（σ_A）为1.4，方案B的标准差（σ_B）为16.3。由于方案B的标准差比方案A大10倍多，因此，尽管方案B的期望净现值大于方案A，但人们不一定把方案B作为最优方案。究竟选择哪个方案，取决于企业是否愿意承担风险。如果企业不愿承担风险，就会宁可选择低期望值和低标准差的方案A，也不选择高期望值和高标准差的方案B。

在多数情况下，正确的选择可以通过计算调整后的贴现率来作出。办法是：在计算方案的净现金效益的现值时，对有风险的方案根据其风险的大小提高贴现率。

$$\text{无风险情况下：}NPV=\sum_{t=1}^{n}\frac{R_t}{(1+r)^t}-C_0$$

$$\text{有风险情况下：}NPV=\sum_{t=1}^{n}\frac{R_t}{(1+k)^t}-C_0$$

式中，k 为经过风险调整后的贴现率（$r+p$）；r 为无风险的贴现率；p 为风险补偿率。

图 9-4 表明了 k，r，p 和 v（变差系数）之间的关系。

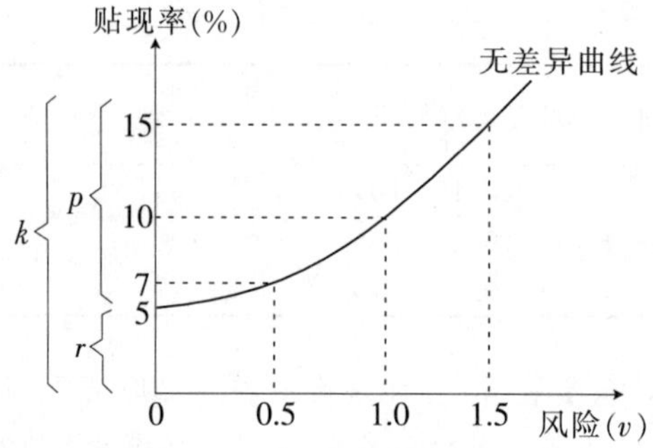

图 9-4　k，r，p 和 v 的关系

图 9-4 说明，无风险的贴现率 r 为 5%；

风险为 0.5 时：$p=2\%$，$k=7\%$；

风险为 1.0 时：$p=5\%$，$k=10\%$；

风险为 1.5 时：$p=10\%$，$k=15\%$。

图中的曲线称为无差异曲线。在这条曲线上的各种投资方案对投资者来说都是没有区别的。例如，无风险的贴现率为 5%的投资方案，与风险为 0.5、贴现率为 7%的投资方案没有优劣之分。风险越大，投资者要求的风险补偿率越高。在实际工作中，风险补偿率的高低很大程度上是企业根据市场情况主观决定的。

例 9-5

有两个投资方案。方案 A：投资500 000元，在以后 10 年中每年的期望净现金效益量为100 000元；方案 B：投资500 000元，在以后 10 年中每年的期望净现金效益量为90 000元。方案 A 风险较大，变差系数为 1.2；方案 B 风险较小，变差系数为 0.8。企业根据两个方案变差系数的不同，规定方案 A 的贴现率为 10%，方案 B 的贴现率为 6%。问：

（1）如不考虑风险，哪个方案好？

（2）如考虑风险，哪个方案好？

解：（1）如不考虑风险，方案 A 的年净现金效益量（100 000 元）大于方案 B 的年净现金效益量（90 000元），所以，方案 A 较优。

（2）如考虑风险，

$$\text{方案 A：净现值}=\sum_{t=1}^{10}\frac{100\,000}{(1+10\%)^t}-500\,000$$

$$=114\,500(\text{元})$$

方案 B：净现值 $= \sum_{t=1}^{10} \frac{90\ 000}{(1+6\%)^t} - 500\ 000$

$= 162\ 400$(元)

162 400＞114 500，故方案 B 较优。

二、决策树

有时一项决策的结果是分阶段产生的。后一阶段产生结果的概率可能与前一阶段不同。另外，后一阶段的结果往往在很大程度上取决于前一阶段的决策。这时，要正确作出今天的决策，就必须同时考虑未来不同阶段可能产生的结果。在这种复杂的情况下，人们常使用决策树作为决策的工具。

例 9-6

图 9-5 是某企业考虑用大设备还是小设备生产产品的决策树图。

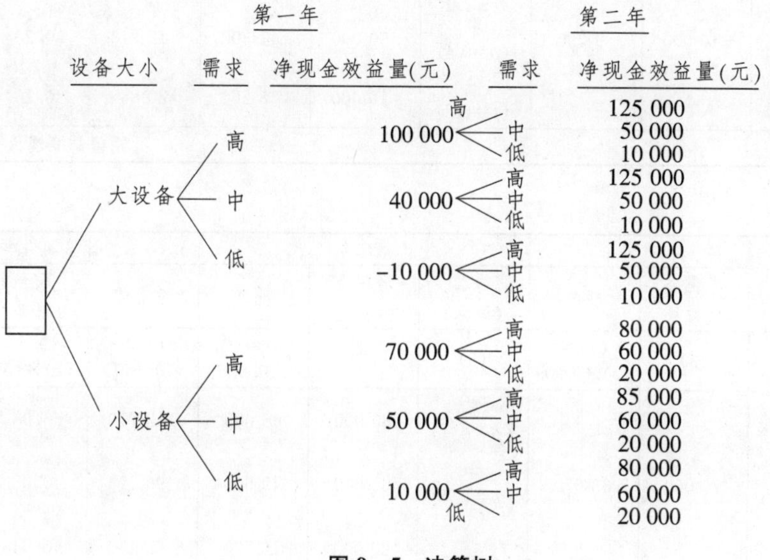

图 9-5　决策树

图 9-5 展示了企业决策后第一年和第二年的预期结果。它假定在这两年中每年都会遇到三种可能的需求条件：高需求、中需求和低需求。图中列出了各种需求条件下可能得到的净现金效益量，如大设备在第一年遇到高需求，净现金效益量为100 000元，到了第二年遇到低需求，净现金效益量则为10 000元。这里，我们还假定设备的寿命只有两年，大设备的投资为20 000元，小设备的投资为17 000元，两年后残值均为零。

为了作出决策，必须算出这两个方案的期望总净现值。首先估计出每年每种需求条件发生的概率和贴现率。现假定通过市场调查，估计第一年高、中、低需求发生的概率分别为 0.2，0.3 和 0.5，第二年分别为 0.4，0.4 和 0.2，贴现率为 10%。

这两个方案的期望总净现值的计算见表 9-8 和表 9-9。

表 9-8 单位：元

设备（投资）	第一年			第二年			计算期望净现值		
	需求（概率）	净现金效益量	现值	需求（概率）	净现金效益量	现值	净现值	联合概率	期望净现值
(1)	(2)	(3)	(4)=(3)×0.909	(5)	(6)	(7)=(6)×0.826	(8)=(4)+(7)−(1)	(9)=(2)×(5)	(10)=(9)×(8)
大设备（20 000）	高（p=0.2）	100 000	90 900	高（p=0.4）	125 000	103 250	174 150	0.08	13 932.0
				中（p=0.4）	50 000	41 300	112 200	0.08	8 976.0
				低（p=0.2）	10 000	8 260	79 160	0.04	3 166.4
	中（p=0.3）	40 000	36 360	高（p=0.4）	125 000	103 250	119 610	0.12	14 353.2
				中（p=0.4）	50 000	41 300	57 660	0.12	6 919.2
				低（p=0.2）	10 000	8 260	24 620	0.06	1 477.2
	低（p=0.5）	−10 000	−9 090	高（p=0.4）	125 000	103 250	74 160	0.20	14 832.0
				中（p=0.4）	50 000	41 300	12 210	0.20	2 442.0
				低（p=0.2）	10 000	8 260	−20 830	0.10	−2 083.0
								期望总净现值	64 015.0

表 9-9 单位：元

设备（投资）	第一年			第二年			计算期望净现值		
	需求（概率）	净现金效益量	现值	需求（概率）	净现金效益量	现值	净现值	联合概率	期望净现值
(1)	(2)	(3)	(4)=(3)×0.909	(5)	(6)	(7)=(6)×0.826	(8)=(4)+(7)−(1)	(9)=(2)×(5)	(10)=(9)×(8)
小设备（17 000）	高（p=0.2）	70 000	63 630	高（p=0.4）	80 000	66 080	112 710	0.08	9 016.8
				中（p=0.4）	60 000	49 560	96 190	0.08	7 695.2
				低（p=0.2）	20 000	16 520	63 150	0.04	2 526.0
	中（p=0.3）	50 000	45 450	高（p=0.4）	80 000	66 080	94 530	0.12	11 343.6
				中（p=0.4）	60 000	49 560	78 010	0.12	9 361.2
				低（p=0.2）	20 000	16 520	44 970	0.06	2 698.2
	低（p=0.5）	10 000	9 090	高（p=0.4）	80 000	66 080	58 170	0.20	11 634.0
				中（p=0.4）	60 000	49 560	41 650	0.20	8 330.0
				低（p=0.2）	20 000	16 520	8 610	0.10	861.0
								期望总净现值	63 466.0

在这两张表中，第1列为设备类型和投资大小；第2列为第一年的需求条件及其概率；第3列为第一年每种需求条件下的净现金效益量；第4列为净现金效益的现值，它等于贴现率为10%时的现值系数（0.909）和净现金效益量的乘积；第5～7列为第二年的需求、净现金效益量和净现金效益的现值，其计算方法与第一年相同；第8列净现值等于第一年加上第二年的现值，再减去投资；第9列为联合概率，等于第一年的概率与第二年概率的乘积；第10列期望净现值为联合概率与净现值的乘积。把第10列中的所有期望净现值相加，即可得出两个方案的期望总净现值分别为64 015.0元和63 466.0元。

需要指出的是，这样算出的期望总净现值尚未考虑风险。为了考虑风险，还必须计算这两个方案的标准差和变差系数。

根据式（9-2）和式（9-3），可以算出这两个方案的标准差分别为53 957元和29 036元，变差系数分别为0.84和0.46。可见，大设备的风险比小设备大。既然两个方案的风险不同，就需要重新审查原来使用的贴现率。假定审查结果认为小设备的方案按10%的贴现率计算是合适的，可以保持不动，大设备方案的贴现率则应调整到12%。下面就应按12%的贴现率重新计算大设备两年的期望总净现值（计算方法同前）。结果得出新的期望总净现值为61 507.0元。61 507.0元＜63 466.0元，说明小设备方案的期望总净现值大于大设备方案，所以，该企业应采用小设备。

三、敏感性分析

在投资决策中需要考虑的数据（变量）很多，如净现金投资量、净现金效益量、方案寿命、残值和资金成本等。但由于投资决策是长期决策，对这些数据的估计很难准确，未来实际得到的数据与今天估计的数据难免会有出入。如果这种出入很大，则很可能导致决策错误。分析这些数据的变动（未来的实际数据与估计值的偏离程度）对投资决策所产生的影响的方法，称为敏感性分析。在投资决策中，敏感性分析通常用于以下三个方面。

1. 确定投资方案对不同数据（变量）的敏感程度

有的数据即使发生了大的偏离，也不影响原来的决策（如根据原来估计的数据计算出来的净现值为正值，现在实际的数据发生了偏离，但方案的净现值仍为正值，方案仍然是可以接受的，原来的决策并未受到影响）。但有的数据即使偏差很小，也会导致原来的决策错误。我们称投资决策对前者的敏感性小，对后者的敏感性大。在决策时，决策者对敏感性大的数据的估计必须特别谨慎，对敏感性小的数据的估计则可以少花一些精力和时间。识别了敏感性大的和敏感性小的数据，在估计数据时就可把重点放在敏感性大的数据上。

怎样识别各个变量敏感性的大小？一种简易的办法是：把投资决策模型中的某个产量加大或减少10%（其他变量不变），然后计算该方案的净现值的变化率。净现值变化率大的变量，其敏感性就大。

例9-7

假定某投资方案的投资额（C_0）为80 000元，建成后的年净现金效益量（NCB）为15 000元，残值（S_a）为20 000元，贴现率（i）为10%，方案寿命（n）为10年。净现值（NPV）为：

$$NPV=\sum_{t=1}^{n}\frac{NCB}{(1+i)^t}+\frac{S_a}{(1+i)^n}-C_0$$
$$=15\ 000\times 6.145+20\ 000\times 0.386-80\ 000$$
$$=19\ 895(元)$$

现假定净现金效益量减少10%，为13 500元（15 000×(1－0.10)），其他变量不变，可重新算得NPV为：

$$NPV=13\ 500\times 6.145+20\ 000\times 0.386-80\ 000$$
$$=10\ 677.5(元)$$

$$\text{净现值的变化率}=\frac{10\ 677.5-19\ 895}{19\ 895}=-46\%$$

这就是说，净现金效益量减少10%，会导致净现值减少46%。用同样的方法，可分别算出残值、方案寿命各减少10%会使净现值各减少3.9%和25%；贴现率提高10%，会使净现值减少22.5%。可见，净现金效益量是敏感性最大的数据，其次为方案寿命和贴现率，敏感性最小的数据是残值。

---

2. 测算为了保持方案的可取性，各有关数据的允许变动范围

为了保持投资方案的可取性，方案的净现值必须大于等于零。所以在计算净现值的公式中，令净现值等于零，其他数据保持不变，就可以求出一个数据的允许变动范围。

例9-7中，如果为了保持投资方案的可取性，净现金效益量最低不得少于多少？假定允许的最低的净现金效益量为x，那么

$$0=x\times 6.145+20\ 000\times 0.386-80\ 000$$

$$x=\frac{80\ 000-7\ 720}{6.145}=11\ 762(元)$$

即该方案的实际的净现金效益量最低不得少于11 762元，否则原来接受该方案的决策就不能成立。

用同样的方法也可以求出其他数据（如残值、方案寿命和贴现率等）的允许变动范围。

3. 测算有关数据发生一定幅度的变动对投资决策结果的影响

由于对有些数据的估计不是很准确，因此人们往往估计它变动的幅度。例9-7中，人们估计净现金效益量将会在10 000元（悲观的估计）至20 000元（乐观的估计）之间变动。如果实际的净现金效益量只有10 000元，那么净现值将为：

$$NPV=10\ 000\times 6.145+20\ 000\times 0.386-80\ 000$$
$$=-10\ 830(元)$$

如果实际的净现金效益量能达到20 000元，则净现值将为：

$$NPV=20\ 000\times 6.145+20\ 000\times 0.386-80\ 000$$
$$=50\ 620(元)$$

由此可见，如果净现金效益量的变动幅度在10 000～20 000元之间，这个方案有可能导致企业价值的减少（净现值－10 830元，为负值），因而不可取；也有可能使企业价值大大增加（净现值50 620元，为正值），因而可取。在这种情况下，接受还是拒绝这一方案，没有一个简单的答案，主要看这个方案的风险有多大，决策者是否愿意承担这一风险。敏感性分析为决策者在这方面提供了更多的信息，使决策者可以了解这个方案存在两种可能的结果，在决策时考虑得更加周到。

第 5 节　不确定条件下的企业决策

企业在决策时可能会发现，只能预测到未来可能出现的几种自然状态，但由于缺乏资料和经验，每种自然状态发生的概率都未知。过去，这类决策全凭决策者的经验和主观判断作出。近些年来，提出了一些解决这类问题的数学方法。下面介绍两种方法。注意，这两种方法都未遵循价值最大化准则，也未考虑各种可能的结果出现的概率，但都假设决策者厌恶风险。

一、最大最小收益决策法

这种方法假定决策者的态度比较悲观。他总是设想可能会出现最坏的结果，决策时就从这些最坏的结果中选择结果最好的方案。

例 9-8

假定某电子仪表公司各种决策方案的预期收益如表 9-10 所示，问：如用最大最小收益决策法，怎样选择最优方案？

表 9-10　　单位：万元

行动方案	自然状态—市场条件				最小收益值
	①对医疗仪器需求增加	②对计算器需求增加	③对电子表需求增加	④市场条件不变	
开发医疗仪器	300	250	100	－100	－100
开发计算器	100	400	200	－150	－150
开发电子表	50	300	600	－300	－300
让产品保持原样	－50	－75	－100	150	－100

解：首先从各种自然状态中为每个方案找出一个最小的收益值，然后从这些最小收益值所代表的不同方案中，选择一个收益最大的方案，这就是最优方案（见表 9-10）。

从表 9-10 中看到，最优方案共有两个：开发医疗仪器和让产品保持原样。这两个方案在最坏的情况下都最多亏损 100 万元，是亏损最少的。

最大最小收益决策法适合决策者对风险十分厌恶的情况。如果在决策者的方案中，有的方案有可能给企业带来灾难性的后果，那么为了避开这种后果，就特别适宜采用这种方法。

二、最小最大遗憾值决策法

在决策中，当某种自然状态可能出现时，决策者当然希望选择收益最大的方案。如果决策者由于决策失误未选择这一方案，而是选了其他方案，就会感到遗憾。这两个方案的收益之差就是遗憾值，它也是因未选到最优方案而引起的机会损失。把遗憾值作为决策标准，就是先找出每个方案在各种自然状态中的最大遗憾值，然后从这些最大遗憾值中选择遗憾值最小的方案作为最优方案，故名最小最大遗憾值决策法。

例 9-9

假定某电子仪表公司各种决策方案的收益如表 9-11 所示，问：如用最小最大遗憾值决策法，怎样选择最优方案？

表 9-11　　　　单位：万元

行动方案	自然状态—市场条件				最大收益值
	①对医疗仪器需求增加	②对计算器需求增加	③对电子表需求增加	④市场条件不变	
开发医疗仪器	300	250	100	－100	300
开发计算器	100	400	200	－150	400
开发电子表	50	300	600	－300	600
让产品保持原样	－50	－75	－100	150	150

解：将每种自然状态下最大收益方案的收益减去该自然状态下各方案的收益，得出该自然状态各个方案的遗憾值。

从每个方案各种自然状态的遗憾值中选取最大遗憾值，再从中找出最小值，它所代表的方案就是最优方案（见表 9-12）。

从表中看到，开发计算器是最优方案，它的遗憾值为－400 万元。

表 9-12　　　　单位：万元

行动方案	自然状态—市场条件				最大遗憾值
	①对医疗仪器需求增加	②对计算器需求增加	③对电子表需求增加	④市场条件不变	
开发医疗仪器	0	－150	－500	－250	－500
开发计算器	－200	0	－400	－300	－400
开发电子表	－250	－100	0	－450	－450
让产品保持原样	－350	－475	－700	0	－700

第 6 节　信息的搜集成本和价值

一、信息的搜集成本

在不确定的环境里，企业缺乏决策所需的完全信息。为了提高决策的准确性和减少决策风险，决策者可以采取从简单的消费者调查到复杂的计算机模拟的一系列措施，进一步搜集所需的信息。决策者所需的信息，不仅包括原始数据，而且包括对原始数据进行加工整理后的数据，例如这些数据的期望值和现值等。另外，对原始数据也可能需要做季节性调整，或用价格指数进行调整。因此，搜集信息是要付出成本的。如果要求在很短的期限内获得所需的信息，成本就会更高。

二、信息的价值

决策者根据已掌握的信息来做决策可能得到一定的收益，如果决策者经过进一步搜集信息，在确切地了解决策的结果之后来做决策，得到的收益会更多，两种情况下的收益之间的差额就是信息的价值。如果信息的搜集成本预期大于信息的价值，决策者就应按已掌握的信息来做决策，不值得再花钱去搜集信息，因为它的成本大于收益。

下面，我们用前面介绍决策树时使用大设备还是小设备的例子来说明信息的价值是如何计算出来的。现假定有一家市场调查公司提出，在该企业作出决策之前，可以对该企业在未来两年中产品的需求情况做进一步的调查，并承诺能告诉企业将来产品需求的准确状况。调查公司提出该市场调查的总费用为10 000元。问：企业是否应当进行这一调查？

如果企业在决策前能准确地知道未来两年的需求状况（例如，第一年为中等需求，第二年为高需求），决策就比较简单，只要选择在该需求条件下净现值最大的方案即可。在其他需求条件下，情况也是如此，都只有一种确定的结果。

在表9-13中，9种需求条件下的大设备和小设备方案的净现金效益的现值（第2、第3列）引自表9-8和表9-9。如果在决策前就已掌握关于需求条件的确切信息，企业就会选择该需求条件下净现金效益现值最大的方案。在每种需求条件下应选用的设备方案见表9-13的第4列，其净现金效益的现值见第5列。

表9-13　　假定决策前已获得完全信息选出的最优方案的期望值

需求条件 (1)	净现金效益的现值 大设备（元） (2)	净现金效益的现值 小设备（元） (3)	有把握的选择（设备） (4)	净现金效益的现值（元） (5)	联合概率 (6)	加权后的现值（元） (7)
高—高	174 150	112 710	大	174 150	0.08	13 932.0
高—中	112 200	96 190	大	112 200	0.08	8 976.0
高—低	79 160	63 150	大	79 160	0.04	3 166.4
中—高	119 610	94 530	大	119 610	0.12	14 353.2
中—中	57 660	78 010	小	78 010	0.12	9 361.2
中—低	24 620	44 970	小	44 970	0.06	2 698.2
低—高	74 160	58 170	大	74 160	0.20	14 832.0
低—中	12 210	41 650	小	41 650	0.20	8 330.0
低—低	－20 830	8 610	小	8 610	0.10	861.0
期望值						76 510.0

市场调查公司把未来产品所面临的准确的需求条件（比如说，高—高的条件）告诉企业的概率是多少？在企业未获得追加的信息之前，这一概率也就是第6列中列出的联合概率。企业决策者必须对第5列中的收益用这一联合概率进行加权，并把这些加权后的收益相加，以求出在确定条件下进行决策的收益期望现值。从表9-13中可以看到，这一期望现值为76 510元。

信息的价值就等于76 510元与根据原有信息作出的最优决策的期望值64 015元之间的差额，即76 510－64 015＝12 495元。因此，信息的价值为12 495元。信息的搜集成本为10 000元。信息价值大于信息成本，说明企业应当委托市场调查公司进行这项调查。①

① 这里假定市场调查公司的调查结果是完全准确的。但在许多情况下，市场调查公司提供的“完全的信息”仍有不小的误差。

□ 小 结

决策可分为确定条件下的决策、有风险条件下的决策和不确定条件下的决策三种。风险是指特定方案所带来的结果的变动性。变动性越大，风险就越大。衡量风险大小的主要指标是期望值、标准差和变差系数。

人们因对待风险的态度不同可分为三种：风险偏好者、风险厌恶者和风险中立者。但在实际生活中，人们一般都是厌恶风险的。可以用经济学的边际效用理论来解释人们为什么厌恶风险。影响人们风险偏好程度的最主要因素是：回报的大小和投资量的大小。

企业降低风险的途径主要有：回避风险、减少风险、承担风险（大公司的自我保险）、分散风险和转移风险等。

在决策中考虑风险的主要方法是使用经过风险调整后的贴现率。它等于无风险的贴现率加风险补偿率。风险越大，风险补偿就越大。一般情况下，风险调整后的贴现率是由决策者根据主观判断确定的。

当决策结果分阶段产生时，决策者就必须同时考虑将来不同阶段可能产生的结果。在这种情况下，决策树是进行风险决策的一种重要工具。

在风险决策中，今天预测到的数据与未来实际得到的数据可能会有出入，分析这些数据的变动会对今天的决策产生什么样的影响，这种方法称为敏感性分析。

不确定条件下的企业决策主要有最大最小收益决策法和最小最大遗憾值决策法两种。它们不考虑每个方案的结果的概率分布，也不运用利润最大化准则。它们都假定决策者是悲观的、厌恶风险的。

可通过进一步搜集决策所需的信息来减少决策风险，但这样做只有在信息的价值大于信息搜集成本的情况下才是合算的。

□ 重要名词和术语

确定条件下的决策	有风险条件下的决策
不确定条件下的决策	风险
策略	自然状态
结果	收益矩阵
概率分布	期望值
标准差	变差系数
经过风险调整后的贴现率	风险补偿率
决策树	敏感性分析
最大最小收益决策法	最小最大遗憾值决策法
信息的搜集成本	信息的价值

□ 复习思考题

1. 什么是风险？怎样衡量风险？
2. 请用边际效用递减理论来解释为什么人们一般都厌恶风险。
3. 降低风险的途径有哪些？影响人们风险偏好程度的因素主要有哪些？
4. 什么是敏感性分析？如何在投资决策中进行敏感性分析？

□ 作业题

1. 某投资项目的回报率的概率分布如下表所示：

回报率（%）	概率
10	0.25
5	0.30
−12	0.10
0	0.05
16	0.30

(1) 计算该投资项目回报率的期望值。

(2) 计算该投资项目回报率的标准差和变差系数。

2. 大通公司要在两个互相排斥的投资方案中进行选择。每个方案的投资额均为6 000元，预期寿命均为4年。投资一年后，每个方案即可每年获得净现金效益。其资料如下：

	概率	每年的净现金效益量（元）
方案A	0.05	2 200
	0.40	3 300
	0.25	3 800
	0.30	3 600
	1.00	
方案B	0.15	300
	0.35	3 700
	0.22	6 900
	0.28	6 200
	1.00	

两个方案中，对于风险较大的方案，公司决定按14%计算资金成本；对于风险较小的方案，公司决定按12%计算资金成本。

问：(1) 每个方案的期望净现金效益是多少？

(2) 每个方案经过风险调整后的净现值是多少？

3. 顺峰公司是一家大型纸张回收企业，现准备更新纸张处理设备。只有两种设备可供选择：一种是进口的处理机，效率较高，但可靠性差；另一种是国产的处理机，效率较低，但几乎不用修理。这两种机器的期初投资相同，寿命都是3年。由于技术进步较快，3年后均无残值。公司的工程师估计在3年期间每台机器的期望净现金流量如下表所示：

机器	期望净现金流量		
	第1年	第2年	第3年
进口	300	400	400
国产	250	350	450

公司的管理部门在购买设备时通常使用14%的贴现率。但由于进口处理机可靠性低，对它使用18%的贴现率是适宜的。问：顺峰公司应选购哪一种机器？为什么？

4. 有一家生产电视机的小公司，最近发现它生产的某种型号的产品的市场份额正在缩小，原因是竞争者推出了一种更先进的型号。为了应对这一挑战，它考虑来年有两种方案可供选择。方案1是对现有产品做小的改进，方案2是生产一种全新的产品。这两个方案的成败取决于来年的国民经济状况。两个方案预期的收益矩阵如下（单位：万元）：

国民经济状况	小的改进（方案1）	全新的型号（方案2）
衰退	1	−2
正常	3	2
繁荣	8	15

假定国民经济处于衰退、正常、繁荣状态的概率分别为30%，50%和20%。

（1）请分别计算这两个方案的期望效益、标准差和变差系数。

（2）如果决策者不考虑风险应选哪个方案？如考虑风险应选哪个方案？如使用最大最小收益决策法应选哪个方案？如果使用最小最大遗憾值决策法呢？

5. 大明化妆品公司正在考虑是否要开发和销售一种男士香水。开发成本估计为125 000元，开发成功的概率为70%。如果开发成功，该产品的售价为4元/瓶；生产成本估计为每瓶1.50元（不管产量是多少）。如果成功，高度成功的概率为35%，其年销售量为95 000瓶；中度成功的概率为45%，其年销售量为33 000瓶；初步成功的概率为20%，其年销售量为10 000瓶（35%+45%+20%=100%）。

如果公司不开发这种产品，可与一家连锁店签约，利用自己的生产能力每年为连锁店生产普通香水20 000瓶，每瓶可获利1.25元。

（1）请画出决策树来反映上述决策问题。

（2）大明化妆品公司是否应开发男士香水（假定所有的成本和收入都只在当期发生，不必折算成现值）？

6. 大昌机械厂使用的电子控制系统过去一直由甲公司供应，价格为160 000元，质量是有保证的。现有一家乙公司向大昌机械厂提出，愿意按120 000元的价格出售同类系统。乙公司向大昌机械厂保证，如果自己的产品质量不如甲公司，可以接受退货并全额返回货款。但如果发生这种情况，大昌机械厂再向甲公司购买这种设备的时间就会推迟，因而会造成60 000元的损失。假如乙公司的产品不如甲公司的概率为50%。问：大昌机械厂是否应向乙公司购买？请先画出决策树。

政府的经济作用　第10章

在社会主义市场经济条件下，尽管市场在社会资源的配置中起决定性作用，但政府对经济的干预仍然是不可缺少的。这种干预表现在许多方面，其中最主要的方面有：(1) 为市场经济有秩序的运行提供法律框架；(2) 管好全国的国有资产，保证其保值和增值；(3) 制定国民经济和社会发展的长期目标和战略，确保国民经济和社会发展的正确方向；(4) 对国民经济进行宏观调控，使国民经济协调稳定地发展；(5) 根据效率与公平的原则，对收入进行再分配；(6) 对企业的行为进行干预或管制，以提高社会资源配置的效率。

全面讨论政府的经济作用不属于本书的范畴。本章着重探讨政府的微观经济作用，即政府干预在第六个方面的表现，因为它直接关系到企业的行为和决策，它的机理是视野开阔的企业经理应当了解的。

在社会主义市场经济条件下，政府对企业的干预大多不是直接的，而是间接的，即主要不是通过行政手段直接干预企业的日常经营决策，而是通过对企业决策经营活动所面临的外部社会经济条件施加影响来控制和引导企业的行为，以实现社会资源最大限度的优化配置。

政府对企业行为进行干预之所以必要，是因为在有些情况下（或在某些领域）市场在配置社会资源方面是无效或低效率的。为了更好地探讨这个问题，下面从市场的效率开始讨论。

第1节　市场的效率

市场效率是指市场在配置资源方面的效率。在这一节里，先探讨评价资源配置效率的标准，即怎样是高效率的，怎样是低效率的。然后从经济学理论上论证完全竞争的市场经济为什么能够实现社会资源配置的高效率。

一、怎样评价效率

资源总是稀缺的，人们的欲望却是无限的。资源配置的高效率是指，如何用稀缺的、有限的资源最大限度地满足人们的无限欲望。那么，如何衡量效率呢？人们一般希望资源都能够得到使用。如果工人失业，工厂设备闲置不用，就会造成资源的浪费。但是否所有的资源都得到使用就会有资源配置的高效率呢？回答是：不一定。请看下面两个例子。

假如有一家企业原来用落后的生产方法生产一定量的产品，所耗的资源较多。现改用先进的生产方法，生产等量的产品耗用较少的资源。由于使用了新的成本较低的生产方法，就可以把一部分资源用来增产其他产品，也就是说，如果资源配置在生产上的效率提高了，就可以在没有其他人受损的情况下使社会总的经济福利得到提高。

又假如社会生产两种产品：鞋和服装。现在鞋生产过多，但服装生产过少。这时，如果能减少鞋的产量，就能把腾出的资源用于增产服装。可见，如果资源配置在分配上提高了效率，就可以在没有其他人受损的情况下使社会总的经济福利得到提高。

这两个例子说明，资源的使用（配置）是否有效率，不能只看其是否都得到充分使用，还要看其在生产上和分配上是否都是高效率的。另外，这两个例子还告诉我们，评价资源使用效率的一般标准应当是：如果资源采取其他的使用方法，能够在他人未受损害的情况下使至少一个人的经济福利得到提高，就说明它目前的使用是低效率的。如果在不损害其他人经济福利的情况下，已不可能再找到资源使用的其他方法来增加任何一个人的经济福利，就说明此时资源的使用是高效率的。

这个用来评价资源使用（配置）效率的标准，通常称为帕累托效率或帕累托最优。

二、对完全竞争市场效率的评价

根据经济学的理论，完全竞争的市场机制能够实现社会资源配置的高效率。

首先分析单个行业（市场）。在完全竞争的市场里，产品的均衡价格和均衡交易量是由该行业的需求曲线和供给曲线的交点决定的（见图10-1）。这里要指出的是，需求曲线不仅反映价格与购买量之间的关系，而且是该产品的边际收益（*MB*）曲线。例如，假定某种药品的需求曲线如图10-2所示。图10-2表示当该种药品的第1个10 000盒上市时，有的病人会愿意按100元/盒的价格购买（他可能比较富有，而且病情较重，所以愿意出高价），即在他看来，这种药品每盒值100元。依此类推，从图10-2中可以看到，当第6个10 000盒生产出来上市时，有的病人会愿意按50元/盒的价格来购买，即在这个病人的心目中，这种药品每盒值50元。由此可见，一种产品在特定产量（销售量）上再增产一单位能给社会提供的新价值可以由该需求曲线在该产量上的高度来衡量。从这个意义上说，需求曲线也是该产品为社会提供的边际收益曲线。

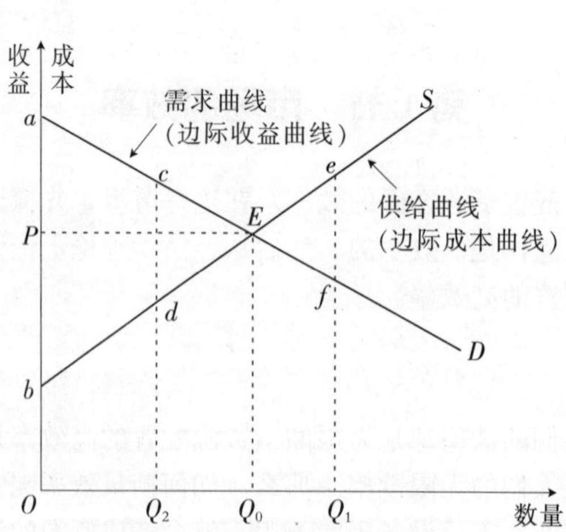

图10-1 完全竞争市场的供求曲线

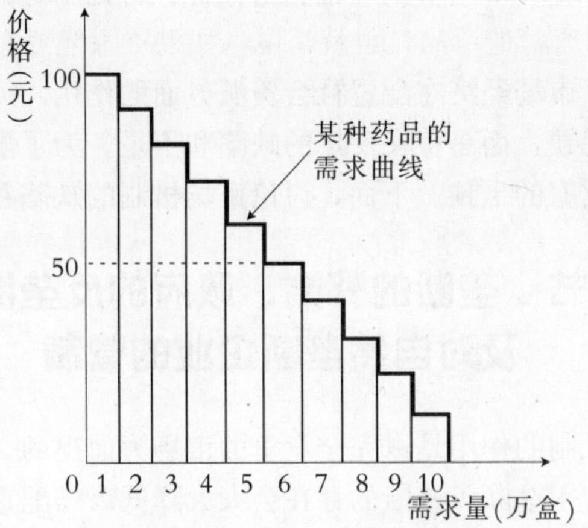

图 10-2　某种药品的需求曲线

再来看供给曲线。行业的供给曲线等于行业内各企业边际成本曲线的横向相加，因此也是一条行业边际成本（*MC*）曲线，它表示一种产品在特定产量上增产单位产品所要增加的成本，或要消耗掉的资源数量。

现在假定需求曲线与供给曲线的交点为 *E*（见图 10-1），此时的产量为 Q_0。可以认为 Q_0 从资源配置的角度看是最优的产量水平，因为在这个产量水平上，该产品的边际收益恰好等于边际成本（*MB*=*MC*）。这时，该产品的社会净收益最大，其大小等于图 10-1 中 △*aEb* 的面积。假如产量不是 Q_0，而是超过 Q_0（如为 Q_1），那么由于在 *E* 点的右侧，产品的边际成本大于边际收益，每多生产 1 件产品会导致新的亏损，这时减少产量能增加社会净收益。同样，如果产量不及 Q_0（如为 Q_2），由于在 *E* 点的左侧，边际收益大于边际成本，此时增加产量还能增加净收益。因此，结论只有一个，即需求曲线与供给曲线的交点 *E* 所代表的产量水平，从社会资源配置的角度看能保证社会净收益最大，因而是最优的产量水平。

从图 10-1 中还可以看到，社会净收益由两部分组成：(1) 消费者剩余。它是指消费者在购买某种产品时愿意支付的价格和实际支付的价格之间的差额，代表消费者从购买产品中得到的净经济福利。本图中，其大小等于△*aEP* 的面积。(2) 生产者剩余。它是指生产者在提供产品时销售收入与成本之间的差额（利润），代表生产者从提供产品中得到的净经济福利。本图中，其大小等于△*PEb* 的面积。因此，可以说，在完全竞争的市场中，行业的产量将会自动达到最优的水平，在这个水平上，消费者和生产者得到的净经济福利的总和将最大。

以上对单一的市场（行业）进行了分析。但在现实经济中，有许多产品构成许多市场，它们之间是互相关联的。任何一种产品价格的变动不仅会影响本产品的产量，而且会影响其他相关产品的价格和产量，从而既会影响本行业，也会引起许多相关行业边际收益和边际成本的变化。那么，从上述单一市场分析中得出的结论，是否同样适用于包括许多行业、市场在内的整个经济？经济学对此的回答是肯定的。[①] 即如果在一个经济体系中所有的市场都是完全竞争的，那么，这个经济体系作为一个整体，在社会资源的配置上能自动地达到帕累托

① 经济学对这个问题的论证比较复杂，已经超出本书的范围，感兴趣的读者可参阅有关的经济学书籍。

效率，即除非以牺牲另一些经济当事人的福利为代价，否则不可能再改善任何一个经济当事人的福利。

前面从理论上探讨了市场经济在配置社会资源方面的作用。需要指出的是，在现实生活中，市场机制并非完美无缺，而是存在一定的缺陷和不足。为了限制这些缺陷给资源配置带来的不良后果，就需要政府的干预。下面，讨论市场机制的缺陷和政府的对策。

第2节　垄断的弊端、政府的反垄断政策及对自然垄断企业的管制

由前面可知，市场机制的作用是以完全竞争的市场为前提的。但在现实经济中，竞争会导致集中的出现，甚至产生垄断。垄断的存在会大大降低市场配置社会资源的效率。为了防止这种后果，政府就要采取相应的政策和措施。

一、垄断企业的弊端

1. 无谓损失

为了说明垄断企业的弊端，现在比较完全竞争和完全垄断这两种情况。在图10－3中，假定某产品有一条向下倾斜的行业需求曲线 D 和一条水平的行业供给曲线 S（也是一条行业边际成本曲线，反映了所有企业的规模收益不变，它的边际成本和平均成本相等，不随产量变化而变化）。

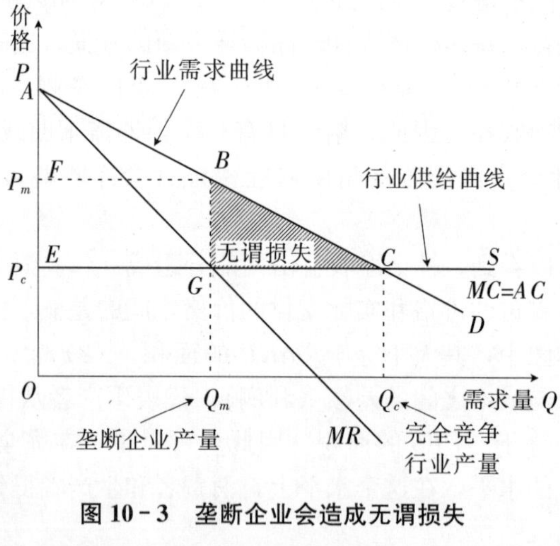

图10－3　垄断企业会造成无谓损失

先假定这个行业是完全竞争的。因此，它的价格 P_c 和产量 Q_c 就由需求曲线 D 和供给曲线 S 的交点 C 来决定。这时，消费者全体得到的消费者剩余的大小为$\triangle ACE$ 的面积。这个行业的经济利润为零（只获得正常利润）。

现假定该行业被一家垄断企业所控制。垄断企业会追求最大利润，使 $MR=MC$。在图10－3中，这家垄断企业的价格和产量将分别定在 P_m 和 Q_m。这样，垄断企业的价格（P_m）就会比完全竞争市场上的价格（P_c）定得高；它可以得到超额利润，其大小为四边形 $FBGE$ 的面积；它的产量（Q_m）则比完全竞争条件下的产量(Q_c)定得低；消费者剩余就会减少到$\triangle ABF$ 的面积那么大。这里有两个问题值得注意：（1）在垄断条件下，该行业总的净经济

福利效益（消费者剩余加生产者剩余）的大小为梯形 *ABGE* 的面积。（2）与完全竞争的情形相比较，垄断条件下总的经济福利效益是增加了还是减少了？在完全竞争的条件下，总经济福利效益为△*ACE* 的面积，在垄断条件下为梯形 *ABGE* 的面积，两者的差额为△*BCG* 的面积。这说明，垄断企业抬高价格和限制产量损害了消费者的利益（因为消费者剩余减少了），更重要的是，由于消费者剩余的减少超过了垄断者的超额利润，从而使社会总经济福利效益也减少了。减少的量就等于△*BCG* 的面积，经济学称之为无谓损失。[①]

2. 寻租行为

除了无谓损失外，垄断还会带来另一种社会经济福利损失，损失的量一般为超额利润（大小为四边形 *FBGE* 的面积）的一部分，但也可高达全部，甚至更多。这种损失是由垄断企业的寻租行为造成的。

什么是寻租行为？垄断者为了获得和保持其垄断利润，总是愿意付出一定的代价。只要付出的代价小于所获得的垄断利润，它就能从中获得垄断的好处。使用资源来寻求和保持垄断利润的行为就叫寻租。凡是垄断企业都会在利益驱动下从事寻租活动。

寻租行为的对象大多是政府官员，即政府政策的制定者。寻租者往往设法影响政府制定或修改法规，或左右政府官员的决策，使政府行为有利于本利益集团或个人，排挤竞争者。例如，谋求改变税法以增加本利益集团的利润空间，修改市场准入条件及其审批程序以使之有利于自己而不利于竞争者，为某些行业谋求关税保护以限制进口，或争取把一项合同交给自己而不是其他人，等等。寻租行为的方式多种多样，可能是游说，也可能是行贿，甚至可能是欺骗和间谍手段。

寻租行为会导致两种后果：一是会带来前面谈到的社会经济福利损失，因为它耗费了社会资源，并且是一种非生产性活动，并不增加所生产的产品和服务的数量，所以不创造任何新的价值。所损失的量从理论上讲应该小于垄断利润（大小为四边形 *FBGE* 的面积），但由于众多寻租者之间存在竞争，使损失的总量有可能最终超过垄断利润。二是会导致政府工作的低效率和不公正。寻租行为有可能使某些政府官员沦为寻租者谋求个人或个别集团利益的工具，使政府在社会资源的配置中不能扮演正确的角色。

二、政府的反垄断政策

由于垄断企业存在弊端，因此世界各国政府大多采取立法措施来反对垄断、保护竞争。

美国制定和执行反托拉斯法已经有 100 多年的历史。早在 1890 年，美国国会就通过了《谢尔曼法》，规定“限制州际贸易”、“实行任何类型的垄断”或“企图实行垄断”都是非法的。但该法对什么是“限制贸易”、什么是“垄断”缺乏明确的定义，完全靠法院来解释。为了弥补这一缺陷，1914 年又制定了《克莱顿法》。此时，政府进一步认识到，垄断不仅仅是规模问题，非法经营也会削弱竞争，所以在《克莱顿法》中还规定了下列做法属于非法，如搭配售货、连锁董事会、相互持股等。同年，政府还通过了《联邦贸易委员会法》，进一步规定了哪些行为属于不正当竞争，同时规定设立联邦贸易委员会为执行《克莱顿法》的权威机构。美国国会 1936 年通过了《罗宾逊-帕特曼法》，1950 年通过了《塞勒-凯弗维尔反兼并法》，这两部法律对《克莱顿法》作了进一步的补充。

① 完全垄断企业会导致无谓损失的情况，也适用于中间状态的垄断竞争和寡头垄断企业。但在后两种企业中，由于价格高出完全竞争价格水平的幅度比完全垄断企业小，因此，无谓损失较小。

通过这些法律，美国政府主要从以下几个方面来防止和反对垄断。

1. 分解垄断企业

根据《谢尔曼法》，美国政府可以对已经形成垄断或接近垄断的公司提起诉讼，要求它分解成若干较小的公司。例如，1982年，在政府提起诉讼之后，美国电话电报公司分离出23个独立的地方性的电话公司，这些公司后来又变成7个区域性的公司。

2. 防止垄断的产生

政府反对有实力的公司采取旨在消除竞争的任何经营行为。例如，一家大公司可能把价格定得低于成本，以便把小公司挤出市场。等到小公司被挤走之后，它又把价格抬高。这种做法称为掠夺性定价法。政府是反对这种做法的。

3. 阻止能削弱竞争的兼并

如果某种兼并最终会导致垄断或近似垄断，会遭到政府的反对。例如，1962年，美国政府通过起诉，成功地阻止了勃朗鞋业公司与金尼鞋业公司之间的兼并。当时，它们分别是美国的第四和第八大制鞋商。

4. 防止串谋

有的企业即使本身不是垄断企业，仍可以通过私下串谋，以提高价格和限制产量的办法来谋求最大的垄断利润。这种做法给社会福利带来的损害与垄断是一样的，因而也是政府所反对的。

《中华人民共和国反垄断法》（以下简称《反垄断法》）已于2007年8月30日经全国人民代表大会常务委员会审议通过，于2008年8月1日起施行。这部法律坚持从我国国情和实际出发，借鉴了国际反垄断的有益经验，确立了与社会主义市场经济和我国经济社会发展阶段相适应的、反对垄断和保护竞争的法律制度。它规定三种行为属于垄断：(1) 经营者达成垄断协议；(2) 经营者滥用市场支配地位；(3) 具有或可能具有排除、限制竞争效果的经营者集中。另外，它还规定，行政机关不得滥用行政权力来制定含有排除、限制竞争内容的规定。

案例 10-1

我国对乳粉企业的反垄断举措

2013年8月7日，国家发改委宣布合生元等六家乳粉企业因违反我国的反垄断法、限制竞争行为共被罚款约6.7亿元，成为迄今为止我国反垄断史上开出的最大罚单。

我国的进口乳粉价格一直偏高，自2008年三聚氰胺事件以来，国内消费者对国产乳粉的信心指数跌至冰点，对进口品牌的依赖度进一步提高。自2008年以来，进口乳粉的价格持续上涨，其背后的原因不仅有需求的上涨，更有乳粉企业之间的价格纵向垄断。

2013年3月开始，根据举报，国家发改委价格监督检查与反垄断局对合生元、美赞臣、多美滋、雅培、富仕兰、恒天然、惠氏、贝因美、明治等乳粉生产企业开展了反价格垄断调查。调查的证据材料显示，涉案企业均对下游经营者进行了不同形式的转售价格维持，存在固定转售商品的价格或限定转售商品的最低价格的行为。涉及垄断价格的乳粉企业对下游经营者采取了合同约定、直接罚款、变相罚款、扣减返利、限制供货、停止供货等多种惩罚性和约束性措施，一旦下游经营者不执行涉案企业规定的价格或限定的最低价，就会遭到惩罚。

涉案企业的上述行为均达到了固定转售商品的价格或限定转售商品的最低价格的效果，事实上达成并实施了销售乳粉的价格垄断协议，违反了《反垄断法》第十四条的规定，不正当地维持了乳粉的销售高价，严重排除、限制同一乳粉品牌内的价格竞争，削弱了不同乳粉品牌间的价格竞争，破坏了公平有序的市场竞争秩序，损害了消费者利益。在调查过程中，涉案企业均承认自身的转售价格维持行为涉嫌违法，并且无法证明其控制价格的行为符合《反垄断法》第十五条规定的豁免条件。

国家发改委依据《反垄断法》第四十六条的规定，决定对其中六家乳粉生产企业的价格垄断行为进行处罚，共处罚款 6.687 3 亿元。接受处罚后，涉案企业均提出了具体的整改措施：立即停止违法行为；立即根据中国法律，对经销协议、销售政策和商务政策进行修改；整顿销售系统，对公司全体成员进行反垄断培训，确保员工行为符合中国法律要求；采取实际行动，消除过去违法行为的后果，使消费者获得切实的利益。

三、政府对自然垄断企业的管制

自然垄断企业的一个重要特征是它的规模经济十分显著，表现为它的平均成本曲线在相关产量范围内都是向右下方倾斜的（见图 10－4），即这种企业的产量越大，成本越低。许多公用事业企业（如自来水、电力、煤气公司等）就属于这一类。

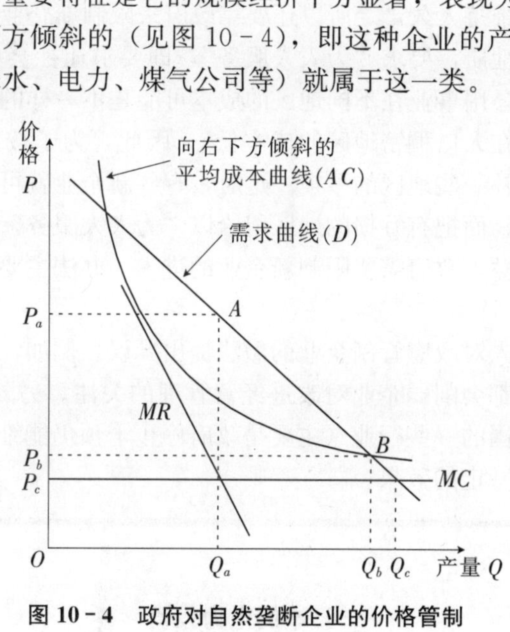

图 10－4　政府对自然垄断企业的价格管制

由于这类企业有上述特点，在一个市场中，多家企业同时并存的局面很难长久维持，因为通过竞争很快会出现大企业，这家大企业因产量大、成本低而把其他企业挤走，从而自然地成为一家垄断企业。这正是此类企业被称为自然垄断企业的缘由。

对于自然垄断企业，政府一般允许其垄断，但为了克服垄断带来的弊端，要对它实行管制。管制主要表现在两个方面：(1) 价格管制；(2) 限制新企业进入。

从图 10－4 中可以看到，如果政府对自然垄断企业不进行管制，这些企业就会按完全垄断方式行事，把价格和产量定在 $MR=MC$ 处，即 P_a 和 Q_a。这时消费者所消费的最后一单位产品的边际收益 MB 等于垄断价格 P_a，它大于生产该最后一单位产品的边际成本 MC，所以，从社会资源配置的角度看，产量 Q_a 并非最优，因为如再增加产量，还能再扩大社会福利效益。

从理论上讲，为了克服垄断带来的弊端，应该让企业把价格和产量定在 $P=MC$ 处，即 P_c 和 Q_c。此时，边际收益等于边际成本，社会总福利效益最大。但由于自然垄断企业的平均成本曲线向右下方倾斜，它的边际成本一定低于平均成本，结果使 $P<AC$，企业必然亏损。如果企业亏损，就不会有人投资。可见，按边际成本定价，虽然理论上正确，但实践中不可行。

还有一种定价方法是按企业的平均成本定价，即在 $P=AC$ 处定价。这里，平均成本中包含按“公正”的投资回报率计算的利润（正常利润）。这时的价格为 P_b，与价格 P_a 相比，它使产量增加到 Q_b，从而使社会福利效益有了增加，但仍小于 Q_c，说明未能使社会福利效益达到最大。

平均成本定价法比较常用，但也存在问题，其中最主要的是会削弱企业改进经营管理、降低成本的积极性。因为企业不论经营好坏，都可以在成本的基础上获得一笔按标准回报率计算的利润。为了弥补这一缺陷，经济学家对这种定价方法做了种种修正。例如，有人主张按上一年的成本定价，如果下一年企业的成本降低了，就可以节约归已。

政府的另一种管制是限制新企业进入该行业。前面讲过，自然垄断的性质决定了多家企业互相竞争的局面很难维持太久，之所以还要靠政府来限制新企业的进入，是因为自然垄断企业一般属于公用事业性质，要求“为人人服务”，即要求让社会上所有的人都能平等地按同一价格得到服务。但公用事业在不同地区的成本可能是不一样的（如空运和邮电业务在人口稀少地区的成本高，在人口稠密地区的成本低），因此，为了按同一价格服务，就要用一些地区较高的利润来弥补一些地区的亏损。这时，有些新企业就可能乘机进入利润较高的地区为自己攫取高额利润，而把有亏损的地区留给以“为人人服务”为宗旨的公司去经营。因此，为了保护后者的利益，政府需要限制新企业的进入，办法主要是控制经营许可证的发放或特许权的授予。

近年来，也有不少人对政府管制企业的做法提出异议。例如，有人认为，不管政府是有意的还是无意的，管制都会削弱企业对改进经营管理的关注。另外，管制本身的成本很高。所以，近些年来，在美国的一些行业（主要是政府停止干预仍能维持竞争的行业）中，又实行了非管制化，收到了一定的效果。

案例 10－2

日本的电力投资

电力行业是规模经济效果很明显的行业，在很长的时间里，世界各国都允许电力企业在区域范围内的垄断，但为了防止电力企业凭借垄断地位制定垄断高价，对于电力价格采取了政府定价的方式，即采用成本加成定价法确定电价，加成的比例在参考全产业的平均利润率后由政府最终确定。

1950年以后，日本的电力行业共有10家电力企业，分别在各自区域内形成了完全垄断的市场格局，严格限制其他企业进入电力行业。由于该行业一直采取政府限价方式，利润率已经被政府限制，电力企业无法提高其利润率水平。但当政府限价之后，电力企业开始进行大规模电力投资。电力的需求量在一年中的不同时间变化很大，夏季需求量最大。每年的8月中旬，日本全国高中棒球联赛在兵库县西贡市的阪神甲子园球场举行，其决赛的实况转播是多数日本人必看的电视节目。8月中旬正是日本最炎热的季节，决赛当天多数日本人回到家里打开电视机和空调，喝着凉啤酒和冷饮观看比赛，全日本的用电量达到高峰极值。

图10-5中的A，B，C三条线是电力企业可能的发电机装机容量。

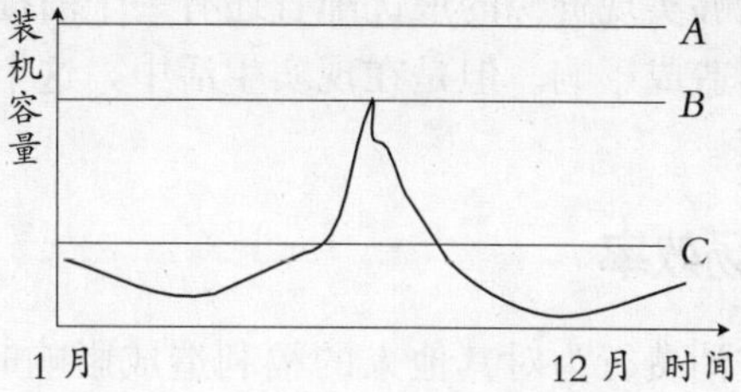

图10-5 电力企业的装机容量

从图中可以看出，如果装机容量是B线，可以保证在用电高峰极值出现的一瞬间不用停电；装机容量为C线时，则可能会在用电高峰极值出现的那一段时间里电力供给不足，需要采取部分限电措施。但与B线相比，C线的优点是在用电高峰以外的时间生产能力的闲置较小。

日本的发电设备装机容量既没有选择B线，也没有选择C线，而是选择了A线（B+5%的水平），即有5%的发电机长年处于闲置状态，还有很多发电机每年仅使用很短时间，设备闲置率很高。日本的电力企业为什么按照A线水平进行设备投资？大量的设备闲置不会带来企业的利润损失吗？

答案是不会。因为政府采取成本加成定价法确定电价后，对于电力企业来说，无法提高企业的利润率水平，但企业可以通过扩大投资的办法提高利润总额。因为所有的企业投资都会带来成本的提高，而所有的成本都可以获得固定比例的利润。闲置的设备也可以带来利润，这就是日本的电力企业拼命增加投资的原因。为了提高利润水平，电力企业在扩大设备投资的同时，对于供应商和项目外包商也十分“慷慨”，对于这些企业提出的价格，电力企业几乎从来不去砍价，要多少付多少。这种“慷慨”不会损害电力企业的利益，反而会增加电力企业的收益。因为采购费和项目建设费用都会转化为企业成本，所有的成本都可以获得固定比例的利润。垄断企业只有增加成本的动力，没有降低成本的压力。

为了打破电力企业的垄断，从1995年起，日本政府借鉴欧美等发达国家的做法，放开对于电力行业的管制，开始了“电力行业自由化”的探索。纵观世界各国打破电力行业垄断的做法，具体措施包括：

(1) 发电自由化：放开电力行业的进入限制，允许其他企业进入电力行业。

(2) 零售自由化：放开电力的零售限制，允许消费者自由选择供电企业的电力产品进行购买。

(3) 送配电自由化：放开输电限制，将电网作为公共产品，允许任何企业使用已有的电网进行输配电。

(4) 发电和输电相分离：将原有电力公司的发电部门和输配电部门拆分成不同的企业，创造竞争的环境。

第3节　外部经济效应和政府的对策

完全竞争的市场机制能够实现资源的最优配置还有一个前提，即经济当事人的生产或消费行为不会对其他人的福利造成影响。但是在现实生活中，这个前提经常被破坏，从而导致市场的低效率和政府的干预。

一、外部经济效应和市场效率

当经济当事人的生产或消费行为对其他人的福利造成影响时，就产生了外部经济效应。外部经济效应可分为负（有害的）外部效应和正（有益的）外部效应两种。工厂在生产产品时向厂外排废气、废水，影响了居民健康，这是负外部效应的典型例子。工厂对废水、废气不经治理排出厂外，对自身来说可以降低成本，然而，社会由于承受了这种有害的外部效应而受到损失。这里有两种不同的成本：一是只从企业的角度看的成本，称为私人成本，它只包括企业的支出；二是从整个社会的角度看的成本，即把社会上受到的损失也包括在内，称为社会成本。在有负外部效应的情况下，社会成本大于私人成本，但企业作出产量决策只根据私人成本，而不根据社会成本，这样就会过多地生产社会成本较高的产品。在图10－6中，假定*MR*为企业生产某产品的边际收入曲线；*MC*为该产品的边际私人成本曲线；*MSC*为该产品的边际社会成本曲线。在市场经济中，企业根据私人成本决策，按照*MR*＝*MC*的规则，就会把产量定在Q_1上。但如果按社会成本作出决策，产量就应定在Q_2上。Q_1和Q_2之间的差额说明，负外部经济效应的存在导致资源配置上的失误。

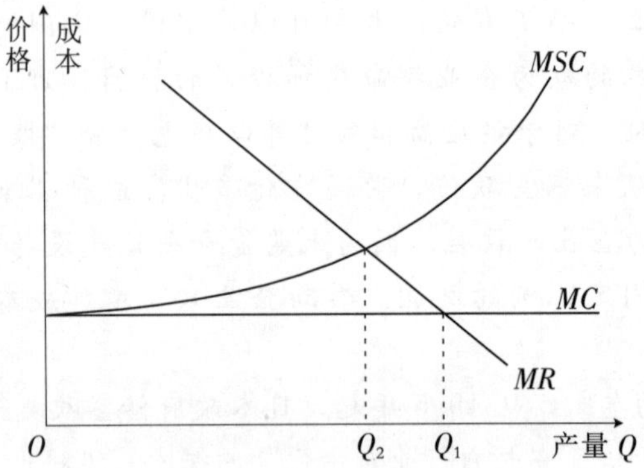

图10－6　负外部经济效应

正外部经济效应的典型例子是企业的创造发明。一项创造发明对发明者来说当然会有一定的效益，但这项创造发明如果向全社会推广，就会得到更大的社会效益。所以效益也可以分为两种，即私人效益和社会效益。前者是指从企业角度看得到的效益，后者则是从整个社会角度看得到的效益。在有正外部效应的情况下，产品的社会效益大于私人效益，但在市场经济中，企业的产量决策是根据私人效益而非社会效益作出的，这样，企业就会过少地生产对社会有益的产品。在图10－7中，*MR*为企业生产某产品的边际收入曲线（私人效益）；*MSB*为该产品的边际社会效益曲线（把社会得到的利益也包括在内，属社会效益）。又假定该产品的边际成本（*MC*）为常数。在市场经济中，企业根据私人效益决策，按照*MR*＝*MC*的规则，就会把产量定在Q_1上。但如果按社会效益作出决策，就应把产量定在Q_2上。Q_2

与 Q_1 之间的差额说明，从资源配置的角度看，本来应该多生产对社会有益的产品，现在却生产得少了。

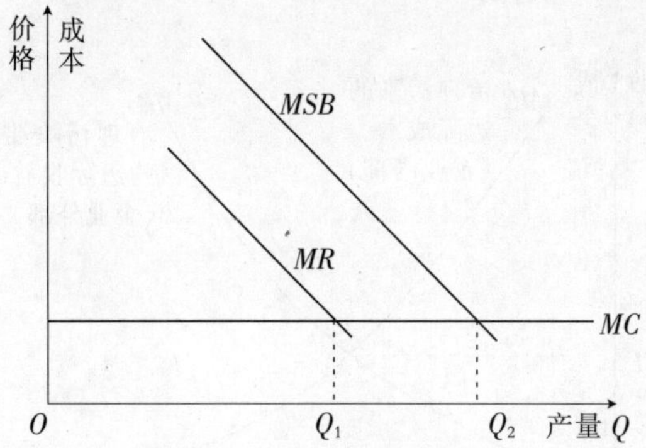

图 10-7 正外部经济效应

为了削弱以上外部经济效应对市场配置资源效率的影响，政府干预的原则是：使外在成本或外在效益内部化，以使企业的产量决策能够符合资源合理配置的要求。这里，外在成本和外在效益分别指社会成本与私人成本之间以及社会效益与私人效益之间的差额。

在存在负外部效应的情况下，政府应按外在成本的大小对企业征税或罚款，使企业的私人成本提高到和社会成本一致的水平。（图 10-6 中，使 *MC* 曲线上移到 *MSC* 曲线的位置，企业就会把产量定在 Q_2 上。）

在存在正外部效应的情况下，政府应按外在效益的大小对企业进行补贴、奖励或授予专利，使企业的私人效益达到社会效益的水平。（图 10-7 中，使 *MR* 曲线上移到 *MSB* 曲线的位置，企业就会把产量定在 Q_2 上。）当然，在实践中，要准确估计社会成本和社会效益的大小，不是一件容易的事。①

二、政府怎样控制企业排污

政府在处理负外部效应时经常遇到的一个问题是：应当采取什么样的政策和措施来控制工厂排放污染物，以保护环境。

1. 最优排污量的确定

人们一般认为排污量越少越好，最好等于零。然而经济学认为，排污量不能过多，也不宜过少，这里有一个最优排污量的问题。这是因为，减少污染固然有利于居民健康、为社会造福，但为了减少排污，工厂必须购置设备，增加治理费用。由于资源是稀缺的，如果用于治理污染，就不能用于其他福利事业，因此，把多大份额的资源用于治理污染，就涉及收益和成本的对比分析问题。图 10-8 是一家化工厂治理污染的成本收益分析图。横轴代表排污量 *Q*；*MC* 代表企业治理污染的边际成本曲线，即为了减少一单位排污量需要增加的治理费用（由于在排污量较大时，治理费用较小，而如果排污量已经较小，进一步治理的费用就会较大，因此这条曲线向右下方倾斜）；*MB* 代表减少污染带来的收益，即企业减少一单位排污量会使社会

① 除了政府干预外，当一个单位的生产活动对另一个单位产生有利或不利影响时，把两个单位合并成一个单位，也可以使外在成本或收益内部化。例如，一条河流的上游单位产生污染，使下游单位受害，现把两个单位合并，合并后的单位由于其联合边际成本因下游受害而加大，会作出更合理的产量决策。

的损失减少多少（排污量越大，边际收益也越大，所以 MB 曲线向左下方倾斜）。当 $MB>MC$ 时，减少排污量在经济上合算；当$MB<MC$时，增加排污量在经济上合算。所以，从社会的角度看，最优的排污量应定在 MB 和 MC 两条曲线的交点 Q^* 上，此时，$MB=MC$。

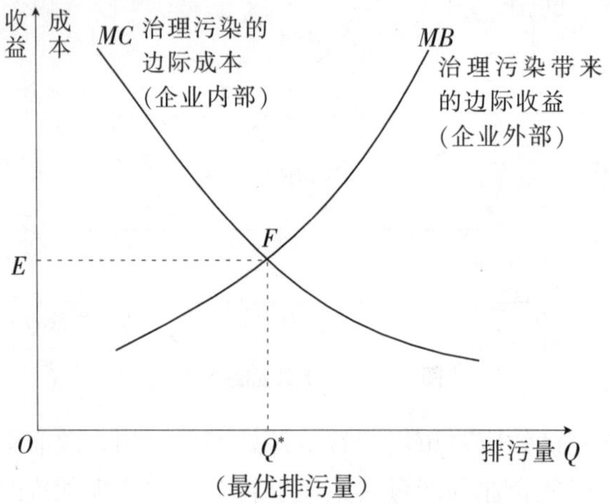

图 10－8　最优排污量的确定

2. 政府怎样控制企业的排污量

政府要控制企业的排污量，使之等于 Q^*，通常有两种办法：（1）采取行政的办法，即规定排污限额（或排污标准），如果企业超过这个限额，就予以罚款或其他处罚；（2）根据排污量的大小征收排污费（或排污税），并把单位排污量的收费标准定为 OE，使 $OE=MB=MC$。当 $MC>OE$ 时，企业宁可向政府付费也不治理，这就会增加排污量；当 $MC<OE$ 时，企业宁可治理也不付费，这就会减少排污量。所以按 OE 的标准收费，企业从自己的利益出发就会自动使 $MC=OE$，从而把排污量定在最优排污量 Q^* 上。

一般来说，在上述两种办法中，收费的办法要优于规定限额的办法。理由是：（1）规定排污限额是一种行政手段，执行起来程序多、费用大，而且各个企业的情况不同，要为每个企业都规定一个合适的限额是很不容易的，不如收费的办法实行起来简单（在收费的办法下，企业排污多少由自己决定，只要按量付费就行）。（2）用行政办法规定排污标准，企业一旦达标，就不会有进一步减少污染的动力。但如果按排污量的多少征收排污费，企业就会始终存在减少污染的动力。（3）污染来自许多企业，每个企业治理污染的成本是不相同的。如何在各企业间分配排污量，才能使全社会治理污染的总成本最低？用收费的办法就可以解决这个问题。因为排污的收费标准是统一的，据此收费，各个企业就会自动地把自己的排污量调整在边际成本和收费标准相等处。由于各个企业排污的边际成本相等，因此企业之间排污量的分配就能自动达到最优，也就是说，全社会的治理总成本将达到最低。

案例 10－3

排污权有偿转让制度

排污权有偿转让又称排污权交易，是指政府环保部门根据该地区必须控制的排污总量，为各排污企业发放排污许可证，规定它们的排污配额。经过污染治理后，如果企业的实际排放量小于排放配额，可以将其配额的富余部分有偿转让给配额不够的企业。也就是说，允许排污权在市场上进行交易。

排污权有偿转让是20世纪70年代由美国经济学家戴尔斯提出的。美国是最早实践排污权有偿转让的国家。从70年代开始，美国环保局尝试将排污权有偿转让用于大气污染源和水污染源管理，逐步建立起以补偿、储存和容量节余等为核心内容的排污权有偿转让政策体系。从1987年开始，我国在18个城市开展排污许可证制度的试点工作，并从1991年开始开展排污权交易的试点工作。

实行排污权转让制度所依据的经济学原理是：如果排污企业和许可证的数目是足够的，一个竞争性的许可证市场就会发展起来。在市场均衡时，许可证的价格就会趋向等于企业治理污染的边际成本。这是因为，如果两者不等，边际成本高于价格的企业就会宁愿减少治理，购买更多的许可证，边际成本低于价格的企业则会宁愿加大治理力度，出售更多的许可证，直到价格等于边际成本时为止。

实行这种制度的优点是：一方面便于环保管理部门控制总的排污数量（因为发放的许可证总数是由环保部门控制的），另一方面，社会治理污染的总成本又能自动达到最低（因为市场的作用能使各企业治理污染的边际成本趋于相等）。

三、科斯定理

政府控制污染很重要，除此之外，美国经济学家科斯还认为：只要当事人的产权能明确界定，那么，即使政府不加干预，通过当事人之间的协议和适当付费也能有效地解决污染问题。这一原理称为科斯定理。下面是一个典型的例子。上游一家工厂向下游排放污水，导致下游的一家农场遭受损失。表10-1列出了该工厂可供选择的三种治理方案以及每个方案给双方当事人可能带来的损失。在这三个方案中，治理污染50%是最有效的方案，因为它使双方因污染引起的总成本最低，为80 000元（50 000+30 000）。那么，怎样才能得到这个结果呢？科斯认为：不管财产权归属哪一方，只要财产权的界定是明确的，通过双方之间的协议和产权转让，就能得到有效的结果。

表10-1 单位：元

工厂的治理方案	工厂的治理成本	农场的损失
不治理（0%）	0	100 000
治理一半（50%）	50 000	30 000
全部治理（100%）	120 000	0

在本例中，假定农场有权获得干净的河水。如果双方没有任何协议，农场将要求工厂治理全部污水。但如果双方通过谈判达成治理50%污染的协议：工厂向农场支付50 000元，以购买向农场排污50%的权利，双方就都能从中受益，其中工厂受益20 000元（120 000－(50 000+50 000)）；农场受益20 000元（50 000－30 000）。

再假定工厂有权排放污水（有权不治理），这样农场为了让工厂少排污水，就要向工厂付费。对双方都有利的协议仍然是工厂治理50%。这时，农场向工厂支付一定金额（比如60 000元），以获得河水少污染50%的权利，双方就都能从中受益，其中，工厂受益10 000元（60 000－50 000），农场受益10 000元（100 000－(30 000+60 000)）。可见，不管产权属于哪一方，双方当事人受经济利益的驱动，通过谈判就能达成最有效控制污染的协议。

需要指出的是，由当事人自己解决污染控制问题的前提是外部经济效应涉及的产权界定必须明确，而且谈判的费用不高。但在现实生活中，情况有时并非如此。例如，上例中的受害者可能不仅仅是农场，还包括居民，他们免受污染的权利很分散，受害程度也很难一一确定，这样，谈判的费用就会很高，这时由政府出面代表社会来维护农场和居民的权利，可能更加有效。

第4节　公共物品及其供给

物品可以分为两类，一类为私人物品，另一类为公共物品。前面讲到的完全竞争的市场能对社会资源实行优化配置，主要是就私人物品而言的。对公共物品的配置来说，市场是无能为力的。

一、什么是公共物品

公共物品不一定是政府提供的或国有企业生产的产品和服务。公共物品的消费主要具有以下两个特征。

1. 非竞争性

非竞争性是指一种产品生产出来之后，增加一个消费者并不需要减少任何其他消费者对这种产品的消费。最典型的例子是国防。政府加强国防建设，不仅你的生命财产得到了保护，其他人也得到了保护，而且不会因为你得到了保护而使其他人得到的保护有任何削弱。又如修建水坝，它能减轻洪水可能给人们带来的灾难，而且一个家庭在洪灾中损失的减少并不意味着其他家庭的损失会增加（事实上，在这一区域内所有人都可同时受益）。所以，非竞争性的消费意味着许多人可以同时消费某一物品。与此相对照，大多数物品（或服务）在消费上是有竞争性的。例如，鞋、钟表、照相机、酒等物品，你消费得越多，其他人就消费得越少。一定数量的物品必须在许多（相互竞争的）消费者之间进行分配。与私人物品不同，公共物品是不需要分配的。

2. 非排他性

非排他性是指产品一旦生产出来，不管人们是否付费，都能享用。例如，前面讲到的建设国防和修建水坝，不论居民付费与否，都可以得到国家军队的保护和免受洪水的冲击。私人物品则具有排他性。例如，人们只有在付费购买了鞋之后，才能享用鞋；谁不付费购买，就不能享用。

由于公共物品的消费具有非排他性，即不能把不付费的人排除在消费者之外，供给者就很难甚至不可能向消费者收费，而消费者既然能免费享用，就不会付费。经济学家把这些不付费的消费者称为“免费搭车者”。由于免费搭车问题的存在，如果由私人企业来提供公共物品，就会很难收回成本，这种物品只能由政府来提供。

非排他性决定了公共物品的供给者不可能向消费者收费，非竞争性则决定了这种收费也是不需要的。公共物品生产出来之后，每增加一名消费者，给供给者带来的成本的增加（边际成本）是微乎其微的（接近于零），也就是说，消费者数量的增加并不会增加公共物品的总成本。根据资源最优配置原理，P 应等于 MC，价格应定为零。如果价格不为零，就会使 $P>MC$，此时消费者增加享用一单位公共物品所增加的经济福利，将大于因增加享用这种物品而引起的成本的增加，说明对公共物品的利用没有达到最优。价格为零，说明对公共物品收费不仅是不可能的，而且是不必要的。所以，私人企业不愿也不宜去生产这种产品。这种产品只能由政府来生产，只有政府可以通过征税来强制消费者付费。

有些公共物品的消费同时具有非竞争性和非排他性，如建设国防和修建水坝。这种公共物品称为纯公共物品。但也有些公共物品的消费只具有非竞争性，不具有非排他性（或者可以采取某些措施，使之具有一定的排他性）。这种公共物品称为准公共物品。例如修建一座公园，可以用围墙把它围起来，然后对入园者收取门票费，不付费者不得入内。又如电视台发出的电波，任何人都可以用电视机来接收，但电视台也可以使用一种装置，使收视人只有付费才能收到某个频道的电视节目。再如修建一段公路，在路口设卡，只有交纳过路费的人才能使用。准公共物品既可由私人企业来提供，也可由政府来提供，但在多数情况下由政府提供更合适。这是因为，准公共物品一般需要较大的投资，一旦建成，使用时的边际成本却较低，而社会效益较大。例如，公路建成之后，路上因增加一辆汽车而带来的成本的增加只涉及道路的磨损费，是很少的。资源最优配置原理要求价格等于边际成本。如果按边际成本定价，企业就无法收回全部成本，而如果按全部成本定价，又会使公路利用不足，社会效益得不到发挥。所以准公共物品由政府来提供是合适的。政府可以为它定低价，然后用税收来补贴。这方面的例子很多，如政府为博物馆的门票定低价，以吸引更多的参观者；公立大学的学费定得较低，以便有更多的人入学。在这里，消费者的付费都不足以抵偿全部成本。

二、公共物品最优供给量的确定

为了确定公共物品的最优供给量，必须将由不同的供给量引起的为社会提供的边际收益与其边际成本相比较。边际成本是指多生产一单位的公共物品所要增加的成本①，它与私人物品的边际成本的计算方法没有多大区别，但公共物品的边际收益在计算方法上与私人物品的边际收益有很大差别。就私人物品来说，例如酒，增产一单位的酒为社会增加的价值（边际收益）等于消费者个人愿意支付的价格，但公共物品有所不同。由于它具有非竞争性，同一单位的公共物品可以供许多人同时消费，因此，它的边际收益应是许多消费者中每个人得到的收益（由他愿意支付的价格来衡量）的总和。所以，私人物品的市场需求曲线（边际收益曲线）等于市场上每个消费者的需求曲线的横向相加；公共物品的需求曲线（边际收益曲线）则等于该物品的每个消费者的需求曲线的垂直相加。公共物品的边际收益曲线与其边际成本曲线相交的点，即代表公共物品的最优供给量。

假定政府打算在某一地区修建高速公路，收集到的有关修建该公路的信息如图 10－9 所示。横轴表示可能修建的公路长度；*MC* 曲线代表如增建 1 千米公路需要增加的成本。图 10－9中有两条需求曲线：一条是商业用车群的需求曲线（MB_c），另一条是非商业用车群的需求曲线（MB_n），它们分别表示增建 1 千米公路能带来的边际收益。这里要注意的是，公路的总边际收益曲线是这两个车群边际收益曲线的垂直相加（假定这条公路有足够的容量，可供两个车群同时使用）。根据图 10－9，当公路长度为 10 千米时，公路总边际收益为 275 万元（100＋175）。在总边际收益曲线和边际成本曲线的交点处，$Q^*=17.5$ 千米，说明在该地区修建 17.5 千米公路是最优的。

---

①　前面讲过，公共物品的边际成本接近于零，这是从短期看的，即假定它已经生产出来，在使用过程中发生边际成本。这里的边际成本则是从长期看的，即指生产公共物品的边际成本，包括它的投资和运营费用等，所以不等于零。

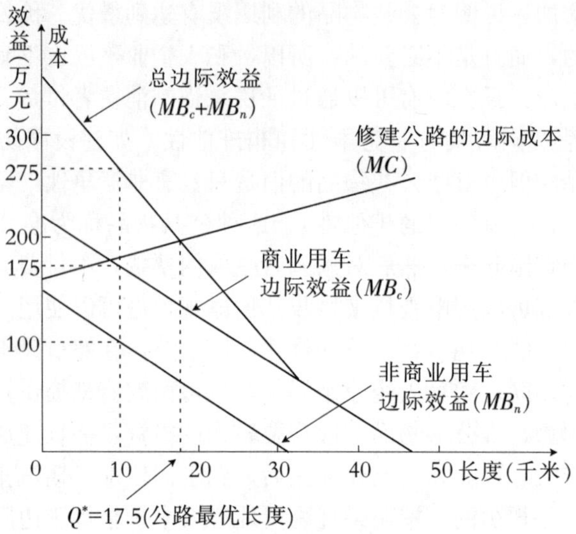

图 10－9　公共物品最优供给量的确定

当然，在实际工作中确定最优供给量要困难得多，主要是公路的边际收益曲线很难准确确定，即使可以通过抽样调查得到用户对公路收益的评价，这种方法也带有很大的主观随意性。

三、专利制度

专利权就是创造发明者所享有的在使用其创造发明上的暂时的垄断权，也就是说，专利权可给予创造发明者在规定时期内制造和销售某种新产品或使用某种新工艺的权利。那么，专利权与公共物品是什么关系？如果某人发明了一种新的治疗仪，显然治疗仪本身并不是公共物品，因为它可以在市场上定价出售，只有付了费的消费者才能享用它，但生产这种新治疗仪的知识属于公共物品，因为这种知识一旦存在，任何人都可以拥有它、使用它，而且彼此不影响使用，即在消费上具有非竞争性。那么，能不能排斥一些人使用这种知识呢？人们常常通过制定法律禁止其他人未经许可擅自生产和销售体现这种知识的产品（或使用体现这种知识的工艺）来达到这一目的。这就是专利制度所要做的。专利权禁止除发明者外的任何人未经许可擅自使用发明者所生产（发明）的知识。这样，专利权使具有非竞争性的新知识不再具有非排他性。

新的知识也是一种资源，那么，从资源配置的角度看，专利制度与市场效率又有什么关系？一方面，虽然新知识的产生有时带有偶然性，但多数新知识来源于研发工作，而从事研发是需要投入人力和物力的，因而有边际成本。另一方面，新知识会带来边际收益，它等于社会上每一个受益者的边际收益的总和。因此，新知识的最优产量应定在边际收益与边际成本相等处（见图 10－9）。另外，新知识一旦产生，就能最有效地使用且不排斥任何使用者。这是市场效率的两个方面，都很重要。

现在假定前面谈到的发明了新治疗仪的发明者未受专利权的保护，他就不能阻止其他人仿制和销售这种产品。如果这位发明者为了发明这种产品已经投资几十万元，现在其他人仿制和销售了这种产品，就会使这种产品的价格下降到仅够补偿生产成本的位置，这样，发明者的投资就得不到补偿，结果是以后谁也没有积极性去搞创造发明了。可见，如果没有专利制度，市场就不会有效地生产像新知识那样的公共物品。

由于专利赋予发明者在一定时期内生产新产品的垄断权，因此他有可能提高价格，不仅回收生产成本，而且把研究工作中的投资也收回来，这样就有利于鼓励发明者把更多的资源投入研究工作，尽可能地实现新知识的最优供给。

建立专利制度有利于鼓励创造发明，这是它积极的一面。但另一方面，它也存在不足。因为新的知识一旦产生，专利制度就不允许其他人在专利期内使用，这会限制新知识的使用和传播，从而给市场带来低效率。可见，从市场效率的角度看，实行专利制度有利有弊，但总的来说，利远大于弊，因为如果没有专利制度，创造发明将不会在市场经济条件下不断涌现。

第 5 节　信息不完全和政府的介入

前面在讨论市场效率时，假定消费者对自己所购买商品的价值的判断是准确的，也就是说，他对自己所从事的交易会带来多少收益、要支出多少费用是充分了解的。但在实际生活中往往并非如此。由于种种原因，消费者对产品的有关信息掌握得并不充分，如对产品的质量、可靠性和安全性等并不完全了解，因此，他有可能对商品的价值作出错误的判断，从而导致错误的选择。

不完全的信息导致市场低效率的例子在生活中比比皆是。例如，市场上有两种品牌的 5 号电池，甲品牌的电池价格比乙品牌低 10%，前者比后者畅销。但经有关方面检测，乙品牌电池的使用寿命比甲品牌电池长 15%。为什么甲品牌反而畅销呢？原因就在于消费者不知道这两种电池在寿命上的差异，他们只是根据价格的高低来作出购买决策。由于信息的不完全，在竞争性的市场里，本来应当少生产的低效产品反而多生产了。这种市场失灵在涉及人身安全时会有更加严重的后果。例如，由于缺乏专业知识和必要的检测手段，广大消费者不能识别市场上的假冒伪劣药品，导致有人因使用了这种药品而危及生命。由于种种原因，消费者拥有的产品信息可能不充分，甚至是错误的，市场在配置资源方面不可能有效发挥作用，这时就需要政府的介入。

政府的介入措施很多。例如，制定反不正当竞争法和消费者权益保护法，打击生产和销售假冒伪劣产品的行为和市场中的欺诈行为；制定广告法，防止用虚假广告误导消费者；制定商标法，以便消费者能根据商标的不同来判断不同产品质量的好坏；制定安全标准和建立生产许可证制度，防止不安全产品的生产和销售；要求生产者明码标价，并要求在商品标签上标明某些产品的成分、功能和生产日期；等等。所有这些措施都是为了让消费者能更全面地获得产品的有关信息，了解产品的真正价值，以便正确地作出自己的购买选择。

第 6 节　效率与公平

前文从微观角度探讨了市场经济在社会资源配置中的效率问题。但一个文明、稳定与和谐的社会，不仅需要物质上的丰富，而且需要社会的公平和公正。然而对于后者，市场机制是无能为力的。

市场机制不能保证收入的公平分配。这是因为市场机制是客观地起作用的，不以人们的伦理道德标准为转移。而在作为市场主体的个人之间，生来就存在种种差别：天赋不同，机遇不同，拥有的资源不同（如有人能得到遗产，有人则不能），受教育的机会不同，以及健康状况不同（有的人身体强壮，有的人多病甚至残疾），等等。这些差别在市场的作用下有可能使富人更富、穷人更穷。另外，我国目前只是初步建立了社会主义市场经济体系，在制度上还有许多不完善的地方，有些人钻空子为自己谋求不正当的收入，也拉大了贫富差距，加剧了社会的不公平。

经济学家认为，在我国，要解决社会公平问题，首先必须继续完善社会主义市场经济体制，不断发展生产力，为解决社会不公创造良好的环境和条件。在此基础上，实行一系列制度创新，包括：进一步完善社会保障体系，改革国民教育和医疗保障制度，促进充分就业，建立更加公平合理的税收制度和分配结构等。效率和公平是一对矛盾的统一体：如果没有公平，社会就难以和谐和稳定，人们的积极性不高，效率就很难实现；如果没有效率，就没有充裕的财富来解决社会的种种矛盾，社会公平也就很难实现。因此，在解决社会公平问题时，处理好效率与公平的关系是十分重要的。

□ 小 结

在不损害其他人经济福利的前提下，如果已不可能再找到资源使用的其他方法来增加任何一个人的经济福利，此时，资源配置的效率最高。经济学称之为帕累托最优。

从理论上说，完全竞争的市场机制在资源配置上能够实现帕累托最优。但在现实生活中，由于市场机制存在一定的缺陷，会影响资源的有效配置。为了弥补这些缺陷，就需要政府的干预。

与完全竞争相比，垄断会导致产品价格的抬高和产量的不足，而这又会导致社会总福利效益的减少，这部分减少被经济学称为无谓损失。垄断还会导致寻租行为，即为保持自己的垄断利润而去白白消耗社会资源，使社会总经济福利效益进一步减少。为了克服这些弊端，政府通常采取两类措施：一是制定和执行反垄断法；二是对自然垄断企业进行管制。

当经济当事人的生产或消费行为对其他人的福利造成影响时，就产生了外部经济效应。外部经济效应可以分为负面的（有害的）和正面的（有益的）两种。当某种产品的生产具有负外部效应时，企业就会过多地生产它。当某种产品的生产具有正外部效应时，企业就会过少地生产它。克服这种缺陷的办法是政府通过税收（或罚款）或补贴（或专利）等形式使外在成本或外在收益内部化。

企业的最优排污量由治理污染的边际成本曲线和边际收益曲线决定。政府控制企业污染通常采用两种办法：一是行政办法，即规定排污限额，对超过限额者罚款；二是经济办法，即根据排污量的大小征收排污费。一般来说，后者要优于前者。科斯认为，只要当事人的财产权能够明确界定，那么通过当事人之间的协议和适当付费，也能有效地解决排污问题。

公共物品的消费具有非竞争性和非排他性。前者是指某种产品增加一个消费者并不会影响其他消费者对这种产品的消费，后者是指即使消费者没有付费，供给者也不能把他排除在消费者之外。非排他性决定了公共物品的供给者不可能（向消费者）收费，非竞争性则决定了这种收费也是不需要的。因此，私人企业不愿也不宜生产公共物品，这种物品只能由政府来提供。

有些公共物品称为准公共物品，它的消费只具有非竞争性，而不具有非排他性。这种准公共物品，私人和政府都可以提供，但多数情况下由政府提供更适宜。

公共物品的最优供给量由它的边际收益曲线和边际成本曲线决定。公共物品的边际收益曲线等于该物品各个消费者边际收益曲线的垂直相加。

专利权赋予发明者在一定时期内生产新产品（或使用新工艺）的垄断权，因而有利于鼓励创造发明，同时由于它会限制新知识的使用和传播，因而也有弊，但利大于弊。

信息不完全也会导致市场的低效率，为了克服这一缺陷，需要政府的介入。

为了建设文明、稳定与和谐的社会，应当正确处理效率与公平之间的关系。

□ 重要名词和术语

市场效率	帕累托最优
消费者剩余	生产者剩余
无谓损失	寻租行为
自然垄断企业	外部经济效应
负外部经济效应	正外部经济效应
科斯定理	最优排污量
私人物品和公共物品	纯公共物品和准公共物品
专利权	

□ 复习思考题

1. 在下列物品（服务）中，哪些属于纯公共物品？哪些属于准公共物品？哪些属于私人物品？为什么？

（1）灯塔；

（2）城市绿化；

（3）图书馆；

（4）供应煤气。

2. 在下列经济活动中，哪些具有正外部经济效应？哪些具有负外部经济效应？为什么？

（1）培训工人和管理者；

（2）抽烟；

（3）在高速公路上超速行驶；

（4）在路边打扫门前积雪。

3. 前面几章中提到的边际收入和本章中提到的边际收益有什么区别？为什么企业私人物品最优产量决策的规则是边际收入与边际成本相等，公共物品最优产量决策的规则是边际收益与边际成本相等？

4. 假定有一家由政府管制的自然垄断企业，在近 10 年内，所有投资方案的净现值都接近于零。这是否意味着这家企业的经营效率不高，或政府对价格的管制不当？请给出解释。

5. 什么是专利权？为什么说新知识属于公共物品？请从市场效率的角度讨论实行专利制度的利和弊。

6. 为什么市场机制不能解决社会公平问题？我国应当怎样解决这一问题？

□ 作业题

1. 国内外有许多企业都能生产某种个人计算机上的零件，该零件是标准化的，故市场竞争很激烈，可视为完全竞争市场。该零件的市场供给和需求曲线方程为：

$$Q_S=-175+12.5P$$

$$Q_D=125-2.5P$$

式中，Q 为产量（单位：千件）；P 为价格（单位：元/件）。

（1）请画出供求曲线图，并计算它的均衡价格和产量。

（2）借助该图用代数法计算该市场所发生的消费者剩余、生产者剩余和净社会经济福利。

2. 近几年来，某微型芯片公司因生产一种具有专利的微处理器而获得了可观的经济利润。这种新产品的市场需求和边际收入曲线方程为：

$$P=5\,500-0.005Q$$

$$MR=5\,500-0.01Q$$

由于该产品的研发成本已经全部摊入前几期的成本，它现在的固定成本为零。平均变动成本为常数，即每单位 4 500 元。

（1）假如该产品因受专利保护能有效地实行垄断，其利润最大化的价格和产量应是多少？垄断利润是多少？

（2）假如该产品没有专利，被竞争者大量仿制，使市场变为完全竞争的，那么它的最优价格和产量应定为多少？此时经济利润是多少？

3. 假定有一家自然垄断企业，其向下倾斜的平均成本曲线方程为 $AC=16/Q+1$（其中，AC 的单位为元，Q 的单位为百万件），其需求曲线方程为 $P=11-Q$。问：

（1）如果这家企业未受管制，将如何确定其价格和产量？

（2）假定政府按平均成本规定它的价格，那么其价格和产量应是多少？

（3）如果按边际成本定价，价格和产量应各定多少？此时企业是否有亏损？如果有亏损，单位产量的亏损额是多少？

4. 大昌市政府有关部门正在考虑对所辖的大昌煤气公司的煤气价格进行管制。这家煤气公司的年度需求和边际收入曲线方程为：

$$P=81-0.004\,5Q$$

$$MR=81-0.009Q$$

式中，P 为煤气价格（单位：元/百立方米），Q 为年产量（单位：百立方米）。年度总成本和边际成本曲线方程为：

$$TC=36\,200+21Q+0.000\,5Q^2$$

$$MC=21+0.001Q$$

该公司的总资产为 1 000 000 元，政府有关部门批准它的投资回报率为 11%。问：

（1）如果该煤气公司不受管制，其利润最大化的价格和产量应为多少？此时，投资回报率是多少？

（2）如果政府对公司进行价格管制，将投资回报率限定为 11%，其价格应定为多少？

5. 某企业生产一种特殊轮胎，专门用于冬天的冰雪路面。它的需求方程为：$P=170-5Q$，式中，Q 为轮胎的产量，单位为千个；P 为价格，单位为元/个。该轮胎的平均成本为 60 元/个（假定该企业按平均成本定价，只谋求正常利润）。

（1）请确定该轮胎的售价和产量。

（2）假定使用这种轮胎对道路有一定的损害。估计这种损害（用货币表示，单位：元）

为$C=0.25Q^2$，即每增加一个轮胎给道路带来的损害为$MC=0.5Q$。由于该轮胎对道路有损害，政府打算限制它的产量，以谋求最大的净社会经济福利。问：政府的限量应定为多少？此时轮胎的市场价格是多少？净社会经济福利是多少？

(3) 政府可采用什么办法来实现上述结果？请给出解释。

6. 某市有两家大企业是主要的大气污染源。目前每家企业排放的废气约为每年1 500万立方米。企业治理废气排放的成本分别为：$C_1=2Q_1+0.1Q_1^2$ 和 $C_2=0.15Q_2^2$，式中，Q_1 和 Q_2 分别为两家企业治理废气的数量。治理废气的社会效益估计为 $B=9Q-0.2Q^2$，式中，Q 为两家企业治理废气的总数，即 $Q=Q_1+Q_2$。

(1) 请列出治理废气的边际收益（MB）和两家企业治理废气的边际成本（MC_1 和 MC_2）方程。

(2) 假定政府打算根据净社会经济福利最大的原则（$MB=MC_1=MC_2$）为两家企业确定排污限额。问：这两家企业的排污限额应各定多少？为什么两家企业的排污限额不同？

(3) 假定政府向两家企业征收统一的排污税4元/立方米，两家企业将各排多少废气？

(4) 政府为了实现最优排污量，应把排污税定为多少？

7. 政府打算确定修建高速公路的长度。修建和维护高速公路的全部成本为$C=1.8L+0.01L^2$，式中，L 为公路长度，单位为千米。公路对商业用车辆群的收益为 $B_c=2.05L-0.02L^2$，对一般车辆群的收益为 $B_d=1.5L-0.02L^2$。问：该公路的最优长度应为多少？（提示：使 $MB_c+MB_d=MC$。）

企业的全球经营　第11章

当前很多企业的经营是面向全球的，几乎所有国家都要进口和出口产品。我国已经成为世界第一贸易大国。

第1节　为什么要开展国际贸易

开展国际贸易的原因很多，最主要的是它有利于国家实现产品生产专业化，即专门生产对自己有比较优势的产品，以降低成本，提高效率。

一、比较优势原理

一个国家出口的产品应当是在本国生产成本相对较低的产品，进口的产品应当是在本国生产成本相对较高的产品。例如，瑞典的气候和地理条件适合生产林产品，如木材、纸浆、纸等；西班牙的气候则适于生产水果。两国都不适合生产对方生产的产品。也就是说，瑞典生产木材及其制品有比较优势，西班牙生产水果有比较优势。这样，瑞典向西班牙出口木材制品，西班牙向瑞典出口水果，双方都能从中获益。

下面，我们进一步加以说明。

假定美国生产1袋大米需要1美元，生产1条真丝围巾需要10美元；日本生产1袋大米需要200日元，生产1条真丝围巾需要1 000日元。那么，如果美国少生产1条丝巾，就可以多生产10袋大米；相比之下，日本多生产1条丝巾，就可以少生产5袋大米。这样来看，丝巾总的产量不变（美国少生产1条，日本多生产1条），通过国际贸易（美国把大米运往日本，日本则把丝巾运往美国），就可以使大米净增产5袋（即美国多生产了10袋大米，日本少生产了5袋，假定不计运输成本和关税）。

为什么双方能从国际贸易中获益呢？因为美国在生产大米方面有比较优势，它生产大米的机会成本是1/10条丝巾，而日本需要1/5条丝巾，所以美国生产大米相对便宜。日本则在生产丝巾方面有比较优势，因为美国生产丝巾的机会成本是10袋大米，而日本却只需要5袋。产品的机会成本越小，其比较优势就越大。

生活中的经济学 11-1

保罗·艾伦的比较优势

对管理者来说，掌握比较优势原理十分重要。保罗·艾伦与比尔·盖茨都是微软的创始人。在创业初期，艾伦在编写先进的程序方面投入了很多精力和时间；但随着公司的发展，他越来越多地参与管理工作，不再编写程序。他的管理工作做得很有成效，编写程序的机会成本变得越来越大。所以，即使他是最好的程序编写员，比较优势却在管理工作方面。让他专职负责管理工作，就能使公司的利润和他本人的薪酬最大。可见，管理者在为下属确定职责和分配任务时，不应只考虑员工的绝对优势，更应考虑怎样发挥每个人的比较优势。

二、规模收益递增

除了比较优势外，如果一种产品的生产函数属于规模收益递增的（见第 4 章），扩大生产能使成本降低，那么这种产品也应开展国际贸易。

这首先与国家的大小有关。相对较小的国家为了能利用规模收益递增带来的好处，就要从事国际贸易。拿加拿大来说，与美国相比，其人口和国民收入都较少，国内市场有限。在这种情况下怎样发展自己的航空工业？加拿大有一家生产飞机的航空公司——庞巴迪宇航公司，规模很大，居世界第三，专门生产轻型喷气客机，为了能大批量生产以降低成本，加拿大向国外大量出口这种轻型客机，同时从美国波音和欧洲空客等公司进口大飞机。这样，通过国际贸易，这家公司也能从专门化生产中获益。

产品品种的多样性也可能是推动国际贸易的一个因素。有的产品的品种比较单一，有的产品的种类和品种十分多样，如玩具。产品品种越多样，企业生产每种产品的数量就会越少。企业为了增加产量以获得规模收益递增所带来的好处，就需要从事国际贸易，以便把超出国内需求的产品运往他国。

案例 11-1

品种繁多的芭比娃娃

芭比娃娃是由美国一家大型玩具公司——美泰公司生产的。它于 1959 年推出，到 21 世纪初仍牢牢占据市场。它在美国初创，但不久它的生产就遍布多个国家，包括印度尼西亚、马来西亚、中国、泰国和墨西哥等。2011 年，芭比娃娃是美国进口量最大的玩具，2012 年它是美国女孩们最喜爱的玩具之一。

芭比娃娃成功的一个关键是品种的多样性。在美泰的网站上列有 100 多种芭比娃娃及与之相关的产品。大多数产品都是芭比娃娃原型的变种。公司还生产了芭比娃娃的各种朋友，包括男朋友等。

芭比娃娃有不同的档次。粉红标签的是最基本的，还有银色的、金色的，等等；价格依次越来越高。每种标签又有不同的型号，每年都有新的型号出现，旧的型号则退出市场或成为某些人的收藏品。作为收藏品，芭比娃娃会随着时间的推移而增值。芭比娃娃面市至今，生产了2 000多个品种。由于品种多，一个收藏者收藏的数量动辄数百。较贵的芭比娃娃主要由成年人收藏。

只有在开展国际贸易的情况下，品种繁多的产品才能取得成功。生产每一个品种都要付出巨大的固定成本，包括设计、生产准备和制造等成本。只有大量生产，才能使每件产品的固定成本降到最低。通过国际贸易，印度尼西亚的一家工厂就可以面向全球大量生产某种芭比娃娃，从规模收益递增中获益。

第2节 汇　率

一、汇率的确定

汇率是指用一个国家的货币来表示的另一个国家货币的价格。例如，用人民币表示的美元价格在2016年约为6.7元，以美元表示的欧元价格在2013年约为1.3美元。

因为货币是在竞争性市场交易的，汇率的大小由供给和需求曲线模型来确定。

在图11-1中，横轴上的数量表示美元数，即中国人想购买美元的数量。纵轴上的数量表示汇率，即购买1美元时以人民币表示的价格。

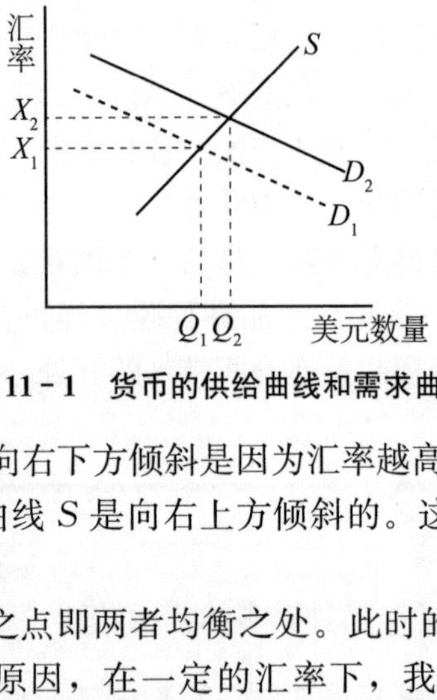

图11-1　货币的供给曲线和需求曲线

起初，需求曲线为D_1，它向右下方倾斜是因为汇率越高（美元越贵），中国人对美元的需求会越少。反之亦然。供给曲线S是向右上方倾斜的。这是因为如果汇率越高，美国人就越愿意提供美元去换人民币。

供给曲线和需求曲线相交之点即两者均衡之处。此时的Q_1就是美元的交易量，X_1就是当时的汇率。如果由于某些原因，在一定的汇率下，我国的消费者和企业愿意购买更多美元，那么，需求曲线就会移动到D_2，这样，美元的均衡交易量就会增加到Q_2，汇率会提高到X_2。

影响一种货币的供给和需求曲线的因素很多，如国家的财政政策和宏观经济环境等。

汇率的变动会影响国家的进口和出口。比如，以人民币表示的美元汇率下降（即人民币升值）。此时，中国消费者和企业就更愿意购买美国货，因为用同样的人民币可以买到更多的美国货。同时，美国人对中国货的需求会减少，因为用同样的美元只能买到比以前更少的中国货。这样，中国对美国的进口会增加，出口会减少。如果汇率上升（即人民币贬值），情况就会相反。

二、管理汇率的风险

由于汇率经常波动，掌握汇率风险对于国际贸易工作者来说十分重要。

举例来说，我国一家企业甲向美国出口一批服装。合同规定对方将在该货到达美国（即两个月后）交货时付款，计 5.5 万美元。这批服装的成本为 30 万元人民币。出厂时的汇率为 6 元。按出厂时计算，甲的利润应为 $5.5\times6-30=3$ 万元。但如果两个月后付款，汇率变为 5 元，甲的利润将为 $5.5\times5-30=27.5-30=-2.5$ 万元，即将亏本 2.5 万元。当然汇率也可能向上波动，那么甲就可能有更多利润。此例说明，汇率的变动会给出口企业带来风险。

可以有多种途径来管控这种风险。首先，甲可以坚持要求对方用人民币付款，这样就可以把汇率风险转移给对方。其次，可以采取一些保护措施。譬如，与银行签订合同，约定在一定时期内仍按既定汇率付款。这实际上是由银行提供一种保险，银行要从中收取一定费用。

第 3 节　不同外贸政策的效率比较：自由贸易、关税和配额

完全竞争市场是最有效率的，这不仅适用于国内市场，而且适用于全球市场。如果实行自由贸易，各国之间可以自由竞争，那么，决定供求关系的供求法则将在全球范围内起作用。如果一个国家的需求超过它的供给，它就会从其他国家进口所需的产品，以补足差额。自由竞争意味着全球一种产品只有一个全球价格（扣除运费后），只有成本最低的企业供应这种产品，只有愿意并有能力支付这一全球价格的消费者购买这一产品。当供需均衡时，全球这种产品的产量将达到最优，效率达到最高，这时 $P=MB=MC$。

可是，在现实中，世界贸易并不是自由的。许多国家为了保护本国的产业免受外国竞争的影响，往往采取关税或进口配额制等措施，以维持高于全球水平的国内产品价格，使国内工业得到比自由贸易条件下更高的利润。然而，需要指出的是，这种保护措施的社会成本很高，本国消费者由此蒙受的损失会超过生产者的得益。下面我们通过效率比较来解释这个问题。

在图 11－2 中，S_0 和 D_0 分别为本国的供给曲线和需求曲线。S_W 为自由贸易条件下的全球供给曲线。P_0 为完全限制进口条件下的国内产品价格。Q_0 为完全限制进口条件下国内的产量。P_W 为自由贸易条件下的产品价格，此时，国内产量为 Q_1，国内的需求量是 Q_2，从国外进口的产品数量为 Q_2-Q_1。

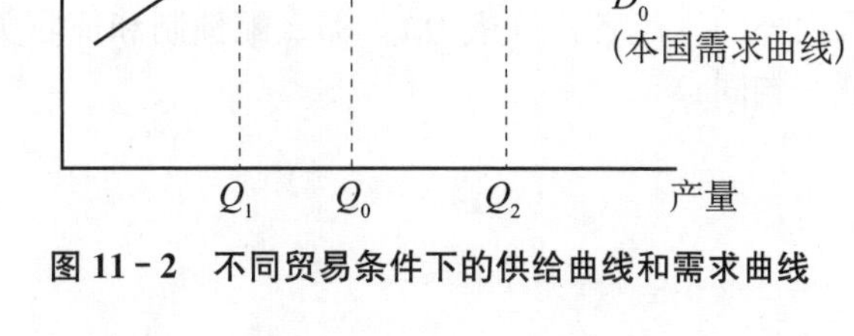

图 11－2　不同贸易条件下的供给曲线和需求曲线

现在如果规定进口配额为零以取消进口，价格就会从 P_W 上升到 P_0，这时消费者剩余的损失为图中 $A+B+C$ 的面积（即需求曲线 D_0 与两条价格水平线所夹的面积）。生产者剩余的增加为图中 A 的面积（即供给曲线 S_0 与两条价格水平线所夹的面积）。这样，两者相抵，净社会经济福利的损失为 $(A+B+C)-A=(B+C)$ 的面积。这里的 $B+C$ 就是因实行配额制且配额为零时（即取消进口）的无谓损失。

这说明如果用配额为零来完全阻止进口，得益的是国内生产者，受损的是国内消费者。由于前者的得益小于后者的受损，因此就总的社会净经济福利来说是得不偿失的。

政府也可以用高关税来完全阻止进口。这时关税必须等于或大于 P_0-P_W（见图11-2）。在此关税下，价格上升到达 P_0。进口为零，故政府无关税收入。对消费者和生产者的影响则与零配额相同。

但在现实中更常见的是：政府的政策旨在削减而非完全取消进口。这一目标既可通过配额也可通过关税来实现，但效果不同（见图11-3）。

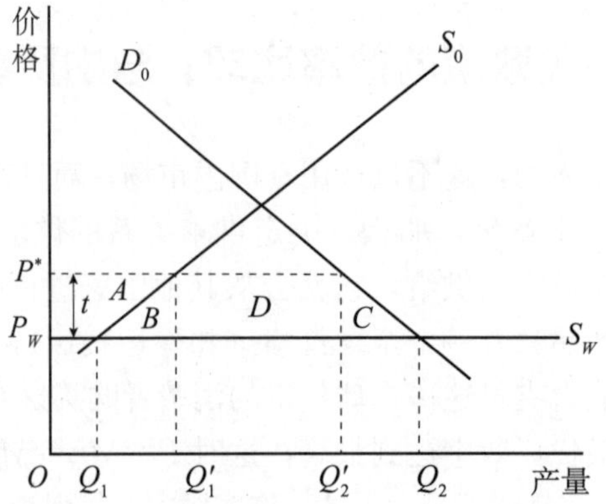

图11-3 削减进口情况下的供给曲线和需求曲线

在自由贸易下，国内价格为 P_W，进口量为 Q_2-Q_1。假设单位产品征税 t 元，国内价格就会上升到 P^*（即 P_W+t），国内产量将从 Q_1 增加到 Q_1'，消费者需求则从 Q_2 下降到 Q_2'。

从图11-3中可看出，关税导致消费者剩余减少为 $A+B+D+C$ 的面积（即需求曲线 D_0 与两条价格水平线所夹的面积）。生产者剩余的增加仍为面积 A（即供给曲线 S_0 与两条价格水平线所夹的面积）。另外，政府的关税收入为矩形 D。就全社会总的经济福利来说，变化为 $A+D-(A+B+D+C)=-(B+C)$。这里的 $B+C$ 代表因关税导致进口减少而引起的无谓损失。无谓损失的大小会因关税的高低而不同，关税越高，无谓损失就越大。

假设政府用配额而不是关税来部分限制进口，外国生产者就会把一定量的产品运到国内（其量为 $Q_2'-Q_1'$），要价为 P^*。国内消费者剩余和生产者剩余的变化将同关税一样，但政府不再有税收收入（其数量为 D 的面积），这部分货币被外国生产者以更高的利润形式拿走。故与关税政策相比，配额制会使本国的经济福利损失更多（在无谓损失 $B+C$ 的基础上又失去了 D）。可见，为了限制进口，征收关税要优于配额制。（但如果实行配额制，政府又把配额指标有偿卖给国内外的生产者，价格为 t，那么配额制和征收关税两种政策对政府收入和无谓损失的影响就会趋同。）

第 4 节　跨国企业

世界上规模最大的企业多数是跨国企业。它们拥有的生产性资产分布于多个国家。在国际贸易的总量中，有近 70%是由全球 500 强完成的。

跨国公司一般由一家母公司和一些国外的隶属企业组成。按照联合国有关机构的定义：母公司如果拥有隶属企业所有权达到或超过 10%，后者就称为隶属公司。如果隶属企业中母公司的所有权超过 50%，则隶属企业称为子公司。许多子公司是由母公司全资所有的。例如，丰田是世界上最大的跨国公司之一。母公司丰田汽车公司设在日本，其子公司遍布全球。母公司是一家公司，其子公司也都是公司，各有自己的总裁和管理层。母公司是子公司的唯一股东。故像丰田那样的跨国公司实际上是一个由所有权联结起来的公司网络。

每个子公司的管理层都有自主决策权，如生产多少，如何定价，如何做广告等。它们一般是独立的利润中心，寻求本公司的利润最大化。不过，必要时母公司也可加以干预，以谋求公司的总体利益。企业在初创时很少是跨国公司，一般主要面对国内市场，之后开始出口，出口达到一定规模时才考虑在国外建厂，最后成为一家跨国公司。

一家企业成为跨国公司，一般通过国外直接投资来实现。有两种国外直接投资模式：一是投资新建；二是收购。

投资新建就是在国外新建生产设施。收购就是在国外购买现有的工厂或企业。在国外新建或收购的目的都是更容易地占领国外市场，因为这样做一是可以避免关税或配额的限制，二是可以降低运输成本。特别是近些年来，比较优势在供应链中越来越受到人们的重视，跨国公司感到，根据产品的比较优势，在世界各地生产零部件，然后加以组装，效率是最高的。

案例 11 - 2

马云：全球化，中小企业要做主角

下一轮全球化的机遇何在？马云在一次浙商座谈会上分享了观点，他表示，全球化势不可当，只是未来的全球化跟过去的全球化有点不一样。过去的全球化，由少数国家、少数大企业决定；未来的全球化，由于技术的赋能，全世界的中小企业和创新型企业将会成为主力。马云相信，未来更加完善的全球化，不仅是世界发展的巨大机遇，也是浙商的机遇。

马云解释说，过去小企业没有全球化能力，也没有办法跟大公司竞争，但今天的技术革命属于灵活创新的中小企业。“很多人讲传统实体经济受到冲击，但是我自己感觉到，30 人到 100 人的新型制造型企业，发展速度令人赞叹。我自己从湖畔大学的招生来看，那些新型的规模小但是创新能力强的企业，发展速度非常快，中国新型的实体经济正在成长起来。”

资料来源：浙江在线，2017 - 01 - 26.

□ 小　结

开展国际贸易的首要目的是实现本国生产的专业化，即专门生产对本国有比较优势的产品。对一个国家来说，有比较优势的产品就是机会成本较低的产品。开展国际贸易的第二个目的是增加产量，以实现规模收益递增所带来的好处。特别是有的国家国内市场较小，或有的产品种类和品种较多，就更需要开展国际贸易以利于实现本国生产的专业化。

汇率是指以一个国家的货币来表示的另一个国家货币的价格。它是根据供求法则，由货币的供给和需求曲线来确定的。汇率经常波动，因此管控汇率风险十分重要。

自由贸易、征收关税和实行配额制是常用的国际贸易政策。从效率上比较，自由贸易的市场效率最高。配额制能限制进口，保护本国生产者，但本国生产者的得益（生产者剩余的增加）要小于由此引起的本国消费者的损失（消费者剩余减少），使总的净社会经济福利减少，即产生无谓损失。征收关税和配额制一样，也能限制进口，产生无谓损失，但征收关税能使政府得到税收收入，故征收关税应优于配额制。

跨国公司由一家母公司和分布在国外的一些子公司组成。母公司拥有子公司的一定股权（或全资拥有）。每个子公司都是独立的利润中心，有自由决策权，但必要时，母公司也可加以干预。一家企业成为跨国公司通常要通过国外直接投资，有两种模式，一是投资新建，二是收购。

□ 重要名词和术语

比较优势	汇率
自由贸易	关税
配额	跨国企业

□ 复习思考题

1. 假定日本的汽车工人每人每天能生产 6 个汽车部件，或在生产线上组装 4 辆汽车；而韩国工人每天只能生产 1 个部件，或组装 3 辆汽车。问：两国生产部件和组装汽车的机会成本各为多少？如果一个国家出口部件，另一个国家出口汽车，那么哪个国家应当出口汽车，哪个国家出口部件？

2. 图 11 - 1 说明了汇率的变动对我国居民对美元需求的影响。当需求曲线移到 D_2 时，中国政府决定把汇率定在 X_2，此时中国居民对美元的需求量将发生什么变化？如果此时中国政府把汇率仍固定在 X_1，中国居民对美元的需求量将发生什么变化？

□ 作业题

1. 东南亚某个国家的大米市场的供需曲线分别为：$Q_S=-12+6P$，$Q_D=28-4P$。Q 的单位为百万千克/日。P 为价格，单位为元/千克。

(1) 如果国内市场属于完全竞争市场，没有进口，求大米的均衡价格和产量，并计算其消费者剩余和生产者剩余（单位按百万元计）。

(2) 现假定没有贸易壁垒，全球的大米价格为 3 元，请求证该国是否会进口大米。请求出国内需求量 Q_D、供给量 Q_S 和进口量 Q_D-Q_S 的值。该国的福利状况是否好于问题（1）的情况。（通过计算消费者剩余和生产者剩余的变化来说明。）

(3) 政府既想实行自由贸易，又想对国内大米生产者有所帮助，决定对国内的大米生产者给予每千克 1 元的补贴。问：发放这一补贴后，大米的国内产量是否会与问题（1）相同？该国总的福利状况与问题（2）相比是好还是坏？把补贴成本也考虑在内。（提示：可先绘图，根据图形计算和比较社会经济福利的大小。）

2. 假定某国石油的国内需求曲线、国内供给曲线和石油的全球价格如下图所示，假定不考虑运输成本，该国自己的石油产量很小，在全球无定价权。问：如果政府实行自由贸易，不限制进口，其消费者剩余和生产者剩余各为多少？如果征收关税以完全限制进口，消费者剩余和生产者剩余各为多少？两者的变化各为多少？

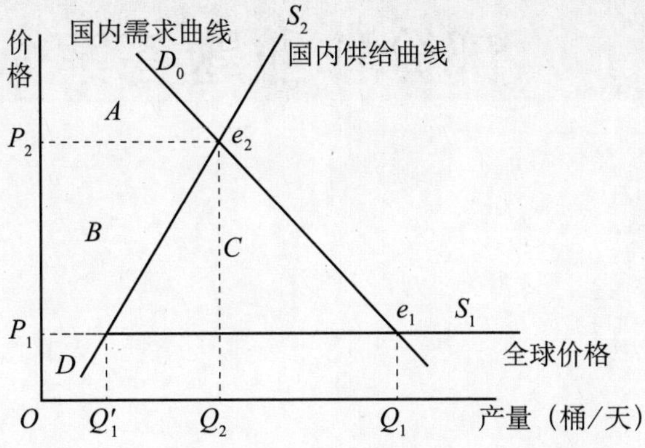

（提示：本题可用图中 A，B，C，D 面积的不同组合，来说明不同情况下消费者剩余（CS）和生产者剩余（PS）的多少。）

附 录 部分作业题答案

绪 论

1. $Q=25$ 件。

2. $MR<MC$，应减产。

3. $Q_A=666.7$ 件，$Q_B=333.3$ 件。

4. 江苏 5 天，浙江 3 天，山东 2 天。最大佣金收入为 4 000 元/月。

5. 加工的机会成本为 11 元，大于售价，故不应加工，直接出售芯片更合算。

6. (1) 46 000 元；(2) −14 000 元。

7. (1) 88 000 元；(2) 30 000 元；(3) 62 000 元；(4) 32 000 元。合算。

8. 经济利润为−1 728 元，不应承接此工程。

第 1 章

4. $Q_T=1\,011-17P$。

5. (1) $P=40$ 元；(2) $Q_S=Q_D=20$ 万米；(3) $Q_D=40$ 万米，$Q_S=15$ 万米；(4) $P=42$ 元/米。

6. (2) 征税后，价格不变，需求量将从 25 千台降到 20 千台。税负全由制造商承担。

7. (2) 征税后，价格不变，销售量将从 30 千张降到 25 千张。税负全由供给者承担。

8. (1) $P_e=40$ 元，$Q_e=120$；(2) 过度需求=40。

附录：

1. (1) $Q_B=-\frac{2}{9}Q_P+\frac{10\,000}{9}$；(2) $-\frac{2}{9}$；(3) $Q_B=-\frac{4}{9}Q_P+\frac{10\,000}{9}$。

2. (2) $Q_1=1\,000$，$Q_2=0$；(3) $Q_1=0$，$Q_2=200$。

第 2 章

1. (1) +3.6%；(2) 6%。

2. (1) $P=200$ 元；(2) 250 台；(3) $P=333.3$ 元；(4) $\varepsilon_P=-\frac{3}{2}$。

3. (1) $P=110$ 元；(3) $E_P=-\frac{3}{2}$。

4.（1）$TR=20Q-2Q^2$，$AR=20-2Q$，$MR=20-4Q$；（2）相同；（3）MR 的斜率为 AR 斜率的两倍。

5.（1）$TR=20Q-Q^2$，$MR=20-2Q$；（2）$P=10$，$Q=10$。

6.（1）500，700，900，1 100，1 300；（2）0.89，0.92；（3）0.83，0.92。

7.（1）甲公司 $\varepsilon_P=-1$，乙公司 $\varepsilon_P=-0.6$；（2）甲公司的交叉弹性$E_{P_乙}=0.714$。

8.（1）1.33；（2）53.7 元。

9.（1）$\varepsilon_P=-0.14$；（2）$\varepsilon_{P_y}=0.72$，替代品；（3）$\varepsilon_I=0.36$，正常货。

第 3 章

1.（1）

价格	期望销售量
100	5 175
125	3 950
150	2 925
175	2 000
200	1 350

（2）$Q=8\ 840-38.4P$，或 $P=230.21-0.026Q$；

（3）$R^2=0.988$，可以接受。

2.（2）$Q=80.734-1.978P$，或 $P=40.816-0.505Q$；$R^2=0.95$；（3）$Q=35.235\ 6$ 件，$S_e=3.601\ 9$，$S_\beta=0.214\ 2$，估计销售量的置信区间为：42.439 4～28.031 8，回归系数的置信区间为：−1.549 8～−2.406 6。

3.（1）$\varepsilon_P=-3.83$，$\varepsilon_{P_s}=2.59$，$\varepsilon_I=0.475$；（2）$Q_x=446\ 163.99-1\ 862.52P_x$，或 $P_x=239.55-0.000\ 537Q_x$，$MR=239.549-0.001\ 074Q_x$；（3）$Q_x=99\ 674$件，$P_x=186.03$ 元；（4）置信区间为：86 808.5～112 539.5。

4. 问题（1）、（2）、（4）的答案见附表 1。

附表 1

时期（年/季度）	实际销售量	期数	移动平均数（MA）	移动平均中心值（CMA）	季节系数（SF）	长期趋势值（$CMAT$）	周期系数（CF）
2012/4	2	1	—	—	—	—	—
2013/1	5	2	—	—	—	—	—
2013/2	9	3	4.75	5.000	1.800	5.714	0.875
2013/3	3	4	5.25	5.750	0.522	6.543	0.879
2013/4	4	5	6.25	7.250	0.552	7.372	0.983
2014/1	9	6	8.25	8.625	1.043	8.201	1.052
2014/2	17	7	9.00	9.375	1.813	9.030	1.038
2014/3	6	8	9.75	10.250	0.585	9.859	1.040
2014/4	7	9	10.75	11.625	0.602	10.688	1.088
2015/1	13	10	12.50	12.500	1.040	11.517	1.085
2015/2	24	11	12.50	12.625	1.901	12.346	1.023
2015/3	6	12	12.75	13.000	0.462	13.175	0.987
2015/4	8	13	13.25	13.500	0.593	14.004	0.964

续前表

时期（年/季度）	实际销售量	期数	移动平均数（*MA*）	移动平均中心值（*CMA*）	季节系数（*SF*）	长期趋势值（*CMAT*）	周期系数（*CF*）
2016/1	15	14	13.75	13.750	1.091	14.833	0.927
2016/2	26	15	13.75	—	—	15.662	0.92*
2016/3	6	16	—	—	—	16.491	0.93*
2016/4	—	17	—	—	—	17.320	0.99*
2017/1	—	18	—	—	—	18.149	1.04*
2017/2	—	19	—	—	—	18.978	1.03*
2017/3	—	20	—	—	—	19.807	1.03*
2017/4	—	21	—	—	—	20.636	1.08*

* 预测值。

问题（3）的答案见附表2。

附表2　　各季度的季节系数

年份＼季度	一	二	三	四	
2013	—	1.800	0.522	0.552	
2014	1.043	1.813	0.585	0.602	
2015	1.040	1.901	0.462	0.593	
2016	1.091	—	—	—	
合计	3.174	5.514	1.569	1.747	均值合计
均值	1.058	1.838	0.523	0.582	4.001
SI	1.058	1.838	0.523	0.582	

问题（6）的答案见附表3。

附表3

时间（年/季度）	长期趋势值（*CMAT*）	季节指数（*SI*）	周期系数（*CF*）	销售量预测值
2016/1	14.833	1.058	0.927	14.55
2016/2	15.662	1.838	0.92	26.48
2016/3	16.491	0.523	0.93	8.02
2016/4	17.320	0.582	0.99	9.98
2017/1	18.149	1.058	1.04	19.97
2017/2	18.978	1.838	1.03	35.93
2017/3	19.807	0.523	1.03	10.67
2017/4	20.636	0.582	1.08	12.97

说明：学生计算的预测值可以与这一答案不同，因为人们对周期系数的预测可能不同。

5.（1）$Q=752.25+7.59t$。

（3）答案见附表4。

附表 4

年份	实际销售量	销售量预测值	
		$W=0.3$	$W=0.8$
2011	3 233	3 233	3 233
2012	3 170	3 233	3 233
2013	3 003	3 214	3 183
2014	3 130	3 151	3 039
2015	3 713	3 145	3 112
2016	4 132	3 315	3 593
2017	—	3 560	4 024

第 4 章

1. (1)

L	MP_L	MRP_L
0	—	—
1	100	1 000
2	7	70
3	5	50
4	4	40
5	3	30
6	1	10
7	−10	−100

(2) 4 人，因为此时 $MRP_L=P_L$。

2. $L=1\ 600$。

3. (1)

服务人员人数 (1)	全程服务销售量(升) (2)	服务人员的边际产量(升) (3)	净边际产量收入(元) (4)=(3)×0.10
0	0	—	—
1	2 000	2 000	200
2	3 800	1 800	180
3	5 400	1 600	160
4	6 800	1 400	140
5	8 000	1 200	120

(2) 3 人为最优人数。

(3) 最高工资为 140 元/天。

4. 25～30 人。

5. (1) $1\ 600=80K+40L$；

(2) 等成本曲线斜率变小，以横轴的劳动力截距点为轴，按逆时针方向旋转；

(3) 斜率不变，曲线向原点方向平行移动。

6. 劳动力：40 人；资金：800 万元。

7. 0.54>0.31，进行技术改造比增加工人合算。

8. $K=1.4$，$L=2.8$。

9. (1) $K=31.6$，$L=50.6$，$C=5\ 058$；

（2）$K=37.5$，$L=60$，$Q=474.3$。

10. 产品 X：规模收益递减；产品 Y：规模收益递增；产品 Z：规模收益不变。

11. 1.8%，总增长中有30%是由技术进步引起的。

12. $t=\frac{\alpha(P-W)}{rP}$。

第5章

1.

Q	TC	TFC	TVC	ATC	AFC	AVC	MC
0	100	100	0	—	—	—	—
1	120	100	20	120	100.0	20	20
2	135	100	35	67.5	50.0	17.5	15
3	145	100	45	48.3	33.3	15.0	10
4	160	100	60	40.0	25.0	15.0	15
5	185	100	85	37.0	20.0	17.0	25
6	230	100	130	38.3	16.7	21.7	45

2.（1）$TFC=10\ 000$，$TVC=9Q$。

（2）$AFC=\frac{10\ 000}{Q}$，$AVC=9$，$MC=9$，$ATC=\frac{10\ 000}{Q}+9$。

3.（1）$Q=10/3$；（2）$Q=5$；（3）$AVC=MC=25$。

4.（1）短期，因函数中有固定成本；（2）长期，因函数中无固定成本。

5. $SC=0.06$。

6. 贡献＝－320 000元，不应接受国外订货。

7. 贡献＝95 000元，应自己完成加工。

8. 生产甲产品40件，乙产品150件。

9. 从总公司观点看，净支出：方案1，4 800元；方案2，2 400元；方案3，1 800元；应采用方案3，因支出较少。

10. 贡献＝－2 000元，故大华不应接受订货。

11.（1）6 000个；（2）15 000个；（3）6 500个。

12.（1）12 500册；（2）15 000册；（3）贡献为30 000元，应接受订货。

13.（1）大厂方案：盈亏分界点产量为150 000箱/月；小厂方案：盈亏分界点总产量为162 500箱/月（广东为60 000箱/月，广西为55 000箱/月，海南为47 500箱/月）。（2）大厂方案：$\pi=875\ 000$元；小厂方案：$\pi=750\ 000$元。（3）大厂：$\pi=2\ 625\ 000$元；小厂：$\pi=2\ 750\ 000$元。

14.（1）15 000 000元；（2）57 143罗。

第6章

1.（1）$Q=2$；（2）AVC最低值＝8；（3）应停产。

2. (1) $Q=20$，$ATC=240$ 元，$\pi=8\ 000$ 元；(2) 未处于长期均衡，因$P\neq AC$最低点；(3) $Q=10$，$AC=140$ 元，$P=140$ 元。

3. (1) $Q=2\ 050$；(2) $\pi=4\ 052\ 500$ 元；(3) $P=2\ 450$元；(4) $P=2\ 250$元，$\pi=4\ 012\ 500$元；(5) $Q=387.3$，$P=787.3$ 元，$\pi=0$。

4. (1) 2；(2) 不是；(3) 应增加；(4) 40 万～50 万元。

5. (3) $Q=20$，$P=20$ 元，$\pi=50$ 元；(4) $Q=20$，$P=20$ 元；(5) $Q=17$，$P=20.75$ 元。

6. (1) $Q=16.7$，$P=133.3$ 元；(2) 1 568.33 元。

7. (1) $Q=5$，$P=3.75$ 元；(2) 经济利润为零。

8. $Q=3.75$；$Q_A=1.25$，$Q_B=2.5$；$P=26.25$ 元。

9. (1) 水平的；(2) $Q=200$。

10. A 生产 4 件，B 生产 3 件，C 生产 4 件为最优分配。

11. (1) 企业 A 采用第二种策略；(2) 企业 B 采用第一种策略；(3) A：600 万元，B：500 万元。

12. (1) 企业 1：$P=5+0.000\ 4Q_1$，企业 2：$P=15+0.002Q_2$，企业 3：$P=1+0.000\ 2Q_3$；(2) $P=3.125+0.000\ 125Q_T$。

13. (1) $P_1=13.33$ 元，$Q_1=6.67$，$\pi_1=66.67$ 元，$TR_1=88.91$ 元；

(2) $Q_2=10$，$P_2=10$ 元，$\pi_2=50$ 元，$TR_2=100$ 元；

(3) $Q_3=9.09$，$P_3=10.91$ 元，$\pi_3=57.86$ 元，$TR_3=99.17$ 元。

第 7 章

1. (1) 每件应摊入固定成本 2.8 元；(2) 产品 X 的单位全部成本为 4.2 元；(3) 产品 X 的价格应定为 6.3 元。

2. (1) $E_p=-2$；(2) 100%；36 元。

3. 贡献=190 000 元，应承接。

4. 方案Ⅰ的贡献为 56 000 元，方案Ⅱ的贡献为 52 000 元，故应采纳方案Ⅰ。

5. $Q_1=3$，$Q_2=4$；$P_1=8$，$P_2=6$，$\pi=34$。

6. (2) $Q_A=10$ 百人，$P_A=52$ 元，$Q_B=10$ 百人，$P_B=27$ 元；总利润=60 000元。

(3) $Q_A=13.3$ 百人，$Q_B=6.67$ 百人，$P_A=P_B=35.3$ 元，总利润=51 600元。

7. (1) $Q_{短}=300$，$Q_{整}=200$，$P_{短}=1.5$ 元，$P_{整}=1$ 元，停车场车位不满；

(2) $Q_{整}=150$，$Q_{短}=250$，$P_{整}=1.25$ 元，$P_{短}=1.75$ 元。

8. $Q_{牛排}=Q_{牛肉}=40$，$P_{牛排}=14$ 元，$P_{牛肉}=6$ 元。

9. $Q=3\ 500$ 只，$P_{毛}=6.5$ 元，$P_{腿}=4.5$ 元。

10. $P_A=4$ 元。

11. $Q=23\ 333$；$P_R=MC_R=433$ 元。

12. (1) $P=850$ 元；$Q=10\ 000$ 件，$\pi=500\ 000$ 元；(2) $P_T=600$ 元；(3) $P_T=645$ 元；最终产品最优销售量为 8 500 件；生产分部中间产品最优产量为14 500件，其中，8 500 件售给销售分部，6 000 件卖给国外；最终产品价格为 872.5 元；企业总利润为 635 000 元。

第8章

1.（1）8.4%；（2）k_s=13%，k_e=15%；（3）k_a=13.02%。

2.（1）A，C，D，E；（2）A，C，E。

3.（1）18%；（2）是合算的。

4.（1）8 000元；（2）NPV=−785.6元，故不应开设冷饮部。

5.（1）20 000元；（2）NPV=6 920元，更新是合算的。

6.（1）方案A：1 326 666.5元；方案B：1 295 000元；方案C：1 073 333.5元；（2）NPV_A=3 777 633元，NPV_B=4 139 725元，NPV_C=3 674 367元，故应选方案B。

7.（1）3年；（2）NPV=4 108.87元；（3）20%。

8. 应选方案B。

9. 出售办公楼的现值=389 550元，出租办公楼的现值=365 150元，389 550>365 150，故应选出售方案。

10. 方案1，2，5组合起来为最优，其净现值69 300元为最大。

11.（1）甲企业收购乙企业的价格不应超过167 300元；（2）甲企业收购乙企业的价格不应超过132 300元。

第9章

1.（1）期望值=7.6%；（2）标准差=8.12，变差系数=1.07。

2.（1）方案A：3 460元，方案B：4 594元；（2）NPV_A=4 508元，NPV_B=7 387元。

3. $PV_{进口}$=784.90元，$PV_{国产}$=792.15元，故应选购国产处理机。

4.（1）方案1：期望效益3.4万元，标准差2.458万元，变差系数0.723；方案2：期望效益3.4万元，标准差6.053万元，变差系数1.78。

（2）如不考虑风险，两个方案没有区别；如考虑风险，应选方案1；如用最大最小收益决策法，应选方案1；如用最小最大遗憾值决策法，应选方案2。

5.（1）

决策方案	结果	净现金流量（元）	概率	期望值（元）
不开发	与一家连锁店签约	25 000	1.0	25 000
开发	不成功	−125 000	0.30	−37 500
	成功：高度	112 500	0.245	27 562.50
	成功：中度	−42 500	0.315	−13 387.50
	成功：初步	−100 000	0.14	−14 000
				−37 325

（2）不应开发，而应与连锁店签约生产普通香水。

6.（1）画出决策树（见下页）。

（2）计算期望成本。向甲公司购买：160 000元；向乙公司购买：170 000元。向甲公司购买的期望成本较低，故应向甲公司购买。